影响中国的
100个历史人物

主编 张秀平

五洲传播出版社

图书在版编目（CIP）数据

影响中国的 100 个历史人物 / 张秀平主编 ; 张秀平等著 .
-- 北京 : 五洲传播出版社 , 2024.1
（中国 100）
ISBN 978-7-5085-5062-6

Ⅰ . ①影⋯ Ⅱ . ①张⋯ Ⅲ . ①历史人物－列传－中国 Ⅳ . ① K82

中国国家版本馆 CIP 数据核字 (2023) 第 081299 号

"中国 100"

主　　编：张秀平
出 版 人：关　宏

影响中国的 100 个历史人物

张秀平主编 ；张秀平等著

责 任 编 辑：刘　波
装 帧 设 计：蒲建霖
出 版 发 行：五洲传播出版社
地　　　址：北京市海淀区北三环中路 31 号生产力大楼 B 座 6 层
邮　　　编：100088
发 行 电 话：010-82005927，010-82007837
网　　　址：http://www.cicc.org.cn，http://www.thatsbooks.com
印　　　刷：北京圣彩虹科技有限公司
版　　　次：2024 年 1 月第 1 版，第 1 次印刷
开　　　本：787×1092 mm　1/16
印　　　张：29.00
字　　　数：363 千字
定　　　价：68.00 元

前言

在浩如烟海的历史长河中，中国这片土地上涌现出了一批又一批伟大的先贤和英雄，他们犹如璀璨的繁星，照亮了中华民族数千年的历史长卷。如今，我们选取了其中具有影响力的100个人，汇集成这本《影响中国的100个历史人物》。

从先秦时期到晚清时期，这段2000余年的历史中，中国的政治、经济、文化等方面经历了无数的变革和进步。本书精心挑选了这段时期的一些有代表性的历史人物，通过叙述这些人的卓越贡献，展现他们对中国历史进程的深远影响。在这本书的编写过程中，我们始终秉持着严谨的学术态度和客观的历史观念。但由于篇幅有限，本书收录的人物也有限，同时，我们只能选取每个历史人物一生中对中国历史有重要影响的事迹进行描写和叙述。尽管如此，我们仍然希望这本书能够为读者提供一幅相对完整且生动的历史画卷，让读者从中领略中华民族数千年的辉煌历史和伟大智慧。

让我们一同走进这些伟大历史人物的世界，感受他们的智慧、勇气和坚韧。

目录

贵在历史的真实

——为《影响中国的 100 个历史人物》而作

人是社会实践活动的主体，历史人物是历史实践活动的主体，人的实践活动都是有目的、有意识的行为，所以，作为历史实践活动主体的历史人物的最重要特征，是富于创造性。马克思主义经典作家指出："有了人，我们就有了历史"；"历史不过是追求着自己目的的人的活动而已"。从这个意义上说，历史学也就是人学，是研究人的历史实践活动规律的科学。

然而，人有个体、群体、整体之分。全部历史本来是由个人活动构成的。作为个体的人，通过自己有目的的实践活动，加入与自己相联系的群体或整体的客观历史实践活动中去，而在创造历史的活动中扮演一定的角色，所以，我们不仅要看到历史活动是人民群众的事业，而且还要承认个人在历史发展中的作用。惟其如此，历史人物传记，作为历史科学的一个门类、一种形式，历来受到人们的重视与欢迎。过去学术界有一种成见颇为流行，认为历史人物传记不算学术专著。这实在是一种认识论上的短视。当然，这里所说的历史人物传记，指的是那些科学性强、内容真实的历史人物传记，而不包括那些粗制滥造的、无历史真实性可言的冗滥之作。

历史人物传记，贵在历史的真实。所谓历史的真实，有深、浅两个层次的含义：浅层次的含义，是历史人物一生的实践活动，必须实事求是、有根有据，不得凭空杜撰，不能对所采用的史料不辨其真伪，不能想当然，要求做到形似；深层次的含义，则要求把握住历史人物所处的时代环境、社会关系、思想情操及其在社会群体、乃至社会整体的实践活动中扮演的角色的特点，要求做到神似。就如同画家画人物肖像，形似只是浅层次的真实；只有神似，而且要形神一贯，才是深层次的真实。倘若一部历史人物传记遗其神，则这个历史人物亦失其真了。王安石《读史》有云："糟粕所传非粹美，丹青难写是精神。"一部历史人物传记是否成功，关键要看其是否写出传主的神韵。所谓神韵，是通过对人物的言谈举止的描写，反映出人物的性格、思想、认识、气质、情感、欲望、嗜好等等。大到传主的世界观、人生观、价值观，小到传主的喜怒哀乐、细枝末节，都要合乎传主所处时代的情理。而要做到这一点，那就不是只占有相关资料，不胜其烦地将大段史料抄入传记所能企及的，而是要求作者消化这些资料，并在消化相关资料的基础上，投身其中，进行再创作。司马迁写《陈涉世家》，一句"王侯将相宁有种乎？"把这位扯旗造反的农民领袖的神韵，勾勒得活灵活现。陈涉其人，简直呼之欲出了。这不能不说是成功的传世之笔。

由于历史人物是千姿百态的，因此，切忌把历史人物写成千人一面，千部一腔，而陷于公式化、脸谱化。人们在创作历史人物传记的时候，由于价值取向不同，各自可以有不同的侧重，在体裁形式上，也可以多种多样。封建社会的史学家"为尊者讳""隐恶扬善"的价值观，导致历史正史中的人物传记，基本上成了帝王将相的家谱，其弊端，已是尽人皆知的了。而当代学术界普遍以历史人物是否促进当时社会生产力的发展、是否符合社会历史发展的要求、是否为当时人民带来好处为判断标准，把历史人物传记的创作变成了一种简单的人物评价活动，其局限性，也是显而易见的。当然，如果是人的评传，这倒也无可厚非。倘若所有人物传记都这么写，那就会流于概念化而显得干瘪，湮没了历史人物的个性。因此，强调历史人物传记体裁形式的多样化，对于繁荣历史人物传记创作，具有重要意义。而要实现体裁形式的多样化，还有待致力于历史人物传记创作的学者，根据不同传主的特点去创造。

《中国100系列·影响中国的100个历史人物》，也是人的传记，但不同于一般的人物传记。它不是全面、系统地论述传主的一生，而是挑选传主一生中对中国历史有重要影响的事迹进行描写、叙述，寓论于史。文章做在"影响中国历史"这一点上。从传记创作来说，倒也别开生面。清人郑板桥曾经写过一副楹联，其曰："删繁就简三秋树，领异标新二月花。"所这副楹联移送给《影响中国的100个历史人物》，我想是恰当的。此其一。

其二，从绵延数千年的历史长河中，编者筛选出100个在中国历史上最有影响的人物，其中，有政治家、军事家，也有革命家、改革家；有科学家、思想家，也有在学术研究、文化艺术、外交、宗教、民族事务等等领域里作出杰出贡献的历史人物，把他们的事迹汇为一册，无疑具有启迪人们思考、激发爱国热情、增强民族自信心的作用。这大概是编者匠心独具之所在。

其三，本书的另一个特点，是每个人物传记都短小精干，深入浅出，文字生动，具有可读性。虽然没有大段大段的引文，但言必有据，都能给读者以正确的历史知识。因此，这与那些整页整页地转录史料，文字艰涩，动辄数十万、上百万言的《大传》《全传》相比，在为读者着想这一点上，实在高明多了。其实，那种以为反映人物传记，拉得愈长，堆砌的史料愈多，就愈能反映历史的真实的想法，是值得怀疑的。因为它往往是把许多连作者自己都没有消化的材料，或者把没有经过提炼的内容，一股脑儿地推给读者，无端地占去读者大量的时间，这起码不能说是尊重读者吧！

历史人物传记，是一个有待于深层次开掘的领域。要写活一个历史人物，绝非只占有了相关资料，按时间排比，连缀成篇，就能实现的。它要求习惯于逻辑思维的史学工作者，强化形象思维的训练，并能运用自如。只有这样，历史人物的神韵才能跃然纸上，才能无愧于万千读者的期待。

张秀平同志约我为其主编的这部书写个序，诚惶诚恐，拉杂陈述了以上想法，未必得体。

——白　钢

001

开启中国两千年封建之门的第一人
——秦始皇

秦始皇姓赢、名政，生于公元前 259 年。母亲是赵国邯郸豪家女，"姿容绝美"，善歌舞。秦始皇高鼻子，大眼睛，胸向前突，说话"豺声"，"性悍勇"。公元前 247 年，其父庄襄王死去，赢政继承王位，这年，他才 13 岁，按照秦国制度，要 22 岁才能亲政。国事由相国吕不韦等掌管。

秦在东周时还是个僻处陕西中部文化落后的小国，在秦始皇前出了几个英明的君主——穆公、孝公、惠文王、昭王。在他们的经营下秦国逐渐强大起来，到秦始皇即位时，秦的疆土已扩展到现在的甘肃、四川、湖北的西部、湖南的西北角、山西的南部、河南的西部和中部，成为七国中最先进最强大的国家了。秦始皇就是在这个基础上，顺应了社会发展需要和人民要求统一的愿望，完成统一中国大业的。

秦始皇是位杰出的政治家，他会用人和把握时机。他重用李斯和尉缭，制定了一个统一六国的战略、战术。战略是：一面派姚贾等人带了金钱财物到各国去收买各国的权臣将相，削弱各国的抗秦力量；一面运用"远交近攻"的策略，派"良将随其后"，政治军事双管齐下，逐个击破。其战术是：实施闪击战，连续作战，攻灭一国，接着攻打另一国。从公元前 230 年至公元前 221 年，先后灭亡韩、魏、楚、燕、赵、齐六国，建立了专制主义的中央集权封建国家。

我国是个多民族国家，秦以前，在今浙、闽、赣、粤、桂一带分布着许多部族，总称"百越"。秦灭楚后，接着派兵南下将闽越王无诸和越东海王摇"废为君长"，在这一地区设置了会稽郡和闽中郡。公元前 214 年，秦始皇又派屠睢率兵 50 万进入岭南，在这地区设置南海、桂林和象郡。

匈奴是我国北方的一个古老民族，战国时处于奴隶制初期，匈奴奴隶主贵族经常率兵南下抢掠，为此，秦、赵、燕三国都在北边筑长城防御。公元前215年，秦始皇派蒙恬领兵30万北逐匈奴，收复了河套以南地区。第二年，蒙恬又渡过河去，攻下了阴山，在那里设置了44个县。为了防御匈奴再南下，秦始皇命令把原来燕、赵、秦的长城连接起来，西起临洮，沿黄河向东，到辽东止，长达5000多公里，号称万里长城，从而解除了秦北方的严重威胁，保障了这一地区经济和文化的发展。

秦始皇在10年中灭了六国，结束了诸侯割据混战不休的局面；又用两年逐匈奴，"平百越"，缔造了中国历史上空前统一、疆域辽阔的秦帝国。这是秦始皇的伟大历史功绩。

秦始皇统一中国后，洋洋得意，觉得称王太平凡了，跟他的功业不相称，必须起一个更庄严的称号，于是在公元前221年下令议帝号。丞相王绾、御史大夫冯劫、廷尉李斯一齐颂扬说："从前五帝地方不过千里，诸侯来朝或不来朝，天子不能制。今陛下兴义兵，诛残暴，平定天下，海内统一，这是开天辟地以来没有的大功业，超过五帝。古有天皇、地皇、泰皇，而以泰皇最贵，请称泰皇。命为制，令为诏，自称朕。"秦始皇以为泰皇还不够伟大，决定去泰留皇，采五帝的帝，合称皇帝，自称始皇帝，以后他的子孙继承王位，按次序称二世、三世，无穷尽地传下去。从此，中国历史上才有了皇帝这个称号。称嬴政为秦始皇，就是这样来的。

此后，秦始皇决定废分封，设郡县，分全国为36郡（后增至40多郡）。郡下为县，县下为乡，乡下为亭，亭下为里。又定官制、统一度量衡、统一文字、筑驰道，从而加强了境内的交流。

公元前213年，丞相李斯建议：除秦国的书，博士官所藏的图书和医药、卜筮、农书以外，所有诗、书、百家语，限30天内上交官府烧毁；过期不交者罚4年劳役；有敢谈论诗书者处死；敢以古非今者灭族；学习法令的以吏为师。秦始皇表示赞同。这就是焚书事件。

公元前219年秦始皇派徐市（即徐福）带领童男童女数千人入海求仙。公元前215年命韩终、侯公、石生求仙人不死药。又派方士燕人卢生去求古仙人——羡门、高誓，卢生当然求不到，便编造谎言欺骗秦始皇。

秦始皇听后大怒，便派御史查究，经儒生互相揭发，结果查出 460 多人犯禁，秦始皇下令把他们全活埋了。这就是坑儒事件。求仙、焚书、坑儒事件加速了秦朝的灭亡。

秦始皇统一中国后享乐思想滋长膨胀起来，大兴土木，建造宫殿，每破一国，便"马放其宫室，作之咸阳北阪上"，据说一共造了 145 处，后宫美人万余人。离宫别馆更多，"关中计宫三百，关外四百余"。秦始皇还不满足，又在渭水南岸修一所规模更宏伟的朝宫，单是它的前殿阿房宫，"东西宽五百步，南北长五十丈"，楼上可坐万人，楼下可建五丈旗，用磁石做门，以防人藏兵器入宫。石料、木头从北山、四川、两湖运来，豪华非凡。

秦始皇一方面想求到仙药，长生不死；另一方面又在为自己大造坟墓，万一死了，可以在那里继续享受。即位初就在骊山修陵墓，灭六国后征发"罪人"70 万到骊山服役。墓高 50 余丈，周围 5 里余，"冢内作宫观及百官位次，奇器珍怪徙满冢中"，以水银造"百川江河大海""上具天文，下具地理，以人鱼膏为烛"，令工匠制弓弩，如有人进入墓道，弓弩自动发射，可把人射死。陵墓修了 37 年，到他死时还没有完工。近年来从秦始皇陵的从葬区发掘出兵马俑 8000 多个，个个形体高大，神态逼真，被称为世界第八大奇迹。

秦始皇为了"示强威、服海内"，巩固其统治，从公元前 221 年起先后五次出巡，走遍了祖国许多重要地方，并在秦山、琅琊台、芝罘、碣门、会稽等地立石刻，歌颂其功德。

公元前 210 年，秦始皇第五次出巡返咸阳途中，于 7 月病死于沙丘平台（今河北平乡、广宗一带）。

司马迁认为"秦取天下多暴，然世异变，成功大"。我们认为司马迁的看法比较全面正确。灭六国、逐匈奴、平百越、筑长城、修道路、兴水利、移民实边等等，要花去大量人力物力，但这是必要的，是秦始皇对历史的重大贡献，当然也给人民群众带来了沉重的负担和痛苦。造宫殿、修陵墓、求不死药，则纯是为享乐，劳民伤财。

002

智取帝业

——刘邦

秦汉之际，刘邦凭借一支仅有百余人的起义队伍，登上反暴秦的历史舞台，最后击败强大的西楚霸王项羽，夺得西汉开国皇帝的桂冠，其中的奥妙是什么呢？

刘邦生于战国末年，是伴随战乱长大的。秦统一中国后，他的家乡改设为沛县，在他的出生地设立丰乡。秦朝在沛县县城附近，设置一种叫"亭"的机构，用来维持地方治安，传递朝廷文书等，当时叫泗水亭。刘邦到了壮年，经地方上的推举，在泗水亭做了一名亭吏，经过一段时间试职，后来被任命为亭长。

那时候，秦始皇正在骊山大兴土木，为自己建造死后享用的陵墓，亭长的职责之一，就是押送刑徒和农民去骊山服役。有一次，刘邦在押送途中，许多刑徒和农民相继逃跑，眼看到了咸阳无法交差，就把剩下的人全都放了。其中有十几名壮士，情愿跟着刘邦走。他们趁着昏暗的夜色，逃到芒县和砀县一带，在深山草泽中躲藏起来。当时，沛县许多农民不堪秦朝的暴政和繁重的赋役，也都纷纷跑来"入伙"，一时刘邦身边竟聚集了近万人之众。公元前209年7月，陈胜在大泽乡发动反秦的起义，全国各地纷纷响应，刘邦为之振奋。过了两个月，刘邦在萧何、曹参、樊哙的帮助下，杀了沛县的县令，也起兵响应，加入反秦起义的洪流。

刘邦率领的起义军，很快发展成3000人的队伍，在丰邑（今江苏丰县）和薛县（今山东滕州南）一带，曾先后两次击败泗水郡的秦军。就在这时，刘邦的部将雍齿怀有二心，竟以丰邑叛降周市，刘邦闻讯立即还军，却未能攻取丰邑。眼前的事实表明：孤军奋战，难有作为。而且当时全国起义的形势已经发生变化,陈胜的起义军在荥阳失利,不久陈胜被杀,全国的起义高潮遭受挫折,因此刘邦决定联合项梁起义军共同作战。

项梁和项羽原在吴起兵反秦,陈胜被杀后,他们率起义军渡江北上,逐步汇成以他们为主力的起义洪流。公元前208年6月,项梁在薛县召集各路起义将领,共商联合反秦事宜,刘邦应召参加。项梁决定立楚怀王孙心为王,把都城设在盱眙。这次会议改变了原来起义军的策略,将各路义军汇集成强大的力量,大大推动了反秦的斗争。

薛县会议之后,在项梁的指挥下,刘邦率领的起义军,与项羽军联合作战,对秦发动了强大的攻势。这年8月,刘邦、项羽在雍丘(今河南杞县)大败秦军,杀死三川郡守李由,取得了丰硕的战果。项梁在东阿、濮阳、定陶,也接连大破秦军主力章邯。

起义军凌厉的攻势,沉重地打击了秦王朝。秦二世倾全力增援章邯,加上项梁轻敌无备,结果章邯夜袭定陶,项梁战死,起义军惨遭挫折。为了保存实力,避免秦军各个击破,正在攻打陈留的刘邦和项羽,以及吕臣率领的义军,东撤至彭城(今江苏徐州)一带集结,楚怀王也迁都彭城。同时,为了适应新形势的发展,起义军内部重新作了调整,将吕臣和项羽两支义军合并,由楚怀王指挥,又任命刘邦为砀郡守,指挥砀郡的义军。从此,刘邦与项羽各自独立指挥一支起义军。

秦军主将章邯击败项梁后,立即率军渡黄河北上击赵,赵王歇被迫退守巨鹿(今河北平乡西南),又遭秦将王离的包围,只好求救于楚。楚怀王派宋义、项羽、范增北上救赵,牵制和消灭河北的秦军主力;又派刘邦西进攻打咸阳,威胁秦王朝的统治,而且约定"先入定关中者王之"。

宋义率军北上,因慑于秦军声威,在安阳滞留不进,被项羽杀于军中。于是,项羽"破釜沉舟",发动著名的巨鹿之战,使秦军损失惨重,秦将苏角被杀,王离被俘,章邯只好退至棘原,与漳水南的义军对峙。

项羽大战巨鹿,把秦军主力牵制在河北,为刘邦西进咸阳,创造了十分有利的条件。刘邦正是利用这种有利的形势,接连在西线和南线展开军事攻势,取得节节胜利。公元前208年9月,刘邦从砀郡率军西进,由于兵力少,只好采用游动战术。他先后在阳城、杠里击败秦军;又在成武大破东郡尉。接着，在途中收编刚武侯的队伍4000余人。公元前207年2月，刘邦北击昌邑未下，决定率军西攻。过高阳（今河南杞县西南）时，高阳人郦食其认为，义军人力物力很弱，进攻关中太危险，建议先夺取军事重镇陈留，取得城中积粟，解决西进义军用粮问题，刘邦言听计从。

当时，由于秦朝在函谷关一线设防，投入的兵力比较强大，因此刘邦选择敌人力量比较薄弱的地带，决定从武关进攻咸阳。公元前207年4月，刘邦率军南下，进占颍川。两个月后，他与张良出辕辕（今河南登封西北），大破南阳郡守齮。南阳郡守退到宛城，刘邦听从张良的建议，连夜行军回师，把宛城重重包围，迫使南阳郡守齮投降。

刘邦攻下宛城之后，解除腹背受敌之忧，进军势如破竹。大军到达丹水（今河南淅川西南），秦将王陵等投降。就在刘邦率军直指武关的时候，秦将章邯在河北殷墟（今河南安阳）投降了，形势发展对刘邦进军咸阳极其有利。

公元前207年9月，刘邦攻取武关，又挥师绕过峣关，越过蒉山，在蓝田（今陕西蓝田）大败秦军，形成兵临咸阳的局面。前206年10月，刘邦率军到达霸上，秦王子婴投降，秦王朝在农民起义浪潮中瓦解了。

秦王朝灭亡之后，形势发生急遽变化，以刘邦、项羽为代表的两支政治势力，为争夺农民起义的胜利果实，开始长达四年的战争。这就是楚汉战争。

刘邦进入咸阳后，萧何首先接收秦丞相府的重要图籍，有利于掌握全国战略要地、户口及各地的经济情况。接着，在张良和樊哙的劝说下，刘邦封闭秦的府库财物，而且还军霸上。同时，他还召集关中父老豪杰，宣布"约法三章"："杀人者死，伤人及盗抵罪。余悉除去。"这些措施赢得了民心，为他后来击败项羽，重建封建王朝产生了深远的影响。

与此相反，项羽进入关中，烧杀掠夺，大失民心。公元前206年12月，项羽击败秦军主力后，率40万大军进入函谷关，驻军于戏（今陕西渭南西南）；以优势的兵力与刘邦形成对峙的局面。当时刘邦处于劣势，不得不亲自到鸿门言和，双方导演了一场惊心动魄的鸿门宴。项羽的谋臣范增主张击杀刘邦，免得留下后患，但项羽没有听从。刘邦在张良、樊哙的帮助下，顺利地逃回霸上。

于是，项羽率军进入咸阳，杀子婴，烧秦的宫室，大火三月不灭。接着，他又分封 18 个诸侯王，自立为西楚霸王，建都于彭城。又封刘邦为汉王，管辖巴、蜀、汉中等地。项羽的所作所为，使关中人民大失所望。由于分封不公，又引起诸侯王的不满。刘邦因项羽毁约，更是怒不可遏，在萧何等人的劝说下，才勉强去汉中就国。

刘邦到达汉中，一面以巴、蜀为根据地，收取租赋，为军队提供粮食；一面在汉中招贤纳才，准备东进。后来成为灭楚的主将韩信，就是这时被刘邦破格拜为大将的。韩信没有辜负刘邦的信任，为刘邦提出一整套灭楚的策略。公元前 206 年 8 月，刘邦依从韩信之计，果然出故道，一举攻取"三秦"，重新占领关中，拉开东进灭楚的序幕。之后，他利用项羽在城阳与田荣会战之机，从临晋（今陕西大荔东）渡黄河，击败魏王豹，夺取河内（今河南武涉西南）。又针对项羽放杀义帝，号召诸侯王讨伐项羽。公元前 205 年 4 月，刘邦率诸侯兵 56 万攻楚，占领楚都彭城。正当他在彭城庆功的时候，项羽乘其不备，率精兵 3 万人夺回彭城。汉军死伤无数，刘邦只带数十骑逃跑，他的父亲及妻子，成了楚军的俘虏。

这年 5 月，刘邦收集余部，退至荥阳固守。当时许多诸侯王相继反汉投楚，楚汉在荥阳、成皋一带相持达两年之久。

为了打破这种相持的局面，刘邦大力经营关中，使之成为支援战争的大后方。首先，他解决关中反汉的诸侯王问题，迫使章邯自杀，平定了雍地。其次，派萧何守关中，制定一系列法令，包括户口、运输、调兵等等，保证前线的补给。

公元前 205 年 8 月，刘邦派韩信、曹参北上破魏，平定了魏地。两个月之后，又派韩信、张耳击赵，大破赵军于井陉口（今河北井陉北）。至此，汉军北翼的压力解除了，又给项羽造成极大的威胁。

同年 11 月，他又派人南下九江，去说服项羽的枭将英布归汉。英布果然起兵攻楚，既削弱了项羽的力量，又解除了汉军南翼的威胁，壮大了破楚的实力。

与此同时，又派刘贾、卢绾率两万兵马，深入楚军后方，帮助彭越焚烧楚军的粮草军需，从后方给项羽造成威胁。

公元前 203 年 10 月，韩信破赵之后，又纵兵攻齐，占领临淄，给予项羽极大的压力。

至此，汉军从战略上完成了对项羽的包围，刘邦转败为胜，项羽几面受敌，楚汉力量对比发生很大的变化，双方对峙的局面被打破。项羽不得不与刘邦相约，以鸿沟为界，中分天下，鸿沟以西属汉，以东为楚。

当项羽准备引兵东归时，刘邦听取张良、陈平的建议，决定乘项羽兵疲食尽，一举灭楚。公元前 202 年 12 月，刘邦大会诸侯兵，与项羽决战于垓下。项羽兵少食尽，被重重围困，只得带 800 骑突围。刘邦发现后，派灌婴率 5000 骑追击。项羽退至东城（今安徽定远县东南），便在乌江（今安徽和县东北）自刎身死。

公元前 202 年 2 月，刘邦踌躇满志，正式登上皇帝宝座，建立中国历史上的西汉王朝。

刘邦凭借一支只有百余人的队伍起家，最后击败比自己强大得多的政治对手，夺取农民起义的胜利果实，其间走过了一条从小到大、由败转胜的漫长的道路。这条成功的道路始终贯穿着一个基本思想，用他自己的话说，就是"宁斗智，不能斗力"，从而改变了秦汉之际的历史面貌。它更多的表明：战争就是争民心，争人才，争后勤，争策略……不是只凭借勇力所能解决问题的。

003

雄才大略传汉祚
——汉武帝

汉武帝，名刘彻，生于汉景帝前元元年（前 156 年），卒于后元二年（前 87 年），景帝中子。前元四年（前 153 年）被立为胶东王，前元七年（前 150 年）被立为皇太子，景帝后元三年（前 141 年），景帝去世，刘彻即位，以第二年为建元元年，创历代帝王有年号之始。汉武帝在位期间，实行了一系列行之有效的治国策略，国家欣欣向荣，一片繁荣景象。他不愧为我国古代一位拥有雄才大略的皇帝。

汉武帝即位不久，便下诏书，要求丞相、御史、列侯等各级官僚，推举贤良方正、敢于直言进谏的读书人，到朝廷做官。同时，还鼓励天下吏民直接给皇帝上书，提意见，发表自己的见解。汉武帝求贤若渴，对于所上奏章，大都认真阅读，并从中选拔出不少有才干之人，如董仲舒、主父偃、严安、朱买臣等著名的思想家、政治家，便是其中的佼佼者。

元光元年（前 134 年），汉武帝再次下诏，命举贤良文学上书对策，董仲舒在所上《天人三策》里提出统一思想的主张，要求将那些不符合儒家六经宗旨和孔子之术的思想学说，一律禁止，不允许其存在。这迎合了汉武帝欲加强中央集权的思想，得到了武帝的赞赏。不久，武帝便任命他为江都相，同时下令全国罢黜百家，独尊儒术。在此之前，武帝还在长安设立太学，置《诗》《书》《易》《礼》《春秋》五经博士，培养儒学后备力量。汉武帝将儒家思想定为一尊，对于此后的中国社会产生了极其深远的影响。

为了解决汉初以来形成的诸侯割据问题，加强中央集权，汉武帝于元朔二年（前 127 年）采纳主父偃的建议，颁布"推恩令"，规定诸侯王的封国除由嫡长子继承外，其他子弟也可在封国内分得一块封地，由皇帝授予封号。这样一来，诸侯王国就被逐渐肢解，王侯的势力进一步衰微，他们再也不可能对中央构成威胁，中央集权得到加强。汉武帝又"作左官之律，设附益之法"。左官律规定凡在诸侯国任官者，其地位低于中央政府任命的同级官僚，这就限制了诸侯获得优秀人才的可能。附益法则严格限制诸侯国的官吏为诸侯非法牟利，结党营私。元鼎五年（前 112 年），参加祭扫的诸侯王在所献助祭的酎金中偷工减料，以少充多，以次充好，汉武帝令人测定酎金的成色和分量之后，以大不孝为名，削夺 106 人的爵位和封地。汉武帝通过这些措施，基本上结束了汉初以来诸侯割据的局面。

为了防止州郡势力过于庞大，汉武帝于元封五年（前 106 年）将全国分为豫、冀、徐、青、荆、扬、益、凉、并、幽、兖、朔方、交趾 13 个州，每州设部刺史 1 人，部刺史仅是个中级官吏，职位不高，可官小而权重，他们可以在皇帝规定的六条问事范围内，督察十三州的大官，甚至诸侯王。汉武帝正是通过他们来打击地方官僚和豪强地主，从而加强对地方的控制。

汉武帝限制丞相的权力，他自己亲自处理各项政务，令九卿不通过丞相直接向他奏事。与此同时，他还提拔了一批中下层官员担任自己的侍从和秘书，通过他们来发号施令。这样，在朝官中就形成了以尚书、中书、侍中等组成的"中朝"官和以丞相为首的"外朝"官，而"中朝"的地位更加重要，遂成为实际的决策机关。

汉武帝扩大选官范围，建立察举征召制度。所谓察举就是由食禄二千石者推荐，通过考试后，即可授以官职。不久，汉武帝又规定依据人口的数量，按一定的比例进行选举，不须资产的限制。所谓征召就是由皇帝直接召见那些有一定能力而又不肯出仕的隐士，由皇帝直接授予官职。同时，天下吏民若有上书言事而又言之成理者，亦授予官职。另外，博士弟子中考试成绩优异者，亦可入仕。通过这些措施，汉武帝选拔出一批才华出众之士，充实了官僚机构。

汉武帝在财政经济方面也采取了一些新的措施，加强中央对全国经济的控制，以解决日益严重的财政困难。

改革币制，将铸币权收归中央。汉初，听任郡国自由铸钱，社会上流通的货币极其混乱，引起物价上涨，阻碍了商品的正常交换。同时，由于一些贵族官僚和富商大贾操纵铸币权，富埒天子，这也威胁到中央。元鼎四年（前113年）汉武帝下令禁止郡国铸钱，各地私铸之钱运到京师销毁；成立专门的铸币机构——上林三官负责铸造五铢钱（合今重2.9克），这样，就由中央垄断了五铢钱的铸造权。新造的五铢钱重如其文，质量很高，便于流通，直到1920年，历代铜钱皆为五铢重。

盐铁官营和均输平准政策。汉初，盐铁为私人经营。豪强逐渐垄断了对国计民生有着重要影响的冶铁煮盐业，这不仅影响到中央财政的收入，而且助长了分裂割据势力。元狩四年（前119年），汉武帝采纳桑弘羊、东郭咸阳和孔仅的建议，将私人垄断的冶铁、煮盐业改为国家垄断经营，在全国产盐铁的地方设立盐铁专卖署，并任命当地的大盐铁商为盐官或铁官，管理有关盐铁事宜。盐铁官营有效地解决了当时严重的财政经济困难。实行盐铁官营，也带来质次价高等问题，桑弘羊于元封元年（前110年）建议在全国实行均输平准政策。所谓均输，就是由中央政府的大农令在郡国设均输官，负责管理、调度、征发从郡国征来的租赋财物，并负责向京师各地输送。所谓平准，即由大农令置平准官于京师，总管全国均输官运到京师的物资财货，除去皇帝贵戚所用外，作为官家资本经营官营商业，"贵则卖之，贱则买之"，调剂物价，防止富商大贾从中谋取巨利，同时也增加了国家的收入。

算缗和告缗。元狩四年（前119年），汉武帝颁布算缗和告缗的命令。算缗其实就是向大商人、高利贷者征收财产税。规定商人财产每2000钱，抽税一算；经营手工业者的财产，凡4000钱抽一算；非三老和北边骑士而有轺车者，每辆抽税一算；商人之车，则征收二算；船5丈以上者，每船抽税一算，隐瞒不报或自报不实者，鼓励知情者揭发，叫做"告缗"。凡揭发属实，即没收被告者全部财产，并罚戍边一年，告发者奖给被没收财产的一半。同时重申，禁止商人占有土地，违者没收。算缗告缗实行之后，政府财政收入大增，《汉书·食货志》称"得民财物以亿计，奴婢以千万数"，与此同时，富商大贾再受巨创。

由于中央集权大大加强，国家经济实力雄厚，汉武帝改变了汉初以来对匈奴的和亲政策，采取积极进攻的战略。元光二年（前133年），汉武帝采纳王恢的建议，企图诱敌深入，乘机歼灭，不料计策为匈奴军臣单于识破。此后十余年间，汉朝与匈奴之间，战争不断，其中带有决定性的大战有三次：第一次是元朔二年（前127年），汉武帝派卫青等人率兵迂回到陇西，对河套及其以南的匈奴军进行大包围并一举击溃，收复黄河以南地区，解除了匈奴对长安的威胁。第二次是元狩二年（前121年），汉武帝派霍去病出陇西，越过焉支山（今甘肃山丹东南胭脂山）西进，深入匈奴境内千余里，俘虏浑邪王的儿子及相国、都尉等，缴获休屠王祭天金人，平定黄河以西地区。第三次战役发生在元狩四年（前119年），汉武帝派大将军卫青和骠骑将军霍去病分东西两路进兵，大败匈奴。从此之后，匈奴再也无力大举南下，汉朝北部边境得以安宁。

在进攻匈奴的同时，为了联合大月氏共同夹击匈奴，汉武帝还派张骞两次出使西域。尽管张骞此行目的没有达到，但是却开辟了举世闻名的"丝绸之路"，密切了汉朝同西域各国的关系，从而促进了东西方经济文化的广泛交流。

汉武帝末年，由于长时期的战争和奢侈浪费，导致民怨沸腾，各地农民起义不断。汉武帝在《轮台罪己诏》里表示今后不再发动战争，"当今务在禁苛暴，止擅赋，力本农"，与民更始，发展生产。搜粟都尉赵过提出代田法，将一亩地分成三畎和三垄，年年互换位置，以休养地力，下种时把谷物种在畎里，幼苗长出后，把垄上的土推到畎里，这样作物入土深，抗风耐旱。实行代田法，每亩产量可增加一斛（一斛约合30千克）到三斛。赵过还发明了耧车等先进的生产工具，大大提高了劳动效率。汉武帝还采纳白公的建议，于太始二年（前95年）从仲山口（今陕西泾阳西北）引泾河至栎阳（今陕西临潼栎阳镇），灌溉农田4500顷，水中泥土又可肥田，这一水利工程对于关中农业生产的发展起了很大的保障作用。可见，汉武帝在晚年比较重视发展农业生产，较之从前好大喜功，似有所悔改。

后元元年（前88年），侍中仆射马何罗和其弟马通等人密谋刺杀汉武帝，被金日磾等人发现后杀之。后元二年，汉武帝立时年8岁的小儿子刘弗陵为皇太子。为防止太后专权，他又杀死太子母亲赵婕妤。他还让画工画了一幅《周公背成王朝诸侯图》送给侍中奉车都尉霍光，希望他能像周公辅佐成王那样，辅佐刘弗陵做皇帝。后事安排妥当之后，没几天汉武帝就死去了。

004

东汉开国皇帝
——刘秀

刘秀（前8—57），东汉王朝的开国皇帝。庙号世祖，谥光武帝，公元25—57年在位。他出生于南阳蔡阳（今湖北枣阳市西南），是汉高祖刘邦的九世孙。父刘钦曾任南顿令。9岁时，父亲故去，刘秀只好寄养在叔父刘良家里。年轻的刘秀很喜欢农业生产，经常下地劳动，无论耕耘还是收割都称得上是一把好手。他的哥哥刘縯经常讥笑他，说他没有出息。西汉末年，王莽篡权，蝗灾年复一年，许多地方农民无衣无食，生活非常艰难，赤眉绿林起义先后爆发。地皇三年（22年），刘秀的家乡闹旱灾，饥荒特别严重，在大灾之年，刘秀家的地竟然没有受到多大影响，还收了不少粮食。有一次刘秀到宛县（今河南南阳市）去卖粮食，宛人李通宣扬图谶，"刘氏复起，李氏为辅"。劝他乘时而起，推翻王莽的统治，恢复刘家天下。这时他的哥哥刘縯正在暗中联络，积极准备起义。刘秀便与刘縯秘密筹划，准备许多兵器。这年冬天，刘秀在秦陵（今湖北枣阳市南）树起了造反的大旗，纠集宗族宾客，联络附近各县的地方豪强，组成了一支七八千人的队伍，称为"春陵军"。春陵军初战不利，最后加入绿林军。刘秀起义的消息一传开，一些不明真相的人都躲了起来，后来有人亲眼见到起义军的首领刘秀，说他头戴高帽，身穿红色的将军服，仪表堂堂，雄壮威武，人们心中的疑虑慢慢消除了。因为刘秀是西汉皇族，所以人们把他领导的起义军叫做"汉军"。不久，汉军与新市（今湖北京山县东北）、平林（今湖北随州东北）起义军会合，声势逐渐壮大起来。

起义军攻下新野（今河南新野县）以后，又攻下唐子乡，缴获许多财物，不料在分配这些战利品时，起义军内部产生了纷争。原来起义军中的一些西汉皇族成员拿去很多金银细软之物，只把剩下的部分财物分配给起义军战士，农民战士气愤地说："诸刘没有一点战功，凭什么多拿！"有的人甚至拿起了武器，想和这些皇族拼命。刘秀知道这件事后，经过慎重考虑，认为大敌当前，如果起义军发生内讧，后果不堪设想。于是他把这些皇族找来，耐心地开导他们："我们以恢复刘家天下为己任，但现在非得借助农民军的力量不可，你们个个鼠目寸光，为了眼前的一点好处，竟仗势欺人，与农民相争，闹出了乱子，我看你们谁收拾局面！"刘秀命令他们立即交出强占的财物，把东西全部分给农民战士。一触即发的风波平息了。刘秀看到起义军满意的笑容，紧张的心情顿时平静了下来。

公元23年正月，汉军在沘与王莽的将领甄率、梁丘赐作战，汉军获胜，甄率、梁丘赐被斩首。接着王莽的纳言将军严尤、秩宗将军陈茂在淯阳（今河南白河南）与汉军交锋，也被刘秀打得大败。

这年2月，更始政权建立，更始帝刘玄任命刘缤为大司徒，以刘秀为太常偏将军。

3月，刘秀与诸将分兵而进，一举拿下昆阳（今河南叶县）、定陵（今河南郾城西北）和郾城（今河南叶县），汉军缴获牛马等许多财物，仅粮食一项就有几十万斛，汉军得到补给，士气大振，更加锐不可当。王莽接连失将败军，又听到刘玄为帝的消息，十分震恐，急忙派大司徒王寻、大司空王邑率领100万大军，急行军两个月，到达颍川（今河南禹县），与严尤、陈茂会合。

为了镇压农民起义军，王莽招募大批猛士，经过严格训练，把他们编入军队。王莽军中还豢养了虎、豹、犀牛、大象等猛兽，以助军威。远远望去，王莽大军浩浩荡荡，旌旗蔽天，辎重武器千里不绝，当时固守昆阳的刘秀起义军只有八九千人。

昆阳的局势非常严峻，起义军中有些人动摇了。他们主张放弃昆阳，分兵撤退。刘秀等人认为，起义军被困在昆阳，粮食不多，如果分散兵力，将难以保全，只能被各个击破。宛城方面战事又很紧急，那里的起义军也不能前来接济。一旦昆阳被攻破，起义军将有全军覆没的危险。这时刘秀挺身而出，主张坚守昆阳，决心与王莽军队决一死战。

王莽大军把昆阳层层包围起来，每天用撞车攻城，或者向城里挖掘地道，但是都没有成功，他们还占据城外的有利地势，竖起云梯，日夜向城里射箭，积弩乱发，矢下如雨，城里的军民无法活动，就是他们到井边打水，也要背上一块厚厚的门板。敌人的凶狠，更加激起了起义军的愤恨，起义军将士毫不畏惧，拼命坚守城池。刘秀对气势汹汹的敌军，决定采取先让一步的策略，由王凤、王常率军守卫昆阳，刘秀和骠骑大将军宗佻、武威大将军李轶等 13 人深夜突出围城，到堰城、定陵一带调集起义军诸营兵来昆阳增援。

刘秀一行来到郾城、定陵，不料那里的一些将领贪恋已经到手的财物，不肯服从命令。刘秀晓之以理道："此战若能破敌，大功就此告成，可得珍宝万倍于此；如果战败，你们连脑袋都保不住，哪里还有什么财物可言！"将领们听了这番话，觉得有理，才勉强从命。6 月，刘秀率军增援昆阳，他带领步骑兵 1000 多人，在离王莽军四五里的地方扎营。昆阳城外的敌军闻讯后，王寻、王邑派数千人前来交战。刘秀身先士卒，率军攻入敌阵，杀死王莽军兵上千人，首战大捷。这时绿林军主力也攻克宛城，刘秀还不知道这个消息，为了鼓舞士气，瓦解敌人，刘秀故意派使者拿着他亲笔写的"宛城已克，宛下兵到"的书信送到昆阳，让使者把信丢在路上，王寻、王邑拆开一看，以为宛城的增兵真的已到，心中大惧。这时，昆阳内外的起义军对王莽军形成夹击合围之势，起义军愈战愈勇，无不以一当百，拼命砍杀敌人，刘秀率领 3000 敢死队，猛攻王邑中军大营。王莽军队都是被胁迫来的农民，不愿为王莽卖命。阵势顿时大乱，混战中，王寻被乱军杀死，城中的起义军趁势杀出，内外合击，呼声震天，王莽大军全线崩溃，仓皇逃命。当时正逢大风暴雨，屋瓦皆飞，雨下如注，河水暴涨。王莽军自相践踏，死者不计其数，敌将王邑、严龙、陈茂等仅率少数人狼狈逃命。起义军以少胜多，获得彻底的胜利，昆阳一战，王莽军丢下的武器、辎重、珍宝等物堆积如山，不计其数。

昆阳大捷，王莽的主力被消灭了。起义军取得决定性的胜利。由于刘秀在昆阳之战中立了大功，刘縯又夺取了宛城，大大提高了刘秀在起义军中的地位，于是新市、平林农民军将领劝更始帝刘玄杀掉刘縯。刘秀闻讯后立即赶赴宛城谢罪，以此取得农民的信任。更始帝封他为武信侯破虏大将军。同年9月，从关中传来一个好消息，长安被起义军一举攻克。王莽也被杀死了，新朝的统治结束。更始帝命刘秀前往洛阳修整宫室，更始帝北都洛阳后，刘秀又行大司马事。不久，刘秀被派到河北地区镇抚州郡。

刘秀一到河北，就宣布废除王莽时的一切苛政，河北地区的豪强地主率宗族子弟宾客都归附刘秀，成为他的有力支柱。次年5月，刘秀发兵诛灭称帝邯郸的王朗。刘秀的势力一天天发展壮大，引起更始帝的严重不安。更始二年（24年），他派人持信节去见刘秀，立他为萧王，命他离开现职前往就职。刘秀借口河北战事未平，拒绝听从更始政权的调动。同年秋，刘秀与铜马军大战于蒲阳（今河北顺平县西北），又和赤眉军大战于射犬（今河南沁阳），屡战屡胜。破降和收编河北地区的铜马、高湖、重连等部农民起义军，扩充了实力。刘秀在关西被称为"铜马帝"。

这时，更始帝在长安肆意排挤农民起义军将领，甚至杀害申屠建、成丹、陈牧等人，后又逼走王匡。赤眉军在樊崇率领下，打进函谷关，讨伐更始帝，更始帝战败投降，后被缢死。刘秀闻讯，立即派邓禹领兵西进，待机而动。又命冯异坚守孟津（今河南孟津东北）以牵制原先追随更始帝的朱鲔的力量。

建武元年（25年），刘秀手下的诸将马武、耿纯等都向他劝进，希望他赶快恢复刘氏王朝。刘秀谦让推辞一番，不得已，就让人在鄗县南面的空地上设立坛场。6月，刘秀在这里正式继位，重新建立汉政权，不久定都洛阳，史称东汉。这一年，他才31岁。

东汉王朝建立的第三年，刘秀打败了赤眉农民军，控制了整个黄河中下游地区，随即于建武五年起先后削平了盘踞渔阳郡的彭宠，南郡的秦丰和齐地的张步，次年又翦除了盘踞江淮的李宪、董宪和庞萌，统一了关东。后又用笼络的手段，使关西窦融归附。建武九年和十二年又先后平定和消灭了天水的隗嚣，巴蜀的公孙述，割据安定的卢芳也于建武十六年归附。这样，经过12年时间，刘秀终于完成了统一事业。

刘秀统一全国后，鉴于西汉时期权臣当政、外戚篡权、地方权重以及尾大不掉等历史教训，极力加强皇权，强化专制主义中央集权制度。对大多数功臣，皆以列侯奉朝请，让他们享受优厚待遇，而不参与政治；对诸王和外戚，严禁他们交通宾客，结党营私，以此防范他们专权。在体制上，刘秀一方面削弱三公权力，另一方面扩大尚书台的权力。由于尚书台所任官吏，大都资浅任轻，官卑品低，易于驱使，逐渐成为皇帝发号施令的执行机关，权力便集中于皇帝一人之手。刘秀还将地方政权机构进行改革，把西汉时监察地方政情的刺史，固定为州一级的地方长官。刺史处理地方政务，不通过三公，可直接上奏皇帝，这便使地方郡县直接置于皇帝的控制之下。在军事制度上，刘秀取消地方军队，逐步扩大中央军队，更加强了中央对地方的控制。

由于当时社会经历了长期战乱，导致生产遭受严重破坏，人口锐减，社会经济凋敝。刘秀建立政权以后，采取措施，恢复生产，安定社会。释放奴隶和囚徒。在统一全国的过程中，刘秀前后颁布六次解放奴隶、三次禁止虐杀奴隶的诏令，使很多奴隶获得解放，增加了社会劳动力，在一定程度上阻止了自耕农沦为奴隶的发展趋势。组织军队屯田和精兵简政。早在战争间隙时期，刘秀就积极组织军队屯垦，以保证战争的供给，减轻人民的负担。为了节省开支，他还下令裁并郡县，省减官员，既减少了统治机构，又提高了行政效率。安辑流民。刘秀通过赐爵，力求稳定自耕农的社会地位；通过将国有荒地租借给流民进行生产的方式，尽量使个体农民固着在小块土地上；一旦发生灾荒，除加强赈济外，还减轻刑罚，选拔贤良官吏，以期减轻灾害的损失。为了增加政府租税和赋役的收入，刘秀于建武十五年（39年），下令度田和检查户口，但在豪强地主的反对下，度田最终失败。

中元二年（57年），一代雄主刘秀在洛阳南宫逝世，终年62岁。

005

乱世枭雄

——曹操

曹操（155—220），字孟德，小名阿瞒，沛国谯县（今安徽亳州市）人。曹操的父亲曹嵩是大宦官曹腾的养子，曹嵩靠养父的地位，入仕当官，在灵帝时，升至太尉。所以曹操出身于靠宦官起家的官僚家庭。

曹操20岁时初入仕途，任洛阳北部尉，负责京城治安。曹操到任后，就有不凡之举。他叫人造了十余根五色棒，悬于衙门左右，有犯令者，皆用五色棒打死。有一次，大宦官蹇硕的叔父无视禁令，仗势夜行，曹操即将其棒杀。此事在京城引起轰动，连达官显贵也因此有所收敛，不敢冒犯。不过这时的曹操，毕竟位低权小，最后被人家以"推荐"的名义，从京师挤走。不久，曹操又入征为议郎，当了参议一类的冗官。在此期间，曹操上书，为灵帝初年被杀害的朝臣窦武、陈蕃申辩，矛头直指专横的宦官，抨击了腐败的朝政。后来，他又上书揭露朝廷三公之官受贿乱政之事。可是皇帝对此或无动于衷，或虽有过问，也未做处置，朝政却日益败坏。这使曹操大为失望，也感到自己力不从心，从此就不再搞上书献言之类冒险而又无效之举了。

曹操的真正发迹是从镇压黄巾起义开始的。黄巾大起义爆发后，东汉朝廷急忙调集大军镇压。曹操为了维护地主阶级的根本利益，积极参与，被命为骑都尉，在颍川大打出手。因镇压起义有功，升迁济南相（相当于郡太守）。后来灵帝置西园八校尉，曹操当了八校尉之一的典军校尉，成为皇帝核心武装的将校之一。

为时不久，灵帝死，少帝即位，何太后临朝，东汉长期存在的宦官外戚之争这时又尖锐起来，政局更加混乱。这时割据凉州的军阀董卓趁乱带兵入京，以武力废少帝，立献帝，自封相国，把持朝政，并纵兵洗劫洛阳。

曹操亲历变乱，目睹董卓之害，十分不满，他拒绝了董卓的封官诱惑，改换姓名，逃出洛阳，东走陈留（今河南开封东南），散家财，招兵将，积极参加了当时关东各地军阀联合反董的斗争。

献帝初平元年（190年），曹操独自引兵在荥阳（今河南荥阳）与董军作战，因力量单薄，兵败负伤。不久，董卓自行撤离洛阳，挟汉献帝退入长安。讨董联军也随之散伙，各奔东西，抢占地盘去了。

献帝初平二年，曹操因镇压河北农民军，被袁绍举为东郡（今河南濮阳西南）太守，取得了一个地盘。接着第二年青州黄巾军攻入兖州（今山东金乡东北），刺史刘岱战败被杀，兖州官员忙迎曹操领兖州牧。曹操用残酷手段，逼降黄巾军30余万，男女百余万口，曹操从中挑选精壮者组成"青州兵"。曹操既据有兖州，又有一支可观的武装，遂大施智谋，与群雄角逐。

曹操很讲究策略。起初，他拉拢北方最大军阀袁绍，避免与之过早交锋，腾出手先击其他较弱的势力。这个策略是成功的。建安元年（196年），汉献帝东逃洛阳，曹操立即接受谋士荀彧的建议，在其他军阀还在权衡利害迟疑观望的时候，迅速抢先把献帝迎到许昌（今河南许昌市东），并定都于此。曹操受封大将军，掌握朝政，"挟天子以令诸侯"。不久因怕迎奉汉献帝会激怒袁绍，曹操又把大将军之位让给袁绍，自降为司空，对袁绍仍持低姿态。

政治上的得势，使曹操更加雄心勃勃，立志歼灭群雄，平定天下。建安二年，曹操进攻继袁术之后盘踞南阳的张绣，次年收降之。与此同时，袁术在寿春（今安徽寿县）称帝，曹操先与占据徐州的吕布暂时和解，挑动吕布与袁术互攻，削弱双方力量。吕布上当，终于在建安三年被曹操消灭。曹操接着回过头来收拾袁绍。

建安五年（200年）曹、袁双方对峙于官渡。关键时刻，袁绍谋士夜投曹营告诉曹操，袁绍辎重军粮，屯在官渡东北面的乌巢，如能派兵偷袭，袁军必败。曹操选精兵5000人，扮装袁军，急奔乌巢；同时加强官渡防守。袁绍得知曹操偷袭乌巢，只派少许人马增援，自己却在官渡摆开阵势，正面急攻曹军大营。曹军早已作了防备，袁军久攻不下，延误了军机，结果乌巢被袭，粮草被烧。消息传来，官渡的袁军军心动摇，大将张郃、高览临阵降曹。曹军趁势全面反击，追歼袁军主力八万余人，袁绍狼狈北逃。

官渡之战是中国历史上以弱胜强的著名战例，曹操以自己杰出的军事指挥才能，打败了劲敌，为统一北方扫清了障碍。

袁绍败回河北，不久病亡。此后数年，曹操即肃清袁氏残余势力，基本统一了北方。后来又大败东北乌丸（少数民族）统治者，平定关中，进入陇右，完全统一了北方。

曹操不仅是位军事家，而且也是一位很有才干的政治家。他在军事上的胜利，与他在政治、经济等方面的措施得当是分不开的。曹操在治国方面的措施很多，主要有以下几点：

一是大兴屯田。这是曹操在经济方面的基本措施。东汉末年的长期战乱，严重破坏了农业生产，造成粮食奇缺，人民不死即逃，军队给养枯竭，许多军阀军队因缺粮而不打自散，曹操的士兵甚至吃人肉干度日。曹操总结了秦汉的历史经验，认为只有学习汉武帝，进行屯田，才能解决粮草问题。当时北方有大片荒田，曹操又从黄巾军手里接收了上百万的劳动人口和大量牛畜、农具，这使他有条件大兴屯田。就这样，在迎奉献帝定都许昌后，曹操接受枣祗、韩浩等人的建议，先在许昌募民屯田，"得谷百万斛"。于是广置屯田官员，把屯田政策向州郡边境推广开来，使更多的士兵和逃散人口回到土地，生产粮食，结果收获更多，既解决了军粮问题，也安定了社会。

二是唯才是举。曹操很注意招纳、使用人才，而且不拘一格。他的许多大将就是从士兵、俘房中发现提拔的，这些人能征善战，为曹操卖力。对于文人谋士，曹操也能够以礼相待，量才使用，他的重要谋士如荀彧、荀攸、郭嘉等等都是慕名而来的。特别是郭嘉，年纪很轻，出身贫寒，曹操发现他很有才能，就委以重任，成为自己随身的大谋士。到了后期，曹操求贤愈切，曾三次下令求贤。说只要有"治国用兵之道"，即使有严重缺点的人，都应提拔重用，基本方针是"唯才是举"。三国时期的曹操、刘备、孙权都很重视贤能，但只有曹操能够明确提出"唯才是举"的方针，故他得才最多。

三是抑制豪强。这一点在击败袁绍进入河北之后贯彻最坚决，因这里的豪强地主特别嚣张，曹操遂"重豪强兼并之法"给予打击，结果"百姓喜悦"，巩固了自己在新统治区的地位。

曹操也善于玩弄权术，如他在执法方面，一般也注意赏功罚罪，不过也有限度。一次行军，他的坐骑踩坏麦子，按法当斩，他煞有介事地叫来军吏议罪，军吏当然不敢议他死罪，说尊者不宜加刑，曹操却又装出高姿态，自认有罪，抽刀割发，以示依法惩处了。

平定北方，是曹操事业发展的顶点，但这并不是他的最终目标。他的雄心是乘胜进军南方，统一全中国。建安十三年（208年），曹操率数十万大军南下，先指荆州（今湖北湖南一带），时值荆州牧刘表病死，继位的次子刘琮出降曹操。当时替刘表镇守北面的刘备也被曹军击溃。

曹操轻易取得荆州，产生了轻敌情绪。他写信给孙权，扬言将率80万大军与他决战江东。这时的曹操根本没把刘备放在眼里，也大大低估了孙权的实力。其实当时刘备尚有二万多人马，有诸葛亮、关羽、张飞、赵云等一批谋臣战将辅佐，还是有一定实力的。孙权是江东大族，从他父亲孙坚、兄孙策时，就据有江东，精心经营，基础稳固。孙权本人雄才大略，承父兄之业，继续积聚力量。他很注意搜罗人才，发展经济，实力相当雄厚。曹操既打击刘备，又恫吓孙权，兵逼江东，结果孙刘双方在面临共同敌人的威胁下，经诸葛亮等人的奔走串联，结成反曹联盟。孙权派周瑜、程普率军三万西上，与刘备军队汇合，在赤壁（今湖北嘉鱼县东北）与曹军相遇对峙，双方初次交锋，曹军不利，退北岸，孙、刘守南岸。从兵力数量上讲，曹操实际兵力有二三十万，居绝对优势。但曹军长途跋涉，十分疲劳，又不服水土，生病的很多，战斗力和士气都受到严重影响。还有，如诸葛亮所料，曹军不习南方水性，怕风浪颠簸。为了克服这点，曹操命令把战船用铁索拴连成一片，以减少船身摇动，曹操自感满意，而此举却为他招来大祸。

原来吴将黄盖已从曹操的铁索连船抓到了大败曹军的关键，即用火攻。周瑜根据黄盖的意见，派兵驾船数十艘，带着浇油干柴，蒙上帷幕，伪装投降，趁东南风起，向北疾驶，逼近曹军水寨时，突然点火，风助火势，转眼间，曹军水寨军营一片火海。这时周瑜等趁势率军猛攻。曹军猝不及防，烧死的、落水的、被杀的、负伤的，不计其数，主力损失殆尽。曹操匆忙北逃。这就是历史上著名的赤壁之战。

赤壁战后，刘备据有荆州大部，又向益州（今四川及云、贵一部）发展，孙权进一步巩固了在江东的统治，曹操则无力南下，形成了三国鼎立的局面。虽然曹操雄心仍在，继续整顿内部，求贤任能，进军西北。但由于南方局势的变化，刘备的崛起和孙刘的结盟，曹操统一中国的希望成了泡影。他晚年官至丞相，进为魏公，直至魏王，位极尊荣，与当皇帝相差无几。一些文武将吏劝他登位，孙权也写信假意劝进。曹操却说，假使天命真的在我，我也只做周文王罢了，表示不称帝。他位止魏王，终为人臣，不沾皇位，这在三国中，只有他能做到这一点。他拒绝称帝，可能是抱憾于自己事业未竟，壮志未酬。

建安二十五年，曹操病死，终年 66 岁。就在这年，他儿子曹丕废汉献帝，自登皇位，国号魏，追尊曹操为武皇帝，史称魏武帝。

袁绍在官渡战败后，即走向覆灭，而曹操虽在赤壁亦遭重创，但仍不失强者的地位，并最终事业有成。

006

鲜卑族杰出的改革家
——魏孝文帝

　　魏孝文帝姓拓跋（后改姓元），名宏，生于献文帝皇兴元年（467年），卒于太和二十三年（499年），因死后谥号为"孝文皇帝"，庙号"高祖"，故史书上通常称之为"孝文帝"或"高祖"。

　　孝文帝3岁时即被立为皇太子，5岁时，父亲献文帝让出皇位，自居太上皇。10岁时，太上皇去世，国家大事由祖母冯太后以太皇太后的身份裁决。冯太后是一位颇有作为的女人，孝文帝初期的一些改革活动，如班禄制、均田制、三长制的实行，均与她的支持和帮助密不可分。

　　班禄制。魏初百官无禄，清官的生活极其贫困，这在事实上无异于迫使官吏受贿贪赃。为了整顿吏治，促进社会安定，太和八年（484年），孝文帝颁布诏书，实行俸禄制，规定每三个月发放一次，俸禄实行以后，凡贪赃满一匹绢者处死。法令颁布之后，不少贪官污吏被处死，贪污之风，有所收敛。

　　均田制。自西晋末年以来，我国北方地区由于长期战乱的影响，社会经济遭到严重破坏，豪强地主趁机兼并土地，北魏政府所直接控制的土地和人口越来越少。为了保证国家的财政来源，冯太后、魏孝文帝于太和九年（485年）采纳了大臣李安世的建议，推行均田制。均田制规定：男子15岁以上授露田40亩，妇女20亩。实行轮种的地方，露田加倍。此外，男子授桑田20亩，不种桑树的地方，男子给麻田10亩，女子5亩。桑田为世业，可传之子孙；露田在身死及年满60岁时要归还国家。奴婢与平民一样授田。丁牛一头，授田30亩，限4头，同时规定一夫一妇每年纳帛一匹，粟3石。

当时北魏政府控制着大量的无主荒地，通过实行均田制，扩大了耕地面积，增加了国家的财政收入，促进了北魏社会经济的恢复和发展。

三长制。在均田制开始实行时，北魏还没有乡党制度，大地主隐匿农户的情况很多，妨碍均田制的实行，不利于按户口分配土地。太和十年（486 年），孝文帝采纳大臣李冲建议，实行三长制。三长制规定：五家立一邻长，五邻立一里长，五里立一党长。三长的职责是检查户口，征收租税和征发徭役。三长制的实行，健全了地方组织，有利于维护地方治安和中央集权的统治；许多原来依附于地主的农民，转变成国家控制的农户，增加了国家的税收；对于均田制的顺利推行，亦提供了有力保障。

太和十四年（490 年）9 月，冯太后去世，24 岁的拓跋宏于第二年亲揽朝政，独立自主地处理所有国家大事。他掌权之后，立即着手迁都洛阳。

北魏自建国以来，就定都于平城（今山西大同），经过近百年时间，形势发生了很大的变化。经济上，由于鲜卑族原来一直过着游牧生活，靠掠夺为生；定居以后，尽管统治者也采取一些鼓励耕种的政策，但平城地处边塞，气候寒冷，变化无常，农业生产条件较差。随着人口日益增加，粮食供应时常发生困难。军事上，由于北方少数民族柔然的势力日渐强盛，平城常受到其威胁和骚扰，极不安全。对于经略力量较弱的南朝，平城又过于遥远，鞭长莫及。政治上，为了巩固统治，他们需要进一步消除已经缩小了的民族界限，实行汉化政策，但旧都平城，保守势力顽固，推行汉化政策的阻力很大。所以，为了把改革事业深入下去，必须迁都中原。

但是，魏孝文帝知道，迁都是一件大事，必然会遭到守旧大臣的反对。于是他把文武大臣召集起来，假称要调兵遣将攻打南齐。太和十七年（493 年），魏孝文帝亲率 30 万大军，进驻洛阳。此时，正值深秋季节，阴雨连绵，道路泥泞，士卒十分劳累，随行大臣也叫苦不迭。孝文帝戎服执鞭，御马而出，下令军士继续前进。群臣跪在马前，苦谏不可南伐，孝文帝说："讨伐南齐的大计早已确定，现在大军就要挥师南进，你们还想干什么？"群臣依旧苦谏，孝文帝又说："现在兴师动众，非同小可。如果不能成功，如何向后人交代？不南讨，便迁都。列卿们赞成吗？赞成的站在左边，不赞成的站在右边。"群臣虽然不愿迁都，但更不愿攻打南齐，因而不约而同地都站到左边去了。这样，迁都之事便定了下来。接着，孝文帝一面派大臣李冲等人营建洛阳，一面派拓跋澄回平城，向留守的贵族传达迁都的决定。第二年，北魏的都城正式迁到洛阳。

禁鲜卑服。孝文帝迁都洛阳以后，为了把改革推向深入，于太和十八年（494年）下令禁止鲜卑贵族穿胡服，一律改穿汉族服装。鲜卑人以前过着游牧生活，穿小袖短衣以便于骑马射箭，现在迁居到中原地区，由于社会环境、生活环境都发生了较大变化，为了减少与汉族之间的差异，势必得改变服装。

禁鲜卑语。鲜卑人本有自己的民族语言，鲜卑语一直是北魏的官方语言，军队里的命令也都使用鲜卑语，做官的汉人也得讲鲜卑语。为了进一步消除鲜卑族和汉族之间的隔阂，太和十九年（495年），魏孝文帝下令在朝廷上不准讲鲜卑语。规定30岁以上的官员短时期内难以改变，可以不予处罚，30岁以下的官员，不许在朝廷上讲鲜卑语，违者撤职。

改鲜卑姓名。因鲜卑语多音，故鲜卑人多复姓，这些复姓译成汉字很繁杂，汉人多感不便。太和二十年（496年），孝文帝下诏将鲜卑人的复姓改为音近的单音汉姓。如改拓跋氏为元氏，达奚氏为奚氏，步六孤氏为陆氏，其余所改，不可胜数。随着鲜卑复姓改为汉人单姓，鲜卑人的名也改为汉名。同时改变籍贯，凡是移居洛阳的鲜卑人，就算洛阳人，死后不得送回塞北安葬，生为洛阳人，死葬北邙山。

建立门阀制度。为了取得中原士族地主的支持，太和十九年（495年），孝文帝下令定四海士族，鲜卑族也依据汉族的门第制度制定等级。他并规定鲜卑族的穆、陆、贺、刘、楼、于、嵇、尉八姓同汉族四姓门第相当，不得授以卑官。值得注意的是，决定姓族门第高低的惟一标准是三世以来官爵的高低。为了使鲜卑士族与汉族士族进一步合流，孝文帝还实行胡汉通婚。他自己率先娶范阳卢氏、清河崔氏、荥阳郑氏和太原王氏之女为妃，并以陇西李氏女为夫人。同时，孝文帝还让他的五个弟弟分别娶汉族士族大姓之女为妻。这种联姻，目的在于把鲜卑族和汉族上层的利益和命运联系在一起，借以巩固北魏的统治。

魏孝文帝所采取的这些改革措施，在推行中遇到很大的阻力。太和二十年（496年），孝文帝到嵩山巡视，太子拓跋恂因不习惯洛阳的炎热气候和宽大的汉服，趁此机会率领亲信准备逃回平城。孝文帝获悉之后，立即将太子囚禁起来，对群臣说："大义灭亲，古人所贵。太子恂违背父命，叛逃北方，这样大的罪恶，如不除去，就会造成国家的祸害！"于是废掉太子，后来又派人将其毒死。

孝文帝比较关心老百姓的生活疾苦，他经常到民间进行调查和访问，尊重老人，有时还赏赐给他们食物和钱财；对因穷困而娶不起妻子的人，就将宫女赏给他们做妻子。一旦出现灾荒，他一面反省自己治国的过失，一面下令开仓赈灾，有一次一下就救济灾民70多万。在行军打仗的途中，他能与士兵同甘共苦，对生病的士兵嘘寒问暖；甚至在下雨的时候，去掉自己遮雨用的盖布，跟士兵们一起淋着雨前进。

在生活上，孝文帝对自己要求比较严格，他常穿粗布衣服，骑没有鞍子的马。有一次，有人溜须拍马，建议他修复景阳山，他说，过去魏明帝就是因为奢侈而失败的，这个教训我要永远记住，决不能奢侈腐化。他还告诫自己的亲属不要仗势欺人，骄横无理；不要奢侈腐化；更不要过多饮酒。由此可见孝文帝比较注意约束权贵。

孝文帝志向远大，自亲政以来，念念不忘进军南齐，统一全国。为了实现这一理想，他三次亲自率兵攻打南齐，然而，由于南伐的时机尚未成熟，带兵将领无能，再加上孝文帝的指挥不当，三次南伐并未取得什么显著成果，反而造成北魏政权内部矛盾重重，影响了国家实力。太和二十三年（499年）4月，孝文帝病逝于南伐途中，年仅33岁。

孝文帝的改革，促进了以鲜卑族为中心的北方各族的封建化和以汉族为主体的民族大融合，对我国多民族统一国家的形成和发展做出了积极有益的贡献。因此，拓跋宏不愧为鲜卑族杰出的改革家。

007

隋代开国皇帝
——杨坚

　　杨坚，弘农郡华阳（今陕西华阴）人，生于西魏文帝大统七年（541年），卒于隋仁寿四年（604年），隋朝开国之君，史称隋文帝、隋高祖。

　　杨坚之父杨忠，北周的开国功臣，赐姓普六茹氏，官至柱国、大司空，封隋国公。杨坚自14岁为官，累迁至车骑大将军、骠骑大将军、隋州刺史、大将军等职，20岁袭父爵为隋国公。他的妻子是鲜卑大贵族、柱国大将军独孤信的女儿，他的女儿又是周宣帝的皇后，因此杨坚在周宣帝即位之后，立即被任命为上柱国、大司马，不久又迁大后丞、右司武，后转大前疑。周宣帝每次外出巡游，皆以杨坚留守。周宣帝是位昏君，即位不满一年、就将帝位让给年仅8岁的儿子周静帝，自己以太上皇的身份在幕后掌权。见杨坚位高权重，周宣帝准备任命杨坚为扬州总管，将他调出京城，以削夺其权势。恰在这时，周宣帝病逝，大臣郑译、刘日方等矫诏引杨坚入朝总管政事，都督内外诸军事。杨坚又让周静帝拜自己假黄钺、左大丞相，完全控制了北周大权。

　　杨坚执政后，为了笼络人心，废除了宣帝时实行的酷刑苛政，同时自己带头节俭，这些颇得民心的改革措施，为他赢得了惠政声誉。但是北周一些亲信武将，如相州（今河南安阳）总管尉迟迥、郧州（今湖北安陆）总管司马消难、益州（今四川成都）总管王谦，先后起兵反对杨坚。在高颍等人的支持下，杨坚很快就平定了这些反对势力。与此同时，杨坚屠杀北周宗室，为夺取北周政权扫除障碍。大定元年（581年），杨坚废周静帝自立，建国号为隋，改元开皇，仍以长安为首都。

　　隋文帝杨坚即位后，一面加强内政改革，一面积极进行统一全国的工作，开皇九年（589年），俘虏陈后主，消灭陈国。这样，隋文帝便结束了自东晋十六国以来近300年的分裂割据局面，建立起统一的中央集权国家隋朝。

隋文帝治国有道，在政治、经济等方面采取了一系列的改革措施，促进了社会的发展。

改革官制。废除北周官制，建立三师、三公及尚书、门下、内史、秘书、内侍五省。三师、三公为荣誉职位，并不管理事务。五省之中，秘书省职务悠闲，内侍省全是宦官，国家权力主要集中于其他三省。内史省为决策机关，门下省负责审议，尚书省负责处理日常政务，三省职同秦汉丞相，但却各司一职，分权鼎立，互相牵制。尚书省下设六部：吏部、礼部、兵部、度支（后改称民部）、都官（后改称刑部）、工部，每部设尚书总管部务。此后历朝，皆仿此制。隋以前地方官制极其混乱，隋文帝于开皇三年（583年）下令将州、郡、县三级地方政权，改为州、县二级，同时合并一些州县，大量裁减冗官，节约了政府的开支，提高了行政效率。另外，他还规定全国各地大小官吏，皆由吏部任命，州县长官不得自行选用僚佐；每年年终，地方长官及其重要属僚要到中央报告工作，称为朝集，这些措施有利于改善吏治和加强中央集权。

改革兵制和刑律。开皇十年（590年），隋文帝为了促使全国非军事化，加强文官的社会控制力量，改变过去兵民分离的状况，规定今后军人不再另设户籍，而与普通老百姓一样，授田纳税，这便将府兵制度与均田制度结合起来，成为唐代府兵制的原型。早在建国之初，隋文帝便命高颎、苏威等人制定刑律，开皇三年（583年）制成《开皇律》。新法律废除了前代一些酷刑，只保留律令500条，刑名分死、流、徒、杖、笞五种。死罪要呈报中央，三审而后决。因此，《开皇律》较过去的法律，有很大的进步，它直接影响到唐代及此后历代法律的制定。尽管隋文帝制定了新法律，但他经常不按法律办事，时常在朝廷上杖杀官员，甚至盗一钱以上、三人同窃一瓜者，都被处死。

创立科举制。隋文帝即位后立即废除曹魏以来沿袭达300余年的选官制度——九品中正制，规定每州每年贡士三人。开皇十八年（598年），隋文帝又命令京官五品以上和地方总管、刺史，以志行修谨（有德）、清平干济（有才）二科举士。这是科举制度的开始。分科举士制度的实行，为庶族地主参政提供了机会，扩大了选官范围，有利于选拔人才，改善吏治，对此后历朝选官制度有着深刻影响。

继续推行均田制。北魏孝文帝曾推行过均田制，后因朝代更革，战争不断，均田制一直没有在全国很好推行。隋文帝即位之后不久，便积极推行均田制，规定自亲王至都督皆给永业田，多者 100 顷，少者 30 顷。京官从一品至九品都给职分田，多者 5 顷，少者 1 顷。官署给公廨田，以供公用。一夫一妇受露田 120 亩，丁男受永业桑田或麻田 20 亩，奴婢受田同普通百姓，丁牛每头受田 60 亩，限 4 牛。

整顿赋役和户籍。隋朝的赋役分租、调和力役。规定一夫一妇纳租粟3 石，调纳一匹绢绝和绵 3 两，或者布 1 端麻 3 斤。力役由北周以来的 30天减为 20 天，服役年龄由 18 岁推迟到 21 岁。开皇十年（590 年）又规定 50 岁可用布帛代替力役，调绢由一匹减为 2 丈。到唐代将此确定为租庸调制。为了弄清全国户口情况，开皇五年（585 年），隋文帝下令在全国"大索貌阅"，按人查对户口，以防诈老诈小逃避租役。户口不实者，里正、党长流配远方。堂兄弟以下，都要分居，各为户头，以防容隐，又悬赏令互相告发。经过检括，共增加 164 万多人。同时，还采用"输籍定样"的办法，将人民所应纳租税，依照每家资财情况制定出缴纳标准，从轻定额，写成定簿，由百姓对号入座，根据自己的户等交纳租税。由于国家所定赋税比世家大族对属民的剥削为轻，从而吸引了大量客户，国家户口大为增加。这样不仅打击了豪强地主势力，而且也促进了社会经济的恢复与发展。

隋文帝生活节俭。平时每餐不过一肉，宫内用品，多次修补仍继续使用，甚至连所乘玉辇也打了补丁。皇后独孤氏，也很节俭，不尚服饰。在他们的影响下，开皇、仁寿时期，人们都不穿绫绮，不戴金玉，身上所用的装饰品多用钢铁骨角制成，常服皆为布帛。但对于有功之人，隋文帝却不吝钱财，大量赏赐。

在隋文帝的精心治理下，隋朝社会经济繁荣，国力强盛。开皇十二年

（592年），国家仓库里全部贮满了粮食，不得不另建府库。不久，新府库又满，隋文帝便下令免除全国租赋，赏赐给老百姓。当时国库里贮藏的物质足可以供五六十年用，于此可见当时国库丰实情况。

隋文帝以外戚夺得政权，总担心别人再夺去他的政权，故他的自危感特别强烈。于是他设法从佛教中寻求依靠，每天晚上都在皇宫里做佛事，以此表现自己做皇帝是佛祖的安排，其他人不可觊觎皇位。与此同时，他对除几个亲信以外的所有人都产生怀疑，他甚至怀疑自己的儿子有可能夺去自己的权力，于是将他们或杀、或贬、或作出其他安排，最后只剩下他所宠爱的杨广，即未来的隋炀帝。为了考验令史府史们的廉洁与否，隋文帝派人送去财礼，凡是接收了的，必定处死，决不宽贷，这样一来，官员们整天人人自危，提心吊胆。因此《隋书》称他"无宽仁之度，有刻薄之资"。

隋文帝晚年重用杨素，令他主持修建仁寿宫，由于工程浩大，时间紧急，丁夫累死数万人，死者就地草草掩埋，以至于仁寿宫内夜晚磷火点点，颇为凄惨。

仁寿四年（604年），隋文帝患病，隋朝政局急转直下并迅速灭亡。总之，隋文帝杨坚对历史发展做出过一定积极贡献，其历史功绩也是值得称道的。但他晚年的倒行逆施，也为隋朝的灭亡埋下了祸根。

008

骄奢淫逸的隋炀帝
——杨广

杨广，生于北周武帝天和四年（569年），卒于隋恭帝义宁二年（618年），史称隋炀帝。在统治隋朝期间，他好大喜功、骄奢淫逸，搞得民怨沸腾，纷纷揭竿而起，最终葬送掉隋朝的大好河山。

杨广是隋文帝杨坚和皇后独孤氏的二儿子，杨坚做皇帝以后，册立长子杨勇为太子，封次子杨广为晋王，并在晋阳（今山西太原）为其修建王府，选派专人辅佐他处理军政大事。开皇六年（586年），杨广转任淮南道行台尚书令，为消灭陈国做准备。开皇八年（588年）冬，隋文帝命杨广为行军元帅，率领50多万人马，兵分十路，大举攻陈。很快就攻下陈国都城建康（今江苏南京），俘虏陈朝皇帝陈后主。杨广将已经投降的几位民愤极大的贪官污吏予以处死，并封闭陈国仓库，财宝无一丢失，因此天下皆称其贤。

回到京城之后，杨广因功被封为太尉，复拜并州总管。不料江南高智慧等陈国残余势力死灰复燃，起兵反隋。隋文帝便委派杨广担任扬州总管，又让杨素带兵镇压，很快便平定了叛乱。

隋文帝虽然立了长子杨勇做太子，可杨勇却因生活奢侈等事惹得皇帝和皇后极其不满，而杨广颇会玩弄手腕，尽力表现出节俭而又不好女色的形象，同时他还拉拢朝廷官员为其美言，在母亲独孤皇后面前甜言蜜语地哄骗，终于使阴谋得逞。开皇二十年（600年），隋文帝下诏将太子杨勇废为庶人，立杨广为太子，令其处理部分政务。仁寿四年（604年），杨广趁其父隋文帝生病之机，将其杀害，又伪造一份隋文帝的诏书，将杨勇赐死，待一切准备就绪之后，方在仁寿宫为隋文帝举哀发丧，同时宣布即位，隋朝进入炀帝时代。

隋炀帝在位时间仅 14 年，好事没做几件，坏事却做得不少。

大兴土木，劳民伤财。隋炀帝即位不久，便每月征发 200 万民夫，在洛阳营建东都。为求超过西京长安，他征集五岭以北的奇花异石、珍禽异兽以充实城中大小园苑。在东都的西郊，他修建起方圆 100 公里的西苑，苑内有周长 5 余公里的人工海，海内修建蓬莱、方丈、瀛洲三座神山。山上亭台楼阁曲径通幽，海北有龙鳞渠流入海中，渠两旁建有 16 院，极其华丽。苑内花木，秋冬凋谢后，就用绫彩剪成花叶装饰其上；池沼里布满了荷、芰、菱、芡等浮游植物。

为了榨取江南人民的财富和对高丽进行战争的需要，隋炀帝在短短数年时间，开凿了以洛阳为中心，北起涿郡（今北京）、南到余杭（今浙江杭州），全长 2500 多公里的大运河。其工程可分四段。大业元年（605年），建通济渠，征调河南、淮北一带 100 多万人民，从西苑（今洛阳西南）引谷、洛二水到达黄河，再从板渚（今河南荥阳东北）引黄河水入汴水，复自大梁（今开封）之东引汴水入泗水，最后达于淮水。同年又整修山阳渎。大业四年（608 年）建永济渠，征调河北 100 多万民工引沁水南达于黄河，北到涿郡。大业六年（610 年），建江南河，从京口引长江水到余杭。大运河的开通，加强了南北联系，促进了经济文化的交流和发展，对于形成统一的多民族国家有着重要意义。这是隋炀帝所做的少数好事之一。但是，由于这项工程时间紧，劳动量巨大，老百姓不堪重负，对当时社会的负作用也比较显著。

横征暴敛，赋役繁重。隋炀帝大兴土木，穷奢极欲，除了向老百姓征收正常的租调以外，还百般勒索，甚至预先征收 10 年的田租。每次出游，他都命令沿途几百里内的州县供献食物，所献食品都是山珍海味。侍从妃嫔们吃不完，便掘坑埋掉。州县官吏供献丰厚的，就升官晋爵；稍不如意，便谴责、免官甚至杀头。为迎合皇帝心意，地方官吏想方设法搜刮精制礼品上呈，最终负担还不是落到老百姓的头上！

更为严重的是无休止的徭役和兵役。从大业元年（605 年）到大业七年（611 年）之间，隋炀帝不断地征发老百姓掘长堑，筑西苑，建东都，凿运河，筑长城，修离宫……每项工程，大的要经年常役一二百万人，较小的也要征发一二十万人。隋炀帝还不断把极繁重的兵役以及和军事相关联的徭役加在农民身上。有时候，几项大工程和大规模远征同时进行，差不多全国的老百姓都要受到严重骚扰。

游山玩水，肆意挥霍。隋炀帝经常外出巡游，他即位后的第一年，就坐船游江都，第二年的4月才回到洛阳；第三年北巡榆林；第四年又到五原，出长城，巡行到塞外；609年西行至张掖，观看大漠落日；610年再游江都；611年由江都到河北涿郡，指挥进攻高丽；615年再次北游长城，被突厥始毕可汗围困于雁门关；616年从雁门关解围后，三游江都。从即位到去世，通计炀帝居京时间不足一年。四处巡游，兴师动众，浪费国家无数钱财，同时也给沿途百姓造成沉重负担。615年的那次北游，他征发河北10余万壮丁，凿开太行山，开辟前往并州的大道。他还亲率50万大军，10万匹战马，结成方阵，到突厥游牧的草原旅游，消耗资财不计其数。大臣高颎与贺若弼认为皇帝太奢侈，隋炀帝立即以诽谤朝政的罪名处死他们，谁也不敢再提反对意见。

浮夸炫耀，粉饰太平。每年正月，隋炀帝都在洛阳端门外，建国门内，大演百戏，向在洛阳的西域人夸耀，仅演戏所需的衣服就用光了两京府库里贮藏的缯帛。西域人请求到洛阳市内交易时，隋炀帝又令市内商人装饰门面，商场内积满各种货物，商人必须穿上绫罗绸缎做的衣服。西域人走过饭店时，店主人必须主动邀请入内，享受佳肴，酒足饭饱之后，不但不准收费，而且还得向西域人说明，因为中国十分富饶，饭店酒席皆不收钱。隋炀帝还令人把街道两旁的树木，都缠上缯帛，以示豪华。连西域人看了也不禁疑惑地问道："中国也有贫穷者衣不盖形，不如将树上的缯帛送给他们，缠在树上有什么用呢？"

扩大疆域与侵略高丽。隋炀帝以为，自古以来，凡有作为的皇帝都是用武力开拓疆土的。汉武帝在位50余年，就进行了50年的大小战争。只有江东的帝王，仅知道拥妃妾，坐深宫，寻欢作乐，没有大的作为。所以他们的王业也难持久。有鉴于此，隋炀帝欲以开拓边疆名垂青史。大业四年（608年），炀帝命令已经归降的西突厥铁勒部攻打吐谷浑。另派宇文述和扬雄带兵配合，大败吐谷浑。第二年，隋炀帝亲率大军征伐吐谷浑，降伏 10 万多人，缴获 30 多万头牲畜。西域高昌 27 个国家前来朝拜，炀帝获赠几千里土地。从此，西平以西、且末以东、祁连以南、雪山以北这东西 2000 公里、南北 1000 公里的原吐谷浑领地划入了隋朝版图。大业三年（607 年）和四年（608 年），炀帝两次派遣大将朱宽前往台湾。六年，又派陈积、张镇州率兵 1 万余人，东征台湾，从此台湾与大陆的经济文化交往更加密切。在隋炀帝统治时期，隋朝的疆域东西 4650 公里，南北 7400 公里。这大概也是他做的好事吧。

东北方面，隋炀帝企图臣服高丽。大业八年（612 年），在经过三四年的准备之后，隋炀帝派出 100 多万军队攻打高丽，不料却以失败告终。隋炀帝对此万分恼怒，对群臣说："凭我的力量，海可以填、山可以移，高丽算得了什么！"决定再次发兵。大业九年，隋炀帝亲率大军，第二次攻打高丽，依然没有成功。大业十一年，炀帝又发动了第三次进攻，又是失败。三次攻打高丽，给隋朝带来严重损失，是引发隋朝末年农民大起义的导火索，促使隋朝走向崩溃。

群雄竞起，江都被缢。由于连年的兵祸、灾荒，许多州县的老百姓无法再生活下去，不得不揭竿而起，占山为王。大业七年（611 年），王薄率先带领人马在长白山（今山东章丘）发动起义，全国各地纷纷响应。不久，形成了以翟让、李密领导的瓦岗军，以窦建德为领导的河北起义军和以杜伏威为领导的江淮起义军三股大的反隋势力。后来，这些起义军逐渐被隋朝旧将、唐国公李渊集团所利用和并吞。李渊于大业十三年入长安，遥尊正在江都的隋炀帝为太上皇，并拥立太子之子代王杨侑为帝，改年号为义宁，自己担任大丞相，掌握实权。已陷入绝境的隋炀帝，不仅不思悔改，而且变本加厉，严令一月之内修建丹阳宫。终于导致内部矛盾激化，领导侍卫部队的司马德勘和贵族宇文化及于义宁二年（618 年）春发动政变，缢杀隋炀帝。

隋炀帝身死国灭，原因是多方面的，最重要的一条是他自以为是，完全听不进反对意见。为了彻底堵塞言路，隋炀帝曾对虞世南说："我生性不喜人谏。已是达官者还想借进谏以求名，我更不能饶他。若是卑贱之士，我还可能饶他些，但也决不让他有出头之日。"由此可见其刚愎自用的性格。

隋炀帝的一生非常短暂，但却犯下无数罪恶，恰如李密在讨伐他的檄文里所说："罄南山之竹，书罪无穷；决东海之波，流恶难尽。"尽管隋炀帝犯下了许多不可饶恕的罪恶，但他也做了一些好事，如统一全国、开凿运河，扩大疆域等，在客观上都起到了统一中国、促进南北经济、文化交流及生产发展的作用。我们在评论隋炀帝时，既应批判其错误和罪恶，也应指出其贡献，以求客观公正。

009

夺隋建唐统一全国的唐高祖
——李渊

李渊，生于北周天和元年（566年），卒于唐贞观九年（635年），字叔德，陇西成纪（今甘肃静宁西南）人。隋朝末年，李渊率军起事，建立唐朝，李渊就是唐高祖。

李渊的祖父李虎是西魏八柱国之一，死后追封为唐国公。李渊的父亲李昞，曾任北周安州（今湖北安陆）总管、柱国大将军，袭封唐国公。李渊在隋朝先后做过谯州（今安徽亳州市）、陇州（今陕西陇县）、岐州（今陕西凤翔）等州刺史，大业初年，又先后为荥阳、楼烦（今山西静乐）二郡的太守，大业十一年（615年），任山西、河东抚慰大使，义宁元年（617年）初，任太原留守。

隋炀帝在位时期，由于他倒行逆施，激起全国各地的反抗，瓦岗山的翟让、李密，江淮的杜伏威，河北的窦建德便是当时最大的三股反抗势力。见全国如此混乱，李渊亦想浑水摸鱼，逐鹿中原。他积极网罗对自己有用的人才，如隋的右勋卫长孙顺德、右勋侍刘弘基，他们为了逃避进攻高丽之役，都逃命在太原，依附于他；左亲卫窦琼也因犯法而逃到太原亦为李渊所收留。这些人才成为以后他起兵反隋的骨干。

为了稳定后方，建立起反隋根据地，李渊率军消灭了活动在河西郡一带的历山飞起义军，并收编了许多溃散义军，壮大了自己的军事实力。同时，李渊对北方的突厥采取拉拢、利用的手段，以稳定太原的形势。在写给突厥始毕可汗的信里，李渊表示欲与其和亲的愿望，并说："如果能听从我的意见，不侵扰百姓，我率领的反隋起义军，征伐所得，子女玉帛，皆归您所有。您不必出兵就坐收宝玩，岂不更好！"信写好之后，李渊力排众议，在信封上不用"书"而改用卑对尊所用之"启"，始毕可汗得信后，喜出望外，并建议李渊取隋炀帝而代之。李渊见后方已经稳定，便决定立即起兵。义宁元年（617年）7月，李渊以李元吉为镇北将军、太原留守，负责太原的一切有关事宜，自己率军3万，向关中进发。

正当李渊进军关中之时，却收到瓦岗军首领李密的来信。李密在信中以天下盟主自居，目空一切，口气强硬，李渊在回信中卑辞推奖以骄其志，称赞李密必为天子，而自己不过愿意复封于唐而已。李密得信后，欣喜若狂，遂专心致力于中原。李渊利用瓦岗军和洛阳隋军相持不下的机会，乘虚入关，企图占领长安，坐收渔翁之利。

李渊率军从太原南下长安的途中，却遇到防守霍邑（今山西霍县）的隋朝虎牙郎将宋老生的阻挡，霍邑久攻不下，这时又传来刘武周联合突厥进攻太原的消息。究竟是继续攻取霍邑，还是后撤救应太原，李渊军中意见不一，最后，李渊采纳儿子李建成、李世民的意见，施用调虎离山计，骗出宋老生，攻克霍邑。接着李渊经临汾，下绛郡（今山西新绛），到达龙门（今山西河津），兵临黄河东岸。派李建成率军数万人屯永丰仓，扼守潼关；派李世民率军数万人西进，迂回包围长安。义宁元年（617年）11月，李渊攻克长安。

李渊进入长安以后，立即废除隋炀帝的一切法令，"约法为十二条，惟制杀人、劫盗、背军、叛逆者死"。同时迎代王杨侑即皇帝位，遥尊在江都的隋炀帝为太上皇，自己掌管大权，"为假黄钺、使持节、大都督内外诸军事、尚书令、大丞相，进封唐王"。

武德元年（618年）3月，宇文化及等人在江都缢杀了隋炀帝，另立秦王浩为皇帝。消息传到长安以后，李渊对炀帝之死假惺惺地表示万分悲痛，同时却利用这一有利时机，强迫代王杨侑让位，自己做上了皇帝，改国号为唐，至此，唐朝代替了隋朝。

唐高祖李渊即位以后，立即开始了统一全国的行动。为巩固关中地区，李渊先后打败屈突通、薛举和李轨，从而彻底解除他们对关中的威胁。武德二年（619年），刘武周勾结突厥，攻下太原，并长驱南下直至河东。李渊派李世民率军反击，武德三年，消灭刘武周，恢复了唐朝在山西的统治。然后，李世民又率军出关，进攻王世充。武德四年，李世民击溃前来增援的窦建德部，王世充被迫举城投降。武德四年到武德六年，唐军又镇压了河北地区的刘黑闼起义军，以及割据在鲁南的徐园朗和割据在冀北的高开道。这样，李渊便在河南、河北、山东等地确立了他的统治。

南方的第一个大割据势力萧铣，于武德四年被唐将李孝恭、李靖率兵消灭后，其他割据势力，如林士弘等，也先后被平定。长江流域及岭南等地皆为唐军占领。这样，唐高祖便基本上统一了全国。唐高祖李渊统一全国以后，儿子们为太子之位而展开的争夺也达到了白热化。李世民在建立唐朝的战斗中功勋卓著，远远超过其兄李建成，李建成却因年长而被立为太子，是帝位的合法继承人。李建成在各方面自知不如李世民，为巩固自己的地位，便拉拢四弟李元吉来共同对付李世民。武德九年（626年），李世民先发制人，在皇城的北门玄武门设下埋伏，射杀李建成和李元吉，消灭了他们的势力，史称"玄武门之变"。事变之后，唐高祖李渊将李世民立为太子，并下诏："自今军国庶事，无大小悉委太子处决，然后闻奏。"将皇帝的实际权力交给了李世民。不久，高祖李渊又自动将皇位让给李世民，李世民就是开创了"贞观之治"的唐太宗。贞观九年（635年），太上皇李渊去世。

唐高祖李渊能虚心纳谏。他认为隋朝的灭亡是由于主骄臣谄，无人上谏，故他要求臣僚们有不同意见就应说出来，不得隐瞒，对于臣下的意见，他也大都能虚心接受。武德元年（618年），有人犯法却不至于被处死，高祖却命人处死他。监察御史李素立谏道："法律是皇帝与天下人共同所有，法律一旦动摇，人们便手足无措。陛下您刚登上皇位不久，为什么要废弃原有的法律而加重处罚此人呢？作为监察御史，我不敢接受您的命令。"唐高祖接受李素立的意见，收回成命，并重用李素立。万年县法曹孙伏树上疏请唐高祖以隋亡为戒，不可贪图安逸享乐，接受臣下所献；废除百戏散乐，加强对皇太子和诸王的教育，防止他们腐化堕落等。高祖看后大悦，认为他"至诚慷慨，词义恳切，指陈得失，无所回避"，并提拔他任侍御史，"赐帛三百匹"以示奖励。

唐高祖李渊知人善任。李靖原是隋朝的马邑郡丞，当李渊准备太原起兵之时，李靖准备去江都报告隋炀帝，却因道路不通而困居于长安。李渊攻下长安后，发现李靖颇有才华，并未处死他，却于武德二年（619年）命他从四川沿江东下，进攻萧铣，由于他行军迟缓，高祖便命硖州（今湖北宜昌）都督许绍将其斩首。许绍因惜其才，上书为其请命方得以不死。后李靖率兵 800，击破敌营，俘获 5000 余人，立下大功。唐高祖李渊非常高兴，大为嘉奖，并表示不计前嫌，既往不咎，自此以后，李靖又得到重用。不仅对李靖如此，对苏世长、徐世勣等原为敌对方面的有用人才，亦予以破格重用，从而化敌为友，既分化了敌人，又壮大了自己的力量，表现了开国之君知人善任的魄力。

高祖李渊重视发展农业生产，遏制佛教泛滥。早在武德二年（619年），高祖李渊便初定租庸调法，武德七年（624年），又定均田和租庸调法，明确规定了农民可以占有的土地数量和赋税徭役制度。并规定禁止迎送营造差科，不得加重老百姓的负担，从而维护了老百姓的生产积极性，促进了农业生产的发展。由于当时社会佛教盛行，10 多万僧尼不从事生产劳动，逃避赋役，这在唐初人口大量减少的情况下，不仅不利于生产的发展，而且直接影响到政府的税收。武德九年（626年），唐高祖采纳太史令傅奕的建议，下诏命有关部门淘汰天下僧尼、道士、女冠，京城仅留寺庙三所，道观两所，诸州各留一所，其余全部关闭，这便为社会减轻了负担，为生产提供了大量的劳动力，对于社会经济的发展，产生了积极的促进作用。

作为唐朝开国之君，李渊深谋远虑，足智多谋，自太原起兵，进军关中，攻克长安，以至最后建立唐朝，他都是主要的决策人。可是，以前的史书，如新旧《唐书》《资治通鉴》等皆将李渊描绘成碌碌无为之人，而将李世民的才干极力夸大，幸有唐朝初年温大雅所著《大唐创业起居注》的发现，纠正了传统观点的谬误，还李渊以本来面目。唐高祖李渊不愧为我国古代颇有作为的政治家、军事家。

010

千古一帝

——李世民

唐太宗李世民（599—649），出生在陕西武功一个贵族家庭的"别馆"中。他的祖先李虎，曾是北周时"荣盛莫与为比"的所谓"八大柱国"之一。父亲李渊，在李世民出生时，虽然其荣耀已非昔日的祖宗可比，但却也是隋朝的皇亲国戚，历任谯、陇、岐等州的刺史，荥阳、楼烦等郡的太守，以及殿内少监、卫尉少卿等重要职务。李世民生长在这样的贵族世家，接触的是世族豪门，结交的是贵族子弟，从小习艺练武，善于骑马，好弄弓矢，锻炼了骁勇超人的武艺，也养成了强悍、临机果断、意志坚强的豪放性格。

隋朝末年，独夫民贼隋炀帝的统治，犹如一叶扁舟，飘浮在隋末农民大起义的惊涛骇浪之中。在农民起义军的沉重打击之下，隋朝的封建统治者内部也爆发一次又一次的分裂。613年，杨玄感起兵反隋；616年底至617年的春夏之间，罗艺、徐园朗、梁师都、刘武周、薛举等官僚、豪强地主，纷纷起兵割据，拥兵自重。隋朝的统治很快就要被颠覆了。这时，充当隋朝太原留守的李渊，虽是这个地区的最高长官，但却时时受到了隋炀帝的猜忌与怀疑，日日要"纵酒纳赂"以为"自安之计"。他也看到"天下大乱"、炀帝多有"猜忌杀戮"大臣的局面，正是自己积蓄力量、起兵反隋的绝好机会。于是，积极准备发动兵变。"聪明勇决、识量过人"，年仅20岁的李世民是他起兵的最主要的得力助手。

李世民在跟随父亲来到太原之前，已经成长为一位英武少年，并已在"解雁门之围"的战斗中初露锋芒。他年轻有谋，善于用兵，交结和收罗了不少天下英豪。来到太原后，他又奉命"密招豪友"。当时，亡命在晋阳的长孙顺德和刘弘基，都是他优礼结交的对象；晋阳县令刘文静，更是他无话不谈、无事不商的密友。这些人，以后都成了晋阳兵变的最主要的骨干力量。

隋大业十三年（617年），李渊父子在晋阳发动了兵变，公开举起了反隋的旗帜。兵变胜利后，李渊即"法檄各郡，称义兵，封李世民为'敦煌公'，右领军大都督、指挥右三军"，南下霍邑、围困河东。11月攻克了长安，建立了唐王朝。接着，李世民执行了"先西后东"的战略方针，在唐初的统一战争中，立下了辉煌的业绩。

617年，李世民率军在浅水源（今陕西长武县东北）大败薛仁杲军，并将其残部消灭在折墌（今甘肃泾川东北）。

619年，李世民挂帅亲征，按照原定的计划，"平殄武周，克复汾、晋"，巩固了唐的西北地区。

620年，李世民又驱兵关东，大军指向窦建德军与王世充军，虎牢一战，窦建德军瓦解，王世充不战自缚。唐初的统一战争取得了决定性的胜利。接着又平了刘黑闼，打赢了统一战争的最后一战。

李世民在晋阳起兵中的首义之功及在统一战争中的接连胜利，表现了他的杰出的政治才能与军事才能，为他以后的统治奠定了基础。

626年6月4日，李世民发动了"玄武门之变"，夺得了帝位。执政以后，他很快地调整了中央集团和政府机构的用人制度，组成了以自己为首的最高决策集团。

"玄武门之变"后，李世民虽然诛杀了太子李建成、齐王李元吉及其年幼无知的侄子，但东宫与齐王府的余党纷纷逃亡，在各地隐匿，企图卷土重来，成了社会不安定的主要因素和混乱的根源。李世民曾两次下诏赦天下："凶逆之罪，止于建成、元吉，自余党与，一无所问。"非常策略地处理了"喋血玄武门"之后留下的问题。唐太宗还对东宫府的人才大胆地加以信任与提拔，表现出了杰出的政治家风度和气魄。如李建成的骁将薛万彻，曾带兵攻打过玄武门与秦王府，失败后又逃亡终南山。唐太宗派人请他回来，"以其忠于所事，不之罪也，不以仇敌遇之"（《旧唐书·薛万彻传》）。东宫府的能臣、原太子洗马魏征，唐太宗封为"詹事主簿"，后又改任谏议大夫，步步高升。

接着，唐太宗改革了中书、门下省的封驳制度，使宰相及其属员有职有权，各司其职、各负其责、互相监督。贞观三年（629年），唐太宗借故贬逐了高祖亲信裴寂，罢黜了前朝遗老陈叔达、萧王禹等，以房玄龄、杜如晦为尚书左右仆射，李靖为兵部尚书，魏征守秘书监，参与朝政，完成了中央集团机构的调整。

唐太宗在完成中央机构调整的同时，还对地方行政机构的用人制度进行了整顿。他认为都督、刺史、县令等地方官员，实属"治乱所系"，特别是县令，"尤为亲民""尤须得人"，于是规定，刺史以上地方官由自己选派，县令则由在京的五品以上官员，各举一人。并在屏风上写上都督、刺史的姓名，"记其善恶"，"坐卧恒看"。

唐太宗的用人标准是"才行兼备""举行能之人"（《旧唐书·杜正伦传》）。所谓"才"与"能"是指办事能力而言，所谓"行"就是讲政治标准。他曾与魏征讨论用人，认为"为事择官，不可粗率。用一好人，别的好人都来；用一坏人，别的坏人都跟着进来"。魏征说："这是对的。天下未定，主要用人的才干，顾不得德行，天下已定，那就必须才德兼备才可用。"唐太宗基本上遵循了这个规矩用人。他公开宣布："朕之授官，必择才行。若才行不至，纵朕至亲，亦不虚授。若才有所适，虽怨仇而不弃。"（《旧唐书·长孙无忌传》《房玄龄传》）处理高祖时的老官僚，东宫、齐王府的主要人员，秦王府的僚属就足以证明他对选用的对象，执行的是不避仇敌、不避亲疏、唯才是举、破格提拔的原则，如对待魏征、薛万彻就是最著名的例子。长孙无忌是长孙皇后的兄长，贵为国戚，当册封其为司空时，有人以"私亲之俏"加以反对，太宗排除干扰："委以重官，盖是取其才行耳。"他还能从贫贱中选拔人才，如马周，曾为人门客。太宗用其为"直门下省"，继又提为"监察御史"，十分称职。他还采取多种措施，通过各种渠道选拔人才。方法之一是改定"氏族志"，提高新的士族的尊荣，压制旧有的士族势力，为士庶并用的方针开辟了道路。

其次是发展科举、重视进士及第，进一步为庶族地主士人开拓了一条入仕和发挥才智的途径。据《唐摭言》记载：唐太宗曾私幸端门，见新进士鱼贯而出，不禁大喜曰："天下英雄，入吾彀中矣！"由于他的"孜孜求士，务在择官，改革旧弊，兴复制度"（《贞观政要》卷1）政策的实施，获得了用人致治的显著效果。贞观一代，人才辈出，佼佼者如长孙无忌、房玄龄、杜如晦、魏征等等。人才济济的盛况，"前有汉，后有宋，皆所不逮"（《读通鉴论》卷20）。

在历代帝王中，唐太宗是以其"雄才大略而又从谏如流，位及人主而兼听纳下"的开明作风而闻名于世的。他指出："朕年十八，犹在民间，百姓艰难，无不谙练。及居帝位，每商量处置，或时有乖疏，得人谏诤，方始觉悟。若无忠谏者为说，何由行得好事？"（《贞观政要》卷4）"以天下之广，四海之众，千端万绪，须合变通，皆委百司商量，宰相筹划，万事稳便，方可奏行。岂得以一日万机，独断一人之虑也。且日断十事，五条不中，中者信善，其如不中者何？"（《贞观政要》卷4）他也不认为自己是完人，而是敢于承认："自知者为难，如文人、巧工，自谓己长，若使达者、大匠诋诃商略，则芜辞、拙迹见矣。天下万机，一人独断，虽甚忧劳，不能尽善。"（《新唐书·吴兢传》）

唐太宗认为，"君臣相遇，有同鱼水，则海内可安"。（《贞观政要》卷2）他多次向大臣强调："君臣合契，古来所重""君失其国……臣亦不能独全其家"。他把君臣关系提到了"国家兴亡，社稷安危"的高度来认识，在求臣纳谏的基础上，提出了"君臣共理天下"的政治主张。贞观三年（629年），他与群臣论治，首先阐明了"人君必须忠良辅弼"的道理，竭诚希望"君臣上下，各尽至公，共相切磋，以成治道"，（《贞观政要》卷2）开创了君臣共商国是的开明局面。

经过君臣们的共同努力，贞观三年，开始出现了"远夷率服，百谷丰稔，盗贼不作，内外安静"的大治景象，唐太宗兴奋地对大臣们说："此非朕一人之功，实由公等共相匡辅"。（《贞观政要》卷10）从这里也可以看出，唐太宗的政治思想和政治成就，是地主阶级内部群策群力的结果。

贞观时代，由于政治上的清明，导致了经济、军事、文化上的日益繁荣，故贞观年代的治绩，被封建史家们称赞为"贞观之治"。

唐初，面对着隋末大乱之后"伊洛之东，暨宁海岱，萑莽巨泽，茫茫千里，人烟断绝，鸡犬不闻，道路萧条"（《全唐文》卷2）的衰敝景象，百废待举、百事待复。求治心切的唐太宗，亲自组织了关于"自古理政得失"的讨论，首先从政治上统一群臣的思想。太宗当时也怀疑"大乱之后能否大治"。他说："在大乱以后，教化怕不易实现。"魏征认为："不然。民众遭受战乱的痛苦，教化正容易实现。譬如，给饥人做饭，给渴人饮水，是很不费力的事。"封德彝则反对魏征，说："三代以下，人心愈来愈浇薄，所以秦专用法律，汉朝杂用霸道，他们想教化而不能，不是能教化而不想。"魏征驳斥说："如果说古人纯朴，后世愈来愈浇薄，那么，浇薄到今天，人早化为鬼怪，还要什么人君来治理呢?"（《贞观政要》卷1）唐太宗赞同魏征的意见，定出了"偃武修文，中国既安，四夷自服"的方针，专心从改善政治、使百姓安定等方面来实现天下大治。广开才路、广开言路、用人致治；虚心纳谏、共理天下，就是这种清明政治的主要方面。

在经济方面，由于实行"让步政策"，力行均田、劝课农桑、减轻赋税和徭役，为当时的社会生产的恢复和发展奠定了基础。

在军事方面，唐太宗为最后打败突厥，曾每日"引数百人于殿前校射"，亲自考试诸将武艺。又整顿了府兵制度，改天下军府为折冲府，建立了一支庞大的军队作为封建政权的重要支柱。贞观三年至九年（629—635），唐太宗便向西开始了一连串的进击，先后平定了东突厥、吐谷浑，统一了高昌、打击了西突厥，开拓了和西方来往的商路。这对加强东西方的文化交流，具有深远的历史意义。

唐太宗对被统一的北部和西部边疆，设置羁縻州，实行"羁縻"政策，这与历代封建统治者的"非我族类，其心必异"的民族压迫政策相较，是极其开明和进步的。他曾总结自己的统一经验，其中之一是："自古皆贵中华，贱夷狄。朕独爱之如一，故其种落皆依朕如父母。"这里虽有溢美之处，但也与事实相去不甚太远。

在文化方面，贞观时代提倡儒学、奖掖文士；兴办学校，制礼作乐；广收天下图籍编纂成书。这些文治措施，反过来又对巩固唐初的中央集权国家起了重要作用。唐朝的重要制度，都在贞观时制定。如长孙无忌、房玄龄和一批"学士法官"制定的《唐律》、魏征等编成的《群书治要》、孔颖达编成的《五经正义》等等，开创了封建文化的鼎盛时期，也孕育了虞世南、姚思廉、欧阳询等中国文学史上的一代名流。

　　唐太宗毕生所持的政治思想及其政治成就，来源于他对隋末农民大起义的伟大力量的深刻认识。他时时牢记"天子有道则人推而为主，无道则人弃而不用，诚可畏也"的历史教训，对唐初的君臣、君民关系进行了一系列的改革和调整，形成了空前无比的文治和武功，这些都是顺应历史发展的。即使在晚年，由于这位开创了唐初基业的皇帝，长期陶醉在功业和颂扬声中，骄奢淫逸之心日益增长，但也不是漆黑一团。临终前，他告诫太子说："汝当更求古之哲王以为师，如吾，不足法也。"他评价自己的功过是"益多损少""功大过微"。纵观他一生的政绩，"千古一帝"的评语亦不为过。

011

我国历史上唯一的女皇帝
——武则天

中国封建王朝的皇帝，传位都是男的，而武则天却是中国历史上惟一的女皇帝。

武则天（624—705），名曌（即照），并州文水（今山西文水县）人。父亲原是大木材商人，后随李渊起兵，到唐朝官至工部尚书，兼检校并越将军，先后赐田300顷、奴婢300人，食邑2500户。9岁时，父亲去世。14岁时，她因相貌出众，被唐太宗召入宫，命为才人，赐号武媚，人称媚娘。才人是皇帝的妻子之一，在皇后、四妃、九嫔之下，地位较低。

在当时重视门阀的社会里，出身大木材商的武则天仍然被看作出身寒微。在宫中，皇妃和九嫔们依仗着门第的高贵，皇帝的宠爱，一个个盛气凌人，横行霸道。她们常常取笑她，欺辱她。严酷的生活养成了武则天刚烈的性格。相传，唐太宗有一匹烈马，名叫狮子骢，性暴难驯。一天，皇宫的大院里聚集着一批文武大臣，太宗问大家："你们谁能驾驭它？"大家面面相觑，无人敢对。只见武则天拨开人群，站出来自请驯马。太宗问其驯技，她说："臣妾只需三样东西，一铁鞭，二铁锤，三匕首。先用铁鞭子抽它；不服，就用铁锤猛击它的头；再不服，就用匕首刺断它的咽喉！"太宗听了禁不住大为赞赏。公元649年，唐太宗李世民驾崩，按照唐制，媚娘和其他宫女一起被迫入感业寺削发为尼，时年26岁。

太宗死，太子李治接位，称为高宗，不久，唐高宗来到感业寺进香，武则天又一次被召入宫，晋升为昭仪。昭仪位于九嫔之首，地位仅次于皇后和四妃。当时，宫中王皇后正与萧淑妃争宠。武昭仪看准了风向，权衡了利害得失，先站在王皇后一边，共同诋毁萧淑妃，使其很快失宠被废为平民。转手，武昭仪又残忍地窒死自己的亲生女儿，以此来诬陷王皇后，谋夺后位。由于她"能屈身忍辱奉顺上意"，加上王皇后未能生育，高宗决定废除王皇后，册立武昭仪为皇后。

围绕皇后的废立问题，在宫中展开了一场惊心动魄的斗争。太尉长孙无忌、宰相褚遂良等元老们认为，武昭仪出身低微，又曾服侍过先帝太宗，现立为皇后，不成体统，将会以恶名留世。支持武则天的朝臣李义府、许敬宗等人，想借此机会邀功，则积极支持武则天为皇后，他们说什么："田舍翁多收了十几石麦子，还想换个婆娘，何况天子呢？"在这关键时刻，起重大作用的还是拥有军事实力的开国元勋李勣，他明知更换皇后是高宗的主意，却推说这是皇帝家中事，不必征求臣下的意见。他助了武则天一臂之力。由于李勣的支持，高宗终于不顾贵族的反对而决定废立。武则天 32 岁那年，终于以皇后的显贵身份进入最高统治集团。

武则天一当上皇后就参决朝政，立即对占据中央要职的元老贵族的代表人物进行彻底的清洗。首先把宰相褚遂良、来济、侍中韩瑗等贬了官，不久又逼迫长孙无忌自杀，罢斥 20 多位反对她的官员，并开始擢用许敬宗等人。公元 660 年，高宗因病，委托武则天"决百司奏事"，自此武则天实际上掌握了大唐政权。武则天权力一天天的加强，唐高宗也感到不快，他曾于 664 年与贵族大臣上官仪一起密谋，决定废除她。但武则天迅速采取了对策，处死了上官仪。从此，高宗每次临朝理政，武则天垂帘于后，参决政事。朝廷内外，称高宗、武后为"二圣"（两个皇帝的意思）。

高宗的病越来越重，为确保李氏皇统，想传位给太子李弘（武则天的长子），武则天竟用药酒毒死了李弘。同年，高宗立次子李贤为皇太子，并令李贤监国，武则天为了保持已到手的皇位，又废李贤为平民。高宗被迫又立第三子李显为太子。683 年，高宗病死，太子继位，是为中宗。但好景又不长，只过了 55 天，又被武后废为庐陵王，幽禁于深宫。684 年，武后立第四子李旦为帝，是为睿宗。

中宗被废，使统治集团内部的矛盾进一步激化。684 年，被武则天贬黜的徐敬业等人以中宗被废为借口，从扬州起兵，旬日间聚众达 10 余万人。著名文人骆宾王配合徐敬业写了言辞激烈的讨武氏檄文。在中央政权内部，宰相裴炎乘机要挟武则天让位中宗，说："若太后返政，则不讨自平矣。"在这场决定成败的大搏斗中，60岁的武则天当即派李孝逸为扬州道大总管，率30万大军前往讨伐。前后不到50天，迅速讨平了徐敬业的10万大军，并处死了裴炎等人。

4年后，唐宗室越王李贞、琅琊王李冲父子又以"匡复"为名，分别起兵，企图联合四方宗室诸王"共趣神都"洛阳，夺取政权。但不到20天这次叛乱也被击败。围绕皇位问题，武后在同自己的丈夫、儿子的角逐中，再次取得了胜利。690年，67岁的武则天登位称帝，建立了武周政权，自己立号为圣神皇帝。从655年武则天当皇后参决政事起，直到705年退位止，前后参与和掌握最高权力达半个世纪之久。

武则天当政时期，对农业生产比较重视。她曾下令禁止买卖"世业口分田"，并清查了豪门贵族的一些非法占田，仅洛州一地就查出3000顷。通过清查，取消和削减了一些贵族的封邑和食封田；通过搜刮"隐户"，减少了部分豪门贵族所控制的劳动力。据史书记载，武则天时期曾大兴水利，在今陕西、河北、河南、山东、湖南、四川、浙江、江苏、甘肃、青海和内蒙古等地区，都兴修了大小不等的水利工程。大的水利工程有的流经几省，有的能灌田9万亩之多。为了鼓励农业生产，武则天提出要"重农桑，薄赋徭"的主张，规定地方官吏做到使所辖地区"田畴垦辟，家有余粮"的升官，"为政苛滥，户口流移"的受罚。并用减免赋税的办法，吸引逃亡人口到长安和洛阳周围的州县落户，以减轻群众生活的困难。686年，武则天还曾经叫人编辑了一本农书《兆人本业》，下令颁发全国各地，要求地方官吏注意农时。以上这些，对当时农业的发展，起了一定的积极作用。

由于政治斗争的需要，武则天把原来的《氏族志》改编为《姓氏录》，规定以后族为第一等，其余一律以官职高下为标准，分为九等。这样，不管你出身如何，只要立有军功，即使是士兵也可以跟世家大族列在同一个等级里。官职比门第优越，显然，这种做法也是应该肯定的。

为了网罗人才，武则天第一个设立了自己可以申请做官的"自举"制度，制度规定内外九品以上的官员都可以自己举荐请求升官或做官。

690年，即她正式当皇帝的那一年，她第一个设立了皇帝考试的"殿试"制度，亲自在洛城殿上考试贡生。702年，又增设"武举"。过去各州选送举人，往往排在贡物之后，她改为先人后物，以表示自己重视人才。通过这些制度，把从实际工作中涌现出来的地主阶级人才大批提拔上来，而把不称职的官吏加以罢免和淘汰。

武则天选拔人才来为自己的政权服务，这不能不说是一个长处。如当时著名的宰相狄仁杰，就是由地方官吏提升上来的。狄仁杰不畏权势，直言不讳，多次劝阻武则天不要奢侈浪费。武则天接受了他的劝阻，对他十分器重，亲自给他袍子上题字，以示勉励。当时，据史载，朝廷上下，可谓人才济济。

武后每当发觉自己埋没了人才，常常感到惋惜。骆宾王写《讨武氏檄》，把她骂得"狗血喷头"，她却赞赏他的文才，说不用此人是宰相的过错。

户口和田地的数字是社会经济发展的寒暑表。武则天时期，人口增加很快，到她执政末年，已由高宗时的380万户增加到615万户，几乎增加了一倍。耕地面积不断扩大，在高山深谷中，也有耕种的人群。米价便宜的地方，一斗只有5钱，出现了"海内富庶"的局面。旧史家赞武则天是上承"贞观之治"，下启"开元盛世"，这样的评价看来是比较公允的。

但是，武则天毕竟是封建社会中的皇帝，她和历史上一切封建统治者一样，是地主阶级利益的忠实维护者。她在许多方面是应该批判的。

武则天当政期间，采取严刑峻法，大肆诛杀异己。她在朝堂上设置铜匦（类似于"检举箱"），奖励告密。各地告密的人，不论贵贱，都可亲赴京城，沿途受到驿马和五品官的物质待遇。凡来告密者，无论是达官贵人，还是平民百姓，相互不得询问告密内容；到了京城，武则天亲自召见。告密属实，封官赐禄；告密失实，也不反坐。铜匦的设置，告密者越来越多，武则天就拔擢了一批如武三思、武承嗣、周兴、来俊臣等新法官来刑讯治狱。这些人多是告密者，出身无赖，性情残忍，善于罗织罪名，陷害无辜。武则天以这些酷吏作刀斧，相继诛杀唐宗室数百人，文武大臣数百家，地方将吏几千人。他们使用的酷刑名目繁多，使被捕的人看了刑具，就愿承认任何罪名，以求免刑。一时期，朝野上下，笼罩着一片恐怖。在被关杀的大批人中，有许多是无辜受害者。

武则天称帝后，为了神化自己的威权，大肆崇佛，大造佛寺佛像，度人做和尚尼姑。为了广建庙宇，不惜役使上万的人民在南方采伐巨木，构筑所谓的"明堂""天堂"。据记载，"明堂"高294尺，"天堂"盖得更高。结果，花费亿万计，"府藏为之耗竭"。她还动用巨大的人力、物力建"天枢"，塑大佛，铸九鼎，仅九鼎用铜就达25万千克。

武则天为了维护自己的统治，曾先后录用大批官吏，这必然造成官僚机构的空前膨胀；而这些官吏都是一些兼并土地、贪得无厌、残害人民的家伙，完全靠搜刮民脂民膏来养活的。因此，武则天临朝称制时，封建国家的兵役徭役和地主的剥削都比过去重，阶级矛盾十分尖锐，出现"天下户口，逃亡过半"的现象。

全国范围内的阶级矛盾和统治集团内部的矛盾一天比一天加剧。705年，武则天正在病中，宰相张柬之等人联合禁军将领，趁武则天病重期间，发动了宫廷政变。立李显为皇帝，即中宗。不久，武则天也就寂寞地死去了。她在死前下诏去帝称后，遂被称为"则天皇后"，从而宣告了"大周"统治的结束。

综上所述，武则天这个历史人物虽有她的种种劣迹，但却不乏政绩，在我国历史上，仍算得上是一个有作为的女皇帝。

012

第一位穿汉族服装的吐蕃王
——松赞干布

松赞干布（617—650），是吐蕃赞普的直系子孙。在第八世赞普布袋巩甲时期，吐蕃人聚居在琼巴（今西藏琼结），开始开垦平原，引湖水灌溉，有了农业。第十七世赞普德米波那木雄赞，设立大相（宰相）作为赞普的辅佐，初具了国家政权的规模。第三十世赞普达布聂西，也就是松赞干布的祖父开始，吐蕃进一步统一了西藏高原各族，疆域和人口不断扩大，国内经济也日益繁荣，开始成为西方强国。达布聂西的境域北至雅鲁藏布江，与苏毗为界；东至康，与隋的四川西部为界；并以隋的"附国"出现在《隋书》的记载中。

吐蕃的强大，与当时西藏高原北部的另一羌人国家苏毗发生了冲突。苏毗因为地近汉族统治区，其辖地包括现在的拉萨、日喀则等地，处于当时商业的通路上。苏毗的经济和文化在西藏高原各族中是最为发达的，一度是西藏各族的"共主"，吐蕃也曾臣属于它。但从567年起，其国内统治者间爆发了一连串的内战，国力削弱了，这就给吐蕃以可乘之机。

619年，达布聂西死，其子朗日论赞继位。这就是松赞干布的父亲，他即位之初，吐蕃吞并苏毗的客观条件成熟了。620年，朗日论赞提兵1万前往苏毗，在苏毗的一些贵族的支持下，灭掉了苏毗，统一了西藏高原。

松赞干布是朗日论赞的独生子。他深得赞普的钟爱。朗日论赞对他从小就进行了骑射、击剑或其他武术方面的训练。松赞干布在这种严格的训练中，养成了"为人慷慨"的性格和"骁勇多英略"的出众武艺。少年时代，在竞技角力时常常获胜。10岁以后，松赞干布便以超群的武术而闻名，成了吐蕃的勇士。朗日论赞还为自己的儿子选拔了一批年轻的德行兼备的朋友，号为"共命人"。

629年，朗日论赞吃了有剧毒的食物突然死去。吐蕃父系的六大臣与母系的三大臣同时起兵叛乱，他们还勾结了苏毗的"复国势力"和吐蕃西部的羊同（今西藏西北部），让他们乘机向吐蕃进攻、牵制吐蕃的兵力。松赞干布就是在这种内忧和外患爆发的危急时刻登临王位的。面对当时吐蕃历史上前所未有的局势，松赞干布表现了杰出的政治才能与军事才能，经受了历史给予他的严峻的考验。在重新统一吐蕃的战争中，松赞干布的叔父论科耳和尚囊等亲属大臣起了十分重要的作用。

松赞干布首先利用"置毒事件"，先发制人，消灭了诸家旧贵族，肃清了埋伏在宫廷中叛乱分子的内应。局势迅速稳定下来。接着，松赞干布渡过雅鲁藏布江，到了逻些（拉萨）一带，这里是苏毗降臣的封地，暂时还比较平静。他就利用苏毗降臣和吐蕃旧贵族的矛盾，首先掌握了这支武装力量，并争取到了地方上中小贵族的支持。他还深入部落，了解民间疾苦，对待士卒，则不吝赏赐。复杂的政治斗争形势和艰苦环境的磨练，使松赞干布又养成了老成的性格，他开始沉默寡言，遇事三思而行。大概在这个时期，人们称他为松赞干布，"松赞"是他的名字，"干布"则是尊号，其意为"深沉莫测"（在此以前，他的称号是"弃宗弄赞赞普"）。

632年，松赞干布16岁。这时，他已征集到了1万多人的军队。经过组织和训练，将士们对赞普绝对忠诚，具有极强的战斗力。松赞干布指挥这支军队，很快地平息了内乱，旧贵族势力受到了毁灭性的打击，从此退出了吐蕃的历史舞台，吐蕃的统一再度恢复了。

633年，松赞干布凭借着在统一战争中树立起来的威信，顺利地迁都逻些，占据了西藏高原的中心地区。这对于吐蕃以后的发展与强盛提供了一个极其有利的政治中心和军事中心。也意味着松赞干布"雄强丈夫"事业的开始。（《新唐书·吐蕃传》载："其俗谓强雄曰赞，丈夫曰普，故号君长曰赞普。"）

634年，松赞干布18岁。吐蕃已成为中国西部的一个统一而强盛的王国了。与此同时，中国正值强盛的唐王朝，唐太宗创立"贞观之治"的时候，唐朝的经济和文化是当时世界的高峰，与松赞干布同时的唐太宗，更是我国历史上杰出的地主阶级的政治家和军事家。629 年，他派兵击败了一直扰乱唐的北部边境的强悍的东突厥，声名大振，被周边的各部落和少数民族尊为"天可汗"。吐蕃和唐朝境壤相接，汉、藏两族人民之间早已来往不辍。松赞干布即位以后，一直忙于内部统一，没有和唐朝建立直接的联系，当他重新完成统一之后，就立即派遣使者到唐朝朝贡。

唐贞观八年（634 年），吐蕃的使臣在长安受到了唐的礼遇，唐太宗很重视吐蕃的使臣来朝，派遣了以冯德遐为首的使团随吐蕃的使臣一道到吐蕃答谢。

松赞干布隆重地接待了冯德遐，这是他生平第一次见到汉族的使臣，第一次目睹了汉人的文化修养与待人接物的风采，"汉官礼仪"的威风，使松赞干布的仰慕之情油然而生。他又从唐朝答谢的礼物中，亲眼看到了唐朝丰富多彩的物质文明和精神文明，这一切，更使松赞干布羡慕非常，他立刻决定遣使向唐皇室求婚。于是，吐蕃求婚的使臣又随冯德遐使团返回了长安。

好事多磨。第一次的求婚发生了波折。主要原因都在唐皇室。封建时代贵族之间的联姻与结婚，从来都是政治手段。同样，唐王朝把公主嫁给少数民族，都是有政治目的的，主要是希望他们"长是汉家亲"，"永做唐朝的屏蕃"。刚刚统一并强盛起来的吐蕃王国，显然没有引起唐太宗的重视，松赞干布第一次求婚失败了。

年轻的吐蕃王因求婚受挫，为虚荣和自尊所驱使，即勒兵 20 万寇松州（今四川松潘县）。松赞干布对左右毫不掩饰地说："公主不至，我且深入。"（《新唐书·吐蕃传》）这一方面反映了他年轻气盛，另一方面也反映了他求婚心切。

唐太宗派兵部尚书侯君集率军五万进讨，经过激烈的战斗，在松州打败了吐蕃兵。血的教训使松赞干布开始认识到，武装入侵是达不到求婚的目的的。于是松赞干布又派使者入朝谢罪，一再请求唐朝允婚。唐太宗答应了吐蕃的请求，以文成公主嫁松赞干布。松赞干布喜出望外，立即派遣禄东赞以大相之尊充一介使臣，"献黄金五千两，它宝称是，以为聘。"（《新唐书·吐蕃传》）

641年，松赞干布25岁，唐朝派江夏王李道宗护送文成公主入吐蕃完婚。一路上，吐蕃为文成公主做了周密而又详细的安排，沿途加紧修治道路，设立驿站。

文成公主是一位有很好文化修养的女子。她信仰佛教，对佛经和卜筮之学，尤其精通。在长安时，文成公主曾详细地询问了迎亲使臣禄东赞关于吐蕃的风土人情，机智而又忠诚的禄东赞，出于对吐蕃的热爱，认真地介绍了吐蕃的情况，使得公主也感染了一种热爱吐蕃的乐观情绪。

在公主的丰厚的嫁妆里，除了大量的金银、绸帛和珍宝外，还有耐寒抗旱的谷物种子及大量书籍，公主特地选择了农业、畜牧、医药、历法、工技等方面的书籍，准备在吐蕃刻苦研读，把汉族丰富的物质文化生活介绍给藏族。

文成公主从长安出发，经鄯城（西宁），翻过了山势险要的赤岭（今青海湟源县西），经受了高原风霜严寒的洗礼，到了柏海（扎陵海）。松赞干布在这里等候迎亲。为了表示汉、藏一家，松赞干布特地穿上了唐朝赠送的袍带，完全以唐朝驸马的装束打扮自己，他成了历史上第一个穿汉族服装的吐蕃人！第一个娶汉族女子为妻的吐蕃赞普！松赞干布对李道宗"执婿礼恭甚"。（《新唐书·吐蕃传》）他对他的亲信说："我祖父未有通婚上国者，今我得以尚大唐公主，为幸实多，当为公主筑一城以夸示后代。"于是筑城邑，按汉族的风格立"栋宇以居处"。（《新唐书·吐蕃传》）

吐蕃人民对公主的到来，欣喜若狂，以最隆重的礼节欢迎公主。他们游宴多日，载歌载舞，欢庆汉、藏两族兄弟情谊树立的第一块历史里程碑。

文成公主嫁松赞干布，符合汉藏人民的共同愿望。汉藏通婚，同样为两族人民所欢迎。若干年后，人们编了许多文成公主入藏的故事，这些优美动人的故事流传在民间，脍炙人口，经久不衰。

自文成公主入藏以后，吐蕃"释毡裘，袭纨绮，渐慕华风。仍遣酋豪子弟，请入国学以习诗、书，又请中国识文之人典其表疏。"（《旧唐书·吐蕃传》）藏族的经济文化迅速发展起来。

统一后的吐蕃，在松赞干布的统治下，逐渐向强盛和繁荣的方向发展。这一结果，固然是藏族人民勤劳、勇敢、奋斗的结晶，但也反映了松赞干布对藏族发展作出的不可泯灭的贡献。吐蕃的许多制度都在松赞干布时制定，以后虽有变更，但基本上都遵循了松赞干布时的传统。松赞干布为吐蕃的统一与强盛进行了一系列的改革，创立了许多新制度。

如政治制度方面，分中央大官为两类。第一类为大相，称为大论；又设副相1人，称为小论；另设兵马都元帅正副各1人，执掌兵权。第二类为宰相僚属，其中有内大相1人，掌管国内事务，整事大相1人，管司法诉讼；另有外交、财政等官。"诸官之中，大相最尊"，"事无大小，必出于宰相，便宜从事"而居万人之上、一人之下。这种官制，无疑是有利于巩固和加强中央集权的专制统治的。军事制度方面，松赞干布仿照唐的府兵制建立了一套严密的军事制度，实行军政合一的统治。又建立了戍边制度，每年必亲自率兵巡边一次。军事上的强盛，巩固了吐蕃的统一和安定，也带来了经济和文化上的日益繁荣。经济制度方面，吐蕃的经济以畜牧业为主，松赞干布学习了唐朝的授田制，把属于吐蕃国家所有的土地和牧畜分配给平民，并制定了"绿册"登记平民的户口和耕地面积，固定赋税，加强了对臣民的控制和剥削。他还制定了两套法律，对平民和奴隶进行说教和刑罚的恐吓。但客观上对稳定当时的社会秩序也起了一些作用。

松赞干布还派遣留学生往克什米尔学习声韵学，回国后，根据于阗文加以简化，创造了具有吐蕃民族特点的藏文。松赞干布大力提倡，亲自向大臣们推荐。他自己专心学习了4年，对贵族子弟则强迫他们学习。自文成公主入藏后，松赞干布便大量地接触唐朝先进文化和技术，不断地派送精通藏文的贵族子弟去长安学习，通过文成公主的传播和松赞干布的合力提倡，汉文化和藏文化在西藏高原融合发展了，这是汉、藏两族人民兄弟关系的坚实基础。吐蕃从此摆脱了刻木结绳的落后原始状态，跻身于当时世界文明的行列。

迎娶了文成公主之后，吐蕃和当时最强大的唐朝结成了"甥舅之国"。在文成公主和唐王朝的帮助下，松赞干布动员全国进行了一定规模的经济和文化建设。在对外政策上，松赞干布对属部和周边各国，则采取了睦邻友好的政策。松赞干布在位期间，吐蕃和唐的关系极为和睦，边境上从未动过干戈，连最小的纠纷也没有发生过，这是极为难得的。

650 年，松赞干布死于逻些，年仅 34 岁。他一生的事业，主要是稳定内部、巩固王权，建立起统一强盛的吐蕃国；对外推行睦邻友好政策，积极与李唐皇室联姻，迎娶文成公主，推进了汉、藏之间的亲密关系的发展。

013

"开元盛世"的开创者
——李隆基

唐玄宗李隆基，生于垂拱元年（685年），卒于宝应元年（762年），死后被谥为"至道大圣大明孝皇帝"，故自唐朝后期起，人多称其为"孝明皇帝""明皇""唐明皇"等。他是唐太宗李世民的曾孙，唐高宗李治和武则天的嫡孙，唐睿宗李旦的三儿子。

李隆基幼时聪明伶俐，很得祖母武则天的喜爱，一岁半即被封为楚王。5岁时，武则天废唐睿宗，自立为皇帝，改国号大周。9岁时，母亲窦氏即被武则天秘密处死。神龙元年（705年），张柬之、桓彦范等大臣趁武则天身患重病之时，发动政变，迫使武则天将皇位传于唐中宗。

唐中宗即位之后，立韦后为皇后。韦后野心勃勃，她总想和武则天一样，尝尝做皇帝的滋味。而中宗为愚暗之主，政权渐渐掌握在韦后之手。可韦后并没有多少才能，她和女儿安乐公主以及武则天的侄儿武三思等人相互勾结、狼狈为奸，朝政腐败不堪。

中宗景龙二年（708年），李隆基出任潞州（今山西长治）别驾，积极网罗人才，为以后发动政变做准备。不久，罢潞州别驾，返回京城，他更是厚结禁军首领，暗地里结交各种有识之士，培养亲信党羽，等待发动政变的时机。

景龙四年（710年），韦后毒死中宗后，立时年16岁的李重茂为帝，自己则临朝称制，掌握实权。李隆基趁此机会，发动政变，处死韦后、安乐公主及其党羽，迫使李重茂退位，拥立父亲李旦复位，李隆基因功封为皇太子。

唐睿宗李旦得以复位，妹妹太平公主也出了不少力。由于她善弄权术，议政处事能力甚至超过睿宗，故而逐渐掌握朝政，当时的7位宰相，有4位是其心腹同党。为了更好地巩固自己的权势，太平公主阴谋废除太子李隆基，另立一位软弱无能、老实听话的人为太子。她在李隆基身边安插了不少耳目，要他们暗中监视李隆基的行动，随时向她汇报。李隆基的一言一行、一举一动，太平公主都了如指掌。她还在睿宗李旦面前搬弄是非，挑拨他们父子关系，没有主见的睿宗不由得有些怀疑太子。这时又有人上言，说五日内有急兵入宫，睿宗召集大臣商议此事时，张说指出："这一定是有人要离间陛下与太子的关系，如果陛下令太子监国，则君臣分定，谣言自然不攻自破。"睿宗觉得此言有理，遂于景云二年（711年）2月2日，命太子监国，由太子李隆基代行皇帝的某些职权。

延和元年（712年），天空出现彗星，太平公主指使亲信向睿宗说："从天象的变化看，皇太子要当天子了。"这本来是挑拨睿宗与太子的关系，可事与愿违，弄假成真。睿宗立即决定让位传德，把皇位传给了李隆基。

李隆基即位之后，太平公主的势力有增无减，他们甚至准备发兵攻打皇宫，处死玄宗。面对如此危急的情况，玄宗立即决定抢先动手，先发制人。先天二年（713年）7月3日，玄宗指挥将士先后处死太平公主的党羽，赐公主自杀，这样就完全除去了心腹之患。事后，睿宗也完全交出权力，29岁的唐玄宗开始亲政。12月1日，大赦天下，改年号"开元"。

为了巩固皇权，不再发生祸变，唐玄宗采纳姚崇的建议，将政变功臣贬为州郡任刺史，诸王也令出刺外州；同时整顿禁军，处死其首领王毛仲，组建北门四军，并设立由宦官高力士亲自指挥的飞龙禁军，保证了皇帝的安全。开元年间，唐玄宗励精图治，政治清明，经济繁荣，社会稳定，百姓安居乐业，取得了唐朝继贞观之治之后的又一大治时期——开元盛世。开元盛世的取得，与唐玄宗在以下几方面的努力密不可分。

裁汰冗官，整顿吏治。针对当时官僚众多、国库开支庞大的现实，唐玄宗裁减冗官，十去其九；对于闲散衙门，也进行精减，从而提高了办事效率。在此基础上，唐玄宗比较重视选拔一些有真才实学的人做官，他所任用的几位宰相，如姚崇、宋璟、韩休、张九龄等人，皆为当时杰出的人才。对于地方官吏的选拔，唐玄宗也非常重视，开元四年（716年），他对吏部选用的县令亲自加以复试，黜退40多名不合格者，并追究吏部选人不当的责任，这就促进了吏治建设。

唐玄宗勇于纳谏，知错即改。玄宗曾派人到江南一带捕捉水鸟，有人上谏，认为这样做妨碍农作，"道路观者，岂不以陛下贱人贵鸟也？"唐玄宗看到如此尖锐的言辞，不仅不怪罪，反而予以奖励，并立即停止捕捉水鸟。韩休的直言敢谏更是独树一帜，以至于唐玄宗每次稍有过失，就担心被韩休知道后提意见。有一次玄宗对镜闷闷不乐，有人挑拨道："韩休时常提意见，陛下您因而心情不好，人也消瘦了许多，何不将韩休贬逐呢？"唐玄宗叹道："吾貌虽瘦，天下必肥。吾用韩休，为社稷耳，非为身也。"开元年间，唐玄宗还采纳宰相宋王景的建议，恢复贞观年间曾实行过的谏官议政制度，鼓励他们直言进谏，无所回避。这样不仅使下情得以上达，而且防止和纠正了唐玄宗的不少过错。

唐玄宗抑制奢靡，提倡节俭。开元二年（714年），为了向大臣们表示决心，唐玄宗下令将内宫贮藏的一些珠玉锦绣等堆在殿庭前焚毁，规定后妃以下不得服珠玉锦绣，全国上下不得采取珠玉、刻镂器玩、织造锦绣珠绳，违者决杖一百。他还将皇宫里用不着的宫女遣送回家，禁止贵族骄奢纵欲，反对厚葬。在他的倡导之下，奢靡之风基本得到抑制，淳朴之风逐渐形成。

重视发展农业生产。为了增加劳动力，开元二年（714年），唐玄宗下令淘汰天下僧尼，强制还俗1万多人。唐玄宗还重视兴修水利，完善关中平原的灌溉系统，拆毁影响水道的水硝，老百姓大获其利。开元三年、四年，山东、河南等地连年发生蝗灾，玄宗听从姚崇的建议，督促州县全力捕杀蝗虫，因而减轻了虫害。他还在河东道、关内道、河南道等地大兴屯田，垦田面积达500万亩，解决了军队粮食供应的问题。由于当时均田制逐渐被破坏，土地兼并和逃亡现象严重，开元九年（721年），唐玄宗派宇文融为劝农使到各地检括逃户和籍外田，经过几年的努力，共括出客户80余万，田亦称是，这样便大大地增加了国家所控制的编户数目，有利于进一步发展农业生产，同时也增加了国家财税的收入。

开元盛世，社会物质文化高度繁荣，杜甫《忆昔》诗里赞颂道："忆昔开元全盛日，小邑犹藏百家室。稻米流脂粟米白，公私仓廪俱丰实。九州道路无豺虎，远行不劳吉日出。……"可是，好景不长，从开元后期开始，唐玄宗由明转昏，渐渐不能采纳大臣的谏诤，生活上奢靡日增，再也不提什么节俭了。天宝四年（745年），唐玄宗纳杨玉环为贵妃之后，更是专以声色自娱。为了满足杨贵妃的奢欲，当时供贵妃院役使的织绣工达700人，雕刻熔造工又数百人。不仅对贵妃如此，唐玄宗还对贵妃的姐妹兄弟及其他贵宠之家赏赐无度，这样便耗费了国家大量财物。

唐玄宗后期用人不当，将国政相继交给李林甫、杨国忠等人。李林甫口蜜腹剑、妒贤嫉能，凡是有才能的官员，他都要设法除去，以防将来超过自己。李林甫死后，杨国忠任宰相。杨国忠是杨贵妃的本家哥哥，做起坏事来比李林甫的胆子更大。在昏君和奸相的长期统治下，国家政治黑暗、经济萧条，唐王朝面临着深刻的危机。

天宝十四年（755年），身兼平卢（治营州，今辽宁锦州市西北）、范阳（治幽州，今北京）、河东（治太原府，今山西太原）三镇节度使的安禄山，在经过多年的准备后，率军于范阳发动叛乱。他们以奉密旨讨伐奸相杨国忠为名，挥师南下，很快攻下潼关，占领唐朝首都长安。唐玄宗仓皇出逃，到马嵬驿（今陕西平西），随行将士哗变，杀杨国忠，迫使玄宗缢死杨贵妃。唐玄宗最后逃到成都避难，太子李亨逃到朔方（治灵州，今宁夏灵武西南）即帝位，是为肃宗。唐玄宗退居太上皇。

唐肃宗至德二年（757年），唐军相继收复长安与洛阳之后，唐玄宗从成都回到长安。上元元年（760年），在唐肃宗的支持下，李辅国率兵幽禁太上皇唐玄宗于西内甘露殿。宝兴元年（762年）四月初五，唐玄宗在愧疚与愧恨中去世，享年78岁。

014

陈桥兵变披黄袍
——赵匡胤

赵匡胤，涿郡（今河北涿州）人，生于后唐天成二年（927年），卒于宋开宝九年（976年）。他结束了五代以来长期分裂割据的混乱局面，重新统一全国，建立宋朝，史称宋太祖。

赵匡胤出身于官僚地主家庭，自幼便立下雄心壮志，企盼干一番大事业。后汉初，他加入郭威的部队，在拥立郭威代汉时，表现积极，逐渐得到郭威的赏识。周世宗柴荣在位期间，赵匡胤更受器重，到显德六年（959年）柴荣病逝时，他已官居归德军节度使、检校大尉、殿前都点检，掌握后周的军事大权。显德七年（960年）元旦，赵匡胤指使人谎报契丹和北汉联合入侵后周，于是赵匡胤奉命率兵北上，队伍到达开封城东北20公里的陈桥驿便驻扎下来。赵匡胤的弟弟赵匡义和大将赵普等人密谋，借口"诸军无主，愿策太尉为天子"，并将一件黄色的龙袍披在赵匡胤的身上，拥戴他做了皇帝。

赵匡胤"黄袍加身"后，立即回师开封，要求军队不得剽劫百姓，将后周的小皇帝降为郑王，太后易称为周太后，并从皇宫迁出到西宫，同时对后周文武重臣一律采取优待措施。五代时，政权变动频繁，对那些大臣们来说，大都经过几个朝代，对于变换皇帝本无所谓，只要自己有官做，谁做皇帝还不一样呢？因此，赵匡胤几乎没有遇到后周的抵抗，便顺利地稳定了开封的局势。因为赵匡胤所领归德军就在宋州（今河南商丘），故将新政权的国号改称"宋"，年号"建隆"。

宋朝建立之后，原后周的亲信势力李筠、李重进等人曾率兵反宋，但很快便被宋军击溃。后周残余势力铲除之后，宋太祖便考虑统一全国的问题，他制定出"先南后北"的战略，于乾德元年（963年）开始，先后用武力消灭了荆南（即南平）、湖南、后蜀、南汉和南唐等割据政权，基本上统一了南方。与此同时，他还派兵进攻北汉，削弱了其政治、经济、军事力量，为以后最终消灭北汉奠定了坚实的基础。在统一全国的战争中，赵匡胤非常重视政策和策略。每当调兵遣将之前，他总是亲自做出缜密规划，向主将面授机宜，布置妥当，由于他原是行伍出身，作战经验极其丰富，他的这些指挥大体上都是正确的。同时，他严禁军队屠杀无辜人民、掠夺财产。攻下敌国领土之后，他立即下令废除各种苛捐杂税，维护正常秩序。因此，他的统一战争得到当时人民的支持。

为了确保全国的统一，防止分裂割据的再度发生，宋太祖赵匡胤采取措施加强中央集权，他深知殿前都点检这个职务的危险性，为了不使"陈桥兵变"的事件重演，即位不久，宋太祖便撤销了这个职务，把禁军殿前司和侍卫马步军司分为殿前司、侍卫马军司和侍卫步军司三司，三司将领选用一些资历较浅、容易驾驭的人来担任，并且时常加以调动。这些将领虽然统领禁军，但军队的调遣和移防等事却得听命于枢密院。同时，还实行"更戍法"，禁军的驻屯地区，每隔几年调动一次，而将领们却不随之调动，使得"兵无常帅，帅无常师"，防止军队变成将领私人武装，从此结束了五代以来将领专横跋扈的局面。

"杯酒释兵权"。一次赵匡胤问赵普："自从唐亡以来，几十年间，帝王换了八姓，战争不止，生灵涂炭，是什么缘故呢？我想替天下息兵，为国家作长久之计，应当怎办？"赵普答道："没有别的，只是因为方镇太重，君弱臣强罢了。要变也不难，只要收回他们的权力，管制他们的钱谷，收了他们的精兵，天下自然安定了。"此计立即为赵匡胤所采纳。建隆二年（961年）秋，宋太祖预备下丰盛的酒肴，约请石守信等几位将领赴宴，席间他对诸将说："不是你们出力，我没有今天。不过做天子也不容易，还不如节度使快乐，现在我没有一夜睡安稳过。"诸将忙问缘由，宋太祖说："谁不想富贵呢？一旦有一天你们的部下把黄袍加在你们的身上，难道容许你们不做皇帝吗？"诸将立即叩头请计，宋太祖便趁机劝他们交出兵权，同时赐给他们良田美宅以安度余生，这便是所谓"杯酒释兵权"。此后，宋太祖又将那些足以威胁皇权存在的耆旧宿将们的兵权逐一收回，集中于皇帝。

收回地方权力。宋太祖于乾德元年（963 年）开始，选派文官外出，代替军人掌握州郡行政，称为"权知军州事"，简称为知州，三年为一任期，期满另调他职。知州之外，另设通判（大郡设两人），也由中央政府选派，他有权过问州中行政，直接对中央负责，又称监州。州中命令，需知州和通判共同署名，否则无效。二者相互制约，谁也无法独揽政权。乾德三年，宋太祖又在各道设置转运使，掌管财政，同时监督地方官吏，从而将地方的财政权也收归中央。

分割相权。宋初以同中书门下平章事为宰相，为了防止宰相权力过大，宋太祖特设参知政事作为副贰，又以枢密使分取宰相的军政大权，以三司使分取宰相的财政大权，同时枢密使和三司使也设副使，以削弱正使的权力。这样，原本事无不统的宰相，只剩下不大的行政权力，皇帝便可以总揽大权，操纵自如了。

宋太祖采取以上改革措施，在制度上防止了分裂割据的重演。为了防患于未然，宋太祖还派遣一些秘密使者，执行巡缉窥伺的特务活动。以至于全国各地发生任何事情，都有人向他汇报。不仅如此，他自己还微服私访，阴察群情向背。一个风雪交加的夜晚，宰相赵普以为天气如此寒冷，皇帝总该不会出来了吧。正欲脱去朝服休息，忽听叩门之声，开门一看，站在门外的正是宋太祖。由于侦察得严紧，即使有人阴谋危害宋朝政权，也不得不暂时敛迹。

宋太祖重视恢复和发展农业生产。五代时税制极其混乱，人民负担非常沉重，宋太祖在统一全国的过程中，革除各种苛捐杂税，规定出相对统一的税制和征税时间，大大减轻了人民的赋税负担。对于多项徭役，不再征用平民，大批农民从繁重的徭役中解放出来，重新回到土地上进行生产，促进了农业的发展。宋太祖还很重视兴修水利，多次整修黄河，并将修治与沿河植树和加强巡察结合起来，从而防止了黄河发生大的灾害。制定奖励农业生产的政策，乾德四年（966 年）规定：有能广植桑枣、开垦荒田者，暂不加税；县令劝垦有成绩者，也给予一定的奖赏，这样便促进了全国荒地的开垦。通过以上措施，农业生产得到较大的恢复和发展。

宋太祖能虚心纳谏。有次他违反自己集中兵权的决定，派符彦卿掌握兵权，宰相赵普屡次反对却未被采纳。任命的布告已经发出，赵普只得截留下来，再次求见。宋太祖说："我待符彦卿厚，他会对不起我吗？"赵普答道："陛下何以对不起周世宗？"宋太祖无言以对，只得收回成命。

宋太祖生活节俭。史书上说当时宫殿里面挂的帘子，都是用青布做边饰。身上穿的衣服，只有赭袍用绫罗制成，其余都是用较次的绨绢制成，多次浣洗之后还穿在身上。弟弟赵光义劝他衣服用具不宜过于草率，他便严肃地说："你忘记我家住甲马营的时候吗？"他时常拿出贫贱时穿着的麻鞋布衫，指给左右观看，显示他的不忘旧日生活。不仅自己生活节俭，宋太祖还教育子女勤俭。有次公主穿着一件贴绣铺翠的短袄，宋太祖看见后不高兴地说："你把这件衣服给我，以后不准再穿这种衣饰。"公主说："一件短袄用得了多少翠羽呢？""不，你穿这种衣服，必定会引起皇宫内外女人的效仿，京城翠羽价高，贩卖的人到处搜求，杀生便多，你生长于富贵之中，何必做个首恶呢？"他担心皇室生活奢侈影响到全国。后来皇后和公主建议用黄金装饰玉辇，壮壮皇帝的威风，也被他拒绝了。

宋太祖也能反省自己的过失。有次罢朝之后闷闷不乐，左右侍从询问其原因，他回答道："你们以为做皇帝容易吗？早朝时凭一时感情冲动，错误地决定了一件事情，因此到现在心情也不好。"

开宝九年（976 年），宋太祖卧病在床，他的弟弟赵光义前来探望。有人从窗外看见烛影下二人交手的动作，又听到挥动斧头的声音，而且第二天早晨便宣布宋太祖已经去世，赵光义继承兄位做皇帝，这便是历史上所说的"烛影斧声"。尽管"烛影斧声"并不能完全证明是赵光义杀掉了他的哥哥，但是从宋太祖当时年仅 50 岁，无论从身体状况上看，还是从医疗条件上看，宋太祖都还未到死亡之时；再加上宋太祖去世时，大儿子已经 25 岁，小儿子也已 17 岁，都未能继承皇位，几年之后，他们纷纷被迫自杀。由此似乎也能推断出正是赵光义害死了宋太祖。宋太祖赵匡胤虽然防止了地方势力的割据和将领们的跋扈，但他却没有能够防止皇族内部的篡夺，以至于莫名其妙地死去。

015

《辽史》称为辽"圣主"的契丹皇帝

——辽圣宗耶律隆绪

辽圣宗耶律隆绪,小字文殊奴,辽景宗耶律贤的长子。幼年喜欢读书,10岁已能诗文。成年后,精于弓马,通晓音律,喜欢绘画。特别是倾慕大唐文化,常读《贞观政要》,并亲自用契丹文翻译了白居易的《讽谏集》。景宗乾亨二年(980年)受封梁工,四年九月景宗卒,遂即帝位。复国号大辽为大契丹。由于年幼登极,睿智皇后萧绰奉遗诏摄政,宠任汉臣韩德让总揽军政大权。统和元年遣军攻阻卜(鞑靼)。二年,遣耶律斜轸等败宋将曹彬、潘美,并助西夏李继迁攻宋。四年正月,随承天太居南下,赴南京(今北京),挫败了宋太宗的北伐。统和十七年后,曾三次率军南下攻宋。1004年御驾亲征,败宋军于唐兴(今河北安新东南)、遂城(今河北徐水西)。十月,攻瀛洲(今河北河间)、祁州(今河北安国)。十一月,直取洺州(今河北永年),破德清军,抵澶渊(今河南濮阳西)。宋请和,双方订立"澶渊之盟",宋岁纳银10万两,绢20万匹。两朝各守旧界,互不相犯,此后100余年,辽宋无大战事。统和二十八年,率军亲征高丽,焚掠开京(今朝鲜开城)。开泰二年(1013年)遣将征乌古,开泰七年(1018年)又遣兵攻高丽,兵败,寻与高丽请和罢兵。太平六年(1027年)遣军攻甘州(今甘肃张掖)回鹘,败还。太平十一年(1031年)六月,卒于大福河(今内蒙古呼虎尔河)北行宫,谥文武大孝宣皇帝,庙号圣宗,墓号永庆陵。辽圣宗耶律隆绪,前后在位49年,是辽朝诸帝中统治最久的一代,时处辽朝中期,接受汉文化较深。就在圣宗这一代,契丹社会完成了封建化改革,辽朝由此达到鼎盛,而他本人也成了一代著名的国君。

辽圣宗统治初期,辽朝社会内部基本上是奴隶制与封建制并存,而封建制因素不断增长，在这种社会背景下，圣宗吸取汉族先进的生产方式，实行了一系列改革，终以先进的封建制取代了落后的奴隶制。他的改革主要有以下六个方面：

重视发展农业。圣宗时期非常重视农业生产，不仅亲自"观稼"、遣人"分阅苗稼"，还屡下诏令各道州官吏劝农，禁止践踏农禾，狩猎不得妨农。对渤海、燕云等地继续保护其封建土地关系。当时，土地有公田、私田、闲田，以及头（投）下州的土地等。公田为辽朝国家所有，对在公田上的劳动者，国家采取劳役地租剥削方式。闲田指无主荒地，私田指有主之地，私田和闲田都须向国家"计亩纳税"。在这些土地上的劳动者，以实物地租向国家纳税。此外，圣宗时不断许民、募民、令民开垦荒地，他先后在南方采取招募开荒、准许私人请业开荒等形式，使闲田逐步过渡为私田，扩大了私有土地。又令以畜牧业为主的契丹本部民耕种土地，促进了封建生产关系的发展。

改变奴隶身份。契丹建立政权后，其社会基层组织仍沿袭本民族与北方诸族旧俗，分别置部。"部"，是占有一定地区与土地相结合的畜牧或农业的生产单位，同时也是军事单位，为中央政权下一级的机构，与中央王朝有隶属关系，部民为平民身份，耶律阿保机建国时有十八部，至圣宗时增置为三十四部。其形式，一方面把原来属于宫帐的俘户奴隶改编为部；一方面又以旧部分置出新的部。前者有撒里葛部、窈爪部、褥盆爪部、讹仆括部、奥衍女直部、伯斯鼻骨德部、马挞鼻骨德部、稍瓦部、易术部等等。这些原属宫帐的奴隶户，经圣宗改编为部族，取得了平民地位。后者有乙典女直部、斡突盆乌古部、北敌烈部、造鲁敌烈部、室韦部、术哲达鲁虢部、梅古悉部、颉的部、匿讫唐古部、南唐古部、北唐古部、鹤剌唐古部等。这些原处于奴隶地位的旧部，经改编置为新部，使其成为部族平民。另外，圣宗对新征服的各族人户，不再编为宫户奴隶，经过这些改革，奴隶制成分大大削弱了。

科举取士。辽景宗保宁八年（976 年）12 月，诏"南京复礼部贡院"。这是辽朝准备实行科举的开始。自圣宗起，采取唐制，正式开科取士，从汉人中选拔人才。从统和六年（988 年）以后，进士及第者每年都有，但名额一般较少。统和二十年开始，进士及第者名额逐年放宽，尤其是"澶渊之盟"后，辽宋双方使者往来成为定制，需要各方面人才，因而扩大了科举范围。到开泰（1012—1020）和太平（1021—1030）年间，每年及第者已增至 40 到 70 余人，从而使越来越多的汉人被吸收到辽廷统治机构中来了。圣宗时期所推行的科举制度，从进士名额逐年增加和对科举及第的汉族地主官僚的重视，说明辽朝社会正迅速封建化。

整顿吏治。辽圣宗统治时期，辽朝呈现兴盛局面，其原因之一是他注意整顿吏治。统和元年（983 年），诏谕三京大小官员，为官务要公正。太平七年，又进一步诏谕，对无政绩者免除其官；对贪暴残害民众者，立即罢免，终生不再起用；对不廉洁忠直者，虽居高位，也要更换；对于受赂者，纵令贵为内族也要同常人一样处罚；而对于清廉、勤勉者，则当荐举提拔。经过一番整顿，局面大有改观。在用人方面，圣宗不拘一格，能够不计族属、资历、门第，对本族如此，对俘自中原地区或归顺的宋人，也曾多次下诏选拔其中有才能者，即使对东方渤海旧族，只要有才干也量而用之。故而史家对圣宗"举才行，察贪残"的整顿吏治政策和"法度修明，朝无异议"的整顿吏治结果给予了充分的肯定。

修订法律。自辽太祖阿保机以来，辽朝法律因民族不同而多有罪同罚异现象，并且其刑也相当严苛、残酷。从景宗起，开始修订法律，到圣宗时法律则趋于宽平。圣宗即位以后，为了调整民族关系，改变契丹贵族以及契丹人与汉人罪同罚异的特权，于统和十二年（995 年）诏令：凡契丹人犯"十恶"之罪，俱以汉律论之。这是蕃律与汉律逐渐统一的表现。从圣宗时起，对于汉人案件的裁决，基本以宋律为依据。此外，圣宗还通过修订法律的形式，削弱奴隶主特权，在一定程度上给奴隶以法律保护。统和二十四年（1097 年）下诏曰：其主如不犯谋反大道等重罪，奴婢不得首告；如果奴婢犯有死罪，须送法司追究，而其主不得擅杀。这条法律虽然没有改变奴隶受奴役的地位，但却承认了奴隶在其主犯有重罪时的首告权利，而且明确规定奴隶主不能擅杀奴隶，这是奴主关系的一大变化，也是一大进步。

赋税制度改革。大体自景宗起，辽朝实行了封建的租税制度。圣宗时期，把这种封建赋税制度扩大到头下州县。从圣宗时起，在头下州县内，"凡市井之赋，各归头下，惟酒税赴纳上京，此分头下军州赋为二等"。就是说，头下户此时已演变为"二税户"了。所谓"二税户"，即是既输租于官，又纳课于其主。二税户虽然受双重剥削，但头下户与头下主的奴主关系则日渐松弛，其奴隶身份已迅速地变为获得部分自由的朝廷的二税户，朝廷对他们是一种封建租税、赋调剥削，而他们也不再是奴隶主完全占有的奴隶，成为既依附于本主又依附于朝廷的有着双重依附关系的劳动者，即受封建剥削的农奴。

圣宗时期这些改革，促进了辽朝阶级关系的迅速变化，奴隶主贵族变为封建地主阶级，奴隶变为封建农奴和农民，自此封建制在辽朝社会被正式确定下来。

辽圣宗耶律隆绪统治长达半个世纪，实行了自上而下的多方面改革，致使政治比较稳定、经济有了长足的发展、社会发生了很大变化，达到辽朝的鼎盛，为契丹族社会发展、中国边疆的稳定作出了重要贡献。故而史有"圣宗之治"之誉。

016

《金史》称为"小尧舜"的女真皇帝
——金世宗完颜雍

金世宗完颜雍生于金天公元年（1123年），女真名完颜乌禄，是金太祖完颜阿骨打之孙、三太子完颜宗辅之子。他自16岁起便来到当时宋金交兵的河南前线，在他四叔金朝名帅完颜宗弼帐下作一名军官，开始军旅生涯。次年因其"善骑射，国人推为第一"，荣任统兵官三路都统，一直战斗在前线。直到1142年2月宋金签订"绍兴和议"后的几年，他才从前线奉调回朝任职。这一段军前战阵经历，使他有了实战经验，增长了军事才干，对于他日后政治生涯具有不可低估的作用。

1146年1月，24岁的完颜雍奉熙宗之命回朝任兵部尚书。4年后，因海陵王弑君政变而被罢职，外任地方官。1155年，奉海陵王命从西京留守之职，来到地处关外的东京辽阳府，出任留守官兼府尹，军政兼管。由于海陵王已迁都到中都燕京，完颜雍得以据地发展个人的政治势力，经过6年的谋划和筹备，于1161年10月7日晚终得以东京辽阳府留守官兼府尹的高位，拥兵称帝于辽阳，并改元大定，开始了金世宗一代29年的帝业。

金世宗完颜雍在辽阳建立大定政权后，立即派人四处招降纳叛、分化瓦解海陵王的势力。之后，于当年11月中旬率军向中都燕京进发，同时发出征讨此时正在江淮地区伐宋的海陵王完颜亮的檄文，历数其罪；对各族百姓则广施招抚，发布大赦令，采取了一系列积极有效的政策。1161年11月27日海陵王为部下所杀；12月19日，金世宗率满朝文武进占燕京城，夺得了全国中央政权。

进入燕京后，金世宗笼络、招抚前朝勋臣，稳定了大定政权，然后开始平定境内愈演愈烈的契丹起义。他一改海陵王专肆剿杀的政策，招抚招降在先，大兵进剿于后，并大量起用契丹籍官员，瓦解起义军。仅用8个月就将历时两年多、拥众10余万、建立了政权的契丹起义军剿灭，显示了金世宗的经邦才干。

1163年，金世宗在北部剿平契丹起义军，西部打败宋军的形势下，又集中强兵劲旅，在江淮一线准备与南宋王朝正面交战，意在趁势以胜逼和南宋，力争签订新的和议。1165年正月，金世宗在军事上获胜情况下，又以让步之态与赵宋王朝签订了"隆兴协议"。协议之后，宋金双方和平共处了30多年。隆兴和议之后，金世宗北防鞑靼，东西与高丽、西夏修好，安边保境，求得一个较稳定的环境。

金世宗完颜雍称帝以后，在国内政治、经济及文化等方面推行了一系列新的政策，卓有成效。在政治上，抚慰优崇女真文武百官，尤其是对遭到海陵王迫害的官员，或加以平反，或抚慰其亲属；精于选贤，以德才量而用之，不拘一格。朝廷规定，随朝六品官，外路五品官以上者，一生中必得举荐一名廉能官吏。后又规定，"一任举一人"。世宗不但精于选拔贤良官吏，而且在整饬吏治的同时，能够知人善任，求言从谏，力求吏治清明。他要求臣下进言要"直言得失，毋有所隐"；要求宰执大臣重视来自下级的建议，听而从之，从而改之。对于来自基层和民间的条陈奏议，金世宗也很重视，要求尚书省及时转奏于朝，不得违误。正由于世宗采取了一系列政策，使他成为金一代少有的从谏如流的皇帝。另外，整饬吏治，督导奉公。他对下官约束严格，要求百官勤于政事、廉洁奉公、尽职尽责。而且，金世宗还根据官吏的勤奋或懒惰、治绩优劣，分为廉洁、污滥、不职三个等级，分别予以赏罚，而对于官吏中贪赃枉法与中饱自肥者，一旦发现，必加严办。

在经济上，重视农业生产，一方面为了发展北方农业经济，大力推行移民垦荒之策，曾把山东、河北地区无地汉民迁至淮水流域北侧地广人稀地区开荒种地，并数年免征赋税；同时，严禁任意宰杀耕牛，违禁，与宰杀军马同罪，从而保证农业生产畜力的需要。另一方面，于1165年11月，颁布"诸路通检地土等第税法"，限制土地兼并，强制各族地主与女真大贵族负担租税。另外，金世宗实行恤民救灾政策也对北方农业的恢复和发展起到了积极作用。逢遇旱灾、洪害，或下诏赈济，或免除租税。为了防止灾患，1169 年，金世宗诏令各州县购粮入仓，以为储备。他的这种积谷备荒政策，越到后期越坚持不懈，推行地区也越加广泛。由于金世宗重视农业，发展了经济，又有了一个较安定的社会环境，故而大定朝人口和家禽数量猛增，封建史家评论他治国重农桑，造成一个家给人足、仓廪有余的太平盛世，固然有溢美之誉，但金世宗在很大程度上改变了海陵朝末期百业衰败景象则是事实。

在文化上，金世宗兴学崇儒，倡导忠孝。他深信儒家的道德、伦理观念对于消除女真陋俗，建立起新的上尊下卑的统属关系，巩固其封建皇权统治，有重要作用。1166 年，金世宗创建起大定朝第一所全国最高学府——太学。这是全国政权直接管辖正规教育的开端。此后又相继在各地办起地方学府——府学。朝廷对学校的管理也趋于制度化、正规化。朝廷规定，无论哪一级官办学校，都必须使用礼部统一颁定的教科书，以五经前四史等作为必修课。随着教育的发展，又逐步完善了考试选官制度。金世宗时，其社会已基本进入封建制，但女真固有的风俗、传统、生活习惯，以及民族情性，尚有较多保留。如 1179 年 10 月，金世宗颁布："知情服内成亲者，虽自首仍依律坐之。"意在消除"服内成亲"这种落后的婚姻现象。

此外，金世宗在个人生活方面，是金朝九帝中最简朴、知节俭的皇帝。他在位 29 年，不尚奢华，节俭如一，是为难能可贵；在膳食衣着以及宫殿建筑上都反映了节俭的特点。他还严格约束宫中下人，务求节省，此也不失为一德政。

1189 年正月初二，金朝一代明君英主金世宗完颜雍病死于福安殿，终年 67 岁。

遥想金世宗初登大宝之时，大金江山风雨飘摇。在南方宋金战场，金兵屡遭败北；在北方，契丹起义军席卷而来，渐逼居庸关，威胁京师。而金世宗兵力有限，良将不足，大定政权随时都有可能得而复失。但金世宗毕竟高明，他先从北平起义，然后南与宋以胜成和，终于保住了大金社稷，足见他有经邦之才。在治国方面，也有诸多政绩可举，他勤于政事、生活节俭、恤民重农、减轻剥削，给域内各族人民创造了一个有利生存的环境。加之，他广开财源、增加国库收入，使原本国力亏空的国家，逐渐富裕强盛起来，促进了女真族封建化的步伐，摒弃女真氏族制与奴隶制残余，较好地适应了北中国的经济与政治形势，把金国建成了一个基本上是封建制的中央集权的帝国，对于中国北部边疆的稳定与统一、对于社会发展与进步都具有积极作用。另外，金国停止对南宋征伐，奠定了金与南宋前后 40 年和平共处局面，使淮河南北各族广大人民免遭战争涂炭；而且，金世宗还以忍让态度与高丽、西夏修好，防御鞑靼南下。封建史家在论及金世宗治国之策时归纳为八个字："内安百姓，外和邻敌。"两者相辅相成，没有外和邻敌，也无法内安百姓。这一治国之策显示了金世宗作为政治家的远见卓识。

金末元初人刘祁认为，金世宗是一位"天资仁厚，善于守成，又躬自俭约，以养士庶，故大定三十年几致太平"的好皇帝。《金史》作者说他"躬节俭、崇孝悌，信赏罚，重农桑，慎守令之选，严廉察之责"，致使大定朝"群臣守职，上下相安，家给人足，仓廪有余"，一派太平盛世景象，故而送他"小尧舜"的美誉。

017

统一蒙古、建元大蒙古帝国的"一代天骄"

——成吉思汗

　　成吉思汗（1162—1227），是13世纪统一蒙古各部，在蒙古高原上建立大蒙古国的蒙古族领袖铁木真的称号。由于他统帅蒙古奴隶主贵族的军事活动，震动了欧、亚大陆，"成吉思汗"这个称号也遐迩闻名，后来人们就用这个称号来代替他的名字"铁木真"了。

　　铁木真，姓孛儿只斤，蒙古乞颜部人，生于1162年。父亲叫也速该•把阿秃儿（"把阿秃儿"意为勇士），是乞颜部的首领，母亲叫诃额仑。铁木真9岁时，父亲被他的仇敌毒死。也速该死后，乞颜部分裂。泰赤乌部首领乘机夺走他的部众，铁木真家族陷入困境，不断遭到临近部落的袭击。泰赤乌部首领担心他长大后报仇，曾经带人抓捕他。他为了躲避抓捕，逃进山林，后来忍受不住饥饿，下山寻找食物，被俘虏了。铁木真被套上木枷，到处示众。铁木真趁泰赤乌人举行宴会之机，用木枷打倒看守人，机敏地逃走了。几经周折，回到家中。不久，泰赤乌部的贼人盗走了铁木真家的马匹，铁木真不顾日落天黑，上马追击贼人，一直追踪6天，在路上遇到了一个名叫孛斡尔出的青年人，并得到了他的帮助，终于奇迹般地追上了贼人，夺回了失马，还击退尾随而来的泰赤乌人。铁木真与特薛禅的女儿孛儿贴结婚后，蔑儿乞部又在一天早晨对铁木真发动突然袭击，诃额仑和铁木真兄弟们上马逃到附近山里去了。孛儿贴无马可骑，被蔑儿乞部捕获而去，并匹配给了该部人为妻。

　　青少年时代的铁木真，历尽艰辛。他决心积聚力量，振兴自己家族的势力。铁木真认识到，要抵抗泰赤乌部贵族的压迫，振兴自己的家族势力，不是一件容易的事，必须寻找一个更强大的势力作庇护。于是，他来到土兀剌河黑林（今蒙古乌兰巴托南），向他父亲也速该的"安答"（意为结义兄弟）——克烈部首领王罕寻求支持，把他结婚时妻子的嫁妆黑貂裘，奉献给王罕，并尊奉王罕为父。王罕十分高兴。王罕与蔑儿乞人有仇，表示支持。铁木真又召集自己家族的旧部，并联合了自己的"安答"——札答剌氏族首领扎木合。三方联合发起对蔑儿乞部的进攻。他们总共有四万人，采取迂回到蔑儿乞部背后、乘其不备、进行突然袭击的战术，大败蔑儿乞部首领脱脱。铁木真夺回了妻子孛儿贴和被掠的家人，杀了蔑儿乞部许多成年男子，并将他们的妇女儿童掳掠为奴隶。

经过这次战争，铁木真的力量迅速壮大。一两年后，他便从斡难河中游的札木合营地迁到克鲁伦河上游的桑沽儿小河（也就是今天的臣赫尔河）独立建营了。一些过去在困难时刻离开铁木真家族的乞颜部贵族，纷纷向铁木真靠拢。铁木真势力的迅速增强，引起了他的"安答"札木合的怀疑。大约在1189—1196年之间，这对结义兄弟，终因两部之间争夺马群的纠纷而彻底决裂。双方各率十三部3万军队，会战于答兰版朱思之野，这就是蒙古历史上著名的"十三翼之战"。由于铁木真的势力尚处在初起阶段，他在这次战争中败北。然而，札木合在胜利中表现得极其凶残。他曾命令用十七口锅，烹煮归附铁木真的赤那思地方的贵族。结果，大失人心，使一些归附札木合的部落成员离心离德，反而倒向铁木真一边。

十三翼之战，铁木真虽然失败了，但是，他却以百折不回的毅力，积极收集部众，积聚力量，准备卷土重来。1196年，塔塔儿部的蔑古真薛兀勒图叛变金朝，金兵大举征讨。铁木真获悉后，联合克烈部王罕，配合金兵的行动，大败塔塔儿部，杀死了蔑古真薛兀勒图。王罕和铁木真都掳掠了许多奴隶和财物。王罕被金朝封为王。铁木真被封为招讨使。接着，铁木真又陆续战胜了主儿乞部、蔑儿乞部、乃蛮部、泰赤乌部等，力量比十三翼之战以前更加强大了。

1200年，铁木真与王罕联合消灭了泰赤乌部之后，铁木真就向呼伦贝尔地区进取。居住在那里的合答斤、撒勒只兀惕、朵儿边、塔塔儿、翁吉剌等部联合起来，共同对抗铁木真与王罕。铁木真得到他的岳父、翁吉剌人特薛禅的密报，联合王罕，进军至捕鱼儿海子（今贝加尔湖），与合答斤部激战，合答斤部力屈败亡，其部众、牲畜多被铁木真与王罕所分掳。

1201年，札木合不甘心坐视铁木真力量的日益强大，联络了一些败散的旧贵族，即塔塔儿、翁吉剌、合答斤、撒勒只兀惕、泰赤乌、朵儿边、豁罗剌思等11部首领，在也里古纳河与刊河（今根河）、秃律别儿河（今得尔木尔河）交汇处集合，推举札木合为"古儿合罕"，打算秘密地进袭铁木真。铁木真闻讯后立即起兵迎战，联合王罕把他们打败。札木合向王罕投降，翁吉剌部归附了铁木真。1202年，铁木真再次发兵征讨塔塔儿部，将塔塔儿部消灭。这样，西起鄂嫩河上游，东至兴安岭，蒙古高原的东部地区，都归并到铁木真的号令之下了。

从1189年铁木真被推为乞颜部首领以来，他一直与克烈部王罕结盟，巧妙地凭借王罕的势力来壮大自己。然而，铁木真势力的逐渐强大，也使王罕日益感到威胁。1202年春，王罕密谋请铁木真赴宴，想借机杀害铁木真。不慎谋泄，只得发兵攻打铁木真。铁木真仓促应战，终因寡不敌众，被击败，部众溃散，只领19骑落荒而逃。途经一片沼泽地——"班朱尼河"（又名黑河，意为沼泽），什么吃的都没有了，正好有一匹野马走来，他们射死野马，汲河水煮野马肉充饥。铁木真举手仰天立誓说："如果我建树大业，定与你们同甘苦。违背这话，有如河水。"这就是蒙古史上有名的班朱尼河之誓。后来凡"同饮班朱尼河水者"，均封为功臣。铁木真并不灰心，相反他又重整人马，乘王罕父子由于打胜仗而防守懈怠之际，派自己的兄弟先去诈降，然后发动突然袭击，经过三天三夜苦战，反而完全战胜了克烈部，王罕在向西逃亡中被乃蛮部人杀死。消灭克烈部，是铁木真有史以来取得的最大胜利。至此，蒙古高原的三分之二，已经为铁木真所有了。

王罕的覆灭，震惊了蒙古高原西部的乃蛮部首领。乃蛮部是当时在蒙古高原上惟一还有力量与铁木真抗衡的部落。铁木真召集将帅们商量，决定主动出兵。出征前，铁木真对军队进行了整编，建立了千户制和护卫军制。他下令将所有军队按千户、百户、十户统一组编；委派各级"那颜"（意为贵族官人），设立"扯儿必"官（统领），任命亲信"那可儿"（意为同伴，这里可以解释为军事侍从）6人为扯儿必；成立护卫军，设80宿卫、70散班、400箭筒士；从千户、百户那颜和白身人的子弟中拣选身材魁梧的做护卫；命阿儿孩合撒儿选1000名勇士管着。此外，还规定了轮番宿卫制度。

铁木真通过千户制和护卫军制的建立，进一步健全了军事组织，提高了他的权力。与过去贵族联盟时代那种每家"一圈子"各自为政的组织形式相比，大大提高了作战能力。1204年春天，铁木真下令将军马散开，并让每人烧5堆篝火以虚张声势。乃蛮部太阳罕本以为铁木真春天进军，必然马瘦，人也不会多。铁木真的军队步步逼近，双方在纳忽昏山遭遇。铁木真自己打前锋，太阳罕一见来势凶猛，大吃一惊，就指挥军马从山前撤到山顶上，被铁木真团团围住。当天晚上，不少乃蛮部众从山崖上摔下来，自相践踏，死伤惨重。第二天，太阳罕无力抵抗，被活捉了。铁木真乘胜进抵阿勒台山（今译阿尔泰山）前，征服了太阳罕所属部众。接着，当时在乃蛮地方的札木合，也被他的随从抓了送给铁木真，被铁木真处死。追随札木合的合答斤、朵儿边、塔塔儿等残部，纷纷向铁木真投降。南面的江古都首领也归顺了铁木真。至此，西起阿尔泰山，东到兴安岭的整个蒙古高原各部落，几乎全部成了铁木真的属部。

1206年，蒙古的贵族、功臣们，在鄂嫩河边举行"忽里台"（大聚会），一致推举铁木真为全蒙古的大汗，并上尊号为"成吉思汗"。"成吉思"来源于突厥语汇"海洋"，意思是像海洋一般广阔而强大。这一年，铁木真45岁，大蒙古国就宣告建立了。他把全体蒙古牧民划分和固定在95个千户中。千户下设百户、十户。千户那颜都是成吉思汗的封臣，各千户内的牧民不能任意离开千户组织，对那颜有人身隶属关系。成吉思汗把一部分千户作为领民分给诸弟、诸子，形成左右手诸王。又以木华黎、博尔术为左右万户那颜，即两个最大的军事长官。把原来只有150人的怯薛扩充到一万人，征调千户那颜、百户长、十户长的子弟充当怯薛，以此控制全国，设札鲁忽赤掌管户籍、词讼等行政、司法事务。

在这之前，蒙古高原东西南北散居的各个部落，都有自己的名称，蒙古部只是其中的一部。大蒙古国建立之后，蒙古高原各部均统一于这个政权之下，共同使用"蒙古"作为它们的总名称。

成吉思汗完成了蒙古各部的统一，并奠定了自己对蒙古高原的统治后，便积极准备力量，向外扩张。

1205年至1209年，成吉思汗三次攻打西夏，把西夏从金朝的盟友变成依附于自己的属邦，从而解除了攻金时可能出现的侧后威胁，于是便肆无忌惮地转而向金朝进攻了。

1211年3月，成吉思汗亲自率领大军，南征金朝。同年7月，成吉思汗率领大军，以大将哲别为前锋，攻克乌沙堡。金军在蒙古铁骑突袭下仓皇后退。8月，成吉思汗驻营于抚州（今河北张北），下令强攻金朝重兵把守的野狐岭（今河北张家口西北），金军大败。与此同时，成吉思汗还派他的三个儿子术赤、窝阔台、察合台率领另一支人马，攻掠金朝西北沿边诸州。1215年5月，金中都被最后攻破，俘获了赫赫有名的耶律楚材。

蒙古军攻占华北地区以后，成吉思汗便把注意力转向蒙古高原西北地区。他封木华黎为太师国王，专事经略华北，自己则专意于准备西征。

早在成吉思汗攻金以前，畏兀儿（今译维吾尔）政权已归附了蒙古。1218年，成吉思汗利用西辽内乱的机会，派大将哲别灭亡了被乃蛮太阳罕之子屈出律篡夺王位的西辽。西辽疆域包括今天新疆西部和新疆以西部分地区。这样，成吉思汗便与当时中亚的一个强大国家花剌子模发生了接触。花剌子模的疆域包括哈萨克斯坦、吉尔吉斯斯坦、塔吉克斯坦、乌兹别克斯坦、土库曼斯坦、阿富汗和伊朗的部分地区。1218年，成吉思汗曾派遣一支商队去西方经商，被花剌子模的将领抢劫精光，商人也被杀。成吉思汗以此为借口，于1219年秋，率领20万大军向花剌子模发动了侵略战争。在蒙古铁骑的冲击下，花剌子模40万军队迅速瓦解。成吉思汗的蒙古骑兵一直踏到申河（今印度河）。其中一支蒙古军在哲别和速不台率领下，奉命追赶花剌子模国王，越过太和岭（今高加索岭）、进入钦察草原（今波罗夫赤草原），长驱直入斡罗思（今译俄罗斯）境内。

成吉思汗的西征，出现了历史上罕见的大屠杀、大破坏，给中亚各族人民带来了极大的灾难。1225年，成吉思汗由中亚返回蒙古。1226年，成吉思汗以西征时西夏不肯出兵为借口，再次出征西夏。1227 年 7 月，西夏国王向成吉思汗投降。成吉思汗这时也因病逝世于六盘山，终年 66 岁。

成吉思汗临终前，对幼子拖雷和诸大将交代了联宋灭金的方略。后来窝阔台灭金，基本上遵循了他的遗嘱。

成吉思汗作为蒙古族的军事统帅，有杰出的军事才能。他战略上重视联远攻近，力避树敌过多。在用兵上，注意详探敌情，分割包围，远程奇袭，佯退诱敌，运动中歼敌等战术。但是，他所发动的战争，具有从游牧部落战争所带来的野蛮残酷的特点。成吉思汗统一蒙古诸部，对于蒙古族的形成和发展作出了重大贡献，是蒙古族的民族英雄，蒙古国的开国大汗。他打破了当时地方政权林立的局面，对于祖国的统一也起过有益的作用。

018

大漠雄鹰

——忽必烈

忽必烈（1215—1294），是成吉思汗的幼子拖雷的正妻唆鲁禾帖尼的第二子，生于金宣宗贞祐三年（1215年），其兄为蒙哥，其弟有旭烈兀、阿里不哥。他是在成吉思汗、窝阔台汗、贵由汗、蒙哥汗之后，第五个登上大蒙古国大汗宝座的人物。同时，他又是元王朝的创建者，蒙古语尊为薛禅（意为贤者）皇帝，卒于至元三十一年（1294年），庙号世祖。

忽必烈是在蒙金战争中出生并长大的，自幼就受到母亲的严格教育，崇尚汉文化。他的母亲经常从她的份地真定（今河北正定）征召儒士到漠北，是位受汉文化影响较深的王后。忽必烈步入青年时期以后，就已经"思大有为于天下"了。公元1242年，他召海云禅师到藩邸。忽必烈问他："佛法中有安天下之法吗？"海云答道："若问古今兴王之道，你应当寻求天下的大贤硕儒，他们会告诉你安天下之法。"于是把随行的徒弟僧子聪，即刘秉忠，推荐给忽必烈。刘秉忠应对称旨，对答如流，博得忽必烈的青睐。同一年，忽必烈又从怀仁（今山西怀仁），召儒士赵璧到藩邸，并委托赵璧罗致四方文学之士，访问治道。在他们的影响下，忽必烈对中原文明十分倾慕，逐渐意识到治理汉地，必须"附会汉法"。

1251年，忽必烈的哥哥蒙哥继大汗位，成为大蒙古国的第四代大汗。由于忽必烈在蒙哥的诸弟中，是最大的一个，又十分贤能，于是被蒙哥委任主管漠南汉地的军国庶事。次年，忽必烈移藩府于金莲川（今内蒙古正蓝旗东），继续延请汉族儒士和官员，组成金莲川幕府，辅佐他治理汉地。他先后任用汉人儒士整饬邢州（今河北邢台）吏治，立经略司于汴梁，整顿河南军政，屯田唐、邓，都收到了积极的效果。

1252年6月，忽必烈奉蒙哥汗之命征大理。他带刘秉忠、姚枢等随行，而由蒙古名将速不台之子兀良合台统帅军队。12月过黄河。第二年春，经盐州（今陕西定边）出萧关（今宁夏固原东南），来到六盘山。不久，蒙哥又把京兆（今陕西西安）分封忽必烈作份地。于是忽必烈让姚枢经营京兆，整顿吏治，立屯田，恢复农业生产，兴学校，使关陇地区出现大治的局面，成为忽必烈南下的重要基地。忽必烈任用汉人儒士治理汉地所取得的成就，加深了忽必烈对"附会汉法"的认识，同时，也因此得到了北方汉族地主阶级的拥护与支持。1253年8月，忽必烈率军进抵临洮，开始转战川滇，对南宋进行战略迂回。

忽必烈指挥蒙古大军，离开临洮，进入藏族地区，到达忒剌（又译作塔拉，今甘肃迭部县与四川若尔盖县交界处之达拉沟），然后兵分三路前进，进入大理境内。1253年12月，三路并力攻打大理城，12月15日城破，国王段兴智逃奔善阐（今昆明），权臣高祥被蒙古军追杀。接着忽必烈指挥蒙古军四处出击，迅速占领除善阐以外的大理国8府、4郡、37部。忽必烈攻克大理城，采纳刘秉忠、姚枢、张文谦等人建议，裂帛为旗，下止杀之令，分号街陌，由是居民得以完保，军士无一人敢乱抢者。忽必烈此次奉命征大理，亲自统帅三路大军由北而南，越过大渡河、大雪山、金沙江，在中国古代军事史上是一大壮举。这年年底，他留兀良合台经略大理，自己班师回到金莲川。

1256年，忽必烈命刘秉忠在金莲川滦水北的龙冈，营建了开平府。忽必烈附会汉法，治理汉地，损害了一部分蒙古贵族和西域商人的利益，一部分宗王大臣便在蒙哥面前挑拨离间，指责忽必烈王府的人奸利营私。结果导致了蒙哥对他的猜疑。1257年，解除了忽必烈的兵权。同时派阿兰答儿、刘太平等到陕西、河南钩考钱谷，罗织罪名，迫害忽必烈的幕僚及属下。忽必烈听从姚枢等人的劝告，把妻子、儿女送到汗廷做人质，以表明自己没有异志。这年11月，他又亲自谒见蒙哥。兄弟相见，消除了蒙哥的怀疑，不让忽必烈再说什么而表示谅解。但仍将忽必烈在汉地所设置的行部、安抚、经略、宣抚、都漕诸司，统统罢掉。这样，忽必烈以谦恭忍让，免除了一场大祸，重新取得了蒙哥的信任。不久，又重兵在握，在征伐南宋的战争中，独当一面。

1258年初，蒙哥发动三路大军进攻南宋。他让幼弟阿里不哥留守和林，由阿兰答儿辅佐，而自己亲率主力军进入四川，是为西路军；同时，命塔察儿、张柔率东路军进攻长江中游；又命已由大理攻入交趾的兀良合台率军北上，攻打潭州（今长沙）。由于塔察儿所部东路军在前线失利，蒙哥改派忽必烈统领东路军，攻打鄂州（今武昌）。这年11月，忽必烈由开平南下。

1258年底，蒙哥主力进抵合州（今四川合川），遭到南宋合州守将王坚在钓鱼城的顽强抵抗。蒙哥进驻城东的石子山，切断钓鱼城的外援，从1259年2月发动猛攻，直到5月底，始终未得手。6月初，蒙哥亲临前沿阵地视察，宋军炮石将蒙哥击中，回到营中，于7月逝去。

当蒙哥攻钓鱼城时，忽必烈自邢州向鄂州进发。8月初到达长江北岸。9月，他的异母弟末哥遣使者向他报告蒙哥去世消息，并转达了末哥的意见，请忽必烈回漠北去，"以你的威望维系天下人心"。忽必烈企图攻下鄂州后再北上夺取汗位，因而率军渡江，派兵攻打鄂州。

这时，兀良合台自交趾北上，直指潭州，并与忽必烈取得了联系。南宋当局十分震惊，急令贾似道以右丞相兼枢密使的身份，驻军汉阳，援助鄂州。但是，这时忽必烈已经得知阿里不哥在和林正谋继汗位，于是便采纳幕僚郝经的建议，决定与南宋议和，班师北上；同时派一支军队去堵截蒙哥的灵车，收大汗印玺；遣使通知旭烈兀、阿里不哥、末哥诸王会丧和林；派官抚慰诸路，令王子真金驻守燕京（今北京）。忽必烈自己率轻骑迅速北上，于1259年底到达燕京。

此刻，阿里不哥派往漠南的脱里赤正在扩兵。忽必烈问他为什么扩兵，他却假托是按蒙哥遗言办的。忽必烈察知其中有诈，便将他扩充的兵力全部遣散。阿里不哥又通知忽必烈去漠北参加忽里台，会葬蒙哥；同时派亲信刘太平、霍里怀行尚书省事于京兆。忽必烈根本不予理睬，派廉希宪先到开平去摸清阿里不哥的动向。廉希宪说服了有实力的塔察儿拥戴忽必烈。

1260年3月，忽必烈到达开平，召集忽里台，在诸王塔察儿、也先哥、大合丹、末哥等以及赤因铁木儿、爪都、木华黎之后忽林池等人支持下，登上大汗宝座，后来改开平府为上都。

4 月，阿里不哥得知忽必烈先发制人，抢先宣布继承汗位，于是便在和林召集另一个忽里台，在另外一些支持他的诸王的拥戴下，也宣布继汗位。这样，一场汗位争夺的斗争，便在忽必烈与阿里不哥兄弟二人之间展开，为此爆发了长达四年之久的战争。1264 年 7 月，走投无路的阿里不哥率领支持他的诸王大臣到开平，向忽必烈投降。

忽必烈与阿里不哥争夺汗位的战争，由于忽必烈依靠中原汉地人力、物力的支持，最后取得了胜利。它在实质上，是主张"附会汉法"的蒙古贵族对守旧派的胜利。忽必烈获胜的结果，使漠北与中原地区归于统一，从而奠定了忽必烈统一全国的基础。

忽必烈在开平即汗位，标志着大蒙古国开始向元王朝的嬗变。他建元"中统"，确立了"祖述变通"的建国方针。在即位诏中，明确表示要在不损害蒙古贵族既得利益的前提下，加强"文治"。即所谓"稽列圣之洪规，讲前代之定制"。换言之，就是以继承祖宗的陈规为前提，附会汉法，建立与中原经济基础大体相适应的中央集权制的封建专制主义国家。在中央设中书省，以王文统为平章政事，在各地分设十路宣抚司，任汉人儒士为使。1262 年 2 月，山东军阀李璮乘阿里不哥叛乱之机，在山东发动叛乱，攻占了益都和济南。忽必烈令诸王合必赤总督河南、河北、山东各地的蒙古军、汉军，迅速镇压了这次叛乱。但是，李璮叛乱，引起了忽必烈对汉人的猜忌，于是采取果断措施，废除汉人诸侯的世袭制度，削弱这些诸侯的军权，在地方上实行军民分治等等。忽必烈以此来加强中央集权和对汉人的防范，同时在各级政权中，征用色目人分管事权，以与汉人官僚相互牵制。1264 年 8 月，忽必烈又下诏改"中统五年为至元元年"。1271 年 11 月，下诏"建国号曰大元，盖取《易经》'乾元'之义"。同年，又改中都（今北京）为大都，与上都相呼应，实行两京之制。至此，由大蒙古国向元王朝嬗变的过程基本完成。忽必烈以元王朝开国皇帝的面目，出现在中国历史舞台上。

忽必烈建立元朝的过程，也就是他"变易旧章，作为新制"的过程。

除了上述属于体制方面的革新以外，还在生产方式与剥削方式方面，也采取了一些措施：诸如功课农桑以富民；行仁政、不嗜杀，保护社会生产力；整顿户籍和赋役制度；立司农司，垦荒屯田，兴修水利，限制抑良为奴等等。这对促进社会经济的恢复与发展，以及促进边疆地区的开发，都起过积极的作用，以致有些地方出现了"户口增，田野辟"的现象。但是忽必烈的革新，是以不损害蒙古贵族的既得利益为前提的，因此，他有意识地保留了一些蒙古旧制，诸如食邑制度、达鲁花赤（镇守官）的设立、蓄奴制度、斡脱制度（即官商制度）、科差制度，军事长官的世袭制以及"撒花"（无事向百姓白要的钱，叫撒花钱）制度等等。另一方面，由于忽必烈的革新，是属于适应被征服地区经济情况的一种变革，因而随着征服时间的先后，在不同时期征服的地区所推行的制度也不同。蒙古征服金朝在先，统治时间较长；忽必烈征服南宋在后，占领南方时间较短，结果北方多承金制，南方则多循宋制，呈现出南北异制的局面，诸如税粮制度、军人待遇、刑法制度，等等。全国典章制度不能划一，说明忽必烈的革新的不彻底性，并且必然束缚生产力的发展，激化社会矛盾。

1267年，忽必烈大规模举兵攻打南宋。1274年6月，忽必烈发布伐宋诏书，任命左丞相伯颜与平章政事阿术统帅20万大军，水陆并进，大举伐宋。1276年初，攻下南宋都城临安（今杭州）。1279年，最后消灭流亡到崖山的南宋朝廷的残余势力，完成了全国的大统一，从而奠定了我国疆域的规模，为国内各民族经济文化的交流和发展，开拓了道路。

不过，忽必烈所建立的元王朝的大统一之中，仍然隐含着分裂的因素，那就是蒙古贵族之中守旧的西北藩王。他们仍以争夺汗位的名义，继续发动叛乱。其中以窝阔台的孙子海都的势力最大，作乱时期最长。忽必烈从1275年起，整整花了14年时间，才先后平定了西北诸王海都、笃哇等和东北诸王乃颜、哈丹等的叛乱，维护了国家的统一。

忽必烈在灭南宋统一全国之后，本来在他身上所表现出来的改革旧俗、附会汉法的积极因素逐渐减退，而保守、嗜利、黩武等消极因素却逐渐增长。当初投奔忽必烈，并在元王朝建立过程中起过重大作用的汉人儒士、官僚，不是相继谢世，就是逐渐被冷落。回回人阿合马却受到重用，从主管财政，发展到 1275 年以后独揽朝政，引起汉人官僚的不满。忽必烈始终偏袒阿合马，终于在 1282 年，大都发生了王著、高和尚刺杀阿合马事件。此后忽必烈又先后重用卢世荣、桑哥理财，均以失败告终。这时忽必烈又热衷于征战，总想通过武力降服新的国家。于是，他把矛头指向日本、占城、安南、缅甸和爪哇，接二连三地派遣军队远征。这一系列对外侵略战争，不仅给邻国造成破坏，给邻国人民带来灾难和痛苦；而且劳师费财，也给本国人民带来极大的灾难，因而遭到人民的反对，最后无不以失败而告结束。就在忽必烈派出远征爪哇的军队无功而还后两年，即 1294 年，忽必烈病死在大都。

019

布衣出身的开国皇帝
——朱元璋

　　明太祖朱元璋（1328—1398），原名重八，濠州（今安徽凤阳）钟离太平乡人，是我国历史上继刘邦之后又一个布衣出身的开国皇帝。

　　朱元璋出生在元末社会矛盾极其尖锐的年代里。当时，元政府的赋税、徭役极其沉重。蒙、汉及其他各族的贵族、官僚、大地主和寺院又疯狂地兼并土地，追加地租，奴役佃户及其子女，甚至将佃户随田转卖。加以朝政腐败，官吏贪暴和连年不断的风、雪、水、旱之灾，广大汉族农民纷纷破产，流民遍布各地，就连蒙古族的劳动者也日益贫困，纷纷沦为奴隶。与不堪忍受的阶级压迫俱来的，是日益深重的民族压迫。元朝建立后，元朝统治者把全国各族人划为蒙古、色目（包括西域各族和西夏人）、汉人（包括原先金朝统治下的汉族和契丹、女真等族）、南人（包括原先南宋统治下的汉族和南方各少数民族）四等。四等人的政治地位各不相同，蒙古人最高，色目人次之，南人最为低下。

　　处在这样深重的阶级压迫和民族压迫之下，朱元璋的家境十分困苦。他出身一个佃农家庭，全家租种地主的土地，自己也从小为地主放牛，终年辛苦劳作，过的却是饥寒交迫的生活。17岁时，一场灾荒瘟疫夺去了朱元璋父母、长兄和侄儿的性命，他只得到皇觉寺当小行童，给寺主干粗杂活。入寺刚满50天，庙里缺食，他又带上木鱼、瓦钵，到淮西游方化缘，一直漂泊了3年多，才又回到庙里。不久，白莲教首领刘福通、徐寿辉发动了红巾军农民大起义，皇觉寺又恰为兵燹所毁，走投无路的朱元璋被逼上梁山，前往濠州投奔郭子兴，当上了一名起义军的步卒，时年25岁。

　　朱元璋多谋善断、英勇机智，很快得到郭子兴的赏识，将他提升为亲兵九夫长，并把养女马氏嫁给了他。后来又提升他为镇抚、总管。至正十五年（1355年），朱元璋攻克和州（今安徽和县），又被任命为总兵官。不久，郭子兴病死，刘福通建立的宋政权任命他为这支队伍的左副元帅。他带兵强渡长江，挥师东向，于次年二月攻占集庆（今江苏南京），改名为应天。当时，北有刘福通，东有张士诚，西有陈友谅、徐寿辉，这三支起义军吸引和牵制了元军的主力。南西的元军，由于南北交通线已被起义军所截断，则处于孤立无援的困境。朱元璋根据这一形势，果断地采取固守东西两线、出击东南的战略，集中兵力进攻皖南和浙东诸地分散的元军据点。同时采纳儒士朱升"高筑墙，广积粮，缓称王"的计策，积极营建以应天为中心的根据地，积粮训兵，扩充实力，为逐鹿中原做准备。

至正二十年（1360年）闰五月，陈友谅杀徐寿辉称帝，约张士诚夹攻应天。朱元璋立即实行战略转移，改取固守东南、向东北和西线出击的战略，先集中兵力，败陈友谅于鄱阳湖，再掉头东向，俘张士诚于平江（今江苏苏州）。在他与陈友谅对阵时，已投降元朝的张士诚，派兵进攻刘福通。刘福通力战牺牲，刘福通领导的红巾军至此失败，但他们十几年来的英勇战斗，已从根本上动摇了元朝的统治基础。朱元璋收拾了张士诚之后，便于1367年派兵北伐。年底，北伐军攻下山东，元政权眼看即将覆灭，朱元璋在应天就皇帝，定国号为大明，建元洪武。洪武元年（1368年），北伐军进围大都（今北京），元顺帝慌忙弃城出走，逃过漠北。八月，北伐军进入大都，元朝的统治被推翻了。

明朝建立后，朱元璋面临着进一步统一全国的任务。他首先集中兵力，继续对元朝的残余势力展开斗争。克复大都的当年，北伐的明军折而西向，先后攻占山西、陕西和甘肃，并北征蒙古，迫使元朝残余势力步步北撤。洪武十四年（1381年），朱元璋又派兵攻入云南，灭掉元梁王。1387年再派兵平定辽东，又进军漠北，给予元朝残余势力以沉重打击。大漠东西的蒙古族陷于分裂，游牧于漠北东部与辽东边外的兀良哈部归附了明朝。与此同时，朱元璋还派兵消灭四川明昇和云南大理段氏的割据势力，并成功地招抚了西北和西南的少数民族和甘、青、川、藏地区的藏族。经过20多年的斗争，除西北和东北部分地区和元朝残余势力控制的漠北草原外，全国已基本上实现了统一。在统一全国的过程中，朱元璋"威德兼施"，宣布："朕既为天下主，华夷无间，姓氏虽异，抚宁如一"，"凡在幅员之内，成推一视之仁"，并根据不同的情况，分别采取相应的怀柔措施，来笼络和安抚当地的少数民族，使元朝以来极为尖锐的矛盾得到一定的缓和，进一步巩固了国家的统一。

明朝刚建立时，社会矛盾还很尖锐。地主阶级拼命聚敛财富，扩占土地，甚至用隐瞒土地和丁口的办法逃避皇朝的课役，向农民转嫁负担，衙门官吏承袭元朝官场的习气，擅权枉法，贪赃受贿，刚刚缓和下来的阶级矛盾迅速趋于激化，引起了农民的强烈不满和反抗。同时，地主阶级还从经济上聚敛财富发展到在政治上追逐权力，又酿成统治集团内部的矛盾和斗争。再加上元朝残余势力图谋复辟，不时南下骚扰，东南沿海还有零星倭寇的侵扰活动，政治局势动荡不定。针对这种状况，朱元璋对国家机构进行了大刀阔斧的改革，强化封建专制的中央集权制度、以加强其对内镇压敌对势力、对外保卫国土的职能。

改革首先从地方机构入手。洪武九年（1376年），朱元璋废除总管一方民政（包括财政）、军事和司法大权的行中书省，分设承宣布政使司、提刑按察使司和都指挥使司，分别负责地方的民政、司法和军事，直属皇帝领导。接着再进行中央机构的改革，于1380年取消中书省和丞相，由吏、户、礼、兵、刑、工六部分理中央政务，六部尚书直接对皇帝负责。同年，还将中央最高军事机构大都督府分为前、后、左、中、右五军都督府，各自统辖部分军队，并规定都督府只负责军籍的管理和军队的训练，军队的调遣和将帅的任免则由兵部掌握，而指挥之权则归皇帝控制。1382年又将最高监察机构御史台改为都察院，并置十三道巡按御史分巡各地，纠劾百官。同时设锦衣卫，由皇帝直接指挥，暗地监视臣民的活动。此外，朱元璋还分封诸子为王，授予很大的军事权力，使他们能起到镇抚地方、夹辅王室的作用。

在改革国家机构的同时，朱元璋还严厉整顿吏治，惩治豪强。即位之初，他即诏谕群臣，宣布要"严法禁""但遇官吏贪污蠹害吾民者，罪之不恕"。根据朱元璋的旨意，明政府制订了各种法律章程，对各级官吏的职权、任务以及应当遵守的事项，都作出详细的规定，对官吏的违法乱纪、贪污受贿行为也定出具体的惩处办法。为保证这些法律章程的施行，明政府还建立一套严格的官员监察制度。官吏一旦违法犯禁，立刻加以惩处。对官吏的贪污，处罚特别严重。朱元璋认为，"吏治之弊，莫过于贪墨"，"此弊不革，欲成善政，终不可得"。整个洪武年间，对违法乱纪、贪污受贿的官吏，除去平时的零星打击，还进行了几次大规模的清洗，先后杀了十几万人。即使是朱元璋自己的亲属和权贵之家，也不宽恕。在严惩贪官污吏之时，朱元璋还积极兴办学校科举，推行荐举制度，并根据"惟才是举"的原则加以任用，替换被清洗的官员，使官僚队伍不断得到更新和补充。朱元璋还采取措施，对贪得无厌、横行不法的豪强地主加以限制和打击。他下令在全国清查户口、丈量土地，制定赋役黄册（户口册）和鱼鳞图册（土地册），作为征派赋役的依据，防备地主隐瞒丁口和土地，逃避课役。还多次迁徙富户以实京师和中都（今凤阳），使之丧失原有的社会地位，无法再横行乡里，欺压百姓。对违法犯禁的奸顽富豪，则用严刑酷法加以打击。这些措施的采取，使封建专制中央集权统治高度强化，吏治渐趋清明，豪强地主的兼并和剥削受到一定抑制，动荡不定的政治局势逐步安定了下来。

为了巩固封建统治的经济基础，朱元璋还实行"休养生息"政策，大力恢复和发展生产。即位之初，他召见各地来朝的府州县官说："天下初定，百姓财力俱困，譬犹初飞之鸟不可拔其羽，新植之木不可摇其根，要在安养生息之。"要求各级官吏将"田野辟，户口增"作为头等大事来抓，并规定官吏的考核都要上报农桑治绩，违者降罚。朱元璋根据元末农民战争已打乱土地配置的实际情况，对土地关系作了调整。他下令，凡是在战争中抛荒的土地，被他人耕垦成熟的就成为耕垦者的产业。由于无主的荒地很多，为鼓励农民开垦，1368年规定凡有人耕垦即可永为己业，免除徭役3年。过了两年又规定，此方郡县近城荒地，授予无业乡民耕种，每户给10亩，另给2亩菜地，有余力者不限顷亩，全部免除3年租税。后来还规定陕西、河南、山东、北平等布政司及凤阳、淮安、扬州、庐州等府，允许农民尽力垦荒，官府不得征派赋役。明政府还大力组织移民屯田，并命令各地驻军屯田，边地军队三分守城、七分屯种，内地军队二分守城、八分屯种。这样，大量荒废的田地得到了开发。此外，朱元璋还下令将佃户与地主的关系由元代的主仆关系改为少长关系；将因战乱而沦为奴隶的人统统加以释放，并严禁庶民之家蓄养奴婢；允许官府所属的匠户，在服役之外自由营业；奖励农桑，发展经济作物；兴修水利，发展灌溉；限制僧道数量，增加劳动人手；整顿商税，对农具书籍实行免税。这些措施的实行，使濒临绝境的经济逐渐得到了复苏和发展。农业的发展尤为突出，洪武二十六年（1393 年）全国耕种土地约为 850 多万顷，为洪武元年（1368 年）的 4 倍多。手工业和商业也日趋发达。在洪武年间奠定的这个基础上，社会生产在此后的永乐、洪熙、宣德三朝一直继续向前发展，从而为明中叶的资本主义萌芽准备了物质条件。

朱元璋由一贫如洗的小行童成长为农民起义的领袖，再一跃而为富有天下的大明开国之君，这既是历史的选择，也是他以杰出的才能与坚强的意志，顺应潮流、开拓进取的结果。他推翻元朝，统一全国，安定社会，发展生产，奠定了明初盛世的基础；而他创制的典章制度，又为其子孙奠立了 270 多年长治久安的统治根基，并大部分为后来的清朝所继承，对我国封建社会后期的历史发展产生了深远的影响。因此，清初几个皇帝对朱元璋都倍加赞扬，顺治帝甚至说："朕以为历代贤君，莫如洪武。"

020

后金国的"英明汗"
——努尔哈赤

满族的民族英雄、清朝的开山之祖和奠基人努尔哈赤（1559—1626），于明朝嘉靖三十八年（1559年）出生在建州女真费阿拉城的一个奴隶主家庭。童年时期，由于家道中衰，加之10岁丧母，年方十九便开始了独立生活。青少年时期的努尔哈赤经常往来于抚顺关马市进行贸易活动，从中学习社会和经济、政治和文化、民俗和语言、军事和地理。这一段不寻常的经历为他日后的崛起打下了良好的基础。

1583年，明辽东总兵李成梁在攻打建州强部王杲之子阿台住地古勒寨时，误杀努尔哈赤父塔克世、祖父觉昌安。努尔哈赤闻讯悲痛欲绝，气愤填膺，立誓报仇雪恨，遂椎牛祭天，以父"遗甲十三副"含恨起兵。从此揭开了统一建州女真各部战争的序幕。

努尔哈赤经过几年的浴血奋战，先后并取了苏克素浒河部、董鄂部、浑河部、哲陈部、完颜部。为了兴基建业，发展势力，努尔哈赤于1587年建费阿拉城（今辽宁新宾县永陵镇），宣布国政，并始称女真国淑勒贝勒。费阿拉成了女真政治、经济和军事的中心。此后历经5年又夺取了长白山三部——讷殷部、朱舍里部和鸭绿江部。至此，作为建州左卫指挥使的努尔哈赤采取各个击破的战略，终于统一了建州女真各部。但是，努尔哈赤并未满足于此，他以费阿拉为基地又开始了统一海西女真的战斗。

海西女真包括叶赫、哈达、辉发、乌拉四部，又叫扈伦四部。努尔哈赤统一建州的节节胜利，引起了扈伦四部奴隶主贵族的不安。1595年，以叶赫贝勒布斋、纳林布禄为首，纠集哈达、乌拉、辉发及长白山朱舍里、讷殷二部、蒙古科尔沁、锡伯、卦尔察三部，共为九部，结为联盟，分兵三路直扑建州。努尔哈赤沉着应战，周密布置，集中兵力，据险诱敌，大败敌军于古勒山下，获得全胜。古勒山之役是努尔哈赤统一海西女真各部的转折点，由于打破了九部军事联盟，从而改变了建州女真和海西女真力量的对比，此后努尔哈赤以由近及远、先弱后强、利用矛盾、联大灭小、集中兵力、各个击破战略，先灭哈达、辉发，后灭乌拉、叶赫，到1619年秋，努尔哈赤吞并了海西扈伦四部。

在统一海西女真的同时，努尔哈赤又逐步征服"野人"女真的一支东海女真。东海女真主要有三部——握集部、瓦尔喀部、库尔喀部。自1596年努尔哈赤派费英东初征临近的瓦尔喀开始至1625年，努尔哈赤对东海女真前后用兵达30年，基本上统一了东海女真在东起日本海，西迄松花江，南达摩阔崴湾、濒临图们江口，北抵鄂伦河这一广大疆域内，取代了明朝的统辖，东海女真完全臣服。另外，努尔哈赤建元之后，在统一东海女真的同时，多次发兵征讨"野人"女真另一支黑龙江女真，并迅速取代了乌苏里江和黑龙江中下游广大地区明朝的统治。

努尔哈赤在统一建州女真、海西女真和"野人"女真之后，为了向明朝发起进攻，着力征服漠南蒙古诸部。努尔哈赤利用漠南蒙古各部分裂和内讧、采取分化抚绥和武力征讨的两手政策，与科尔沁联姻，又与喀尔喀会盟，使之由联合明朝抗御后金转变为联合后金对抗明朝。

努尔哈赤在灭哈达后的1601年始建四旗，以黄、白、红、蓝四色为旗的标志，奠定了八旗制度的基础。1615年努尔哈赤又增设四旗，共为八旗，增添的四旗，将原来旗帜周围镶上一条边，黄、白、蓝三色旗镶红边，红色旗镶白边。八旗制度首先是一种军事制度，八旗军是一支严格训练、军纪严明的军队；其次，八旗制度还是政治、民政、家族三方面的行政制度，而且也是经济制度。努尔哈赤创建八旗制度，把女真社会的军事、行政、生产统制起来，女真各部的部民，被按军事方式分为三级，加以编制。努尔哈赤用军事方法管理行政、管理经济，使女真社会军事化。努尔哈赤以旗为纽带，把涣散的女真各部联结起来，形成一个组织严密的生气勃勃的社会整体，是有其积极作用的。同时这也是他崛起东北、统一女真各部、屡败明朝的原因之一。努尔哈赤在创建八旗过程中主持制定了无圈点的老满文。

女真族在金代，以契丹大字为基础创制了女真文字，但到 15 世纪中叶，女真文字已失传，女真人借用蒙古文字，为了适应建州社会军事、政治、经济和文化迅速发展的需要，努尔哈赤倡议、主持创制满文，并于 1599 年 2 月命额尔德尼和噶盖参照蒙文字母，根据满语语音特点加以创制。这种草创的满文即后人所称"无圈点满文"或"老满文"。满文产生后，努尔哈赤下令在统一的女真地区施行。满文的创制和颁行，是满族文化发展史上的里程碑，不仅加强了满族人民的内聚力，也促进了满汉民族之间的文化交流，加速满族共同体的形成、满族社会的封建化，并为建立一个统一的政权奠定了基础。

1616 年，58 岁的努尔哈赤在赫图阿拉称汗，建元天命，正式建立了后金政权。自 1587 年始定国政到 1616 年的 30 年间，在努尔哈赤领导下，建州生产得到了很大发展，女真各部空前统一，领地不断扩大，财富迅速集中，奴隶制国家机器日益完善，阶级对阶级的统治关系更为明显，作为国家组织形式的八旗制度已确立起来。尽管如此，努尔哈赤对明廷还有所忌惮，仍以建州国或女真国自称，不敢公开地打起"金"的旗号，名义上对明廷保持一定的臣属地位。但随着军事上节节胜利，政治日益巩固，后金与明的矛盾也日益激化，终于兵戎相见。

1618 年，后金与明廷的关系最后破裂，努尔哈赤誓师伐明。在出兵抚顺之前，努尔哈赤书写"七大恨"诉告于天。"七大恨"实际上是明廷与女真关系的总结，也是后金对明廷的宣战书和对女真人的号召书，它既反映了女真人对明朝所实行的民族压迫和民族分裂政策的控诉，也反映了努尔哈赤向明朝公然用兵的一个借口。总之，后金与明朝的关系自此进入了一个新阶段。

努尔哈赤率兵征明首破抚顺，再拔清河，明廷闻讯，举朝大惊，调兵遣将，以 10 万大军号称 47 万之众，分兵四路直扑后金的赫图阿拉。在明朝大军压境的危难时刻，努尔哈赤镇定自若，制定了"凭尔几路来，我只一路去"的集中兵力、各个击破的作战原则，最终以少胜多，在著名的萨尔浒之战中大获全胜。萨尔浒一战，努尔哈赤自始至终掌握主动权，充分显示了努尔哈赤卓绝的军事才能。这一战是后金和明朝兴衰史上的转折，后金自此由防御转为进攻。随之，努尔哈赤兵锋指向辽沈地区。

萨尔浒大捷后 2 个月，即 1619 年 6 月，努尔哈赤又乘势占开原，7月再破铁岭。1621 年春，努尔哈赤进入辽河流域，展开沈江之战，3 月连下沈阳、辽阳及辽河以东大小 70 余城堡，次年正月，努尔哈赤率军破广宁。努尔哈赤自"七大恨"誓师伐明仅 4 年，即克抚顺、清河，夺开原、铁岭，取沈阳、辽阳，占广宁，致使辽东形势为之大变。占领广宁后迁都辽阳，1625 年 3 月又迁都沈阳。为以后沈阳成为我国东北政治、经济、文化和交通中心奠定了基础。

1626 年正月，后金汗努尔哈赤亲率诸王大臣和 13 万大军，往攻宁远，但屡攻不下，终因身负重伤，败师而还。努尔哈赤"自 25 岁以来，战无不胜，攻无不克，唯宁远一城不下"。宁远一败，努尔哈赤心情沮丧，悒悒不乐，积愤成疾，以致痈疽突发，于 1626 年 8 月 11 日在由清河返回沈阳途中死去，终年 68 岁。

努尔哈赤是我国满族著名首领，是中国历史上杰出的军事家和政治家。作为军事家，他在 44 年的戎马生涯中，身历数十战阵，灵活运用战略战术，总能以少胜多，以弱胜强。作为一个政治家，他成功地统一了女真各部，加强了祖国东北边疆的力量，推动了满族共同体的形成；逐渐摧毁奴隶制，加速向封建制的过渡，促进了社会生产力的发展。努尔哈赤作为满族杰出的政治家和军事家，其英名与业绩将永存史册。

021

"守成而兼创业"的君主
——康熙

清朝第二代皇帝康熙，姓爱新觉罗，名玄烨，他在位 61 年。康熙亲政之初，所面临的是社会动荡不安的局面。作为杰出的封建政治家，康熙意志坚毅，目光敏锐，从青年时起就敢于有所作为。他一生的活动，留下了引人注目的历史篇章。

顺治十八年（1661 年）正月，清王朝第一代皇帝福临去世，年仅 24 岁。这位年轻的皇帝是死于当时认为十分可怕的天花。临终时，福临遗命立第三子、8 岁的康熙为皇太子。玄烨所以得立，一个重要的原因就是他已出过天花，不至于再因这种可怕的疾病而早死，可是他脸上却留下了不太显眼的痘痕。

8 岁的玄烨即位，年号康熙。康熙二年玄烨的生母孝庄章皇后死了，年幼的皇帝便由其祖母孝庄文皇后抚养。孝庄文皇后是蒙古科尔沁贝勒寨桑之女，为人聪明能干，早年曾佐皇太极（康熙的祖父）"肇造丕基"，政治经验丰富。她精心教养康熙，后又全力辅助其主政。她对康熙的影响很深，康熙十分尊敬她，祖孙二人感情也相当深厚。

康熙 14 岁亲政。亲政以后，他做的第一件大事，就是在康熙八年（1669 年）五月，以迅雷不及掩耳的手段将专断朝政的辅政大臣鳌拜逮捕。清除鳌拜及其势力后，权力才集中于年轻的皇帝手中，从此开始了他为巩固清王朝的统治，同各种割据、分裂势力的斗争。

当时，日益嚣张的"三藩"势力，各自横掠一方，诸多不法，动辄挟持朝廷，形成割据势力，成为对清王朝统治的最大威胁。"三藩"是指平西王吴三桂、靖南王耿精忠、平南王尚可喜。吴三桂在"三藩"中力量最强,他盘踞云南十余年,自恃兵多将猛,蓄谋叛乱,分裂中国,与清廷南北分治,称帝南方。

年轻的康熙,他把解决"三藩"作为头等大事,书写为幅,悬挂在宫中柱上。他认为:"三藩势焰日炽,不可不撤。"康熙十二年(1673年)三月,尚可喜因年老请归辽东。以其子尚之信嗣封留镇广东。康熙不许,趁此令其撤藩归辽东。吴三桂、耿精忠获悉后,故意分别上书请求撤藩,以探明康熙对自己的意图。康熙下廷臣议,诸王贝勒大臣慑于吴三桂的军威,皆主勿撤,只有少数大臣主张撤藩。康熙力排众议,断然下令撤藩,果然,撤藩令下,吴三桂举兵反,耿、尚应之,南中国又陷入战火,数月之间,云、贵、川、黔、闽、粤、湘等省皆陷,一时形势十分险恶。

当吴三桂反讯传至京师,举朝震动,一些大臣被吴三桂的气势吓倒,大学士李额图竟然请诛主张撤藩诸臣,以谢三桂。康熙却不诿责于人,他说:"此出自朕意,他人何罪?"立即进行全面军事布置,决心讨平叛乱。孝庄文皇后支持康熙,拿出"内帑"犒军。康熙下令逮捕了居住北京的吴三桂之子吴应熊及其随从官员,不久将吴应熊及其子世霖处死。消息传到吴军,吴三桂大惊,推案而起,张皇失措。康熙十四年,战争形势的发展,吴三桂已自知不能取胜,他授意达赖喇嘛向康熙上奏:如果吴三桂战败,希望康熙免其一死;如果清军不能取胜,莫若裂土罢兵。康熙对此分裂中国的建议痛加驳斥:"朕为天下人民之主,岂容裂土罢兵。"经过8年的战争,终于讨平了叛乱。

平叛胜利后,有人上书说,天下荡平,是皇帝一人功德所致,群臣也纷纷请上尊号。面对这些颂扬溢美之词,康熙是较为冷静的。他说,若以为讨平吴三桂有如摧枯拉朽,轻易成功,那就是言过其实;并一再指出:"大兵进剿,士卒疲于荷戈,民生困于转运","劳师动众,兵民困苦已极","八年之中,兵民交困"。他认为当务之急是"恤兵养民",而不是崇上尊号。他要求整肃吏治,官吏廉洁守法,关心民疾,恢复国家元气,如此,"虽不上尊号,令名实多"。他说:"上尊号之事,断不可行,乃朕实意非粉饰之辞也。"

康熙二十年(1681年)平定"三藩"之后,紧接着又进行了统一台湾的斗争。

康熙在统一台湾的过程中，有两点特别引人注意，其一，郑成功死后，其子郑经一心想长期割据海外，居然信口雌黄，胡说"台湾远在海外，非中国版图"。台湾郑氏以这种荒谬绝伦的胡说为理由，向清廷提出："请照琉球、高丽（朝鲜）等外国例，称臣进贡，不剃发登岸。"康熙断然批驳了将台湾等同"外国"的谬论，指出：郑氏所部"皆闽人，不得与琉球、高丽比"。其二，康熙二十二年八月，台湾郑克塽（郑成功之孙）投降后，大臣中竟然有人主张抛弃台湾。对此，康熙的态度是坚决反对。清政府遂在台湾设置了一府三县，总兵官一员、副将二员，率兵 8000 驻防台湾，隶属于福建省。台湾统一后，群臣又请上尊号，康熙再一次严加拒绝。

平定"三藩"和统一台湾之后，为了抗击沙皇俄国对我国黑龙江流域的长期侵扰，康熙进行了两次收复祖国领土的雅克萨之战。康熙二十八年（1689 年）二月，中俄双方使团在尼布楚谈判，中国方面作了一定的让步，划定了中俄东段的边界，签订了平等的《中俄尼布楚条约》，制止了俄国对我国黑龙江流域的侵扰，这一地区的和平得以维持一百多年。

在《中俄尼布楚条约》签订的前后，俄国支持下的准噶尔部噶尔丹民族分裂势力在漠北喀尔喀蒙古草原上又点燃了战争的熊熊大火。康熙集中力量，数次亲临前线，指挥军队在广阔无垠的大沙漠中与噶尔丹展开激战。前后经过 7 年，清军终于将噶尔丹的主力歼灭。噶尔丹途穷道尽，遂服毒自杀了。虽然准噶尔部的问题到乾隆时才彻底解决，但康熙时期对民族分裂势力的致命打击，对巩固统一的民族国家是起了重要作用的。

在清代，"士"为四民之首。康熙对汉族士大夫知识分子，实行的是又打又拉，以拉为主，而又加以防范的政策，目的在于扩大清王朝的统治基础，进一步加强专制主义的集权。

首先，康熙为了安抚汉族官吏，从形式上消除明显的歧视，一再声称"满汉皆朕之臣子"，宣布"满汉一体"，划一品级，满汉大小官员只要职掌相同，其品级也就相同，官员的一致，对于减少汉族官吏的不满，无疑是收到了效果。督抚是封疆大吏，康熙也大批任用汉官。康熙一朝汉大臣之为督抚者反而多于满人，其中不少人颇受康熙宠眷和信任，至于府州县官则几乎全是汉人。

其次，在科场考试方面，康熙也做了某些变通。由于科场积弊，大臣子弟考中者多，妨碍了一般地主阶级知识分子进入仕途。康熙有鉴于此，命令考试时大臣子弟"另编立字号"，廷臣遵旨议定，乡试编官字号，规定民卷九，官卷一。这种九与一的比例，不仅使政治上无所攀缘的一般地主阶级知识分子，能够有更多的考中机会，而且对于网罗封建统治阶级所需要的人才也有意义。

再次，设置南书房。这是康熙为了集权而采取的措施，同时也是笼络汉族官员的一种手段。在南书房当值的官员最初由翰林院挑选，称为"南书房行走"，其任务是备皇帝咨询，撰拟谕号，但也是御用文臣，陪皇帝吟诗写字。如高士奇出身贫寒，徒步来到北京，以教书糊口，因写得一手好字，颇有学识，被康熙偶然发现，擢补翰林，入南书房当值，因而平步青云，声名大噪，步步高升官至礼部侍郎。南书房当值成为汉族官员跃登高位的阶梯。

此外，康熙还特开"博学鸿儒科"，由皇帝亲试录用，以罗致"名士""硕儒"。康熙十七年开试，授彭孙遹等五十人为翰林，皆入史馆，纂修明史。同时又吸收大量知识分子编纂各种图书，著名的有《古今图书集成》一万卷，这是我国最大的一部类书，至今仍有很高的价值。

但是，康熙对汉族官僚士大夫知识分子还有防范和高压的一手。清代严酷的文字狱也是肇始于康熙。康熙一朝大小文字狱不下十余次，其中牵连较广的大案有庄廷鑨《明史》案和戴名世《南山集》案。

康熙是一个酷好读书的人，据他自己说："听政之暇，即在宫中披阅典籍，殊觉义理无穷，乐此不疲。"他在处理政务之余，惟有读书写字而已，因此终日手不释卷。康熙的日常生活也颇有规律，据说"凡一切起居饮食，自有常度。"

据一位常在康熙身边的传教士法国人白晋说，康熙的记忆力极强，他精通汉文，能诗，写得一手好字，又很熟悉历史，曾纠正《明史》修纂官的某些错误。

康熙对西方的自然科学也有着极大的兴趣。他曾将自己学到的数理知识用于实际。治理黄河是康熙的一大功绩，他曾六次南巡视河。第三次南巡时，他沿途用水平仪进行测量，发现河高于田，由于黄河水位高，以致河水逆流入洪泽湖，湖水不能外流，因而泛滥沿湖州县。康熙指出："此灾所由生也，治河上策，惟以深濬河身为要。诸臣并无言及此者。"他又用数学计算流量，指出："算数精密，即河道闸口流水亦可算昼夜所流分数。"康熙曾十三次视察经常泛滥的永定河，认为"永定河虽小，仿佛黄河"，于是亲自指导官员"筑堤束水，借水攻沙"，试验取得成功之后，康熙下令："今永定河修筑之河甚善。河身直，河底深，所以淤沙尽皆冲刷。今治黄河亦用此法为有益。"康熙的钻研精神，使他成为能够与靳辅、陈潢等并列，为清代治河专家。

　　总之，康熙为了巩固新建立不久的清王朝，走过了一条励精图治、奋发为强的道路。在完成多民族国家的统一方面，其功绩尤为突出，在恢复和发展社会生产方面也有其业绩。在康熙、雍正、乾隆三朝的一百多年间，中国曾经是国力强盛、经济繁荣的亚洲封建强国。康熙对内对外斗争反映了时代和人民的要求，其成就也是人民付出了重大代价才取得的。然而，康熙的民族偏见和阶级局限性也使他做了一些错事，尤其是在他的后期，吏治废弛，他的孙子乾隆说他"多有宽纵之弊"，因而封建官僚的痼疫日益严重，而康熙本人也因诸皇子之间矛盾尖锐而精疲力竭。但就其一生的主要方面而言，康熙确是一位"守成而兼创业"的封建君主。

022

中国历史上第一位贤相
——周公旦

　　周公便是周文王的第四子姬旦，因为他的封地在周（位于今陕西岐山县以南），所以又称周公旦。周公一生经历了文王、武王、成王三个时代，正是周由殷商属国发展为强大的奴隶制国家——周王朝的时期。周公的活动对周朝的建立和巩固发挥了重要的作用。

　　周族是一古老的民族，夏朝末年时就在我国陕西、甘肃一带活动，到了古公亶父时，在今陕西岐山县南周原一带定居下来，建立了国家，不过与商王朝保持着臣服关系。至古公亶父的孙子周文王时，打败了周围许多小国，国势强大起来，成了商朝西方各小属的伯长，号称西伯。通过长期的斗争，天下差不多三分之二的地方成了周的势力范围。而这时商朝的统治却已经腐朽，纣王连年发动对东方各族的战争，耗费了大量物力，加重了人民的负担，社会矛盾十分尖锐。商朝大贵族微子启深感形势的严重，他惊呼："现在商朝治国无人，就像被无边无际的大水包围着，马上就要有灭顶之灾了。"

　　在这种形势下，周积极开展了推翻商朝的活动，为了完成这一伟大的事业，周公与后来的周武王发、姜太公一起积极辅佐文王处理政务、出谋划策；周文王死后，周公成了武王左右最重要的大臣。

　　武王继位后两年，周公与周武王一起到了盟津（今河南孟津）与联合伐商的各族诸侯订立盟约，检阅武装力量，并向商朝示威，试探它的虚实，据说有800诸侯参加了这次会盟。但当时武王觉得商朝力量还很强大，因此会盟以后并未立即行动。

　　又过了两年，周武王觉得伐商的时机成熟了，在周公及姜太公等人的辅佐下，武王决计向商朝发起总攻。武王用车载着文王的木主（牌位），自称"太子发"，率领兵车 300 乘，士卒 4.5 万人，虎贲 3000 人，加上协助周的庸、蜀、羌、髳（毛）、微、卢、彭、濮等南方小国的军队，浩浩荡荡向商的首都朝歌进发，兵至牧野（今河南汲县），距朝歌只有 35 公里，武王同各诸侯国将士举行誓师大会。在誓师词中，武王宣布了纣王的罪状，号召全体将士齐心协力、严守军纪、奋勇杀敌，并要求大家不得虐杀商朝军队中前来投降的士兵。这篇有名的誓词便是周公作的，名叫《牧誓》，至今还保存在我国最古老的典籍之一——《尚书》里。

当时纣王的主力部队正在攻打东夷。为了抵抗周的联军，只好临时将奴隶及战俘武装起来，开到了牧野。没想到这些对商朝军早怀愤恨的奴隶士兵，与联军刚一交锋便投戈起义。武王顺利地占领了朝歌。纣王兵败，自焚而死。商朝灭亡了，一个新王朝——周朝诞生了。

商朝虽然被推翻，但商朝的残余势力并没有完全屈服，怎样统治他们呢？这成了摆在武王等人面前的一道难题。最后武王采纳了周公"以殷制殷"的办法，将原来商王朝直接控制的领地——王畿分为三个部分：北面地区封给纣王的儿子武庚；东面和南面封给自己的两个弟弟管叔鲜和蔡叔度，协助武庚统治殷民，并监视他们。

武王办完这一大事之后，就回到周地去了，没想到第二年就病逝了。武王死后，他的儿子诵继位，这就是周成王。因为成王年龄幼小，为了应付当时天下初定、政权不巩固、社会矛盾复杂的局面，作为朝中重臣、又是天子叔父的周公毅然担负起代替成王执掌政权的重任，成了周朝实际上的最高统治者，后代历史称之为"摄政"。没想到这行动却引起了管叔和蔡叔的不满，因为文王的长子伯邑考早死，次子发继位，这是兄死弟继。按照这个先例，不论是继承王位还是"摄政"，管叔都有优先权，因管叔是兄、周公是弟，于是他们便散布谣言，说周公想谋害成王，篡夺王位。在谣言蛊惑下，朝中大臣如召公奭（式）等人也猜忌起周公来了。与此同时，被征服的殷族及东方各族也蠢蠢欲动。这三股势力便在反抗周朝中央的旗帜下联合起来了，于是管叔、蔡叔与武庚互相联合，并纠集了东方的徐、奄、盈、蒲姑等国，发动了武装叛乱，周的统治发生了严重的危机。周公首先向姜太公和召公等人作了恳切解释，取得了他们的理解，内部稳定了，周公便与太公、召公等人率军东征，杀掉了管叔、武庚、流放了蔡叔，又掉头东征，用了3年多的时间，灭掉了蒲姑、熊、盈、徐、奄等国，扩大了周朝对东方广大地区的控制。

为了进一步加强对东面的控制，周公在洛邑（今洛阳西）修筑了一座新城，将一些商朝贵族迁居到这里，然后派了8师兵力（每师2500人）驻守，并且监视这些人。

成王长大之后，周公向他移交了政权，自己仍退居辅佐的地位。但是周公担心成王年少，贪图安逸，便写了一篇名为《无逸》的文章，劝勉成王：要懂得勤劳辛苦的好处，不要一味贪图享受，要学习商代贤王及周文王，励精图治，爱护百姓，并且礼贤下士。周公的教导发挥了积极的作用，成王最终成了一位贤明的天子，因而在成王及后来的康王的时代，出现了"成、康之治"的繁荣局面。

为了进一步巩固周朝的地位，周公东征之后还在原来的基础上实行了大规模的分封，将许多同姓子弟及异姓功臣派往全国各地，在新的地方建立诸侯国，这些诸侯国既作为统治当地的一个政治中心，又是保卫中央朝廷的一个据点，据说周公共分封了71个诸侯，其中53人是同姓诸侯，18人是异姓功臣及殷商贵族。著名的是以下几国：封纣王的哥哥微子启于宋，在商丘（今河南商丘）建立宋国；封周公的弟弟康叔于成周（即洛邑），建立卫国；封周公的儿子伯禽于奄，建立鲁国；封姜太公于蒲姑，建立齐国。此外，成王的弟弟唐叔虞被封在以前夏朝所在地，建立了晋国；召公的儿子被封于燕（今河北北部）建立了燕国。对于自己的弟弟康叔封及长子伯禽，周公均进行了谆谆的教诲。

这些被分封的诸侯，除政治关系之外，还与周天子保持着严格的宗法关系，所谓宗法关系，其中心是确定嫡长子对父亲的政治地位、财产的继承权，凡有这种权力的长子叫宗子，又叫大宗。周天子自称是上天的长子，天下的大宗，又是政治上的共主，相对于周天子，各国诸侯都是小宗；但诸侯在国内又是大宗，而接受其土地及地位分封的卿、大夫都是小宗。周王室内部同姓不婚，只与异姓诸侯通婚，这样天子与异姓诸侯之间又结成了甥舅关系。周王朝的统治基础也就有效地扩大了。

　　通过这种分封制、宗法制，西周统治阶级内部形成了一套严格的等级隶属关系。为使这些关系进一步巩固，周公还参照商王朝的礼乐制度及周族原来的氏族传统，制定一套区别君臣、上下、父子、亲疏、尊卑的礼制和典章制度，并配以相应的音乐。这就是历史上著名的周公"制礼作乐"。礼非常地繁琐复杂，几乎包括贵族衣食住行丧葬婚嫁等各个方面的行为规则，概括地说，主要有以下几个方面：一是吉礼，用于祭祀鬼神；二是凶礼，用于丧葬凶荒；三是宾礼，用于朝聘接待；四是军礼，用于兴师动众；五是嘉礼，用于饮宴冠婚。与这些繁缛的礼节相适应还有相应的音乐。"制礼作乐"不但稳固了周朝等级制度，稳定了当时的社会秩序，对后世儒家学说也有着决定性的影响。

　　周公为了周王朝的建立及巩固，用尽了毕生的精力。周公死后，成王按天子的礼节，将他安葬在文王、武王的墓旁，并特许鲁国用祭天子的礼节祭祀周公。

　　周公不愧是我国历史上杰出的政治家。他对中华民族传统文化的形成、发展，对中国古代历史的进步作出了重大的贡献。另外，值得一提的是，周公还是一位伟大的思想家及教育家，只因篇幅所限，此不赘述。

023

富有创新和斗争精神的社会改革家
——商鞅

战国时代，列国纷攘，战争频仍，历史把谋存图强的课题摆到了每个诸侯国的面前。适应形势的要求，七个大国先后开始了变法活动，较著者有魏国李悝、楚国吴起、秦国商鞅、赵国武灵王的改革等，其中尤以商鞅变法对于中国历史的发展影响最大。

商鞅（约前390—前338），名鞅，姓公孙氏，卫国人，又称卫鞅。他出身卫国贵族，但在宗族关系上同当时的国君并不很近，即所谓"卫之诸庶孽公子也"。后仕秦，被封于商，因而史称商鞅。

史载，商鞅"少好刑名之学"，二十几岁的时候到了率先变法并取得一定成效的魏国，拜到魏相公叔痤门下，为中庶子。在此期间，他留下了一段传奇的故事。据说，公叔痤知道商鞅很有才能，但还没有来得及向魏王推荐，自己便病倒了。当魏惠王亲往问病时，公叔痤对魏惠王说，公孙鞅年虽少，有奇才，希望大王在我死之后，用公孙鞅作魏国宰相。但魏惠王不以为然。公叔痤见魏王不愿用鞅，基于对国家利益的考虑便对魏王说，大王如果不能马上重用公孙鞅，那就必须把他杀掉，万万不可让他离开魏国。魏王把公叔痤的话权作重病之人说的胡话，假意应允而去。魏王走了以后，公叔痤派人把公孙鞅找来，对他说，今天大王问我谁可以为相，我说你可以。从王的脸色看出，他不想用你，我"先君后臣"，不得已对王说，不用你，就把你杀掉，大王已经答应了，你赶快逃走吧，否则很快就被捉去了。公孙鞅一眼就把问题看透了，从容地对公叔痤说，不用担心，大王既不能根据你的话重用我，又怎么能根据你的话把我杀掉呢？事情果如公孙鞅所料，魏王并没有把公孙鞅放在心上。

这段故事说明商鞅不仅很有才华，而且在魏数年对刑名之学确已有了一些研究，受到了深知刑名之学的公叔痤的重视。

公叔痤死后，公孙鞅知道自己在魏国没有政治出路。这时，正值秦孝公"下令国中求贤者"，公孙鞅遂于前361年"西入秦"，并通过孝公宠臣景监见到了秦孝公。据说公孙鞅一连同孝公谈了三次话，第一、二次都不合孝公之意，第三次说以"强国之术"，秦公大悦。这样，公孙鞅便在秦国找到了实现自己抱负的机会。

商鞅在秦从政二十余年，他内修政务，进行了变法活动，外建武功，扩大了秦国疆土，一改秦国的落后局面，为秦的富强奠定了基础。

商鞅在政治、经济、军事、法律等方面提出了许多重要思想。这些思想奠定了法家思想体系，对后期法家影响很大，同时对他在秦国的变法活动起了指导性作用。这些思想，集中地反映在《商君书》一书中，其中最主要的是：

"治世不一道，便国不法古"的进取思想。商鞅到秦以后，虽以"富国强兵"之道深深地打动了秦孝公，但真正地站稳脚跟、得到重用是在前359年的一场政治辩论之后。这场辩论，商鞅集中地讲清了变法的指导思想，从而坚定了秦孝公变法图强的信心，从政治上压倒了守旧派，取得了变法的主动权。辩论中，商鞅针对孝公犹豫不决的态度，讲了"疑行无成，疑事无功"的道理，指出如果可以强国，不必按照旧法去做；如果可以利民，也不必因循旧的礼制。针对守旧派的所谓"圣人不易民而教，智者不变法而治"以及"法古无过，循礼无邪"的言论，商鞅用夏商周三代不同礼而统一天下，春秋五霸不同法而各成霸业的事实，说明凡属"圣王"都是"当时而立法，因事而制礼"，只有傻瓜才受旧的礼法的拘束。商鞅认为，"治世不一道，便国不法古"是历史的结论，要想有所作为，就得这样去做。

重农战思想。教民耕战，而且通过执行农战政策达到富国强兵，称雄天下，是商鞅思想的核心。他把农与战紧紧地联在一起，看作是一个问题的两个方面。他说，"国之所以兴者，农战也"，"国待农战而安，主待农战而尊"。商鞅变法的第一道命令就是《垦草令》。这道命令，集中地讲了

"重农抑商"和"令游民无所于食"的政策。商鞅认为，国家要富强，就得发展农业，要发展农业就得给农业以有利条件，同时给末业游食、不事生产者以打击。商鞅的目标是，对内令民致力于农，对外令民专心打仗。他认为，这样做了，对内土地不会荒芜，对外民众能够拼死作战，因而就会收到兴兵而战"必然胜利"，"按兵而农"必致富足的效果，"富强之功"就"可坐而致"了。

法制思想。商鞅是法家，他主张法治，反对礼治。他认为，用诗、书、礼、乐、孝、悌等治国，外敌来了是要打败仗的，即使外敌不来也免不了贫困。他主张"重轻罪"，即轻罪重刑。他认为，行刑重其轻者，轻者不生，重者就不会有了，最后就会达到"以刑去刑"、不用刑罚而国家富强的目的；如果对重罪用重刑，对轻罪用轻刑，虽然有刑法但仍旧防止不了犯罪，因而国家就会削弱。基于这种认识，商鞅认为，重罚轻赏是爱护老百姓的表现，反之，重赏轻罚则是不爱护老百姓的表现。

商鞅就是在上述一些重要思想的指导下进行变法活动的。

商鞅在秦变法主要的有两次，第一次是在前359年，第二次是在前350年。

第一次变法的主要内容是：令民五家为保、十家为连、互相纠察。规定，有"奸民"，即予告发，不告奸者"腰斩"，告奸者与斩敌同赏，藏奸者与降敌同罪；一家有罪，九家连坐；清除父权家庭奴隶制和氏族社会的遗风陋俗。秦处戎狄间，父子兄弟同室而息，淫佚无禁，商鞅主张以个体家庭代替父权大家庭，立法"民有二男以上不分异者，倍其赋"，即一家有两个以上的男子，必须分居，单独立户，否则一个人要负担两个人的征课。奖励军功。有军功者，各以其杀敌多少授爵。制二十等军功爵，不论出身，杀敌一人，赏爵一级，益田一顷，益宅九亩。贵族宗室如果没有军功，即从名册上勾掉，不得受爵。受爵者可以按照尊卑爵秩等级占有田宅、臣妾；甚至穿的衣服，也同军功联系起来，"有功者显荣，无功者虽富无所芬华"。奖励耕织，抑制末利。凡努力于农、从事耕织而富起来的，免除本人的赋役；从事商业，追逐末利，或偷懒而致贫者，则将其妻子收为官奴婢；禁止私斗，对于私斗的人，依其情节轻重，分别给予不同的刑罚。

前 352 年，商鞅以变法和军功由左庶长升为相当于相国兼将军的大良造，并领兵打败了魏国。之后，即于前 350 年开始进行第二次变法。第二次变法的主要内容是：把秦国的国都从雍（今陕西凤翔）迁至咸阳；进一步清除旧风陋俗，明令禁止父子兄弟同室而住；将小都市和乡邑"聚为县"，全国划为四十一县，县设令、丞。后来县以上设郡。以郡县制代替分封制，其进步意义是人所共知的。首倡这一制度的是商鞅，后来秦始皇推行到全中国；清丈土地，划分地界，将土地按一定份额分给农民，使农民得田和负担均等。这就是历史记载中所说的"为田开阡陌封疆而赋税平"。平斗桶、权衡、丈尺，即统一度量衡。秦始皇统一中国后，把这一制度推行到全国。

商鞅为了推行变法，同旧势力进行了艰苦斗争。据说，变法施行一年，"言初令之不便者以千数"；太子犯法，商鞅"刑其傅公子虔，黥其师公孙贾"。之后，秦人惧于刑罚，均按法令行动。"行之十年，秦民大悦。道不拾遗，山无盗贼，家给人足。民勇于公战，怯于私斗，乡邑大治。"（《史记·商君列传》）秦国富强，诸侯毕贺，商鞅也因其有功于前 340 年在大破魏军之后被封于於、商，号称商君。

商鞅变法，"公平无私"，"罚不讳强大，赏不避亲近"（《战国策·秦策》），因而触犯了贵族的利益，"宗室贵戚多怨望者"（《史记·商君列传》）。所以，当秦孝公死后，太子继位，公子虔之徒便诬告商鞅欲反。秦惠王发兵攻鞅，商鞅被车裂而死。

商鞅死后，但历史确如韩非所说，"商君死，惠王即位，秦法未败也"（《韩非子·定法》）。商鞅在秦二十余年，改变了秦国的落后局面，为秦国富强奠定了基础，从而使秦有力量完成统一中国的大业。因而，商鞅的历史功绩是不会泯灭的。

但是，过分夸大商鞅的功绩，不切实际地饰美商鞅的思想是不对的。商鞅"不法古，不循今"的思想是光辉的，但其"燔诗书"的做法却是不足取的；商鞅的法治思想，有针对贵族势力的一面，但更多的是针对民众。他对待民众，推行的是愚民政策，是立足于镇压的。因而，不能笼统地肯定和否定，要作具体的分析。

024

中国历史上智慧和道德的化身
——诸葛亮

诸葛亮（181—234），字孔明，琅琊阳都县（今山东沂水县南）人。他早年丧父，投靠任豫章太守的叔父，后叔父去官，带诸葛亮投奔荆州牧刘表，不久叔父病故，诸葛亮流寓襄阳西 10 公里的隆中，躬耕陇亩，靠农业为生。

诸葛亮身居乱世，胸怀大志，曾自比管仲、乐毅。在隆中时期，诸葛亮勤奋学习，对诸子百家之说，能够"观其大略"，努力思考。他不只埋头读书，同时也留心时局，探讨形势的演变。荆州在当时比较安定，很多从北方南下的地主士人到此避乱，荟萃了不少人才。诸葛亮很注意与他们交往，其中如徐庶、崔州平、石广元、孟公威等名士，经常与诸葛亮会聚，谈古论今。正是通过不断的读书、观察和交往，诸葛亮吸取了古人和同代人的许多有益的思想和经验，扩大了视野，增长了才智。这就引起了留心察访贤人的刘备的注意和仰慕。终于经过徐庶的介绍，刘备三次到隆中拜访诸葛亮，史称"三顾茅庐"。由于刘备虚心求教，第三次时，诸葛亮接待了刘备，在与刘备磋商时局的对答中，提出了"跨有荆益""西和诸戎""南抚夷越"，"外结好孙权，内修政理"，然后北上抗曹，统一天下的战略，这就是有名的《隆中对》（或称《草庐对》）。

《隆中对》是诸葛亮智慧的结晶，表现了他的远见、胆略和洞察力。他对时局的分析，对三国鼎立发展趋势的预测，为随后的实践证明基本上是正确的。同时也为刘备指出了一条比较现实可行的发展道路。

从此，诸葛亮作为刘备的主要谋士，登上了历史舞台。由于他才能出众，深受刘备敬重。诸葛亮也没有辜负刘备的重望，在他的辅佐下，刘备的势力得到很快发展，局面大为改观。

建安十三年（208年），曹操基本统一北方后，急于南下统一全中国。刘备无力阻挡曹军，存在着最后被消灭的危险。就在这个关键时刻，诸葛亮根据自己在《隆中对》的战略策略设想，建议刘备马上与孙权联合，并亲赴东吴洽谈结盟拒曹之事。

由于诸葛亮的有力说服，加上东吴内部周瑜、鲁肃等人的支持，坚定了孙权联刘抗曹的决心。于是孙刘两家联合作战，这年十月在赤壁，利用曹军不习水性，以铁索连船的弱点，用火攻的办法，大败曹军。曹操兵力损失殆尽，自己只带少数人马逃走。赤壁之战是中国历史上以弱胜强的著名战例，诸葛亮作为决策者之一，对赤壁之战的胜利起了重要作用，挽救了几乎濒临灭亡的刘备。

赤壁战后，曹操退回北方，刘备乘胜占有荆州大部，根据诸葛亮的战略部署，又谋取了益州，实现了"跨有荆益"的目标。但为时不久，孙权突然袭取了荆州，擒斩刘备部将关羽。

建安二十五年，曹操病死，长子曹丕废汉献帝，自登皇位，正式建立曹魏政权。诸葛亮感到这是个机会，向刘备说："今曹氏篡汉，天下无主。"力促他充分利用自己是"刘氏苗族"的正统身份，即位称帝。于是在次年，刘备称帝于成都，年号章武，史称蜀汉。后来江东的孙权也称帝，三国鼎立的局面正式形成。

刘备称帝后，急于要为关羽报仇，夺回荆州，于章武二年（222年）亲率数十万大军东向攻吴，结果在夷陵（今湖北宜川县东）、猇亭（今湖北宜昌北）一带被东吴大将陆逊用火攻击败，溃不成军，史称夷陵之战或猇亭之战。刘备败退白帝城（今四川奉节县东），第二年病死，临终前急召诸葛亮，托他辅佐幼子刘禅。刘备刚死，南中又发生叛乱，整个政局动荡不安。连遭挫折的蜀汉政权面临重重困难。诸葛亮临危受命，遵刘备临终嘱托，辅佐幼主刘禅，以丞相兼益州牧的身份，执掌大权，开始了治蜀的新篇章。

诸葛亮很重视人才。如他提拔的张嶷、王平、邓芝、李恢、马忠、蒋琬、姜维等人，后来都在不同方面发挥了重要作用。所以人们称赞诸葛亮"能尽时人之器用"。由于他选用人才比较得当、公允,既缓和了蜀汉地主阶级内部本地人和外地人的矛盾,也为蜀汉政权的建设提供了组织保证。

诸葛亮执法,赏罚严明。他直接参加制定了《蜀科》。又告诫后主"不宜偏私,使内外异法"。对触犯刑律者,包括高级官员,一般都能依法惩处。和诸葛亮一同受诏辅佐后主的李严因玩忽职守,长水校尉廖立由于制造混乱,都先后被撤、被贬。跟随刘备、诸葛亮入蜀的马谡,在北伐中,因违反军令,招致失败,诸葛亮忍痛含泪把他斩了,自己又以主帅身份主动承担责任,自降三级。诸葛亮注意奖赏有功绩者,像张嶷、王平、邓芝等人都因有功或有政绩而受到提拔。

经济上,诸葛亮利用益州"沃野千里"的有利条件,鼓励"务农殖谷",发展农业。他还注意水利工作。都江堰是蜀中主要灌溉设施,"国之所资",诸葛亮置"堰官",派壮丁加以维护。战争之际,利用间隙,分兵屯田。这些措施,使得蜀中粮食生产逐渐增加,供给比较充裕。诸葛亮还注意发展手工业,特别是"蜀锦",质地优美耐用,远销曹、吴,并用于赏赐馈赠。诸葛亮说:"决敌之资,唯仰锦耳。"可见他对此很重视。

南中指今四川南部和云、贵一带,这里聚居着许多少数民族,统称"西南彝"。后主建兴元年(223年),南中的牂牁郡太守朱褒、益州郡大姓雍闿、越巂郡叟族首领高定元,皆起叛乱,缚送蜀汉益州郡守到东吴,以换取孙权的支持。其时刘备刚死,政局不稳,加上吴、魏威胁在外,形势十分危急。但诸葛亮临事不慌,先"闭关息民",避免加剧冲突。继而致书雍闿,争取和平解决,但遭到拒绝。同时急遣能言善辩的邓芝,两次赴吴,说服孙权,重建了联盟,孤立了叛乱分子。这样,蜀汉政权获得了喘息机会,通过整顿内政,使形势稳定下来。于此之后,诸葛亮于建兴三年春,亲率大军南征平乱。

出师前,马谡献策:"攻心为上,攻城为下;心战为上,兵战为下。"诸葛亮接受了这一正确的意见,坚持军事镇压和政治攻心相结合的方针。如彝族首领孟获,兵败被俘,但心不服,诸葛亮放他回去,再战再擒,前后七次,孟获终于心服,表示不再叛乱。南中叛乱本是当地少数民族上层分子挑起的不义之战,没有群众基础,而诸葛亮的平叛措施得当,注意政治影响，因此平叛工作进展顺利，春天出兵，秋天即告胜利，消灭了叛乱势力。

平叛之后，诸葛亮即施行"和彝"政策，这是诸葛亮攻心政策的继续。首先是撤军，不留兵，从而缓和和消除与当地少数民族的矛盾，使"纲纪粗安"，"彝汉路安"。同时尽量任用当地有影响的人物做官，如以李恢、王伉、吕凯为南中诸郡守，孟获为御史中丞，等等，通过他们加强了蜀汉在南中的统治。诸葛亮还注意南中的经济开发，从内地引来比较先进的生产技术，如引进牛耕，以改变当地刀耕火种的方法，提高了农业生产力，也吸引了许多原以狩猎为生的少数民族渐去山林，徙居平地，建城邑，务农桑，走向定居的农业社会。开发南中经济，也为蜀汉政府增加了大量收入，"军资所出，国以富饶"。诸葛亮镇抚南中的成功，解除了蜀汉的后顾之忧，并从中得到物力和财力的支持，这就使他可以专门对付曹魏，开始了北伐曹魏的战争。

北伐曹魏，统一中原，统一全国，是诸葛亮的最终目标。这早在《隆中对》中就提出了。诸葛亮的北伐先后五次，另有一次是曹军的南下。建兴五年冬，诸葛亮率军首次北伐，进驻汉中，临行上疏，以时局艰难，劝诫和提醒后主刘禅，史称《前出师表》。次年春，北攻祁山（今甘肃礼县祁山堡），起初进展顺利，后因前锋马谡违反节制，败于街亭（今甘肃秦安县附近），北伐失败，诸葛亮退兵。前面说的斩马谡即指此事。这年冬，诸葛亮再次率军北伐，旋因粮草不继退兵。建兴七年第三次北伐，只占有两个小郡。建兴八年，曹魏主动进攻汉中，因雨路阻而退。建兴九年，诸葛亮第四次出师，再困祁山，这时他发明了"木牛"车运送军粮，但仍因军粮不继而退回汉中。此后经过休整，建兴十二年春，诸葛亮开始第五次也是最后一次北伐，攻占了武功的五丈原（今陕西郿县西南），与魏大将司马懿对峙于渭水。为了避免重犯因军粮不继而造成中途退兵的错误，诸葛亮又发明了"流马"车运送粮食，同时分兵屯田，为持久作战做准备。两军对峙了一百多天，诸葛亮因积劳成疾，于这年八月病死于五丈原，终年 55 岁。临终前诸葛亮对军队的撤退作了巧妙安排。死后，蜀军依嘱，整军从容而退，司马懿紧追不舍，蜀军装作回军反击。这时司马懿以为诸葛亮还活着，怕上当，不敢再追。蜀军安全撤退后，才宣告诸葛亮已死。因此民间有谚语曰："死诸葛亮吓走生仲达"（司马懿字仲达）。

诸葛亮的五次北伐虽然没有成功，但以蜀国地小人寡的有限力量，能够对当时实力最雄厚的曹魏主动发动几次攻击，这已经是很了不起的，虽然这也不是单靠诸葛亮一个人的力量，但他的足智多谋，他的治理有方，无疑是很重要的因素。千百年来，人们把诸葛亮当做智慧的化身，是有一定的历史根据的。诸葛亮不愧为中国历史上杰出的政治家和军事家。

025

直言敢谏两袖清风的楷模
——包拯

包拯，字希仁，北宋庐州合肥（今安徽合肥）人，生于宋真宗咸平二年（999年），卒于宋仁宗嘉祐七年（1062年），他是北宋中期著名的政治家。

包拯少时长期寄住在庐州城南的一座古庙里，刻苦读书，儒家经邦治国的思想和历史上忠臣孝义的事迹，对他影响很大，从这时起，他就立志"竭忠死义"，为国家尽力。

宋仁宗天圣五年（1027年），包拯29岁的时候，考中了进士，授官大理评事，知建昌（今江西永修）县。这时他的父母年事已高，不欲其远去，包拯便没去上任，留在家里奉养父母，不久朝廷改派他为和州（今安徽和县）税监。包拯上任不久，又辞职归里。此后十年都未做官，以孝闻于乡里。后来，父母相继去世，他才在乡人的劝勉之下，重登仕途，出任扬州天长县知县。在知县任上，包拯巧断盗割牛舌案，轰动全县。

康定元年（1040年），包拯升任为端州（今广东高要）知州。当地盛产端砚，前任知州多加征数十倍去贿赂权贵，但包拯却不多征一方，当他卸任时，连一方端砚也没有带走。庆历三年（1043年），由御史中丞王拱辰推荐，包拯到中央政府担任监察御史里行。两年之后，正式担任监察御史。

北宋御史的地位不算高，但却掌握言路，作用不算低。在御史任上，包拯写下许多奏议，不满因循守旧的现实，要求进行改革，并积极推动庆历新政的进行。针对新政中的一些不当做法，包拯亦提出自己的不同意见。如范仲淹提出科举考试不再实行弥封誊录制，而代之以荐举制，而包拯却上疏认为荐举制存在种种弊端，行弥封之法，则稍协尽公之道。

北宋时期，辽与西夏的威胁较大。北宋政府只知岁贡银绢，以换取暂时的和平局面。包拯认为这并不是长久之计，应该选将练兵，加强边防，才是上策。庆历五年（1045 年），包拯出使辽国，辽国副使指责宋朝雄州（治所在今河北雄县）地方官在雄州城开便门，是想引诱辽国叛徒去泄露辽国情报。包拯立即反驳道："如果我们欲获得情报，自有正门，何必开便门呢？"辽使无言以对。包拯返回京师后，又向仁宗皇帝奏上《论契丹事宜》《论边将》等疏，指出河北一带地势平坦，无险可守；沿边地区卒骄将惰，粮匮器朽，朝廷应该尽早选拔将帅，精练士卒，广储粮食，以应付辽国可能的入侵。可惜，这些重要意见并没有得到应有的重视。

庆历六年（1046 年），包拯升任三司户部判官，后次第任京东、陕西路转运使，又徙河北路转运使，未行，擢三司户部副使。在这段时期内，他能体察下情、关心民瘼，努力去除各项弊端，大都收到比较显著的成绩。

陕西凤翔府斜谷造船场每年为国家制造大量船只，所需木材，全从本府及附近地区收买或砍伐。负责为这个造船厂供应木材的差役，每年都要赔钱一两千贯，不少人因此家破人亡，有的甚至被逼自杀。包拯在担任陕西路转运使期间，上疏（请权罢陕西州军科率），请求朝廷免除老百姓的这项沉重负担。

皇祐元年（1049 年）10 月，包拯奉命考察陕西食盐的运输和销售情况，他发现那里搬运食盐的差役是按照家产摊派的，每一贯家产要搬二袋盐包到各州由官府出卖，应差之人，倾家荡产，比比皆是；甚至连服役的兵士，往往亦因之逃亡死损。他遂上奏朝廷，主张采纳当地主管官员范祥的改革方案，改官卖为通商。新法实行以后，公私两利，既减轻了老百姓的负担，又增加了国家税收，两年内国库增收 516 千贯。

皇祐二年，包拯擢为天章阁待制，知谏院，担任了谏官。他对唐朝直言敢谏的魏征极其推崇，他觉得魏征所说的许多话，对宋朝亦有现实意义，特地选录魏征的三篇疏文，希望仁宗作为座右铭，时时观看。其实包拯在直言敢谏上，颇似魏征。

包拯主张依法治国。他认为国家所制定的法律制度，不可随意更改，以致失信于民。他反对皇帝凭个人的好恶，奖惩臣下，他说：凡是由皇帝直接下令赦罪的，都是依靠后宫或者宦官的门路，求得人情，这必定妨碍公事，败坏朝廷，实在要不得。宋仁宗觉得他说得很在理，表示对此要严加禁止，示信天下。

包拯上谏不畏权势。张尧佐是宋仁宗宠幸的张贵妃的伯父，无功却当上了三司使。包拯愤然上书，指出当前国家财政极其困难，用张尧佐这样的庸人理财，只会加重危机，实在让人痛心。包拯坚决要求将他免职，选用有才干的人当三司使。宋仁宗不仅不采纳这个意见，相反，又加封张尧佐为淮康军节度使、宣徽南院使、景灵官使等职。包拯闻讯后，再次上书，指责张尧佐是朝廷的污秽，白天的鬼蜮，批评仁宗"失道败德"，并和仁宗当面争辩，言辞激烈，甚至吐沫都溅到仁宗的脸上。仁宗感其忠恳，不得不削去张尧佐的后两职务，并作出外戚不得担任军政要职、干预国家大事的规定。但是，事隔一年，仁宗又加封张尧佐宣徽南院使。包拯再次上书，坚决反对此项任命，仁宗无可奈何，只得作罢。

包拯疾恶如仇，屡次弹劾贪官污吏。他曾先后七次弹劾贪官王逵。王逵先后出任湖南、江西、湖北、河东、淮南诸路转运使，庆历六年春，包拯上疏弹劾王逵，在任职湖南路时，随意增收苛捐杂税，以图进用；改任江西路后，依然是苛政暴敛，无所顾忌。王逵因此移任他路差遣。皇祐二年冬，王逵由知徐州迁淮南路转运使，命令发布之后，包拯等谏官凡七次上疏，坚决反对任命这样的贪官，仁宗只好罢免了王逵转运使的职务。除此之外，包拯还弹劾过张可久、任弁、郭承祐等多人，在他看来，廉洁的官吏，是老百姓的表率；贪赃枉法的官吏，是老百姓的盗贼。因此，国家万不可重用贪官污吏。

包拯一生清廉俭朴，在他晚年的时候，曾立下家训，规定："后世子孙仕宦，凡贪污受贿者，生前不许回归本家，死后不许埋葬于家族坟地内。如果不遵从这一规定，就不是我的子孙。"这表明包拯不仅本人厌恶贪污受贿。而且注意对子孙的教育。

皇祐四年春，包拯知谏院满二年，出任河北都转运使。不久，徙知瀛洲、庐州、开封等地。开封是北宋政府的首都，包拯在开封知府的任上执法如山，不避权贵，不讲情面，当时京城里流传着这样的谚语："关节不到，有阎罗包老。"意思是：包拯和阎罗王一样，不讲情面，不受贿赂，什么关节都打不动他。包拯断案，一是主持公道，二是明辨是非。有次，两人一起喝酒，一人身边带了几两银子，恐酒醉后丢失，便请另一人保管。等他酒醒后讨还银子时，另一人却不认账。官司打到开封府，包拯反复审问，保管者自恃没有旁证，依然抵赖。包拯密派衙役到被告家里，诡称被告已经坦白，要他的家人交出银子。家人信以为真，交出了银子。在人证、物证面前，被告只得低头认罪。包拯任开封知府的时间仅有一年多，但却在当地人民的心中留下良好的声誉。当时，开封府署有一块历任知府的题名碑，上面的包拯二字，因观者敬慕，多次抚摸，到南宋时，指痕已经很深。现在，当我们在开封历史博物馆里观看这块题名碑时，却看不到包拯的姓名，只能看到刻着包拯姓名的地方是一道又深又亮的手指痕沟和隐约看到的他的任职时间。

嘉祐三年（1058年），包拯升任权御史中丞兼理检使，并领转运使提点刑狱考课院。在此任上他请求宋仁宗为宗庙万世考虑，早日预立太子；又请裁减内传名额，减少不必要的开支，减少官吏节日休假日期等数事，均被采纳。

嘉祐四年，包拯改任枢密直学士、权三司使。早在任地方守臣和台谏官时，包拯即多次请求朝廷减免捐税，宽恤百姓，此时，他进一步贯彻自己的主张，凡是横征暴敛，多被废除。以往朝廷所用物品，皆是由地方无偿进贡。这给老百姓增加了额外负担，包拯特置场和市，通过市场交易满足所需，"民得无扰"。后来，包拯又升任枢密副使。嘉祐七年5月的一天，包拯正在官衙里处理政事，突患急病，回家没几天就去世了。噩耗传开，许多廉洁正直的官吏都痛哭流涕，东京洛阳城里的老百姓也都伤心叹息。宋仁宗亲自前往包府吊唁，并停止上朝一日，表示哀悼。

在封建社会里，像包拯这样廉洁正直的官员，真可谓凤毛麟角。人们崇敬他、怀念他，一批以包拯为主人公的小说、戏曲纷纷创作出来，于是一位清廉正直、铁面无私、善于断案、专为老百姓申冤除害的清官形象便出现在人们的面前。尽管这些作品与历史真实相差较大，但是，这却反映出人们在饱受贪官污吏的摧残之下，对于能为老百姓申冤的清官的向往和对包拯的颂扬。

026

以天下为己任的政治家

——范仲淹

在《岳阳楼记》中，范仲淹说过一句脍炙人口的名言："先天下之忧而忧，后天下之乐而乐。"这一崇高的思想境界，今天读来，仍然激励着人们热爱生活，以天下为己任。

范仲淹（989—1052），字希文，吴县（今江苏苏州）人。北宋著名的政治家、文学家。他父亲范墉，曾任武守军节度掌书记，在范仲淹两岁的时候就死了。他母亲贫苦无所依靠，就改嫁长山（今山东长山县）朱氏。范仲淹随母亲到朱家，取名朱说。他长大以后，知道了自己的身世，独自离家到南都（今河南商丘市南）依隐士戚同文求学，刻苦攻读，生活艰难，喝粥度日。艰苦的环境，培养了他坚强的意志。

宋真宗大中祥符八年（1015年），范仲淹考取进士，任广德军（今安徽广德县）司理参军。这时，他把母亲从山东接来奉养，恢复范姓，更改名字。此后，他在安徽、江苏一带做地方官。他是一位有理想、有抱负的政治家，青年时期就慨然有志于天下，经常用"士当先天下之忧而忧，后天下之乐而乐"来勉励自己。十多年的地方官生活，使他对现实有了比较清醒的认识，他以整顿吏治为中心的政治改良思想，这时已经形成。他36岁时写的"素闻前哲道，欲向圣朝行"这两句诗，充分表达了他渴望建功立业的心情。

天圣三年（1025年），范仲淹向仁宗皇帝写了《奏上时务书》；天圣五年，又写了长达万字的《上执政书》，不仅对整顿北宋腐败的官僚制度提出了一系列的建议，而且还涉及当时的文风、武备等方面的一些问题。

1028年冬，由于晏殊（仁宗时的宰相，当时著名的词人）的推荐，范仲淹入京作了秘阁校理。从这时起,他谈论天下事,奋不顾身,并影响周围的士大夫关心国家政事。

从 1028—1036 年,范仲淹由于敢言直谏而三上三下。范仲淹以天下为己任,他对这种不断贬谪迁徙并不在意,更不像一般封建之人那样积郁消沉,而是积极地工作。在苏州任内时,他兴修水利,创立了郡学;在京作右司谏时,江淮京东出现蝗旱灾情,他建议派人巡视,仁宗不表态,他对仁宗说:"假如宫廷里面的人半天不吃东西,会怎样呢?"仁宗只好派他去巡视。他所到之处,及时采取了一些救灾的措施,如"开仓赈济",并且把饥民吃的乌味草带回来给仁宗和贵戚们看,警戒他们不要过于奢侈。

范仲淹这种忧国忧民的态度,使他在比较正派的士大夫中获得了很高的声望,并逐渐涌现出以范仲淹为中心的一批具有革新倾向的人物。如余靖、尹洙和欧阳修等。而守旧派却指责他们为"朋党",形成守旧与革新两派的对立。

1032 年,西夏国王德明死后,子元昊继位,他继续向河西用兵,先后占领瓜州(今甘肃安西)、沙州(今甘肃敦煌)、肃州(今甘肃酒泉)。从此,西夏国境"东尽黄河,西界玉门,南接萧关,北控大漠,地方万余里,倚贺兰山以为固"。接着,宋朝与西夏的战争又打响了。在康定元年(1040年)至庆历二年(1042 年)之时,西夏经常打败宋军,宋朝的主将刘平、石元孙为西夏所俘,葛怀敏阵亡。官私庐舍被西夏军队焚毁,不计其数的人民和牲畜被西夏军队屠掠。

1040 年 7 月,范仲淹与他的好朋友韩琦同时被宋王朝任命为陕西经略安抚副使,来到西北前线。当时延州告急,范仲淹主动请求兼知延州,后来又知耀州(今陕西耀县)、庆州(今甘肃庆阳),并以谏议大夫、枢密直学士的资格充当环庆路经略安抚招讨使、兵马都部署,与韩琦等分管陕甘军事。四年中,他积极修筑城池,修复鹿砦,训练士卒,实行屯田,安抚边境少数民族,对加强宋朝的防御力量作出了一定的贡献。西夏人不敢轻视他,"仲淹为将,号令明白,爱抚士卒,诸羌来者,推心接之不疑,故贼亦不敢辄犯其境。"(《宋史·范仲淹列传》)

边塞的生活,使范仲淹体验到戍边战士的劳苦,当时他写下了《渔家傲》一词，是一幅戍边的生活画面：

> 塞下秋来风景异，衡阳雁去无留意。四面边声连角起，千嶂里，
> 长烟落日孤城闭。
> 浊酒一杯家万里，燕然未勒归无计。羌管悠悠霜满地，人不寐，
> 将军白发征夫泪。

边陲的角声、长烟落日的景象，构成壮阔雄伟的背景，烘托出戍边将士们立功报国的壮志和离家万里的忧思，写得沉郁苍凉，感人肺腑。这时范仲淹已经 50 多岁了，词里的白发将军正是他自己的形象。

由于范仲淹严阵以待，西夏人民也厌恶战争，再加上辽国陈兵辽夏边境，有进攻西夏的态势，元昊于庆历四年（1044 年）与宋朝重订和议。宋夏战争，宣告结束。

1043 年夏天，范仲淹与韩琦回朝作了枢密副使。8 月，范仲淹又提升为参知政事。这时，晏殊、韩琦、富弼、杜衍等都担任了要职，欧阳修、余靖等人任谏官，支持范仲淹的人越来越多，士大夫要求革新的呼声日益高涨，守旧派吕夷简被免去宰相后，仁宗皇帝也想励精图治一番，多次要范仲淹提出营致太平的方案。

在朝野出现一片兴旺的气氛下，范仲淹向仁宗提出"明黜陟""抑侥幸""精贡举""择官长""均公田""厚农桑""修武备""推恩信""重命令""减徭役"十条措施。这十条，其中一部分在庆历三年、四年由仁宗下诏实行了，这就是"庆历新政"。范仲淹采取的这些新政，都是针对北宋王朝臃肿庞杂腐朽的官僚机构而作出的决策，这无疑有力地打击了那些庸碌无能的官吏，限制了一部分官僚贵族的特权，因而遭到官僚权贵的反对。"新政"未及全部施行，谗言蜂起，守旧派采用卑劣的手段中伤陷害范仲淹。

结果，不到一年，"新政"流产了。庆历四年，范仲淹离京出任陕西河东宣抚使。第二年，他与韩琦、富弼、欧阳修等人被诬为"朋党"，相继免职。范仲淹出任邓州（今河南邓州市）知州。范仲淹在邓州三年，写了著名的散文《岳阳楼记》。洞庭湖畔的岳阳楼，是湖南岳阳城的西门楼，

它是唐朝开元初年建筑的；自唐以来，便是人们登临的名胜之地。

范仲淹的同年进士滕子京（名宗谅，河南府人），于庆历四年春，被谪为岳州知州（岳州，古称巴陵郡）。庆历五年，重修岳阳楼。庆历六年（1046年），范仲淹应友人滕子京的请求，写了《岳阳楼记》这篇流传千古的名著。

范仲淹着重描写洞庭湖阴晴的奇异景色，抓住洞庭湖"北通巫峡，南极潇湘，迁客骚人多言于此"的特点，通过描写人们对洞庭湖万千景象的不同观感，巧妙地把描写景物与抒怀言志很好地统一起来，批判了一般封建文人只以个人得失荣辱来决定自己的忧喜的人生态度，在鲜明的对比中表明了作者本人"不以物喜""不以己悲"的心情，而提出了"先天下之忧而忧，后天下之乐而乐"的崇高思想境界。这既是作者本人的抱负，也是对滕子京的期望。

从《岳阳楼记》这篇散文中，我们可以看到范仲淹这位进步的政治家屡遭挫折而始终不渝的品格，以及他以天下为己任的崇高思想。

后来，范仲淹离开邓州，到杭州、青州（今山东益都县）做官。仁宗皇祐四年（1052年）正月，他接到调往颍州（今安徽阜阳县）的诏令，5月赴颍州，途中在徐州病死，享年64岁。葬于洛阳的万安山下，死后谥为"文正公"，有《范文正公集》传世。

027

中国十一世纪的改革家
——王安石

王安石，字介甫，号半山，1021 年冬天生于江西临川县一个小官吏家庭里。他自幼好学，不但刻苦攻读儒家"经典"，对诸子百家、农艺、天文、地理及小说稗史等书也多所涉猎。

1042 年，王安石中了进士。起先，他被派往淮南做判官。时隔 5 年，又调任浙江鄞县（今宁波）知县。从那时起，他便显示出拔萃出群的才干。

王安石生活的时代，正值我国封建社会开始走下坡路的时期。北宋建国之初，其土地制度一直奉行"不抑兼并"的政策，到仁宗时，全国已形成"富者有弥望之田，贫者无立锥之地"的局面。加之"肉食者"又享有免税免役的特权，繁重的赋税压得农民喘不过气来。多少百姓流离失所，家破人亡；多少百姓卖儿卖女，交税还债。为了防止人民揭竿而起，宋王朝实行雇佣兵制和"养兵"政策，随时随地把破产的农民和受灾的饥民收容起来编入军队，致使军队的数量恶性膨胀，军费开支竟占每年财政收入的六分之五。国家的财政困难到了极点。当时，在北方契丹贵族建立的辽政权和西北方党项族建立的西夏政权，也不断用兵侵扰北宋。宋王朝忍辱求和，年年把大量的金银财物奉送给它们，更致使"国币虚竭，民间十室九空"。

王安石出于忧国忧民之心，于 1059 年向仁宗皇帝写了一封将近万字的《言事书》，系统地提出了一套除旧布新的改革主张。可悲的是，仁宗对王安石的建议不屑注意，只翻了一下就抛到了一边。

1068 年 4 月间，宋神宗赵顼破格降诏身为翰林学士的王安石入殿对策。神宗问王安石："朕久闻卿之大名，请问当今治国，什么是燃眉之急？"

王安石不慌不忙奏道："依臣之见，以制度法制为先。"神宗连连点头称赞道："爱卿所言，正合朕意。"于是，他马上命王安石写一份详细的奏折给他看。王安石即回府写了一个《本朝百年无事札子》呈上，向神宗建议改革"累世因循末俗之弊"，实行变法。

打这以后，王安石便经常出入于皇宫内殿，积极向神宗献策。神宗更把王安石引为相知。君臣之间，如鱼得水，十分亲密。1069年，神宗毅然任命王安石为右谏大夫，参知政事。翌年又拜他为相。不久，王安石便在暮气弥漫的北宋导演了一场"改易更革"的运动。

他首先建立了推行新法的权力机构——制置三司条例司，毫不留情地罢黜了一批昏庸腐朽的官僚，大胆提拔了吕惠卿、章惇等一批有朝气有才干的年轻官员。依靠这些人，他提出了一整套以理财为主的新法。在他的领导下，"农田水利、青苗、均输、保甲、免役、市易、保马、方田诸役，相继并兴"。实施"农田水利法"的结果，从1071年至1078年，全国修建了1万多处水利工程，可灌溉耕地3600万亩。通过"均输法"，改革和调整了对农民征收实物和运输的办法，减轻了农民的负担。通过"青苗法"，由政府在青黄不接之际向农民发放贷款，抵制了豪强地主的高利盘剥。"免役法"则重新规定了按财产分等交纳免役钱，由政府雇人服徭役，取消了豪强大地主免役的特权，减轻了中小地主和自耕农的负担。"方田均税法"起到了打击豪强地主兼并土地而又瞒产逃税行为的作用。变法中，王安石曾组织人力挨州挨县丈量土地，查出了几万亩隐瞒的土地。所有这些改革，在一定范围内调动了劳动人民生产的积极性，增加了国家的财政收入，增强了国防能力。据记载，新法实施六七年后，"中外府库无不充衍，小邑所积钱米亦不减二十万"。在同辽对峙中，"边防大计，仓廪允实"，"积粟塞上，盖数千万石"。同时，由于推行了保甲法和置将法，使农村的多数壮丁都受到了军事训练，他的"教艺既成，更胜新兵"，"马上事艺往往胜诸军"；正规军的作战能力也有所提高。在反抗少数部族统治集团侵扰的战争中，北宋王朝一改过去被动挨打的局面。1073年，王安石采纳了王韶关于断西夏右臂的战略方案，派兵出塞，挺进河湟，一举收复了沦没二百余年的旧疆，并在边境建造了一批堡寨，加固了许多城堡。

王安石还十分重视人才的培养。他整顿了当时有名无实的太学，废除了以往只靠死记硬背取人的明经科，只设进士一科。与此同时，还把根据自己思想撰成的《三经新义》作为学生们的必读书目，考试题目也比较接近现实。

但是，冰炭不可共器，寒暑不可同时。尽管王安石的改革并没有从根本上触动封建制度，但由于他损害了大地主大官僚的利益，冲击了"累世因循苟且之习"，改革还是遭到了守旧势力的阻挠和破坏。

当时，拼命诋毁新法和诽谤王安石的守旧派人物主要有司马光、文彦博、吕公著、范纯仁、苏轼等人。这帮人对王安石十分忌恨，必欲去之而后快，弹劾书、恫吓信像雪片似的向王安石袭来。

1070年2、3月，守旧派的主角司马光磨墨蘸笔一连给王安石写了三封信，以关心规劝为名，攻击王安石"尽变祖宗旧法……使上自朝廷，下及田野，内起京师，外周四海，士、吏、兵、农、工、商、僧、道，无一人得袭故而守常者，纷纷扰扰，莫安其居"。他还向神宗告状，说王安石"首倡邪术，欲生乱阶"，是"民贼"、"贼臣"、"乱臣"，他又利用任翰林学士之便，在这年3月出了一道试题，说王安石曾对祖宗提出过"天变不足畏，人言不足恤，祖宗之法不足守"，让考生们把"三不足"作为反面论点加以批驳。

刮风、下雨、天旱、地震，这些本属自然变化的正常现象，但守旧派们却借此来大做文章。1074年，全国各地发生大旱，出现了"日射地穿千里赤，风吹沙度满城黄"的旱象。司马光看到如此情景，匆忙找到神宗，说："陛下，此乃新法得罪上天所致也。"有个叫郑侠的，还挖空心思地画了一幅《流民图》，把人民流离失所的情况绘入图中，献给神宗，诬蔑是新法引起的。1075年10月，南方出现了一颗摇曳着尾巴的彗星，司天监的官员又慌忙报告神宗，愁得神宗连饭也吃不下。同年，华山受地震影响，崩下来几块石头。文彦博立即借题发挥，说"华山崩塌了，老天爷发火了"。

对于这些目光短浅、荒诞可笑的议论，王安石视之为流俗，认为不足顾惜。他说天旱是正常的事，尧、汤在位时也有；彗星不足畏忌，当年晋武帝时也曾出现过，而他却足足统治了28年；至于华山之变，若说是"天意示警"，岂不是为惩罚你们这帮小人！在那封一气呵成的《答司马谏议书》中，他不仅逐条批驳了妄加给他的罪名，而且愤怒揭露了守旧派们不恤国事、苟且偷安的丑恶嘴脸，表示一定要把改革推行到底。

然而，在革新派与守旧派斗争的关键时刻，支持改革的神宗变卦了。在这种情况下，王安石只好于1074年第一次辞去宰相职务退居金陵。第二年2月，他又接到诏命重登相位。但这次任职时间很短，还不到两年，因为此间不仅有守旧派仍从中作梗不止，更令人痛心的是，在革新派内部也产生了种种纠葛。王安石觉得若再继续干下去，已不能如他设想的那样有较大的作为了，于是到1076年10月第二次罢相。

1085年3月，神宗死了。继位的哲宗是个刚满10岁的娃娃，朝中实权落入神宗母亲宣仁太后之手。这个女人是个守旧派。她垂帘听政之后，以"恢复祖宗法度为先务"，起用了一批顽固分子，还任命司马光为宰相。

司马光一上台就动手了。在他看来，所有新法都是"舍是取非，兴害除利。名为爱民，其实病民，名为益国，其实伤国"，是非废不可的。尽管当时有章惇等人据理力争，但司马光大权在握，一意孤行，对章惇等人的反对置若罔闻，起初，王安石听至废罢市易、方田均税、保甲诸法时，还可以强作镇定，但当他闻悉免役法也要作罢时，再也矜持不住了，不觉失声喊道："难道连免役法也要废除了？！"他怀着无限的感慨写下这样一首《读史》诗：

> 自古功名亦苦辛，行藏终欲付何人？
> 当时黯黮犹承误，末俗纷纭更乱真。
> 糟粕所传非粹美，丹青难写是精神。
> 区区岂尽高贤意，独留千秋纸上尘。

然而更不幸的是，这时恰逢王安石生病，随后从汴梁传来的种种坏消息，又无一不在使他的病情日趋恶化。到1086年4月6日，这位66岁的老人抱恨以终。

王安石虽然死了，他推行的变法运动也失败了，但他那勇于改革、勇于奋斗的大无畏精神却一直留在青史上。列宁赞誉他是"十一世纪时的改革家"。

028

精忠报国　名垂千古

——岳飞

　　岳飞（1103—1142），字鹏举，相州汤阴县（今河南汤阴）人，出生于佃农家庭，父名和，母亲姓姚。他是南宋初年的抗金名将，也是我国人民极为熟悉并十分敬仰的民族英雄。

　　童年时的岳飞就参加一些力所能及的体力劳动，成年以后，又到大户人家做过庄客。（《三朝北盟会编》，卷 207）岳飞少时沉默寡言，有志气。随汤阴县枪手陈广学"技击"，无所不精。后又随同乡人周同学骑射、研读孙子兵法，能挽吃力 150 千克的弹弓，且能左右射击。

　　宋徽宗宣和四年（1122 年），岳飞 19 岁时，应真定（今河北正定）宣抚使刘韦合的招募而当了一名"敢死战士"。刘韦合看到岳飞的身材和了解到他的武艺后，就指定他当了一名小队长。岳飞从军后，曾参加了宋、金联合攻打燕京的战斗。这次攻战，宋军越过了卢沟河，攻入了燕京城内。但在巷战时却被辽军打得大败，岳飞也只得随败兵溃退。

　　金军从宋军攻打燕京的战斗中，看出了宋军极其虚弱的本质。于是在 1125 年灭辽以后，立即掉头南下，乘胜发动了对宋的大规模军事侵犯。河北、河东之地的忠义民兵和抗金将领，自发组织起来，保卫家乡，顽强地抗击着女真奴隶主贵族的军事野蛮侵犯。在家料理父亲丧事、闲住了 4 年的岳飞，在 1126 年，又应枢密官员刘浩的招募，在相州参加了赵构大元帅府的部队。第二年 4 月，岳飞就因"越职上书"，力陈抗金、要求收复失地而获罪离开了部队，"狼狈羁旅"于归德府中。

　　1127 年，岳飞经赵九龄的推荐，与河北招抚使张所作了一次晤谈。岳飞对兵法、军事形势、燕山的山川地势，了如指掌，侃侃而谈，张所倍加称赞，即用他为统领。

后来，岳飞辗转归附了宗泽，来到了开封城外。

岳飞之遇宗泽，犹"千里马"之遇伯乐。岳飞从此得到了施展自己政治抱负和军事才能的机会。宗泽十分欣赏岳飞的才能与勇敢，相识之初，宗泽就举岳飞为"踏白使"，率领 500 名骑兵去抵抗汜水关（今河南汜水镇西）的敌人。汜水关地势险要，为东西两面的重要交通咽喉，也是南侵金军必经之地。岳飞率领的仅 500 名骑兵，随身携带不多的军粮，面对数倍于己的金军，宜速胜而不宜久持。岳飞随即命令 300 名士卒，每人缚好两束交叉的柴草埋伏在前山脚下，等到半夜，点燃柴草四端，高高举起，照得满山通明，宋军夜战金军，金军大败。岳飞凯旋之后，宗泽举岳飞为统领，继又提为统制。建炎二年七月初一，抗金老将宗泽死于开封留守任上，接替他的杜充，是一刚愎自用、喜欢残杀的无能之辈，根本无力约束和统率部下，集结在开封周围原为宗泽节制的各路军队和民军，便不战自乱，自相残杀起来，军营中一片鼓噪。杜充却带着岳飞等将官渡过淮水和长江南下，建炎四年（1130 年）二月，开封落入了女真统治者手中。

1129 年秋，南下侵宋的女真兵马，在渡过淮水以后，取道滁州、和州，要在渡江之后经江东而趋浙江。这时，担任建康行营留守的杜充，又不战而降。南宋的长江防线，如土崩瓦解。金军很快攻下了杭州、越州、明州。高宗丧魂落魄，流亡于明州（今宁波）附近的海面上，金兵在后面紧紧地穷追不舍，企图追袭赵构于海上。面对着将帅叛逃、士卒溃散、金军席卷而来、百姓们惶惶呼救的局面，岳飞有非常出色的表现。

他集合好自己的部队，刺血激励部下说："我辈……当以忠义报国，立功名，书竹帛，死且不朽。若降而为虏，溃而为盗，偷生苟活，身死名灭，岂计之得矣？"（《金佗稡编》卷 4）士卒为其慷慨陈词之爱国情殷感动，表示愿抗战到底。为使士兵不致剽掠、骚扰，岳飞严厉规定部属，不许侵掠百姓，做到"秋毫无犯"。他先后移军驻屯于广德军、宜兴县，致力于维持地方社会秩序的安定，对窜入其境内的散兵游勇，尽量加以收编，用军纪加以约束。对不肯接受收编的，或一向在县境内劫掠居民的，他就出动兵马去攻讨，并随时率领部队出外与金军作战。在很短的时间里，岳飞驻屯的宜兴县，竟成了百姓们躲藏兵燹之灾的场所。岳家军"冻死不拆屋、饿死不打掳"的军风赢得了人民的热爱，他们建立起"生祠"，挂起了岳飞的画像以此纪念岳飞的恩德。

建炎四年（1130年）春，南侵的金军统帅兀术，在追杀赵构于海上的计划遭到南宋军民的抵抗以后，于是又放弃了追袭的计划，也打算放弃已攻陷的江南州郡，声称"搜山检海"已毕，要率部北移了。分布在长江下游的南宋的几位大将的几十万部队，全都拥兵自重，徘徊不前，坐失战机，眼睁睁地目送金军退回江北。只有岳飞，在金军北移之际，从宜兴出兵，打击了金军。

岳飞在探明了金军的北撤计划之后，便率领部众主动出击，直趋静安，对金军予以拦腰猛击，并在埋伏在建康附近的乡兵配合下，收复了建康，就任了通、泰镇抚使。以后，岳飞又接受了南宋王朝的一次次的"诏命"，平灭了李成、张用和曹成等军贼游寇。绍兴三年（1133年），由于岳飞的抗金斗争和国内各战场上所赢得的战功和声望，南宋政府就把东起江州（九江）、西到荆州、北边包括长江北岸的一些州县，划为一个军区，指定由岳飞负责防守，岳飞俨然是一位能独当一面、独负一区之责的大将了。但是，祖国的山河破碎，大江南北的人民在金兵的铁蹄下的痛苦呻吟，以及满朝文武将官的腐化与怯战，使岳飞的心头涌起一阵阵无限的悲痛，时时萦系着北伐中原、收复故土的念头。在一次谈话时，有人感慨地说："天下纷纷，不知何时方可太平？"岳飞毫不迟疑地答道："只要文官不爱钱，武臣不怕死，天下自然会太平。"（吴拯记：《鄂王事》）

岳飞屡次向赵构上书，陈述收复中原的方略，但都不为赵构所用。直到绍兴四年（1134年），伪齐直接威胁到宋的长江上游的安全，并危及下游的时候，岳飞才得以率兵北上进攻伪齐。岳家军从江州移军鄂州，又从鄂州北指，旗帜所到之处，人们夹道欢迎，很快收复了郢（州）、随（州）、邓（州）、唐、襄阳、信阳等州郡。岳飞给朝廷上奏，要把这些攻占的州郡，差官防守、治山筑寨，建设成进兵中原的抗金基地。岳飞因功授"靖远军节度使，湖北路荆襄潭州制置使"。接着，岳飞又派人结纳太行义军首领梁兴、李宝、赵云等人，准备实施"联结河朔"、直捣中原的战略，着眼于收复故土的光辉未来。

绍兴六年（1136 年），岳飞再次从鄂州移军襄阳北伐，一路上，顺利地收复了伊（阳）、洛（阳）、商（州）等州，大军围攻陈、蔡地区。黄河两岸人民，欢呼雀跃，奔走相告，纷纷与岳家军联系，准备一旦有实际军事行动，便配合岳家军作战，岳飞也兴奋地与部将相约："直捣黄龙府，与诸君痛饮耳！"但是，这次北伐，虽然"五战五捷"，却因"钱粮不断而抽回干事军马，未能成功"。岳家军驻扎在襄阳，距离南宋王朝所在地的杭州有数千里之遥，而且居于长江上游，粮饷的运送常常不及时，在平时即有"粮食不足之忧"，这次大军深入河南，朝廷措置岳家军粮草不力，以致留在襄阳兵营中的士兵，竟有饥饿而死的。处于前线的部队，亦时时有饥饿的威胁。岳飞面临着这种极其困难的处境，只得抽回前线的"干事军马"而中途折回。已经克复的州县再度陷入伪齐统治之下，当地的忠义军民又一次遭受了金兵和伪齐的屠杀，岳家军与人民为此付出了惨痛的代价。岳飞悲愤之极，他感到自己的壮志难申！然而，这壮志一定要申！岳飞的满腔热血沸腾起来，他想自己从戎报国、矢忠矢勇、风尘仆仆地转战在南北各地各种各样的战场上，固然已经得到了节度使的荣誉与少保的官位，但是，与自己执着追求的收复失地、报仇雪耻的壮志宏图相比，个人的高官厚禄算得了什么？岳飞把它们看作天上之行云浮尘，放怀遐想，情不自禁地引吭高歌，写出了一首成为千古绝唱的诗词——《满江红》：

怒发冲冠，凭栏处，潇潇雨歇。抬望眼，仰天长啸，壮怀激烈。
三十功名尘与土，八千里路云和月。莫等闲白了少年头，空悲切。
靖康耻，犹未雪，臣子恨，何时灭。驾长车，踏破贺兰山缺。
壮志饥餐胡虏肉，笑谈渴饮匈奴血。待从头收拾旧山河，朝天阙。

岳飞治军极严，平素注重操练和教阅。打仗时，冲锋在前，自己担任"旗头"，成千上万的兵将的动止进退，唯"旗头"是瞻，勇往直前。宗泽曾称他："勇智才艺，古良将不能过。"岳飞待部属，恩威并用，有功必赏，有过必罚，待千万人如待一人，真正的公正无私。这使得岳家军的全体官兵，在平时都严于守法；在战时都乐于听命，具有极强的战斗力。金兵的铁骑，往往以排山倒海的密集队形，企图冲垮岳家军的阵容，但都无损于岳家军的毫发。金军中，也流行着"撼山易，撼岳家军难"的评语。

宋高宗赵构为了自己坐稳偏安于江南的皇帝宝座，是不惜出卖领土和军民的利益，向金国哀求投降的。自从秦桧拜相以后，在这位"挟虏势以自重、劫主以盗权"的奸相主持下，更加一意求和。绍兴八年（1138年），秦桧第二次拜相，宋、金开始议和谈判。岳飞对于这种屈辱的求和，不胜愤懑。他向赵构上书说："金人不可信，和好不可恃，相臣谋国不臧，恐贻后世讥议。"（《宋史·岳飞传》）但和议在赵构秦桧等卖国君相的主持下，在绍兴九年（1139年）达成。这就是历史上的"绍兴和议"。对此，岳飞上了一道《谢讲和赦表》。名为"谢表"，实为抗议书。它声声泪，句句血，道出了岳飞多年来郁结在心头的积愤，他要"誓心天地，当令稽颡以称藩"。但也惹得秦桧、赵构之流对他的切齿的痛恨。

绍兴九年（1139年），议和不到一年，金兀术就毁约南侵，河南各地又重为金军染指。朝廷不得不派岳家军去抵御金军的南下。绍兴十年（1140年）六月，岳飞再次从鄂州出兵北伐，主力进抵河南心腹地带，克复了颍昌（今河南许昌）、陈州（河南淮阳）、郑州、洛阳等地，岳家军的司令部设在郾城，并打算长期驻扎在这里，作为再向北进军的基地。金兀术以精锐的"铁浮屠"（铁甲骑兵）和"拐子马"（左右翼骑兵）来犯，被岳飞杀得大败，从而粉碎了"铁浮屠"和"拐子马"不可战胜的神话。金兀术也不得不悲叹："自海上起兵，皆以此胜，今已矣。"接着岳飞又在颍昌与集结而来的金军作了决战，又一次打败了金军，并当阵杀死了统军上将夏金吾（兀术之婿）。当然，岳家军也付出了血的代价，将士死亡也很多。这时，为岳家军策动的河北各地忠义民兵，纷纷起而攻城夺地，声援岳家军。宋、金战局形势，对宋十分有利，只要宋军的其他几路军在长江下游牵制住金的一些兵力，岳家军的主力便可横扫中原，收复燕云之地。岳飞也认为只要一鼓作气，多年来恢复旧土的夙愿便可实现了，他向南宋王朝紧急呼吁，要求"速赐指挥，令诸路之兵火速并进"。

正在这时，卖国求荣的赵构、秦桧却害怕岳飞威望过重，"尾大不掉"，更怕迎回钦宗，帝位不保。出于这种卑鄙、自私的心理，正当岳家军奋勇鏖战、待命北渡之际，赵构竟下令各路军"兵不可轻动，宜且班师"，撤退了防守淮河的张俊、杨沂中等人的部队，使岳飞处于"孤军深入""他将不相为援"的危险境地。接着，秦桧等又令岳飞"措置班师"，逼令他在丧师和班师之间抉择。岳飞抑制不住内心的悲愤，痛心疾首地高呼："十年之功，毁于一旦！所得州郡，一朝全休！社稷江山，难以中兴！乾坤世界，无由再复！"这种炽热的爱国热情、忠贞报国的雄心壮志，终于被赵构、秦桧所扼杀了。

岳家军班师以后，岳飞被解除了兵权任枢密副使。不久，秦桧就指使岳飞的部下诬其谋反而逮之下狱，在审讯时，岳飞愤怒地撕裂衣裳，露出了昔日刺在背上、切入肤里的"精忠报国"四个大字，以示对卖国贼的强烈抗议。他自知已落入了卖国贼的手中，但是，任凭严刑拷打，坚强不屈。绍兴十一年（1142年）腊月二十八日，秦桧终于以"莫须有"的罪名，将岳飞毒死在临安（今杭州）大理寺风波亭。这位在抗金战场上叱咤风云，身经大小二百余战的民族英雄，临刑前，无限悲痛地向天空中仰视了一阵，拿过笔来在万俟卨等人炮制的"供状"上写下了"天日昭昭！天日昭昭！"八个大字。是年岳飞39岁，其子岳云、部将张宪同时遇害。

岳飞是我国古代历史上卓尔不群的军事家和战略家。他的爱国主义精神和抗金的光辉事迹，受到世世代代人们的敬仰和怀念。"青山有幸埋忠骨，白铁无辜铸佞臣。"西子湖畔的"岳庙"正以崭新的面貌供人们瞻仰与凭吊。

029

留取丹心照汗青

——文天祥

辛苦遭逢起一经，干戈寥落四周星；

山河破碎风飘絮，身世浮沉雨打萍。

惶恐滩头说惶恐，零丁洋里叹零丁；

人生自古谁无死，留取丹心照汗青。

这彪炳日月的诗句，千百年来激励着无数志士仁人为国捐躯、舍生取义。诗的作者就是南宋末年杰出的民族英雄文天祥。

文天祥（1236—1282），字宋瑞，自号文山，江西吉水人。文天祥生活在南宋王朝极端腐败、民不聊生的年代，当时蒙古军队已经占据中原，锋芒直指江淮。文天祥目睹这种惨状，悲愤交集，并立志抗敌救国。1256年，刚满20岁的文天祥就来到南宋的京城临安（今浙江杭州）参加进士考试，他在试卷里满怀爱国激情提出了改革政治的主张。当时的考官王应麟是一位有见识的学者，看了文天祥的考卷，高兴极了，认为一个青年敢于提出这样激进的意见，是个难得的人才。南宋皇帝宋理宗也很看重文天祥的才学，亲自选拔他作状元。

1259年，蒙古军入侵南宋，临安受到威胁。当时南宋政权完全控制在挟权情势、贪财好色的贾似道手里。一群文臣武将中用的也不多。一听蒙军入侵，个个闻风丧胆，主张议和。宦官董宋臣甚至提出逃跑、迁都，以避敌锋芒的主张。这时文天祥在临安当地方官，听了以上这些言论后，非常愤慨，他立即上书皇帝宋理宗，严厉地驳斥了逃跑主张，要求把宦官董宋臣斩首，以安定人心；并提出改革政治和军事制度的方案。腐朽的南宋政府不但没有接受文天祥改革意见，相反，他的爱国言行惹起南宋政府的讨厌，结果被削去官职，后来才被调到江西赣州去做知州。

1274 年，元军相继攻陷襄阳、樊城，兵逼临安城下。南宋小朝廷急忙诏示各地起兵"勤王"（即救护皇帝的意思）。文天祥在赣州听到这一消息，不觉落下眼泪，说："现在是我替国家拼命的时候了！"他首先响应南宋政府的号召，捐献家资充当军费，招募当地豪杰和少数民族群众数万人，组成一支义军，准备出战。文天祥的一些朋友劝他说：元军很厉害，你以数万名没有训练的士兵去迎敌，是否能抵挡得住？这不是赶着羊群喂老虎，白白送死吗？文天祥听到这种不顾祖国危急的话，气得不得了，他十分严肃地说："这些我也想过了。国家有危难，却没有一个人起来保卫祖国，我真是痛心极了！现在我拼着一死，起来抵抗敌人，希望天下的人都能这样。要是大家一齐起来，国家是一定会有办法的！"文天祥的朋友听了，都很惭愧。

1276 年，元将伯颜率军到了离临安只有 15 公里的皋亭山，不消半天，敌人就可以到达临安了。朝中的官员见势不好，置国家和民族的利益于不顾，走的走了，跑的跑了，宰相陈宜中也偷偷地逃到南方去了。这时，临安乱作一团，南宋政府陷于瘫痪。文天祥于民族危机最严重的时刻，被拜为右丞相兼枢密使，奉命到元营去议和。应当承认，去元营议和反映了文天祥开始对元朝统治者存有幻想。然而他进了元营后，慷慨陈词，揭露了元朝统治者的野心。气焰嚣张的元将伯颜，妄图凭借武力威胁文天祥降元，但文天祥英勇不屈，据理力争，说："我是南宋状元宰相，只求一死报国。国家存在，我也存在；国家灭亡，我也灭亡。你们要杀就杀，刀、锯、油锅，我都不怕！"敌人最后对他没有办法，就把他扣留起来。是时，临安已经陷落，恭帝赵㬎一行被俘，押解北上。文天祥听到元军进驻了临安，本打算自杀殉国，后来想到南方还有大片国土未被敌人占领，广大人民尚在抗战，觉得国家还有一线希望，便打消了自杀的念头。他利用在镇江短期逗留的机会，冒险逃脱。一叶扁舟，穿引于大队元军船舰之间，稍露形迹，立即就会身遭毒手。他安全抵达真州（今江苏仪征）后，扬州守将李庭芝又误中反间计，以为文天祥是奸细，要来赚城，下令搜捕。文天祥经历了许多艰险曲折，才辗转来到福安（今福州），会见了由张世杰、陆秀夫等忠臣拥立的新皇帝端宗赵昰。接着，他又立即招募军队，进行抗敌的坚决斗争。浙江、福建等地许多人，听说文天祥回来了，都不辞千辛万苦，从四面八方集拢到文天祥的周围，掀起了新的抗敌高潮。1277年夏秋之间，文天祥率大军进攻江西，连续收复了赣南许多州县，一时形成了南宋抗元战争以来从未有过的大好形势。但没有多久，由于文天祥所率领的义兵孤立无援，终于为元朝的援军打败。这次战争，文天祥部下将士牺牲甚众，他的家眷和子女都被元军掳去。他只身逃出，退入广东，再度组织队伍，继续斗争。1278年12月，文天祥率军转战到潮阳，再由潮阳向海中转移。途经五坡岭，正吃晚饭的时候，由于叛贼出卖，突遭元兵袭击，猝不及战，军溃被俘。他欲以死报国，遂立服脑子（冰片）二两自杀，他原害眼病，不料服后大泻一场，非但没有死，连眼病也好了。

文天祥被俘后，元将（南宋降将）张弘范将他软禁在水师指挥船上，挟他一起去攻打南宋最后的政治据点厓山孤岛（今广东新会南40公里海中），并一再逼迫他致函南宋守将张世杰，劝其率众投降。张弘范的卑鄙行为，激起了文天祥的极大愤慨，痛斥说："父母之邦遭难，天祥身为丞相未能解救，已感愧悔莫及，焉能再去教人背叛父母邦乎！"张弘范仍不罢手，再三逼他写信招降正在厓山的张世杰，文天祥便将计就计，提笔写录了前些时途经零丁洋（今广东中山南海面）写的一首七律《过零丁洋》（即本文开头抄录的那首诗），作为正式答复。张弘范读罢文天祥这首慷慨悲歌的诗作，特别是最末一联"人生自古谁无死，留取丹心照汗青"，不禁大失所望，只是苦笑了一下说"好人好诗"。张弘范这个无耻之徒，怀着沮丧但又钦佩的矛盾心情，把文天祥这首诗悄悄地收藏起来。

不久，厓山陷落，张世杰在海战中舰船为风浪覆没，陆秀夫抱着8岁的幼帝赵昺投海殉国，持续了150多年的南宋王朝至此灭亡。南宋亡，张弘范洋洋得意，在举行庆贺酒宴时，请文天祥参加，席间，再次劝降文天祥，说："你过去不肯投降，是因为宋朝还没有灭亡。现在宋朝已经灭亡了，你的忠孝也已经尽了。请你把心肠改变一下。你如果把替宋朝做事情的精神，来替元朝做事情，那么，元朝的宰相，除了你做，还有谁呢？"

文天祥听了，气愤地回答说："国家灭亡不能救，我就已经非常惭愧了，难道还能贪生怕死、认贼作父吗?"张弘范听了这些，脸色都变了，不敢再讲下去了。

1279年4月20日，依照元政府的命令，把文天祥押往大都（今北京）。文天祥途中绝食8天不死，渡江时设法逃跑也未果。文天祥一到大都，押送他的敌人把他安置在"会同馆"里，这个"会同馆"是专门接纳宋朝降官的，当他一连三次拒绝投降后，才被关在兵马司内一座立牢里（现北京交道口南边北马司一带，就是当时兵马司衙门的所在地）。文天祥在北京共生活了3年的时间，大部分时间被囚禁在兵马司。兵马司的四室是一间破陋不堪的土室，每逢下大雨，室内漏雨，积水没床，等水泄出以后，满地泥浆，夏季炎热，臭腐湿蒸，令人难以忍受。尽管环境这样恶劣，但他丝毫没有动摇屈服，并且写下世代流传的爱国诗篇《正气歌》来表明他的心意。

文天祥在《正气歌》中写道，在天地之间有一股正气，分别地给予万事万物：在地下的是河流山岳；在天上的是星辰日月；对于人来说就是大义凛然的正气。这种正气，在治世，体现为安邦定国的抱负；在乱世，则体现为刚毅坚贞的崇高气节。假如国遭危难，人处逆境，这种气节就更为重要，表现得更加突出。历史上秉笔直书的史官董狐，"留胡节不辱"、在"北海"牧羊19年的苏武，痛骂安禄山的常山太守颜杲卿，恳切忠贞、忧勤国事的蜀丞相诸葛亮……这些有胆有识之士的光辉形象，常常使他热血沸腾，不能自已。其中"时穷节乃见，一一垂丹青"，是《正气歌》中肝胆照人的传世佳句，也就是文天祥为人的真实写照。

文天祥到了大都以后，敌人劝降的手段更多、更狡猾了。首先，做过宋朝丞相的留梦炎和降元的幼君赵㬎相继来做说客。留梦炎和文天祥都是所谓"状元宰相"，他是投降后可得富贵的标本。赵㬎虽是一个9岁的小孩，但有君臣关系。元朝统治者对于这次说客的人选，显然是经过周密考虑的。但文天祥没有半点动摇，他见了留梦炎，骂得他抱头鼠窜而去；见了赵㬎，只是连声说"圣驾请回"，再也不肯说第二句。

接着，元朝声名煊赫的权臣阿合马出面要文天祥投降。文天祥对他长揖不跪。在封建社会里，幼少对尊长，下属见长官，跪拜是当然的礼节。阿合马斥问他见了宰相为何不跪，文天祥反驳说："南朝宰相见北朝宰相，为何要跪？"阿合马见文天祥提到南朝，便话中带刺，怀着歹意反问道："你何以至此？"文天祥反唇相讥说："南朝早用我为相，北人就到不得南方，南人也不用到北方来了。"阿合马闻此言恼羞成怒，对左右说："此人生死尚由我。"文天祥毫不示弱地反驳说："亡国之人，要杀便杀，道甚由你不由你。"阿合马对文天祥束手无策，也只好灰溜溜地离去。

阿合马败阵以后，丞相孛罗接着前来挑战。文天祥见了孛罗，照例长揖不跪。孛罗大怒，就吩咐旁边的人用武力强迫他跪下，那些人像虎狼一样拥上去，有的叉头颈，有的拿手，有的按脚，还有的人用膝盖抵住文天祥的背，但文天祥始终没有被按倒下跪，敌人拿他没有办法。孛罗为了缓和僵局，说什么从赵㬎降元才算"忠"，在南方立的二王（端宗、帝昺）算不得"正统"。文天祥怒斥孛罗，说今天不是应博学鸿词科，没有工夫谈什么兴亡存废的事迹。孛罗被文天祥的回答激得狂怒，咬牙切齿地嚎叫："你要死，我不教你便死，禁持你！"文天祥则毫不示弱地说："我以义死，禁持何害也！"

元朝统治者看到文天祥始终不投降，仍不死心，最后，元朝皇帝忽必烈亲自召见文天祥。他在忽必烈面前，只行长揖礼，照例不跪。忽必烈的左右卫士残忍地用铁器敲伤他的膝盖，他还是巍然挺立。忽必烈引诱他说："你只要用对待宋朝的心来对待我，我愿意封你做宰相。"文天祥一点也不含糊地说："我是宋朝人，宋朝亡了，就不应该投降敌国，请你杀了我吧！"忽必烈还不死心，又说："你愿意做什么官呢？如果不愿做宰相，就请你做别的官，怎么样？"文天祥斩钉截铁地说："我什么官都不愿意做，愿与一死足矣！"第二天，文天祥被杀害于菜市口。

据文天祥同时代人兼同乡邓光荐所撰《文丞相传》记载，文天祥被杀害的那天，"时连日大风埃雾，日色无光"。大都笼罩在一片寒冷肃杀的气氛中。元朝统治者怕杀害文天祥会引起民变，加强了防范措施。行刑那天，都城大门统统禁闭，大街小巷密兵把守，"对邻不得往来，行人不得偶语"，但即使这样，大都的百姓得知文天祥行刑的消息后，仍然从四面八方涌向刑场，都想最后看一眼这位顶天立地的民族英雄。满身刑具的文天祥，临刑时脸色不变，问身旁的人哪边是南，于是遥对南宋故国长跪再拜，并且说道："我能够报答国家的机会已经完了。"说完即从容就义，时年46岁。

文天祥死后，别人在他的衣带上，发现了他事先写好的赞："孔曰成仁，孟曰取义，惟其义尽，行以仁至。读圣贤书，所学何事？而今而后，庶几无愧。"赞的意思是说："一个人应该懂得圣贤的话，遵守仁义的道理。读了古代圣贤的书做什么用呢？就要学习圣贤'成仁''取义'的行为。从此以后，我才觉得没有什么可惭愧的了。"

700年前被本民族贵族统治阶级拖入侵略战争的蒙古族人民，和处于被侵略地位的南宋统治下的汉族人民，早已成为祖国大家庭的兄弟民族。文天祥及其抗元事迹，当然也只能作为历史人物和历史陈迹，放在当时的历史条件下，作出实事求是的评价。但是，当本民族遭受到侵略欺凌，处于存亡关头的时候，文天祥敢于挺身而出反抗强暴，甚至以身殉国，这种爱国主义的崇高品质与行为，仍然值得我们景仰和学习。

030

收复台湾的民族英雄
——郑成功

郑成功（1624—1662），原名森，字大木，小名福松，福建省南安县石井村人。父亲郑芝龙，先是海商武装集团的首领，后被明朝政府招抚，当了明朝的官；生母是日本人。郑成功7岁从日本回国，15岁考中秀才，21岁随父到南京，进太学读书。不久，南京弘光政权垮台，郑芝龙等人拥唐王朱聿键即位福州，改元隆武。郑成功在随父进见隆武帝时，得到隆武帝的赏识，赐姓朱，更名成功，因而被人称为"国姓爷"。他一生主要做了两件大事，一是抗清斗争，二是收复台湾。

1646年八月，清军自浙江南下福建，南明将领郑芝龙心怀二意，准备投降，撤掉了仙霞关守兵，不为备，清军得以长驱，隆武帝被俘自杀。同年十一月，清军到达泉州，招降郑芝龙，郑成功劝父"当三思而行"，但郑芝龙视为"稚子妄谈，不知天时地势"，终于率部投降。郑芝龙降清后，不久被清军挟制北上。与此同时，郑成功的母亲也受辱自杀。所有这些都更加激发了郑成功的抗清决心，断然同父亲决裂，在叔父郑鸿逵的帮助下，带领部下90多人，乘战船二艘下海，然后到南澳招兵，得数千人。十二月，在福建安平誓师起兵，仍用唐王隆武年号，自称"招讨大将军"。起兵之后，转战福建、广东、浙江沿海，在金门、厦门地区建立起抗清基地，改中左所（厦门）为思明州，设"六官"理事，分所部为72镇，以示自己不受招抚和"复明"的决心。郑成功年少，有文武才，引起各方面抗清力量的重视和归附，力量迅速发展。1649年，改用永历年号，桂王朱由榔封郑成功为延平公，1653年进封延平郡王。郑成功的军事力量对清政府在东南地区的统治和消灭南明政权的计划是严重威胁。清政府在军事进剿屡屡受挫之后，曾对郑成功多次招降，答应赦罪授官，封海澄公，授靖海将军，均遭郑成功拒绝。清政府招降不成，把郑芝龙由软禁而捉进监狱，让郑芝龙告诉郑成功说，如果不降就把他的亲属全部杀掉。郑成功大义灭亲，反清复明的决心终不为之所动，复信郑芝龙说："儿昔者再三苦谏而吾父不听，今事已差池，言之何益！设有不幸，儿当缟素复仇，以结忠孝之局而已！"（夏琳：《海纪辑要》）。这种精神，确如他自己所说："坚贞自恃，不特利害不动吾心，即斧刃相加亦不能移吾志。"英雄气概跃然纸上而见之行动。

17世纪50年代末，郑成功发展到10余万人，开始谋举大规模军事行动。当时，西南地区的抗清主力大西军内讧之后，力量很弱，很难顶得住清军的大举进攻。1658年，郑成功、张煌言为了遥相支援西南地区的李定国大西军，率部10余万北上，一直打到长江口。但正待入江之时，不幸遇到飓风，舟沉师溃，被迫撤退。1659年整师复出，郑成功为招讨大元帅，张煌言为监军，率17万水陆大军北伐，取瓜州，攻镇江，包围南京。同时另遣张煌言一路溯江而上，克芜湖，复徽州、宁国、太平、池州等地。大江南北为之震动，当地人民纷纷响应，"闻风归附"。可惜的是，郑成功陶醉于胜利之中，轻敌麻痹，中了敌人的缓兵之计，以为"孤城绝援"的南京城，只有投降一条路可走，因此没有乘胜取胜。清军利用郑成功军队懈无斗志之机，突然杀出城来，郑成功仓促应战，部众奔溃四散，立脚不住，只好收拾余部返回厦门。张煌言与此同时也因孤军无援，为清军所败。

郑成功返回厦门后，仅以余部又多次打败清军的进攻。清政府认识到郑成功并不是马上可以消灭的，为了限制郑成功的发展，创造条件最后消灭他，发布"迁界令"，"徙滨海居民入内地，增兵守边"；郑成功也认识到"进取不易"，于是一个伟大的抱负——驱逐荷兰、收复台湾作为抗清基地，便提到日程上来了。

台湾自古以来就是我国的领土。考古文物证明，4000年前台湾与大陆已有文化联系，三国时孙权曾派卫温、诸葛直率军1万余人到过台湾，后来更是交往日多，移民日繁，台、澎逐步成了我国东南海防要地。宋元时代，我国政府已在台湾设立正式行政机构，隶属于福建省管辖。16 世纪末和 17 世纪初，荷兰殖民者取代了葡萄牙、西班牙的地位，横行海上。从 1604 年起，荷兰殖民者屡次侵占我台、澎，骚扰我福建沿海。1624 年，荷兰殖民者在台湾西南浅洲建立台湾城（热兰遮城，今安平），第二年又侵占了新港社、蚊港，用谎言和 13 匹粗布骗取了大片土地，修建了赤崁城（普罗文查城，今台南），以后又从西班牙手里夺取了台湾北部的鸡笼（基隆）、淡水，成为独霸台湾的殖民者。

收复台湾，维护祖国领土完整，把台湾同胞从侵略者的铁蹄下解放出来，符合全国人民的利益，也是郑成功的夙愿。他的父亲郑芝龙虽然为人反复，但在反对荷兰侵略者占据我国台湾、骚扰我沿海的斗争中，也有不少功勋，并对郑成功有过很好的影响。

郑成功回师厦门以后，即令修葺船只，谋划出征。与此同时，荷兰侵略者也积极活动，再次派出代表想迫使郑成功放弃收复台湾的计划。据记载，同荷兰代表一起到厦门的有一位给荷兰人做翻译的台湾爱国商人何廷斌，他不仅向郑成功密报了荷兰侵略者的实力情况，还送来了台湾地图。这更加增强了郑成功的信心。1661 年正月，郑成功召集诸将密议，同时，明确宣布："欲平克台湾以为根本之地，安顿将领家眷，然后东征西讨。"（杨英：《从征实录》）

经过一段时间紧张的物质准备和军事部署，1661 年 3 月 23 日郑成功亲率战船 100 多艘、将领 100 多员、水陆大军 2.5 万人从金门料罗湾出发，挥师东征，开始了彪炳史册的伟大事业。

出发后的第二天，大军到达澎湖，恰巧遇上大风，战船数日不得行，郑成功怕久驻乏粮，又恐此风无期，随于 30 日晚晓谕诸将，"冰坚可渡，天意有在"，传令开船，表现了勇往直前的大无畏精神。郑成功矢志不移，深深地影响着全体将士。4 月 1 日，清晨，讨伐军抵达台湾，并于当日乘着涨潮之机，冲过被称为"铁板关"的鹿耳门，船泊禾寮港，直抵赤崁城下。本来，荷兰侵略者以为鹿耳门水浅，大船难进，既至郑成功的军队在何廷斌的导引下，突然兵临城下，他们惊叫"兵自天降"，惶恐之状可想而知。战斗中，郑成功身先士卒，首先登岸，踏勘营地，给全体将士以极大鼓舞。

经过激烈的战斗，痛歼侵略者，赤崁城敌人被迫于 5 月 4 日投降。

收复赤崁城之后，郑成功即向荷兰侵略者的最重要据点台湾城发起进攻。郑成功在给侵略者头目揆一的信中再次重申："台湾者，中国之土地也，久为贵国所据，今余既来索，则地当归我，珍瑶不急之物，悉听而归。"（连横：《台湾通史》）郑成功考虑到"以台湾孤城无援，攻打未免杀伤"，决定用围困的办法等待其自降（杨英：《从征实录》），但侵略者并不甘心自己的失败，采取各种手段，提出诸如"每年照例贡纳白银若干万及土产货物"等种种荒谬条件，拖延"谈判"时间，以待援兵。郑成功通牒侵略者，或战或降即行决定，降则插白旗，战则插红旗。揆一接到劝降书后，竟然竖起红旗向中国讨伐军挑衅。郑成功为了祖国的领土完整，维护祖国的尊严，命令中国讨伐军立即向侵略者发起攻击。经过几个月的战斗，侵略者战饿而死者达 1600 多人。面对彻底覆灭的现实，侵略者不得不于 1662 年 2 月 1 日无条件投降。郑成功对投降者采取了宽大政策，不仅保护了他们的安全，而且"凡珍宝，辎重听其搬回本国"（夏琳：《海纪辑要》），表现了中华民族的伟大气魄。投降后，揆一率领部众 500 多人离开台湾。至此，被侵略者奴役达 38 年之久的美丽富饶的宝岛台湾回到了祖国的怀抱。

郑成功收复台湾得到了台湾人民的积极支援。台湾高山族和汉族人民听到祖国军队到来，"闻风归附者接踵而至"，"壶浆迎者塞道"（杨英：《从征实录》），并有人拿起船桨和棍棒，夺取敌人的战刀，配合讨伐军作战。收复之后，郑成功极为重视民族政策，明文规定，不准"混侵土民及百姓现耕物业"，并亲巡各地，安抚高山族同胞，保护高山族利益，教习牛犁耕耙之法，五谷割获之方，帮助高山族人民发展生产。同时，实行寓兵于农的政策，辟草莱，兴屯聚，以减轻人民负担；严法令，犯者虽亲不贷，以整顿社会秩序；"垦多力耕者有赏，怠玩少作者有罚"，"男女户口，度其力量授田，然后计数征输"（杨英：《从征实录》）。所有这些，都为台湾的开发和人民生活的安定创造了条件。

不幸的是，这位为祖国和人民作出重大贡献的英雄人物在复台之后不久，于 1662 年 6 月 23 日病逝了，年仅 38 岁。他的后继者，虽然对开发台湾也有过一些贡献，但均非治者之才，后来政治腐败，人心惶惑，台湾郑氏集团成了祖国统一的严重障碍。1683年清康熙帝派施琅（施原是郑成功部下，后随郑芝龙归清）率船300、水师2万出征郑氏集团，最终完成了祖国的统一大业。

收复台湾是郑成功戎马生涯中最光辉的业绩，其重大意义首先在于是为了祖国的领土完整而战。就驱逐侵略者、维护祖国版图完整这一点来说，在这之前中国历史上无一人堪与郑成功相比。所以他无愧为祖国历史上的一位伟大的民族英雄。他的业绩，将永远激励着中国人民不畏强暴、反对外来侵略者的斗志。同时，这一胜利由于沉重地打击了西方殖民主义者，也极大地鼓舞了亚洲人民的反殖斗争，使其具有了重大的世界历史意义。

031

近代史上开眼看世界的先驱

——林则徐

每当我们来到北京天安门广场，瞻仰人民英雄纪念碑时，我们的目光投向碑座上史诗般的壮丽画卷，总要被第一块巨型浮雕——"虎门销烟"的伟大场面所吸引和鼓舞。

领导这场销烟运动的，正是本文要介绍的林则徐。

林则徐（1785—1850），福建侯官（今福州市）人。他出身于没落地主家庭。20 岁时中举。在京师 10 年中，曾与进步人士龚自珍、黄爵滋、魏源等人组成"宣南诗社"，提倡经世之学，主张改革现状。在禁烟运动发生前，他先后在浙江、江苏、陕西、湖北、河南等省任地方官，还在河南督修过堤工，比较了解社会的情况和民间的疾苦。他所到之处，十分注意惩办贪污，兴办河湖水利。在封建的仕宦生涯中，逐渐显露出精明能干的办事能力和清廉正直的作风。林则徐"一时贤名满天下，至儿童走卒妇人女子皆以公所莅为荣"。

由于林则徐对封建统治的忠实，所以得到道光皇帝的重用。1832 年被任为江苏巡抚，1837 年又升任为湖广总督。在湖广总督任上，鸦片像洪水一样地涌进中国。鸦片是罂粟制品，原盛产于印度和小亚细亚。早在唐代已开始输入中国，但数量极微，仅用于医药。1767 年以前，每年由印度输入的鸦片不过 200 箱，但从 1773 年以后，英国将印度的鸦片大量输入中国。1839 年，鸦片输入竟达 4 万多箱。鸦片的大量输入，严重地毒害了中国人民，加重了人民的负担，造成了白银大量外流，加深了清政府的财政危机。

在中华民族与外国资本主义侵略者的矛盾日益激化，和广大群众要求抵抗侵略的强大压力面前，清政府内部分裂为抵抗和妥协两派。一部分坚持禁烟、要求抵抗外侮的官员构成抵抗派，林则徐、邓廷桢、关天培等是他们的代表；一部分原来就是反对禁烟，或者害怕对外战争动摇其统治的官员构成妥协派，首席军机大臣穆彰阿、直隶总督琦善、两江总督伊里布是他们的代表。后一派在清朝政府中拥有很大的实权。

林则徐处于逆境，但并不气馁。他认为只有重治吸烟者，才能刹住鸦片的毒害。他十分同意鸿胪寺卿黄爵滋提出的"重治吸食者"的建议。这建议限定吸食者必须在一年内戒除烟瘾，过期不戒的，老百姓处死刑，官吏加等治罪。所以要采取这种严厉的做法，是由于鸦片的"流毒至于已甚，断非常法之所能防"。林则徐进一步解释说：过去当鸦片还没有盛行的时候，抽鸦片的人不过危害自己的健康，所以不必用严刑；而现在鸦片烟害已流毒全国，危害极大，法律应该从严。就像一个人生了重病，普通药物已不起作用，只好采用烈性药物来治疗。

林则徐认为，查禁吸食者也不难。只要各地都贴出禁烟告示，劝令吸食者改过自新；采用保甲法，互相进行揭发；各地方官员又切实担负起查禁鸦片的任务，以查禁鸦片的成绩作为奖惩的标准，吸食者就会自然地减少。

林则徐不仅用言论驳斥了反禁烟派的谬论，而且以实际行动证明"重治吸食"的严禁措施是切实可行的。在湖广总督任上，他查获了5000余杆烟枪，当众刀劈火烧；收缴了大量鸦片，仅汉阳县就缴获鸦片6000余千克。为了帮助吸食者戒烟，林则徐提出了配制断瘾丸，强迫吸食者戒绝，大举搜查烟枪、土膏等六条禁止鸦片的办法。据记载，在汉口，民间配制的药物，每家药店都有出售。许多吸食者服了戒烟的药物，戒除了烟瘾。

鸦片的大量输入，不仅严重毒害了中国人民，而且逐渐侵蚀了清朝军队，严重削弱了清军的战斗力，危及封建统治。针对这种危急的情况，林则徐于1838年9月20日向道光皇帝上了一篇著名的奏稿，叫做《钱票无甚关碍宜重禁吃烟以杜弊源片》。林则徐在奏书中大声疾呼，对于鸦片问题"若犹泄泄视之，是使数十年后，中原几无可以御敌之兵，且无可以充饷之银"。为了维护清王朝的统治，不让皇冠落地，道光皇帝不得不采纳林则徐的禁烟主张，并派他为钦差大臣去广州查禁鸦片。

1839 年 1 月 8 日，林则徐从北京正阳门出发，冒着严寒，日夜兼程。离京时，他的朋友龚自珍写了一篇送行文章，提醒他说，在广州禁烟，外国人可能动武，应该有所准备。林则徐复信同意这种看法。龚自珍的文章还要林则徐警惕在广东的官员绅士中都会有阻挠禁烟的人。对此，林则徐答复说，他所担心的还不是广东那边有人阻挠。这实际上是说，阻挠可能来自京城。

林则徐自己知道这次去广州是冒着很大风险的，但他禁烟的主张相当坚决。在赴广州途中，根据已经掌握的情况，他开列了 61 名内奸的名单，有的已写明地址，密令广东布政使司和按察使司出其不意逮捕他们，并查获他们的罪证。林则徐这样想和这样做是完全对的，因为外国侵略者到中国来，人生地不熟，他们的鸦片如果没有内奸为之沟通，怎么会流毒到全国呢？

1839 年 3 月 10 日，林则徐终于到达广州。他一到广州就筹备海防，相信"民心可用"，号召组织武装团体，招募水勇 5000 人，公开号召民众起来卫国保家，宣布"如英夷兵船一进内河，许以人人持刀痛杀"。3 月 18 日，林则徐传见十三行洋商，宣布"谕帖"，要他们 3 天之内将其趸船上所有鸦片全部缴出，并出具甘结保证，永不挟带鸦片，"如有带来，一经查出，货尽没官，人即正法"。他还表示："若鸦片一日未绝，本大臣一日不回，誓与此事相始终，断无中止之理。"由于林则徐态度坚决与中国人民的顽强斗争，英、美鸦片贩子于四五日间被迫陆续缴出鸦片 119 万千克。

堆贮在虎门的一箱箱鸦片，吸引着许多人的注意。"大家对于钦差大臣究竟如何处理已经呈缴的鸦片，揣测颇多。"林则徐会销毁鸦片吗？在广州的一些外国侵略分子，包括一些传教士，以他们特有的傲慢态度和以前的观感声称："中国人不会销化一斤烟"的，"即使真的销化，大量的烟土大概会被偷走"。然而，事实与外国侵略者的预料相反，林则徐决定在虎门滩上将收缴的鸦片全部销毁。

为了彻底销毁鸦片，林则徐事先亲自设计，在虎门镇村的附近的海滩高地上，挖掘了两个边长 50 多米的方形销烟池。池底铺石板，前有涵洞，通向大海，后接沟渠，便于引水。池岸四周钉有高高的栅栏。岗哨林立，昼夜巡查，严禁任何人从仓库和销烟现场盗走鸦片。

1839 年 6 月 3 日，这是中国人民值得纪念的一日。这一天，虎门滩上人山人海，林则徐在广州地方军政大员的陪同下，亲临虎门，坐镇监督。在惊天动地的礼炮声中，销烟开始了。搬运工和兵丁们先将盐巴撒入池中，又将切碎的鸦片抛入池内，然后借涨潮放海水入池，将大批烧透的石灰倒入，以铁锄木耙翻搅。霎时间，石灰溶化，池水沸滚，浓烟腾天。经过反复搅拌，鸦片化为渣滓，等到退潮时分，即打开涵洞，随浪送入大洋。从 6 月 3 日到 6 月 25 日，外国走私犯交出的鸦片全部销毁了。销烟时，准许老百姓与外国人到场参观，使他们"共见其闻，咸知震詟"。一些原来持怀疑态度的外国人不得不表示钦佩。美国传教士俾治文在参观记中就说："他们在整个工作进行时细心和忠实的程度，这出于我们的臆想。我不能想象再存任何事情比执行这一工作更忠实的了。"虎门销烟是中国禁烟的一个伟大胜利，它向全世界表明了中国人民清除烟毒和反抗外国侵略的坚强意志和决心。

林则徐是当时反抗外国侵略的一位杰出代表，同时又是清朝"放眼看世界的第一人"。中国作为亚洲大国，与外国通商有着悠久的历史，然而政治腐败的清王朝，闭关自守，夜郎自大，长期对西方科学采取拒绝的态度，使得当时的中国社会充斥迷信愚昧，对于中国以外的世界茫然无知。清政府许多高级官吏不了解世界有多大，英国距离中国有多远，美国又在哪里。当时曾有人指责这种现象，"而吾中国，曾无一人焉留心海外事者"。有的外国人讥笑"中国官府全不知外国之政事，又不询问考求，故至今中国仍不知西洋"。

林则徐原来对外国人也很茫然，他刚到广州时，还以为外国人如果没有中国的茶叶和大黄，"即无以为命"。随着禁烟运动和抗英斗争的不断发展，为了知己知彼，了解西方国家的情况，以利于今后斗争的需要，他到广州后不久，很重视探访外情，注意西方资本主义国家的情况和动态。他组织一些人在自己的衙门里翻译外文书报。那时译书被认为是大逆不道的事。因此，需要有很大的勇气。他组织翻译了英国人慕瑞写的《世界地理大全》，把文编成《四洲志》。书中记述了世界五大洲三十多国的地理和历史，是中国第一部较系统的世界地理志。后来，他的友人魏源在这本书的基础上，扩编成为《海国图志》，扩大了影响。接着，又译辑了《华事夷言》一书，以了解外国人对中国事情的看法和意见，有利于及时采取措施。他不仅把译文资料汇编成集，而且还将其中一部分内容附在奏章中给道光帝看。在腐败、保守的清朝封建统治集团中，他能这样做是很不容易的。由于不断在斗争中扩大眼界，总结经验，林则徐的国际知识和策略思想，逐渐丰富起来。比如说，他把当时的主要敌人英国与美、法、荷、葡等国分开，从而孤立了敌人，连澳门的葡人总督也不肯直接帮助英国侵略者，这就是一个例子。他又把英国官方与商人分开，把正当商人与鸦片贩子分开，这些都是富有策略意义的。

林则徐不仅能睁眼看世界，而且主张买进西方大炮与船只来抵抗西方的侵略。这是林则徐积极吸取外国技术长处的一个重要方面。政治腐败的清王朝，军备废弛，武器落后，枪管炮身蜂眼多，易炸裂，射程近，缺乏瞄准设备。林则徐除了自行制造武器外，还进口枪炮。他在一份奏折中这样写道："犹恐各台旧安炮位未尽得力，复设法密购西洋大铜炮，及他夷精制生铁大炮自五千斤至八九千斤不等，务使利于远攻。"他还从美商购进英制 1080 吨的甘米力治号船，改作兵船，这是开我国买西方船只之端。1840 年 1 月，林则徐开始用从海外买进的 200 门炮，装备虎门要塞。

林则徐以上这些作为，引起统治集团中顽固分子的强烈不满，琦善就指责林则徐"以天朝大吏，终日刺探外洋情事"是有失"体统"。林则徐主张抽关银十分之一造船制炮，被道光帝斥为"一片胡言"。

早就窥视中国的英帝国主义借林则徐虎门销烟一事首开衅端，于1840 年 6 月，派遣了大批军舰，从印度开到了广州海面，封锁广州，开始了武装侵略中国的鸦片战争。林则徐率领广大军民迎头痛击。在林则徐的指挥下，爱国官兵和广大沿海人民互相配合，在陆上持刀杀敌，在水上对英军奇袭火攻，出其不意地把英船纵火焚毁。在中国军民的攻击下，英国侵略军得不到粮食和淡水，被迫陷入"以布帆兜接雨水，几乎不能救渴"的狼狈境地。英国侵略军攻不进广州，便移兵北上，攻陷浙江定海，直逼天津白河口，威胁北京。定海失守以后，以奸相穆彰阿为首的一伙民族败类，便大放谗言，胡说什么夷兵之来，全由林则徐"禁烟而起"，鼓吹英军"船坚炮利"，中国无法取胜，以恐吓道光皇帝。道光帝昏庸无能，轻信投降派的谗言，以"误国病民，办理不善"的莫须有的罪名，于 10 月 3 日下旨将林则徐革职，流放新疆伊犁。

在去大西北的茫茫戍途上，林则徐虽历经千辛万苦，而禁烟抗英的壮志犹存。他与夫人郑氏在西安吟诗话别："苟利国家生死以，岂因祸福避趋之。"慷慨激昂的诗句，体现了一个爱国者以身许国、不计个人祸福荣辱的高风亮节。

林则徐抵御外侮、振兴中华的爱国主义精神，永远值得我们整个中华民族继承和发扬。

032

道家学派的创始人
——老子

老子是中国，也是全世界最早具有辩证法思想的哲学家之一。他说过一句名言："祸兮福之所倚，福兮祸之所伏。"意思是，祸是造成福的前提，而福又含有祸的因素。也就是说，好事和坏事是可以互相转化的，在一定的条件下，福就会变成祸，祸也能变成福。这句话有十分深刻的道理，至今，常常被人们引用。

老子，姓李名耳，字聃，楚国苦县（今河南鹿邑县）厉乡曲仁里人。"老子"是人们对他的称呼，"老"是年高德重的意思，"子"是古代对男子的美称。他的生卒年月不详，关于老子其人、其书及其"道论"历来有争论。根据司马迁在《史记》一书中给他写的一个简单的传记来看，他是春秋著名的思想家、道家学派的创始人。

老子做过周朝的"守藏室史"（相当于现在的国家图书馆馆长或历史博物馆馆长）。他谙于掌故，熟于礼制，不仅有丰富的历史知识，还有广泛的初步的自然科学的知识。

公元前520年，周室发生争夺王位的大内战，这次内战达5年之久。公元前516年，王子朝失败，席卷周室典籍，逃奔楚国，老子所掌握的图书亦被带走，老子遂被罢免而归居。由于老子地位的变化，使他的思想起了大转变，由守礼转向反礼。老子由于身受奴隶主贵族当权者的迫害，为了避免祸害，不得不"自隐无名"，栖留各国。后来，老子西行到秦国。

老子经过函谷关（今河南灵宝市西南）时，关令尹喜知道他将远走隐去，便请老子留言。于是老子写下了5000字的《老子》。相传，老子出关时，骑着青牛飘然而去，不知所终。

老子的思想主张，大都保存在《老子》一书中。《老子》共八十一章，分上下两篇，后来人们又称它为《老子道德经》，因为这本书所讲的是道与德的问题。现在我们所见到的《老子》一书，并不是老子的原著，但其中的主要思想都是属于老子的。

《老子》一书，文辞简短，艰深难懂。后人作了许多注解。最通行的有西汉时道学家河上公（姓名不详）注，三国时魏国哲学家王弼注，以及清朝魏源的《老子本义》。现在我们就通过《老子》这本书，来了解老子的哲学和政治思想。

老子是我国第一个力图从自然本身来解释世界，而不求助于超自然的主宰——天帝的意志的哲学家。在老子之前，人们以为宇宙间的万物都有神在统治着，最高的神就是天，又称天帝。而天帝是有意志的，能喜怒哀乐，它不仅是天上的主宰，也是天地和人间的主宰，人间的帝王是由它派来统治的。因此人们都对天帝存在着敬畏的心情。这种观念，到了社会大变革的春秋时期才开始了变化。老子就是较早的从哲学方面有意识地、明确地否认天帝的思想家。

老子否认天帝的存在，他在《周易》的基础上，鲜明地提出了"道"来作为天地万物的本源。老子说，道是在天帝之前就已经有了的。老子"道论"的中心思想是："道即自然，自然即道。"这就是说，"道"由自身即存在，完全无待于其他事物，所以"道"是无限的。因此道的运行是自由的、必然的，即按其自身的规律而运行。天地万物都是由它产生的，它是宇宙的母亲。

老子认为，宇宙乃一大环，充满着运动的一气，所以大至无量的星系，小至无内的光子，以及山河大地、草木禽兽，尽是环中的气化。这就是老子的气化宇宙观。这样遂把自然创造的根源归于自然本身，从而摧毁了一切超自然的主宰，一切宗教的和唯心论的基础。老子的天道自然观，在当时有很大的进步意义，它打倒了宗教的天帝，否认了鬼神的威严。当然，老子的"道论"刚从传统的宗教解放出来，还未能完全摆脱宗教的影响；他的自然决定论，使人完全听命于自然，轻视了人对自然界的反作用。后来的哲学家把它发展为宿命论，为害颇大。

老子的"道论"，基本上可概括为"天道自然观"。所以老子的人生哲学和政治哲学基本是人当法道，顺其自然。至于如何治理国家呢？他认为最好是采取"无为而治"的办法，让人民去过自由自在的生活，用无所作为听其自然发展的办法，来达到治理好国家的目的。在老子看来，虚无的东西才是最有用的东西，无为正是有所作为，"无为而无不为"就是这个意思。老子反对用刑、礼、智这些东西来治理国家，他反对加重人民税收，反对拥有强大的兵力，他说过："乐杀人者，则不可以得志于天下。"他也反对工商业，反对知识和文化。

当然，老子的社会历史观是不现实的。他为了反对当时的剥削制度，从而反对一切社会制度；为了反对剥削阶级的文化，从而反对一切文化；为了反对欺诈，从而反对一切知识，这是他错误的地方。他以为只有抛弃了智慧，人民才有百倍的利益；只有抛弃了文化学问，才能免于忧虑。这种愚民政策，也被后世的统治阶级所利用。

那么，老子所向往的理想世界是什么呢？是小国寡民的原始社会。他说："小国寡民，使有什伯之器而不用，使民重死而不远徙。虽有舟舆，无所乘之。虽有甲兵，无所陈之。使民复结绳而用之。甘其食，美其服，安其居，乐其俗，邻国相望，鸡犬之声相闻，民至老死，不相往来。"老子这一设想，在一定程度上反映了当时人民迫切要求休养生息和减轻剥削的愿望。老子还说过，人民为什么过着饥寒的生活呢？是"以其上食税之多"。又说"民不畏死，奈何以死惧之！"这反映了老子政治思想中的进步因素。但是，小国寡民的理想，却是幻想，它是违反社会历史发展规律的。尽管他的方案是错误的，但这一举动是抨击剥削制度的不合理，对后世的进步思想家、空想的社会家却有着深远的影响。

老子学说的精髓是他光辉的辩证法思想。老子观察了自然界的变化，生与死、新与旧的相互关系；观察了社会历史与政治的成与败、福与祸等对立的双方的相互关系，发现了事物内部所具有的一些辩证规律。他所说的"祸兮福之所倚，福兮祸之所伏"这句话，说明了祸福之间并不是永恒不变的。

《老子》一书中，还深刻地论证了相反相成和物极必反的道理。老子说过，有和无是彼此相生的，难和易是彼此相成的，长和短只有彼此比较才能显现出来，不同的声音产生和谐，前后互相对立而有了顺序。总之，老子承认事物是在矛盾中发展的。

物极必反，事物在变化中向它相反的方面过渡，到了一定的时候就完全成为相反的东西。老子说过，向相反的方向变化，是道的运动。他一再告诫统治者，必须去掉那些极端的、过分的措施，否则，会使事物走向另一个极端，结果就会丧失天下。因此，他认为高明的统治者为了使自己能保住地位而不向相反的方向发展，必须懂得以柔弱胜刚强的道理。为了证明以弱胜强、以柔胜刚的道理，老子还举了许多例子。但他把弱能胜强，当做绝对的规律，不能认识这种互相转化不是无条件的。尽管如此，老子认为在发展过程中柔弱的是不可战胜的，这对于促使人们认识新生的力量是不可战胜的道理有着积极的意义。

老子还初步意识到量的积累可以引起质的变化。"千里的远行，必须从脚下的第一步开始"就是老子说的。

当然，老子的自然辩证观是直观的、原始的、朴素的，缺乏科学的论证。同时，他的辩证观缺乏不可调和的斗争精神。他虽然认识到矛盾是发展的根源，但却不强调斗争，甚至主张不争。这是他受了时代和阶级的限制。尽管如此，我们应该看到，在马克思主义的唯物辩证法传入中国以前，在古代的哲学家中老子确是具有辩证法思想的伟大的哲学家，他的这些光辉的思想火花，是值得我们珍视的一份珍贵的历史遗产。

033

儒家学派的创始人
——孔子

孔子是一位很有影响的人物，但对他本人及其思想学说，已经争论了两千多年。封建统治者及其崇拜者，誉为万世师表、圣人。究竟孔子是一位怎样的历史人物呢？他是一位大思想家、大教育家、儒家学派的创始人。

孔子（前 551—前 479），名丘，字仲尼。他的祖先是宋国的贵族，他的曾祖孔防叔因避宋国宫廷政变逃居陬（音邹）邑（今山东曲阜县东南）。孔子的父亲孔纥，又名叔梁纥，曾做过陬邑宰，本身属于贵族阶级下层的"士"。

孔子的母亲姓颜，名叫征在，相传她和孔纥结婚时才 17 岁，而孔纥已经 70 岁了。他们希望得到一个儿子，曾到曲阜东南的尼丘山上去祷告过。后来生了孔子，就取名叫丘。孔子 3 岁时父亲死了，17 岁时母亲也死了。孔子青年时，曾做过管理仓库（委吏）和管理牛羊（乘田）的小吏。后来孔子精通"六艺"：礼（礼节）、乐（音乐）、射（射箭）、御（驾车）、书（书写）、数（计算）。

孔子大约 30 岁开始做教师，收徒讲学。相传他有弟子 3000 人，得意门生 72 人。孔子与老子是同时代的人，都是处于动荡不安的春秋末期，老子看到了社会的变化，注重无为；而孔子却注重有为。当孔子看到庶人议政、学术下移的潮流时，提出了"有教无类"的进步口号。在孔子之前，教育是"有类"的，授受教育的权利，把持在少数贵族手里。孔子"有教无类"的提出，打破了"学在官府"的框框，提高了私人讲学的地位，这一风气的转变，是孔子对我国文化的重大贡献。

所谓"无类"就是不分族类和国界，不分行业和出身，只要献给"束脩"（十条干肉）作为见面礼，孔子就收他为门徒。当时孔子的学生中，有来自贵族出身的孟懿子和南宫适，有贫贱出身的冉雍，有商人出身的子贡，还有梁父大盗颜涿聚。当然，孔子的"有教无类"并没有也不可能包括当时的广大劳动人民。拿孔子的话说："民可使由之，不可使知之。"（《论语•泰伯》）在两千多年前的春秋时代，孔子这种提法并不奇怪，这是由于时代和阶级的局限性。

孔子的办学方针是"学而优则仕"，这种学好本领可以做官的思想，在当时是具有进步意义的。它反映春秋末期奴隶制向封建制转变过程中，知识分子（士阶层）积极要求参加政治改革运动的愿望。这有助于打破传统奴隶制度少数贵族垄断政权的局面。例如，孔子的学生中具有政治才能的冉有、季路都曾做过鲁国大夫季氏的家臣，帮助推行封建式剥削的田赋制度。

孔子十分重视对学生的"因材施教"，使他们各有专长；他着重培养德行、言语、政事和文学四科的人才。他满意地说过："德行：颜渊、闵子骞、冉伯牛、仲弓。言语：宰我、子贡。政事：冉有、季路。文学：子游、子夏。"（《论语•先进》）可见，孔子培养了一批有才干和知识的人才，这对于后来封建文化的兴盛，确实起过重要作用。

孔子在教学方法上，很注意诱导启发，并能针对学生的弱点，对症下药地进行教育。例如，他对于个性刚强、急躁的子路，加以抑制；而对缺乏勇气的冉有，则加以鼓励。他还强调学思结合，他说过："学而不思则罔，思而不学则殆。"（《论语•为政》）就是说，光学习，不思考，就会迷惑不解；光思考，不学习，就会犹疑不决。孔子一生"学而不厌，诲人不倦"（《论语•述而》），不知老之将至，真不愧是中国古代最大的教育家。

公元前500年，齐鲁夹谷之会，算是鲁国在大国面前的一次外交胜利，表现了孔子的外交才能和爱国之心。夹谷之会后不久，晏婴病死了，大夫黎弥掌了齐国的大权。黎弥怕孔丘在鲁国得到重用对齐国不利，便想了一条计策，劝齐景公给鲁定公送去一班女乐。他得意地对齐景公说："鲁定公准会迷上这些能歌善舞的女孩子，准会把孔丘这个道学先生气跑的。"齐景公采纳了这个建议，就挑选了几十个漂亮的女孩子，派人送到鲁国去。果然不出黎弥所料，鲁定公和大夫季桓子迷上了这些女乐，他们天天听歌，看跳舞，政事抛到脑后了。孔子真的生气了，便主动放弃官位，带着子路、冉有、子贡等学生离开鲁国，周游列国了。

孔子从 55 岁离开鲁国，到 68 岁返回鲁国，度过了 13 年的流浪生活，在政治上他一生是不得志的。他先后奔波于鲁、卫、宋、陈、蔡、楚等国。在这长期的游说生活中，孔子一方面宣传他的政治主张，一方面坚持他的教学活动。

孔子的政治主张是"礼"和"仁"的学说。他研究过夏商周三代因革损益的变迁史，所以他知道殷礼对夏礼有所修改，周礼对殷礼又有所修改。周以后的礼也必须随时代的需要，而不断有所废除或增加。可见，孔子所提倡的周礼并不是西周以来原封不动的周礼，而是经过他的修订（即经过"损益"）的周礼。

孔子对于当时经济关系的新旧交替，政治实权的逐渐下移，宗法制度的日益涣散，庶人暴乱的不断发生，认为是"礼坏乐崩"，"天下无道"。那么怎样才能使"天下有道"呢？他着眼于改善统治者和百姓的关系，他计划了一个治国方案"为国以礼"。他主张以"礼"和"德"治国，反对以政、刑来强迫人民服从。孔子在提倡周礼的同时，还大力宣传"仁"的学说。孔子所说的"礼"，是一种政治秩序，主要指西周所确立的一整套区别等级名分的制度典章和仪文习俗。他所说的"仁"，是最高的道德规范，主要是指人与人之间的关系——互相亲爱。当然孔子的"仁"和"礼"同样是有上下、尊卑、贵贱、等级之分的。

有一次，颜渊向孔子问仁。孔子回答说："克己复礼为仁，一日克己复礼，天下归仁焉。"（《论语·颜渊》）就是说，克制自己，恢复周礼，这就是仁。一旦这样做了，天下的人就会归顺你的统治了。樊迟接着又问："那么什么是仁呢？"孔子回答说："爱人。"（《论语·颜渊》）就是说，自己不想要的，不要加给别人，这样做就是爱护别人。也就是孔子常说的忠恕之道。

孔子提出的"爱人"口号，冲击了奴隶主贵族把奴隶当做会说话的工具的观念，也是对奴隶主贵族执行者的苛政提出严厉的批评。这种思想的出现，具有一定的人民性，从某个角度反映了劳动者身份变化的事实，所以它是思想发展史上一个进步的表现，也是中国古代思想史上的一个可喜的成就。

周礼虽然经过孔子的"损益"，但仍然有其保守、落后的一面。例如，保留诸侯每月初一杀一只活羊祭祖庙的仪式；父母死后要守丧三年的恶习，等等。孔子是一位唯心主义者，他相信天命，认为人的生死富贵、事的成败兴废都是由天命决定的。

动荡不安的春秋时代，诸侯为了争霸，是讲究实力的，着眼于利的，所以未能采纳孔子"仁"的政治主张，孔子也没有被重用，因此他的政治才能未能得到施展。鲁哀公十一年（前484年），孔子已经是白发苍苍的老头了，不得不结束流亡生活，回到鲁国。

孔子68岁返鲁，73岁去世。在鲁国的故乡度过了一生最后的5年。这5年他在生活上比较安定，在政治上处于"国老"的尊贵地位，他除了对国政提出一些意见之外，就集中时间和精力来指导弟子研究学问。他大规模地搜集和整理古代文献典籍，编订出《诗》《书》《礼》《易》《乐》《春秋》等"六经"，成为我们今天研究中国古代政治、经济、文学和哲学的重要材料，是一份十分珍贵的遗产。

对于"乐"，孔子一向是很喜欢的。他年轻时曾跟当时有名的乐师师襄子学琴，后来他在齐国宫廷里听过虞舜时代传下来的《韶乐》，他认为《韶乐》是尽善尽美的。孔子认为音乐教育，是使学生涵养德性、调节性情，而达到完美人格的重要手段。孔子把美育和德育有机地统一起来了。

跟音乐有关系的是诗歌，因古乐要配诗。《诗》就是《诗经》，是我国最古的诗歌总集。

《书》就是《尚书》，是上古的政治论文集，是一部具有很高史料价值的历史典籍。

《礼》有《周礼》、《仪礼》和《礼记》三种。

《春秋》是一部编年体的历史书。东周时期各国都有史官记事。鲁国的史官记事，就叫做《春秋》。孔子对鲁国的《春秋》加以删修整理，他把精力都放在这部书上，把它看成是第二生命。

鲁哀公十六年（前479年）的春天孔子病了。不久，孔子就与世长辞，他的遗体葬在鲁国都城的北边，现在山东曲阜城北的泗水旁边，就是后来被称为"孔林"的地方。

孔子对总结我国古代文化遗产，有着巨大的贡献。他不仅是一位大思想家、大教育家，也是一位政治家。他是儒家学派的创始人。他死后，弟子们把他平日的言行记录收集起来，整理成《论语》一书。《论语》是一部语录体散文，全书总共20篇，其中有孔子的言论，也有弟子们的自相问答，它是儒家思想所依据的经典。孔子所培养的学生，在前期以从事政治的居多，如冉有、子路、子贡等；在后期则以从事教育活动的居多，如子夏、子游、曾参等。到了战国中期的孟子和荀子，形成了两大学派，对孔子的政治、哲学和教育思想又有重大的发展。孔子是世界名人。

034

儒家思想的第一个反对派

——墨子

墨子（约前468—前376），名翟，宋国人（一说鲁国人）。春秋战国时期杰出的思想家、教育家，墨家学派创始人。他是手工业者出身，当过木匠。早年受过儒家教育，因为不满儒家提倡的繁琐的"礼"，后来就抛弃了儒家思想，招收弟子讲学，创立了墨家学派。

墨子出身低微，对劳动人民的悲惨生活有深切的体会。他提出尚贤、尚同、节用、节葬、非乐、非命、天志、明鬼、兼爱、非攻十大主张。所谓"兼爱""非攻"，就是要求人们互爱互助，反对掠夺战争。他主张的"尚贤"，反对王公大人把持政权，要求推举有才能的人管理政治，"虽在农与工肆之人，有能则举之"，做到"官无常贵，而民无终贱"。他还提倡勤俭节约，提出了"节用""节葬"等主张。墨子的思想，反映了小生产者反对兼并战争、要求改善经济地位和社会地位的愿望，在当时是有进步意义的。但是，他的"兼爱"思想抹杀了阶级对立的事实，在阶级社会里是不可能实现的。

墨子有弟子300余人，大多是手工业劳动者。这个学派有严密的组织。他们过着艰苦朴素的生活。墨子曾经做过宋国的大夫。他还推荐他的弟子出去做官。如果有人做官后背弃了他的主张，就要被召回。做官得到的俸禄，必须分一部分供这个组织使用。

墨子也亲自用行动来实践自己的主张。有一次，公输般替楚国造了云梯，准备攻打宋国。墨子为了反对这次掠夺战争，一连走了十天十夜，从宋国赶到楚国，劝楚王不要发动战争。他和公输般当场用模型进行攻守演习。他在演习中取得了胜利。公输般说："我有办法可以打败你，但是不讲了。"墨子说："我也知道你的办法，就是叫楚王杀死我。我早已料到这点，已经命弟子在宋国准备好守城器械了。"楚王感到没有取胜希望，只得放弃了进攻宋国的计划。一场战争终于被制止了。这件事情说明，墨子和他的弟子又都是实干家。

墨子提倡教育，重视教育在社会和个人发展中的作用，这是以其"兼相爱、交相利"的中心思想为基础的。墨子认为天下大乱的根源在于人们不相爱，他说："乱何自起？起于不相爱，故天下兼相爱则治。"他认为人与人之间必须在"交相利"的基础上发生关系，从而实现没有差别的爱与理想的和平社会，使孤苦伶仃的老人有所侍养而安度晚年，幼弱无靠的儿童可以有所依赖而生长发育。墨子说：如果人们都把别人的室家、身体、祖国看成跟自己的一样，同被自己所爱，那么盗窃、残杀、抢掠、攻伐之类的事情自然也就不会有人来干了。墨子的这些想法当然只能是空想，但还是反映了劳动人民的善良愿望，具有历史的进步意义。

墨子的教学内容非常重视关于客观事物的实践知识。他提出过判断事物的是非真假的三项标准，称为"三表法"，其中一表是古代圣王的作为，一表是百姓民众利害，另一表则是"百姓耳目之实"，即根据百姓耳闻目睹的事例来判断是非。

对于教育和经济发展、物质条件的关系，墨子也有独到见解。他认为"食者国之宝"，即民以食为天的意思。从这个观点出发，墨子甚至主张在严重灾荒的时候，"士不入学"，使教育暂时停下来，从而节省一些费用。墨子还认为人的道德品质也和物质条件有关，他说："时年岁善，则民仁且良；时年岁凶，则民吝且恶。"意思是如果年成丰收，那么老百姓也会仁义善良；如果年成饥荒，那么老百姓便会吝啬丑恶。墨子的这个观点传播很广，汉朝时流传的谚语："仓廪实而知礼节，衣食足而知荣辱。"与墨子的说法是完全一致的。墨子的这个说法在教育思想发展史上具有积极意义，因为它在一定程度上揭示了人的道德品质的教育与经济基础的密切关系。

墨子的著作，有《墨子》一书，现存53篇，其中有些是墨子本人写的，有些是他讲学时学生所记的笔记，有些是战国后期墨家的作品，是研究墨子和墨家学说的重要材料。墨子的学说在当时影响很大，曾经和儒家学说并称为"显学"。墨子有很高的社会威望，有北方圣人之称。

035

愤世嫉俗、追求个人自由的一代宗师
——庄子

战国时，有一位蔑视权贵、鄙视利禄，一生视仕途为草芥的思想家，他宁肯过着贫寒生活，也不追逐官禄。这位思想家就是愤世嫉俗、追求个人自由的庄子。

庄子（约前369—前286），名周，字子休，战国时宋国蒙（今河南商丘东北）人。他差不多和梁惠王、齐宣王是同时代的人，而较孟子稍晚。他曾经做过看管漆树园的小吏。

庄子一生穷困潦倒，他除讲学、著述之外，有时还靠钓鱼、打草鞋维持生活，瘦得"槁项黄馘"，住在"穷闾陋巷"。一次，庄子穿着补丁的衣服去见魏王。魏王问他怎么这样狼狈？庄子说，处在这样上昏下乱的时代，怎能不狼狈呢？

庄子继承和发展了老子"道法自然"的观点，强调事物的自生自灭，否认有神的主宰。所谓"道"，是天地阴阳之间共同的东西。他说过："通天下一气耳。"（《知北游》）他的思想中具有朴素的辩证法，他承认物质是运动变化的，如一年的春夏秋冬，"春夏先，秋冬后，四时之序也"。（《天道》）他也认为事物可以向相反的方面转化，如他说过："安危相易，祸福相生。""穷则反。"（《则阳》）庄子还承认事物矛盾的特殊性。他在《至乐》篇中，讲了一个用待人的方法去养鸟，结果鸟死了的故事。

但是，庄子却过分抬高了无形的道，贬低了现实的感性世界，他认为生命不过是暂时的存在，是无足轻重的。由于庄子认为道是"先天地生"的，是无界限差别的，而发展到主张齐物我、齐是非、齐大小、齐生死、齐贵贱，幻想一种"天地与我并生，万物与我为一"的主观精神境界，安时处顺，逍遥自得。这样一来，庄子原先包含着朴素辩证法因素的思想，倒向了相对主义和宿命论。

庄子在先秦诸子中，还具有独特的文风。他的文章，想象丰富、气魄宏伟、文笔犀利、语言流畅，富有浪漫主义的色彩。在先秦诸子中，散文成就最大的是庄子，韵文成就最大的是屈原。郭沫若曾经高度评价庄子说："庄子固然是中国有数的哲学家，但也是中国有数的文艺家。他那思想的超脱精微，文辞的清拔恣肆，实在是古今无两。"（《今昔蒲剑·今昔集》）

庄子写了《庄子》一书，原为52篇，内篇7篇，外篇28篇，杂篇14篇，解说3篇。它传世的有33篇，其中内篇7篇，外篇15篇，杂篇11篇。这些是否都是庄子自著，历来有争论。后人注解《庄子》很多，通行本有晋郭象注，清末王先谦《庄子集解》，郭庆藩《庄子集释》等。

庄子生活在强者扩张弱者亡的战国时代。腥风血雨，生灵涂炭，他耳闻目睹，感慨万千。他是位思想丰富的哲学家，也是才华横溢的文学家。他善于巧妙地通过寓言故事，来表达自己的观点和爱憎感情。他写的文章，笔锋犀利，意味深长。

庄子尖刻、猛烈地抨击当时罪恶的社会。什么圣人、王公大人、圣王之法、仁义礼乐，都被他骂得痛快淋漓。他认为"圣人不死，大盗不止"，直接把矛头指向暴君。他生活在宋国，当时宋王偃"射天笞地"，荒淫无道，不得人心。庄子是深有体会的，所以他奋笔疾书，直抒胸怀。司马迁也说过："庄周作《渔父》《盗跖》《月去箧》，以明老子之术。"（《史记·老子韩非列传》）

在《秋水》篇中，还记述庄子拒绝去楚国做官的事。这是他对现实不满的超然态度。

庄子代表小生产者的利益抨击当时的暴政，因此他愤世嫉俗，"终生不仕"。他对好朋友惠施去魏国为相，也是十分不满的。庄子去拜访他，在他看来，魏国的相位就像一只发臭的死老鼠，而死抱住魏相不放的惠施，则是一只可厌的鸱鸟。庄子以高洁的凤凰（鹓鶵）自况，他鄙视权贵利禄的思想对后世很有影响。陶渊明"不愿为五斗米折腰"，李白视仕途为草芥，都是受了庄子的影响。

庄子对现实不满，一方面鞭笞现实，另一方面同情劳苦人民。他在《达生》篇中，还记述了庄公为满足私欲，让东野稷拼命地表演赶车技术，而累坏了良马的故事。他谴责庄公"其马力竭矣，而犹求焉"，从而表达了对东野稷的同情。庄子还赞美过解牛技术纯熟的庖丁、斫轮工匠、运斤成风的石匠、制锯的梓庆，这些都说明庄子和下层劳动人民思想感情的接近。

庄子在揭露现实丑恶的同时，也描绘了理想生活的蓝图。他所憧憬的"至德之世"是什么呢？"当是时也，民结绳而用之。甘其食，美其服，乐其俗，安其居，邻国相望，鸡狗之音相闻，民至老死而不相往来。"（《月去箧》"彼民有常性，织而衣，耕而食，是谓同德。"（《马蹄》）庄子所设计的理想国是：人人种地吃饭，织布穿衣，没有压迫，没有剥削，过着丰衣足食的安乐生活。

在《逍遥游》这篇文章里，也反映了庄子的乌托邦思想。他以鹏程万里的宏伟画面展示了理想生活的蓝图，反映了庄子追求个人自由的强烈愿望。在他的笔下，这只大鹏的艺术形象，有冲决桎梏、向往自由生活的意义。在那腥风血雨互相厮杀的年代，居然有摆脱世间灾难的大鹏自由飞翔，这岂不是对残酷现实的挑战？庄子还以舟与水作比，说明鸟和风的关系。大鹏万里飞翔是有风力的托浮。这就启迪人们，要无拘无束地生活，必须要有外力。因而激励人们努力创造条件，去争取自由豪放的生活。

在庄子的笔下，和大鹏形象成鲜明对比的是蜩、莺鸠、斥鹦。它们"腾空而上，不过数仞"，飞得近，飞得低，对大鹏万里飞翔很不理解。在庄子看来，那些鼠目寸光"知效一官"的世俗之徒和那些蜩、斥鹦有什么两样呢！

庄子在政治上是主张"无为而治"的，他认为，帝王要"以无为常"，"帝王无为而天下功"。（《天道》）庄子历数"有为"有害，"无为"为宜，其目的在于说明：上君下民，不以心计，各就其位，各安其业，少私寡欲。庄子认为，为人处世应该是不偏不倚的，不去伤害别人，也不施舍；不与别人争财物，自食其力。他还认为，树木成材，要被砍伐；井水甘甜，先被饮完。因此他主张遵循"中道"，这样可以保身，可以舍生，可以养亲，可以终年。

庄子坚信，天下事物有其固定的法则，不必煞费苦心去改变它。人们要"顺其自然"，就要抛弃欲望，克制追求。如果有意人为，便会弄巧成拙。因此他再三告诫人们，不要以好恶损伤天性，应听任自然变化。

"顺其自然"反映了庄子自我解脱的内心世界。他从厌世思想出发，发展到"以死为至乐"。(《至乐》)所以当他妻子死的时候，他竟"鼓盆而歌"，认为妻子安然睡在天地这个大房子里，得到了宁静。他临终前，也反对弟子厚葬自己，他要以天地为棺椁，以日月为连璧，以星辰为珠玑，总之，以万物为赍送。庄周一生贫困，忍辱负重，由于他对现实极端不满，才采取"顺其自然"的态度，甚至"以死为至乐"来与世周旋。

综观庄子一生，他的思想有积极和消极的两个方面。它破坏偶像，要求个性解放，这是进步的要求，是积极的一面；它的虚无主义是消极的一面。

036

儒家"亚圣"
——孟子

我国古代，有许多名言流传千古，其中"民为贵，君为轻""心之官则思""失道寡助，得道多助"等名言，是出于孟子之口。

孟子（约前372—前289），名轲，字子舆，邹国（今山东邹县一带）人。他的祖先是鲁国大夫孟孙氏，他3岁时父亲孟激死了，对孟子的教养就落在他母亲仉（音掌）氏一人的肩上。孟母对儿子尽心教育，曾经择居、断机、三迁，使儿子有个读书的好环境。孟子大约在15岁时离开邹国去鲁国曲阜，受业于子思（孔子孙子）的门人。孟子十分崇拜孔子，他对人们宣扬说："孔子好比是走兽中的麒麟，飞鸟中的凤凰，是一个出类拔萃的圣人。自有人类以来，是没有人能比得上他的。我一生的最大愿望就是学孔子。"孟子在鲁国学习几年之后，就学孔子的样子，收徒讲学，宣扬儒家学说。

孟子先后招收的弟子有几百人。乐正子、万章、公孙丑、公都子、屋庐子、陈臻、充虞、乐正子是最受孟子赞赏的。

孟子把传授知识看成是人生的乐趣之一。他说过这样的活："君子有三种乐趣，父母都健康，兄弟没有灾祸，是第一种乐趣；抬头无愧于天，低头无愧于人，是第二种乐趣；得到天下的优秀人才而对他们进行教育，是第三种乐趣。"

孟子很重视人才的选择和培养。孟子说过一句名言："心之官则思。"他用这句话来开导学生，要开动脑筋思考问题。孟子也十分注意启发学生学习的积极性和主动性，教导学生对待学习必须持之以恒，反对急于求成。一次，他给学生讲了一个"揠苗助长"的故事。还有一次，他在回答学生徐辟提出孔子为什么那样赞叹水的问题时，开导学生说："孔子赞叹水，因为它有源头啊！有源头的水滚滚流来，汇成大河，昼夜不停，直奔大海，怎能不叫人感慨呢？假如水没有源头，在七八月间雨水多时，大小河渠都满了，但是当大雨过后，不是很快就又干枯了吗？"

孟子重视对人才的培养，注意因材施教，采用启发式的教学方法；主张学习要专心致志、持之以恒、循序渐进。这些宝贵的教学经验，是值得我们借鉴和继承的。

孟子 42 岁以后即周游列国，跑遍邹、滕、魏、宋、齐、鲁等国，宣扬仁政学说。儒家学说主要是宣扬礼乐与仁义。孟子把孔子的仁学运用到政治生活中去，继承和发展了儒家学说，成为战国中期著名的思想家、政治家和教育家。他为了维护和巩固新兴地主阶级的政权，缓和地主阶级和农民阶级的矛盾，在政治上，提出"效法尧舜先王""省刑罚"；在经济上，提出恢复西周的"井田制""薄赋敛"；在军事上，提出"仁者无敌""得道多助"；在教化上，主张"修其孝悌忠信"；在哲学上，提出"性善"论。

孟子主张王道，反对霸道。他所说的王道，就是指"仁义"；他所说的霸道，就是指为争私利而采取的恶劣手段，当时主要指各诸侯国之间的兼并战争。孟子看到春秋以来的连年征战给百姓带来的苦难，感叹"春秋无义战"。他指出，国君只有与民同忧、同乐、同好、同恶，结束兼并战争，保护百姓，使其安居乐业，才能巩固自己的王位。孟子还给梁惠王设计了一幅"王道乐土"的蓝图。这样，天下的百姓不就安居乐业了吗？

孟子曾经告诫齐宣王说，如果要继承齐桓公的霸业，扩张国土，与别国结仇，使人民受害，那就好比是"缘木求鱼"——爬到树上去捉鱼。孟子反对兼并战争，并不是反对天下统一，他认为"不嗜杀人者"能统一天下，这在客观上也反映了人民的愿望。

孟子在总结历代王朝兴衰更替的教训时，提出一个脍炙人口的学说——"民贵君轻"。孟子主张"民本"说，这是他学说中最光辉的论点。

他不赞成君位世袭，而提倡尊贤禅让，他说过："人皆可以为尧舜"（《孟子·告子下》），主张让贤与能，"贤者在位，能者在职"（《孟子·公孙丑上》）。在孟子看来，圣人同丘民同样是人，这种主张人格平等的观点，是值得称赞的。

孟子说："民为贵，社稷次之，君为轻。"（《孟子·尽心下》）他把民放在第一位，社稷（指土神和谷神，它是国家的象征）放在第二位，而把君放在第三位。他认为国君如果不敬祀社稷，不爱护百姓，就可撤换他，甚至主张"暴君可诛"。他这种道德观，与孔子的"忠君"思想是有区别的，可见，孟子对孔子的思想，也是采取批判继承的态度，而不是盲从的。

孟子在政治上主张实行仁政王道，他的理论根据是"性善"论。他认为人生来就有良知、良能，仁、义、礼、智等德性都是人性中本来就有的。他又把神秘的"天命"论与"人性"论结合起来，建立起"天人合一"的唯心主义哲学体系。他认为，"天"为宇宙万物的主宰，而死、生、贫、富、仁、义、礼、智、善性都是"天"所赋予的。这种观点当然是错误的，但孟子却十分重视环境和教育对人的影响，这点是应该肯定的。

孟子认为要行仁政，必须发善心——同情心。

孔子强调仁，说"仁者爱人"。孟子却强调义，在他看来，"舍生取义"是人的最高行动准则。孟子这里讲的"义"，当然是封建地主阶级的道德规范。爱与恨、是与非、正义与非正义，都是有具体内容的，但是，地主阶级当中的一些有见识的仁人志士，为了维护他们认为是正义的事业，甚至连牺牲生命也在所不惜，就这一点精神来说，却是我们可以引为借鉴的。

只有修身，才能齐家；只有家齐，才能治国；只有国治，天下才能太平，孟子是这样认为的。所以，"修身、齐家、治国、平天下"，是儒家的一套修养方法，而其中个人的修养更为重要。

孟子主张要实行仁政，必须立足于孝悌。"孝悌"，当然是封建的道德规范，但是，尊敬父母，感激父母的养育之恩，却是我们中华民族的美德，对于这份珍贵的遗产，我们应当批判性地继承。

孟子认为，一个人要真正成为治国平天下的人物，却不是一件轻而易举的事，必须经过艰苦的锻炼过程，即进行自我修养的过程。他说："天将降大任于是人也，必先苦其心志，劳其筋骨，饿其体肤。"（《孟子·告子下》）孟子从唯心主义天命观出发，把艰苦的自我修养，看成是天意所然，当然是不正确的。但是，如果把它理解成凡能干出大事业的人都必须经过艰苦的自我修养，就是正确的了。

春秋战国时代，诸侯竞兴养士招贤的风气，这些策士、说客，大多是玩弄权术的政客。孟子瞧不起这些人，他说过，人不可以没有羞耻之心，机谋巧诈的人就是不知羞耻的人。有一次，孟子和他同时代的一个策士，名叫景春的，展开一场辩论。辩论的题目是什么样的人才能称为伟大人物。当时合纵连横之说，充塞诸侯国，景春十分推崇说客中的公孙衍和张仪，他对孟子说："公孙衍和张仪这些人，真了不起，他们一安静下来，天下便太平无事；他们一发脾气，连诸侯都会害怕。"孟子反驳说："公孙衍和张仪这号人，根本不是什么大丈夫，而是依仗权势作威作福的政客。真正的大丈夫应当是：得志的时候，能够同百姓一起遵循着仁义的大道前进；不得志的时候，也要独自坚持自己的原则。"真正做到"富贵不能淫，贫贱不能移，威武不能屈。"（《孟子·滕文公下》）这个修养命题，是有进步意义的。孟子还针对当时养士招贤的风气，进行猛烈的抨击和讽刺。

战国时代，秦、齐、楚、燕、赵、韩、魏这七雄不断进行战争，持续争夺土地和人口，这些诸侯王怎么会相信孟子所说"仁政""性善"学说呢？孟子在实践中不断碰壁之后，于公元前 311 年（周赧王四年）带领学生离开齐国，返回邹国，结束了他周游的生活，而和"万章之徒序《诗》《书》，述仲尼之意，作《孟子》七篇"。（《史记·孟荀列传》）

《孟子》一书，记载了孟子及其学生万章、公孙丑等人的言论，共 7 篇。这部书说理精辟，文字流畅，它不仅是一部儒家的经典著作，同时也是一部优秀的古代散文集。

公元前 289 年（周赧王二十六年），这位被后世封建统治者称为儒家"亚圣"的孟子，病死在故乡，享年 84 岁。

037

先秦子学集大成者
——荀子

荀子，是战国时期的儒学大师，名况，字卿，赵国人。生卒年皆不详。他的活动年代约为公元前 298 年至公元前 238 年之间。他既是思想家，又是教育家。荀子的生平，我们了解得不多，荦荦大者，主要有以下几件事：（一）他在 15 岁时就从赵国到齐国去游学，在那里学习了不少东西，受到不少学派思潮的熏陶，成为"稷下学派"中一个有名的学者，曾经三次做祭酒，是个学术领袖人物，并且上书给齐国宰相，后来受有些人的谗言和攻击，便离开了齐国。（二）后来他曾经到过秦国，和秦昭王及宰相范雎谈论过如何治理国家，但也不得志，后来又和赵孝成王议论过兵事，但不见用。（三）春申君任楚相时，荀子受其聘用，担任兰陵（今山东峄县东）令，春申君死，他也被废，从此就定居在兰陵，从事教学和写作，过了不久，他死于兰陵并葬在那里。荀子的一生活动范围相当广泛。

荀子是战国时期杰出的唯物主义思想家，治学兴趣广泛，哲学、政治、经济，以至于文学艺术都注意研究，春秋战国时期的各家各派学说，他都给予批判，可以说他是一个集大成的学者，他一方面给先秦诸子做了总结，另一方面又成为后代传授经学的真正祖师。

荀子并不否认自然与人的联系，但是荀子特别强调的是它们的区别，荀子认为自然界既有不随人意志转移的客观规律，人类社会也有自己特有的规律法则，社会的治乱取决于能否遵循这些法则，而与自然的变化无关。荀子专门写了一篇《天论》，突出的成就是提出了"天行有常"和人定胜天的思想。"天"是客观存在的自然界，自然界中万物生成都是天地阴阳变化的结果，自然界有自己的运动规律，人们只要遵循这些法则，就不会遭受祸害，如果胡作乱为，一定会带来灾害。在此基础上，荀子进一步区分了天与人相分的思想，认为自然界和人类社会各有自己的职能，人类社会的治乱兴衰和自然过程是没有关系的，社会的治乱在人不在于天。因此，自然界发生了异常现象也不用大惊小怪。荀子说："有的时候，天上的星星坠落下来，有的时候，森林中树木发出怪声。人们都会感到害怕，其实并没有什么，只不过是天地阴阳变化的结果，感到奇怪可以，害怕就用不着了。日蚀、月蚀、怪星、木鸣、风雨不调等奇异社会现象，每个朝代都会发生，与社会治乱并没有必然关系。"

荀子相信无神论，反对迷信，根本否定鬼神的存在，认为鬼神是人的幻觉、错觉的结果，是捉摸不定、思虑不清的产物。他说一个人如果神志不清，就会"在夜晚把横卧的石头当做老虎，把直立的树木当成站着的人，用手按眼睛会出现重影，用手掩耳朵会出现耳鸣……"

荀子强调人定胜天，改造自然，他在《天论》中说："承认天的伟大而思慕它，哪里比得上把它看作对象而制裁它呢？顺从天而歌颂它，哪里比得上制裁自然的命运而利用它呢？盼望天时而坐等好收成，哪里比得上顺应天时为生产服务呢？顺应万物在原有基础上增多，哪里比得上发挥人的智力而改革它呢？心中空想役使万物，哪里比得上调理万物而没有偏差？指望万物自然发生，哪里比得上掌握万物的生长规律而由人工培养呢？所以放弃人的主观努力，只是主观指望天然，就会失掉万物本来的作用了。"

荀子还提倡"性恶论"。荀子认为，人性天然，是不学即会的，而礼义道德等社会规范是人学习以后才有的。人与生俱来的固有的只是一些自然欲望，如目好好色，耳好好声，口好好味，人好逸愉，这是人的本性。他虽然认为人性是恶的，但并不认为这种人性是不可改变的，人性可以通过后天的努力得到改变。他主张化性起伪，"伪"就是"人为"，包括人对本身自然的一切人为的改变，经过思虑的选择调整，经过学习而得到的东西都是"伪"，伪是根于人心的选择而日积月累起来的，圣人就是日积月累到一定程度的结果。

荀子主张"隆礼"，他认为人是一种社会动物，人类联合起来才能从事活动，才能战胜恶劣的自然，在《礼论》篇中，指出人的欲望无穷，而自然物资有限，只有按照等级的不同确定消费的多寡才能解决需求和物资稀缺的矛盾，才能避免纷争，他认为礼义的起源是社会本身的需求。当然荀子还提出不仅要有礼制，而且还要有法制，文武两手并用，才能保障社会的安定统一，才能治国天下平。

荀子在认识论方面有很多建树，他肯定人是有认识能力的，物质世界是可知的，认识是感官的感觉加上心的作用的结果。他认为人的思想方法，常陷于片面，那样就不能认识真理了。他说：一切事物都有片面性，只看到一面就会造成认识上的片面，怎样才能克服这种片面性呢？全面看问题，从各个方面看问题，用全面的客观的"道"作为判断的标准，相对于这个"道"来说，各种具体的事物都只是道的一部分。人们又如何能够获得对"道"的认识呢？荀子提出用"虚壹而静"的方法去获得，虚就是要虚心、专心、静心。不要先入为主，不能用成见去妨碍新知。静就是平静、安静、镇静，不要让胡思乱想来干扰认识。他认为人要学习道，就能专心一志，这样就能全面了解道，认识道，人如果想研究道，保持宁静就可以明察道的存在。怎样检查认识的正确与否呢？荀子认为，凡是正确的认识，必须符合客观的事实，而且能在实际中施行，检验真理的标准是人的感觉经验和行为效果，凡是切实可行的就是正确的，否则就是错误的。

荀子看到当时百家争鸣带来的学术繁荣，同时也看到百家学说的片面性。在天人关系上，荀子批判了老庄抹杀人的主观能动性的错误倾向，又批判了孔孟忽视人在改造自然方面的错误认识。在政治思想方面，荀子克服了孔孟重礼忽法的弊端，又克服了申韩重法轻礼的偏误。其他在人性论和认识论上都有很唯物主义因素。由于荀子取舍百家，独标胜解，使他成为中国思想史上的集大成者，光芒万丈，泽被后人。

荀子在文学方面也有独特的成就。他的文章擅长说理、驳论，这类文章往往由一个问题发端，演绎开去，经过分析、综合、比较，论据充实，颇具声势。有的文章先列谬说，再加驳斥。有的文章先列出正面理由，令人信服，再点出反对者的主张、观点，达到不辩而胜的目的。总之手法多种多样。荀子的文章还善于运用比喻、对偶、排比等手法，笔墨酣畅，气势雄浑，活泼生动。特别值得一提的是，他还能够吸取民间文学的养料，写成被后世人称为弹词之祖的《成相》篇，这篇文章是以"三三七，四四三"为节奏的六句四韵体，这篇文章分为三大部分，从不同角度总结了历史的盛衰成败，经验教训，表达了作者的政治主张。

荀子晚年从事著述，《史记·荀卿列传》说他著述数万言，今存《荀子》共二十卷三十二篇，此书的注本主要有唐代杨倞注、清代王先谦《荀子集解》，近人梁启雄《荀子简释》等。

038

法治思想家

——韩非

　　春秋战国时期是一个社会大变动的时代，各派思想家都在探讨社会的出路，谋求富国强兵之道，因而形成了"百家争鸣"的繁荣局面，出现了一些对中国社会历史的发展产生过重大影响的思想家。其中，韩非就是这个时代后期出现的甚有成就的思想家之一。韩非，出身于韩国贵族。他的生年没有记载，一般认为大约生于前280年前后，死于前233年。据《史记》本传说，韩非喜欢"刑名法术之学"，与后来做过秦朝丞相的李斯是同学，都是荀子的学生。韩非为人口吃，不大会说话，但文采出众，写得一手好文章，所以就连能够写出《谏逐客书》那样好文章的李斯也自愧不如。

　　战国后期，韩国是个弱国。韩非看到本国的贫困现状，非常着急，数次上书韩王，希望改变那种治国不务法制，养非所用、用非所养的情况。但是韩非的主张，始终没有得到韩王的重视。他虽然身为韩之诸公子，但始终不被任用。韩非认为这是"廉直不容于邪枉之臣"，非常气愤，于是退而著书，考察历史上的得失之变，写出了《孤愤》《五蠹》《内外储》《说林》《说难》等十余万言。

　　韩非的书流传到秦国，秦王嬴政（即后来的秦始皇）看了之后，以为是前人所著，感叹地说："如果能见到这个人，与之交游，即使死了也无遗憾。"当时李斯正好在旁，对秦王说："这是韩非的著作。"秦王为了得到韩非，马上发兵攻打韩国。韩国危急，韩王只好让韩非到秦国去。秦王得到韩非，非常高兴，但他的老同学李斯却很不高兴。李斯怕自己的地位被韩非夺去，于是同姚贾一起在秦王面前诬陷说，韩非是韩国诸公子，目前大王正想吞并其他各国，如果用了韩非，他肯定站在韩国一边，不为秦国出力。如果久留之后而又让他回去，这是为自己留下后患，不如以触犯法律为由把他杀掉。秦王认为李斯说得很对，就把韩非捉进了监狱。李斯乘机派人把毒药送到韩非面前，让他自杀。韩非要求说个明白，但无法见到秦王，只好饮药而死。不久，秦王后悔了，派人去赦免韩非，但韩非已经死了。

韩非虽死，但他的思想却在实际上被秦始皇、李斯付诸实施了。

韩非著作中吸收了儒、墨、道、法诸家于己有用的东西，但其中心是法治思想。他总结了前期法家的经验和教训，形成了以法为中心的法、术、势相结合的政治思想体系。所以，人们把他称作法家之集大成者。

法家思想是时代变革的产物。韩非之前，特别是春秋末期到战国中期，中国历史上出现了不少主张法治的政治思想家，其中形成了自己一套理论的有李悝、吴起、商鞅、申不害、慎到等。他们都是韩非法治思想的前驱。

韩非着重总结了商鞅、申不害和慎到的思想，把商鞅的法、申不害的术和慎到的势融为一体。他推崇商鞅和申不害，认为他们的学说对于帝王就像衣食对于人类一样重要，但同时指出他们的学说有两方面的缺点。他认为，申商学说的最大缺点是没有把法与术结合起来。他说，申不害言术，但没有规定统一的法令，被奸臣钻了空子；商鞅为法，但无术以知奸，好处都被大臣捞去了。他认为，申、商学说的第二大缺点在于"未尽"，"申子未尽于术，商君未尽于法"。(《韩非子•定法》，以下只注篇名)"未尽"的意思就是不完善。韩非按照自己的观点，论述了术、法的内容以及二者的关系，他说："术者，因任而授官，循名而责实，操杀生之柄，课群臣之能者也。此人主之所执也。法者，宪令著于官府，刑罚必于民心，赏存乎慎法，而罚加乎奸令者也。此臣之所师也。君无术则弊于上，臣无法则乱于下，此不可一无，皆帝王之具也。"(《定法》)简言之，国家要图治，一是君主要善于用术，二是臣下必须遵法，二者不可缺一。

韩非的术，同申不害相比，主要在"术以知奸"方面有了发展。他认为，国君对臣下，一是不能太信任，应该用计谋权术暗地里控制着他们；

二是要"审合刑名"。韩非把"言"称作"名",把做出来的事情称为"刑"(形)。臣下说的与做的相符就赏,反之,不管是言大功小,还是功大言小,都罚。在法的方面,韩非特别强调了"以刑止刑"思想,强调"严刑""重罚"。他认为,"严刑者,民之所畏也;重罚者,民之所恶也"(《奸劫弑臣》),只有严刑、重罚,才能禁邪防奸,良民"惮惧",国泰民安。

韩非法治思想中,特别应该称道的一点是他第一次明确提出了"法不阿贵"的思想,主张"刑过不避大臣,赏善不遗匹夫"。这是对中国法治思想的重大贡献,对于清除贵族特权、维护法律尊严,在中国历史上产生了积极的影响。

韩非认为,仅仅有了法和术还不行,而必须有"势"做保证。所谓"势",就是权势,就是政权。他赞赏慎到所说的"尧为匹夫不能治三人,而桀为天子能乱天下"(《难者》),提出了"抱法处势则治,背法去势则乱"(《难势》)的论点。

韩非的全部理论源于"性恶论"思想和建立封建的中央集权专制主义国家的政治目的。因此,他认为人与人之间的关系都是利害关系,人的心理无不"畏诛罚而利庆赏"(《二柄》),人君的职责就在于利用"刑""德"二手,说杀就杀,该赏就赏,使人们战战兢兢,畏威而归利。

韩非的法治思想适应了中国一定历史发展阶段的需要,在中国封建中央集权制度的确立过程中起了一定的理论指导作用。

韩非讲过一个"守株待兔"的故事,说的是宋国有一农民,见一兔子触树而死,便把农具扔掉,守在树旁,想靠不劳而获生活,结果再也没有得到兔子,自己倒成了国人的笑料。故事寥寥几十个字,哲理深刻,寓意丰富,至今为人所传诵。韩非用这个故事,形象地挖苦了守旧势力。

改革图治,变法图强,是韩非思想中的一大重要内容。他继承了商鞅"治世不一道,便国不法古"的思想传统,提出了"不期修古,不法常可"的观点,主张"世异则事异","事异则备变"。(《五蠹》)

韩非为了说明自己的观点是对的,用进化的历史观点分析了人类历史。他把人类历史分为上古、中古、近古、当今几个阶段,进而说明不同时代有不同时代的问题和解决问题的方法,如果把上古的构木为巢、钻燧取火用到夏后之世，必为鲧、禹所笑；如果把鲧、禹治水的一套用于殷周之世，必为商汤、周武王所笑；同样道理，如果有人赞美尧、舜、禹、汤、武那一套并想用于当今之世，也必为"新圣"所笑。韩非认为，那种想用老一套办法去治理当世之民的人都是"守株"之徒。

韩非的进化历史观在当时是进步的，方法虽然不尽科学，但他看到了人类历史的发展，并用这种发展的观点去分析人类社会的过去、现在和将来。当然，韩非还没有认识到人类社会发展的原因。在这个问题上，韩非还不可能跳出唯心主义的英雄史观的圈子。他认为，过去的历史是"圣人"所为，当今的历史也要"新圣"去创。

韩非的历史观，还有一点，在当时的条件下是难能可贵的，这就是他把社会的现象同经济的条件联系起来。他认为，古时大家的生活水平差不多，所以尧舜让天下并没什么了不起，但今天一个小小的县令可以为子孙留下一大笔财富，所以就不愿辞去了。又说，古时"不事力而养足，人民少而财有余，故民不争。是以厚赏不行，重罚不用，而民自治。今人有五子不为多，子又有五子，大父未死而有二十五孙，是以人民众而货财寡，事力劳而供养薄，故民争。虽倍赏累罚而不免于乱。"（《五蠹》）韩非说，闹饥荒的年头，幼弟饿了不给饭吃；丰收之年，陌生的过客到家也让吃饱，道理就在东西的多少上。韩非没有认识到阶级社会中的阶级关系，因此也不会用阶级的分析法，但他对经济与社会治乱的关系已经有了某些朦胧的认识，并注意到人口增长与财富多寡的关系。韩非是中国历史上第一个提出"人民众而货财寡"会带来社会问题的思想家。

韩非的哲学思想是他的法治思想的理论基础。他继承了荀子的唯物主义思想传统。

韩非反对天命思想，主张天道自然。他认为天是没有意志的，天地对谁都一样，无亲无疏。他将老子"道"的观念，加以唯物主义的解释，以取代唯心主义者所说的"天"的主宰地位。他认为"道"是万物发生发展的根源，"道"先天地而存在。有了"道"才有了万物，"天得之以高，地得之以藏，维斗得之以成其威，日月得之以恒其光"。"宇内之物，恃之以成。"（《解老》）韩非同时在中国哲学史上第一次提出了"理"这个哲学概念，并论述了它与"道"的关系。他认为："道者，万物之所然也，万理之所稽也。"（《解老》）意思是说："道"是自然界的总的根本规律，"理"是根据"道"来的。又说："道者万物之所成也，理者成物之文也。"（《解老》）意思是说，"道"使万物得以成，"理"则把各种不同的事物区别开来。所以"理"在韩非看来，就是事物的特殊规律。

事物既然都有自己的发展规律，因此，韩非认为，办事不能盲目，应该尊重客观规律。他所说的"缘道理以从事者，无不成"（《解老》），就是这个意思。正因他认识到这一点，所以他能非常正确地指出："非天时，虽十尧不能冬生一穗。"（《功名》）韩非主张"谨修所事，待命于天（自然）"（《扬权》），同时也强调人的能动作用。他以世无自直之箭、自圆之木而世皆乘车射禽的现实，说明了能动的改造世界的意义。

韩非无神论思想，在当时也达到相当的高度。他认为，"用时日，事鬼神、信卜筮而好祭祀者"是要亡国的。（《亡征》）

但是，韩非并不是彻底的无神论者，他接受了墨子的影响，承认鬼的存在，认为鬼的作用是同社会的治乱相连的。他指出，"人处疾则贵医，有祸则畏鬼"（《解老》）。老百姓心情舒畅，身体健壮，内无疾病，外无刑罚法诛之祸，就不信鬼神了。韩非这种"以道莅天下，其鬼不神"的观点是可取的，但他又认为，鬼并不是不"神"，不过是"神不伤人"罢了。他主张人与鬼的关系应该是互不相伤，人不伤鬼，鬼不伤人。

韩非的认识论继承了先秦哲学中的唯物主义的思想传统。他提出的反对"前识"和"因参验而审言辞"的观点，在中国哲学史上占有重要的一页。

韩非反对"前识"的观点。所谓"前识"，就是先验论。韩非认为，不根据客观存在，也不根据事物的客观规律办事，叫做"前识"。这种"前识"完全是毫无根据的胡思乱想。韩非说，靠前识办事，是最愚蠢的。韩非主张"虚以静后"。所谓"虚以静后"，就是脑子里没有框子，而是通过观察事物得到认识。韩非这一论断是可取的，缺点是把科学的预断也否定了。

韩非认为，是非、真假的确定不是看你说得如何，而是看客观实效，因而提出了"循名实而定是非，因参验而审言辞"（《奸劫弑君》）的著名论题。所谓"参验"，用通俗的话讲，"参"就是比较研究，"验"就是用行动来检验。韩非认为，一切言行，如果不以功用为目的，即使说得最好，做得最坚决，都是无用。他认为，不经过"参验"而硬说是如何如何，是无知的表现；不能确定的东西而照着去做，是自欺欺人。韩非由此得出结论：法先王，言必尧舜者，不是无知就是骗人。因此他主张"明主之吏，宰相必起于州部，猛将必发于卒伍"。（《显学》）当然，韩非"参验"的最终标准并不是社会实践，而是以"法令"定是非。这样，他又不免陷入了唯心主义的泥沼之中。

韩非思想中有不少辩证法的因素。他看到事物处在不断变化之中，指出"定理有存亡，有生死，有盛衰"。"物之一存一亡，乍死乍生，初盛而后衰者，不可为常。"（《解老》）他在中国哲学史上第一次提出了"矛盾"的概念。他所讲的矛与盾的故事，对人们分析问题、表达思想至今有着深刻的启发作用（当然，他所说的矛盾，还不是科学意义上的对立统一）。他指出任何事物都不是绝对的，智有所不能立，力有所不能举，强有所不能胜，"世有不可得，事有不可成"，"时有满虚，事有利害，物有生死"。（《观行》）他认识到条件的重要性，阐述了不以规矩不能成方圆的道理。他对全局与局部的关系，也有很好的分析，认为"为政"就像洗头一样，虽然掉一些头发，为了长远的利益还是要洗。

综上所述，韩非的政治思想对中国封建的统一事业有过一定的积极影响，韩非的哲学思想含有朴素的唯物主义和辩证法因素，不愧为中国历史上的一大思想家。他的一些富有哲理的论述以及寓言故事，对于人们思考问题有着长久的启迪作用。但是也必须看到，他过分强调专制统治，倡导权术，鼓吹以威势镇压人民和钳制人的思想，不容其他学说存在的"不两立"思想等，也为历代反动统治者玩弄权术、镇压异端和劳动人民提供了理论依据。

039

"人类认识'之'字路上背离真理的路标"

——董仲舒

董仲舒（前179—前104），广川（今河北枣强县广川镇）人。他是西汉时期最著名的唯心主义哲学家，汉景帝时治《公羊春秋》，曾作博士官；汉武帝即位后，以三次对贤良策被武帝赏识，曾任江都相等职；后家居著书，仍被尊重，"朝廷如有大议"，常派人"就其家而问之"。他"为人廉直"，治学"专精一思"，"儒雅博通"，成为秦汉之际新儒家思潮的集大成者，两汉中央集权专制统治的理论基础的奠基人。

董仲舒生活的时代，封建中央集权的政治大一统局面已经形成。西汉前期，封建统治阶级吸取了秦王朝覆亡的历史教训，较为注意休养生息，社会经济得到迅速恢复和发展。继"文景之治"后，公元前140年汉武帝刘彻即位。汉武帝在政治上进一步削夺诸侯王的权力，在经济上实施了盐铁官营、平准、均输等政策，壮大了国家经济实力，并取得了三次大规模反击北方匈奴侵扰和开拓西南疆域的胜利，使封建社会进入一个空前强盛的时期。

随着封建经济的繁荣，也伴随着农民和地主对抗性的阶级矛盾的加深。因此，为巩固封建地主阶级的统治，需要强化整个封建主义的上层建筑，特别需要在意识形态领域内形成统一的维护封建专制主义的理论思想体系。标榜"无为而治"的黄老之学显然已不适合形势发展的需要，而董仲舒以儒家为中心，又吸取黄老之学，糅合阴阳、名、法各家所精心构成的思想体系，正是在这样的社会条件下应时产生的。

董仲舒出生于一个封建地主的家庭,从小即读《诗》《书》《易》《孝经》《论语》等儒家经典。进入青年时期,他就学于公羊派儒生子寿,读《春秋》。董仲舒苦心研读了多年的公羊派《春秋》(后人曾传说董仲舒为研读《春秋》,"三年不窥园",即三年没有出过书房的门,没有到屋后的园子中看看),被封为博士,这是个学官名。因此,董仲舒大有怀才不遇之感,写了篇《士不遇赋》。当了博士后,董仲舒开始广收门徒,进行讲学。由于他精于儒学,儒雅博通,因此,就读于他门下的学生前后有数百人之多。

公元前140年,汉武帝即位不久就诏令群臣选出"贤良文学"之士,由汉武帝以皇帝的名义提问题("册问"),叫那些"贤良"们回答("对策")。董仲舒也作为贤良之士来到当时的京都长安。

在有董仲舒参加的考试中,汉武帝的册问是:"'朕……永惟万事之统……欲闻大道之要",即汉武帝要知道那些具有纲领性的东西,那些能贯穿一切事物的广泛的体系。董仲舒在第一道策章中,就汉武帝提出的问题,以儒家的"五帝三皇之道""三代受命之符",用"天人感应"的唯心主义命题,将天上日月星象的变化与地上的人事联系起来,回答了汉武帝的册问。董仲舒的第一道策章即得武帝的欣赏("天子览其对而异焉"),于是提出第二次册问。这次册问,武帝提出古代帝王的"劳"和"逸"的问题,"奢"和"俭"的问题,还有真朴和雕琢的问题。董仲舒在对策中说:"帝王之条贯同然而劳逸异者,所遇之时异也。"即古代的帝王,或主张"无为"而"逸",或主张"有为"而"劳",这是由于他们所处的时代不同,不能一概而论。又说:"臣闻制度文采去黄之饰,所以明尊卑,异贵贱,而功有德也。"即是说这些"奢"的东西,看起来好像是虚文,无实际用处,其实是有实际用处的,是上层建筑中所不可少的。董仲舒得出的结论是"俭非圣人之中制也"。他接着说,所谓质朴和雕琢的问题,以玉为例,就要看是什么样的玉了。如果是良玉,那自然用不着雕琢。如果是常玉,那就非加以雕琢不可。他说:"常玉不琢不成文章,君子不学不成其德。"董仲舒对于武帝所提问题的答案,实质上是肯定"有为",否定"无为"。因此,第二次"对策",又为武帝所喜欢。董仲舒的

第三道策章，系统地提出了"天不变，道亦不变"，"王者受命于人"的神学唯心论。在第三道策章中，他还提出了设太学，行"教化"，用儒家思想统一施教的建议，并强调一切要以《春秋》的标准为准则，以《春秋》的是非为是非，凡是不属于孔子"六艺"（汉代所指的"六艺"是《易》《诗》《书》《礼》《乐》和《春秋》）范围里的学说，必须一律禁止。这就是中国古代史上有名的"三对"，史学家把它称之为"天人三策"。

董仲舒的这三次对策，很受汉武帝的赏识，并很快采纳了董仲舒的建议，实行"罢黜百家，独尊儒术"的政策。董仲舒所提出的"儒术"，已与孔子所创立的儒学大相径庭了，是儒学和神学的谶纬说相结合的、带有浓厚神秘主义色彩的"儒术"了。董仲舒也因此而被派往江都（今江苏扬州）易王刘非那里为相。

董仲舒在江都为相，后曾废为中大夫，其原因史书各说不一，但有一事，则差点使董仲舒丧了命。公元前135年，辽东的汉祖庙和汉高祖陵墓中的便殿先后发生火灾。讲究"天人感应"的董仲舒认为：凡是自然界的不正常的现象，都因为当时政治上的某项措施犯了错误，"天"以不正常的现象对统治者发出警告。因此，董仲舒写了一篇文章来说明这个问题。此时，正好有个叫主父偃的来看望他，看见了这篇文章，就把它偷了出来上奏汉武帝。武帝召集了当时的一些人讨论。董仲舒的学生吕步舒不知道这是他老师写的文章，"以为大愚"。因此，董仲舒被定成死罪，但后来武帝又赦免了他。此后，董仲舒就不敢再言灾异了。

公元前125年，汉武帝的丞相公孙弘推荐董仲舒到胶西王刘端那儿当了国相，在位三四年，此时，董仲舒已年届70多岁的高龄了，即辞官回到他的老家广川。回到广川后，董仲舒即动手修书，把他与汉武帝的对策书、多年来所写的文章搜集起来，精心加以整理，又增写了许多篇论文作为补充，汇集为123篇文章，编成了《春秋繁露》一书。这部书，按董仲舒的说法，全面、系统地阐发了孔子的"微言大义"，并成为以后历代统治者的信条。公元前104年，董仲舒病老而卒。

中国历史上有三位儒学的特大思想家，一是孔子，儒学的创始人；二是董仲舒，儒学的经学大师；三是朱熹，儒学的理学大师。有些史书说，经学是汉代的儒学，理学是宋明时代的儒学，加上孔子创立的儒学，这三大思想体系是不同时期的儒学代表，是儒学发展的三个里程碑。可见，董仲舒及其思想在中国的历史和思想史上，占有多么重要的地位。董仲舒作为汉代著名的经学家，正宗神学奠基人，在当时享有"群儒之首"的声誉。他所创立的以"天人感应"目的论为中心的神学唯心主义体系，对于维护已经确立的封建大一统局面，起到了积极的作用，也对封建社会经济文化的发展产生了重大的影响。但其神学目的论，又是人类认识"之"字路上一个背离真理的路标，长期起着消极的作用。

040

中国最早的"通明博见"的无神论者
——王充

　　王充（27—97），字仲任，东汉时会稽上虞（今浙江上虞）人。其老家本是魏郡元城（今河北大名），其祖先有军功，封在会稽阳亭作一个小封建主，后失去封爵，在会稽落户，后迁往钱塘，又迁往上虞，以农桑为业，以贾贩为事。因此，王充出身于"细族孤门"的微贱阶层。

　　西汉武帝为巩固自己的统治，采纳了董仲舒的主张"罢黜百家，独尊儒术"。汉朝的儒术已不是春秋时期孔子创立的儒学，而是安进了神秘主义的谶纬学说，成为汉代封建专制主义欺骗和麻痹人民的思想武器。到了王充生活的年代，正是东汉政治稳定、生产发展时期。但是，豪门贵族对中小地主和农民的土地掠夺、兼并是很严重的，王充祖先虽是小封建主，但因生性爱任侠，与豪门贵族"怨雠众多"，家庭很快败落下来。但其祖上与豪强势力对抗的传统却对王充的思想形成和影响是深远的。

　　王充自幼就很聪明，6岁开始读书识字，8岁到书馆读书，品学兼优。因此，他后来被保送京师太学深造，"师事扶风班彪"（班彪，《汉书》作者班固的父亲）。但他却不拘守一家之言和章句之末节，而是博览强记，通览众流百家之言。王充因为这种学习精神和自己的学术见解与班彪合不到一起，所以他离开了班彪，自己独立进行研究。他游学洛阳，生活很贫困，无钱买书，只能到市上书肆去博览群书，其中包括自然科学的书籍。王充在洛阳游学长达十六七年之久。洛阳当时是全国的政治、经济、文化的中心，也是各种学说和思想争论的中心。因此，洛阳游学对王充思想的形成，无疑具有决定性的意义。

　　游学十几年后，王充返回故乡，担任上虞市掾功曹，不久又升任会稽郡都尉府掾功曹。职任升迁后，王充怀着满腔热情，想舒展他的政治抱负。那时适逢会稽郡连年旱灾，物价飞涨，农民流亡，但贵族豪家却奢纵无度。因此，王充写了一本奏记，向会稽郡太守提出禁奢侈，以备困乏。但他的建议未被采纳。他又向郡太守奏本，建议禁酒，以节约粮食，但又没有被采纳。王充终因主张与官僚们不合，被"贬黜抑屈"，离开了五官功曹的职位。王充升位时，那些趋炎附势的亲朋故旧都来攀龙附凤，奔走门下。王充废退穷居后，这些人就立即纷纷离去，对他另眼相看了。王充深深觉得这些人可鄙又可恨，便写了一部《讥俗节义》，对当时社会的黑暗和人情冷暖作了深刻的揭露和讽刺。但这部著作已失传了。

从东汉明帝永平十八年（75 年）春开始，"时雨不降，谷麦伤旱，秋种未下"，旱情很重。建初元年（76 年），"牛多疾疫，垦田减少，谷价颇贵，人口流亡"。建初四年（79 年），又"雨泽不适"，连遭水涝之灾。建初五年（80 年），又是旱灾，农民被迫离开土地，流离失所。大规模的流民，往往是农民起义的前奏。作为地主阶级思想家的王充，十分重视这一严重的社会问题。那时，"贵族近亲，奢纵无度，嫁娶送终，尤为僭侈，有司废典，莫肯举察"。（《后汉书·肃宗孝章帝纪》）王充愁思苦想，写了一部政治著作《政务》，批评当时的封建统治者"徒欲治人，不得其道"。这部著作也已失传。

完成《讥俗节义》《政务》后，王充集中精力开始写作他一生中最重要的著作《论衡》，对当时已成为封建法典的"天人感应"和谶纬神学的妄说，展开了系统的批判和猛烈的抨击。同时对其他学说，诸如道老、墨学等也进行了评述，并涉及农、医、天文、算学等诸多的自然科学方面。因此，王充的《论衡》一书，其主要是批判那些虚妄之言，"考论实虚"外，还是古代的一部"小百科全书"。王充在写作《论衡》时，已是"贫无一亩庇身"，受着饥寒的威胁，生活上处于非常困厄的境地。在这样的困境中，王充经过十几年的疾笔奋斗，于汉章帝元和三年（86 年），基本上完成了这部杰出的著作。那时，王充也大约有 60 岁了。

王充在完成《论衡》一书的写作后，便应扬州刺史董勤的征辟前赴扬州郡的丹阳（今安徽宣城）、庐江（今安徽庐江），不久又到了九江（今安徽寿春，一说东汉时，九江府治在阴陵县，今安徽建远县西北）。到了九江后，王充担任刺史府的治中从事。王充在《论衡·自纪》篇里说："职在刺割"，指的即是住辅刺史割断政事的职务。从元和三年（86年）至章和二年（88年），因为生活动荡和公务繁忙，王充没有从事著述。

汉章帝章和二年，即王充大约62岁那年，东汉王朝撤销了扬州郡建制，王充也随着离开九江，返回故乡上虞。王充的挚友、巨鹿郡太守谢夷吾得到这个消息，特地上书汉章帝，荐举王充。汉章帝看了荐表后，特诏公车署派员到会稽征辟，但王充却以老病为辞，没有奉诏应征远行。

王充从九江返回故乡上虞后，在贫困的生活中度过他的晚年。从《论衡·自纪》篇里自述"贫无供养"看来，王充晚年生活上没有可以依靠的子女，而且此时，王充不但生活困难，还疾病缠身。为了与疾病作斗争，他采取"闭目塞聪，养精自保"的办法。这时，他除了对《论衡》一书作最后修改定稿，编定目次，写作序言《对作》之外，还写了《养性》一书（也已失传）。这本书是养生保健之作，基本上属于黄老思想的著作。他意识到自己将不久于人世，在他垂暮之年，又坚持写了《自纪》篇，收入在《论衡》一书里。大约在汉和帝永元九年（97年），王充便与世长辞了，终年约71岁。死后，门人把他葬在上虞城西南7.5公里的乌石山。

王充的无神论思想，无论是在他生前还是他死后，都一直被封建统治阶级视为"异端"，受到冷遇、攻击和禁锢。他的著作《论衡》，"在中土，不得传"，后来因一知名学者蔡邕到了吴地（即今江浙一带），始得此书，带回西安，才没有使王充的思想湮没在历史的长河里。由于王充的思想直刺汉儒神学，所以在中国古代思想史上，留下了光辉的一页，对后代唯物主义思想家和无神论者产生了深刻的影响。

041

炼制灵丹妙药的道士
——葛洪

葛洪，字稚川，别号抱朴子，晋朝丹阳句容（今江苏句容）人。生于晋武帝太康四年（283年），卒于晋康帝建元元年（343年），是我国古代著名的道教徒、炼丹术士，在我国古代化学史和医学史上，也作出过很大贡献。

葛洪少年丧父，家境清贫，但他勤奋好学，立志为儒，不愿出仕为官。十八九岁时，去庐江马迹山拜方士郑隐为师，学习《正一法文》《三皇内文》《五岳真形图》《洞玄五符》等道书及《黄帝九鼎神丹经》《太清神丹经》《太清金液神丹经》《黄白中经》等炼丹术著述，从此开始转向道教。太安二年（303年），21岁时，葛洪接受吴兴太守的邀请，参加征讨以张昌为首的造反军，击溃反军石冰部。事平之后，他不以功邀赏，却四处寻访异书，接触各地流俗道士数百人，丰富了自己的阅历。光照元年（306年），他24岁时到达广州，从南海太守鲍靓学习神仙方术之学。不久他便返回故乡，潜心修行著述，同时兼攻医术。先后著成《抱朴子》内篇20卷、外篇50卷、《神仙传》10卷，以及医学《玉函方》《肘后备急方》等多部著作。

葛洪生活的那个时代，社会动荡多变，很不安宁。一批官僚士大夫们不禁产生了人生如梦、去日苦多之叹，他们幻想通过服食丹药的方法，留着生命和美好，因此，当时社会炼丹风气很盛，葛洪就是当时著名的炼丹家。葛洪在长期的炼丹实践中，积累了不少化学知识，也认识到一些物质变化的规律，这些都保留在他记述炼丹方法的著作里。

葛洪观察到某些物质加热后会发生化学变化。他看到丹砂（硫化汞）

加热到一定温度后，会变成水银，继续加热又还原成丹砂，整个过程的化学方程式是：

$$HgS + O_2 \longrightarrow Hg + SO_2 \uparrow$$

$$2Hg + O_2 \longrightarrow 2HgO$$

（HgO颜色鲜红，与丹砂HgS颜色相近，故葛洪误以其为丹砂。）

葛洪还观察到金属的取代作用。他将曾青（碳酸铜）涂于铁上，铁很快就会变成铜色，尽管铁的表面会发生这样的变化，但内部却并没有改变。如果以现代化学反应方程式来表示，应是：

$$2CuCO_3 \cdot Cu(OH)_2 + 2Fe \longrightarrow 3Cu + 2FeO(OH) + 2CO_2 \uparrow$$

实际上这就是铁取代碳酸铜溶液里的铜，由于这种反应只是在铁的表面上进行，故铁的内部不会改变。

葛洪对金属的某些化学性质有一定的认识。他在《抱朴子》里记载：铅经过加热可以变成铅丹（即四氧化三铅 Pb_3O_4），继续加热，铅丹又会还原成铅。用化学方程式表示，则为：

$$3Pb + 2O_2 \longrightarrow Pb_3O_4$$

$$Pb_3O_4 + 2C \longrightarrow 3Pb + 2CO_2 \uparrow$$

葛洪在其长期的炼丹活动中，所使用的矿物质有丹砂（HgS）、雄黄（As_4S_4）、雌黄（As_2S_3）、曾青〔$2CuCO_3 \cdot Cu(OH)_2$〕、石胆（$CuSO_4 \cdot 5H_2O$）、慈石（Fe_3O_4）等多种，由于他在炼丹过程中观察细致，故而对于它们的性质和用途有相当正确的认识。尽管《抱朴子》一书所记载的炼丹试验不完全是他本人所做，但是，既然他将它们记录在自己的著作里，至少表明他是知道这些试验，而且相信它们的正确性。当然，由于葛洪所进行的炼丹活动，封建迷信色彩极其浓厚，它与现代的化学实验不可同日而语。

葛洪在热衷于炼丹术的同时，勤奋地钻研医术，可以说是东晋时期对中医学贡献最大的古代杰出医学家。他在中医学上的成就是多方面的，据有关文献记载，他曾著有《玉函方》100卷、《金医药方》100卷、《玉函煎方》10卷和《肘后备急方》3卷等医书。可惜这些著作绝大部分都已散佚，只有《肘后备急方》一书尚存。这部书原名《肘后卒救方》，梁朝陶弘景曾对此书加以增补，更名为《肘后百一方》。金朝杨用道将唐慎微《证类本草》的附方补收入内，更名为《广肘后备急方》8卷，现今流传的，即为增补本。全书分为8卷，包括急性传染病、各脏器急慢性病、外科、儿科、眼科和六畜疾病治疗法，对各种疾病的起源、病状都详细记述，并附有治法和药方。书名"肘后"，意指可随身携带于臂肘之后，"备急"，意指多用于急救之病症，故书名与现代《急救手册》意思相等。

葛洪对一些传染性疾病有比较清楚的认识。他曾记载过这样一种急病：发病时，全身包括头面都长疮，发红似火，随后疮里灌脓变白，如不很好治疗，大多死亡；即使不死，病愈后，也会留下疮疤并变为黑色。这些描述，正是天花的全过程，这在国内是最早的记录。他又记载过一种浑身发黄的病，起病时只觉四肢沉重，精神不爽。不多久，黄色由双眼遍及全身，并且有全身出血的现象，也可致人于死。这正是出血热病，又称流行性钩端螺旋体病。他还记载过这样一种疾病，初发病时，皮肤上出现红赤色小颗粒，大小与豆黍米粟粒一般，触之其痛如刺。几天后，全身疼痛发烧，关节活动不便，以后皮肤的病变结痂，厉害的可致人于死。这正是恙虫病，葛洪称之为沙虱病。此病一般认为是日本的桥本伯寿于1810年最早报道，其病名叫都都瓦，比起葛洪的记述来，实晚了千年以上。除此之外，葛洪还记载了结核病、黄疸性传染性肝炎等一些传染病。

葛洪具有免疫治疗思想。他在治疗被疯狗咬伤者时，提出杀死咬人之犬，取疯狗脑髓敷于所咬之处，狂犬病便不会发作。狂犬的脑髓中含有大量病毒，法国科学家巴斯德正是从这里分离和培养出狂犬病毒，并制成病毒疫苗，治疗狂犬病。这种方法被称为被动免疫治疗法。可见早在公元三四世纪，我国医学家已经具有了免疫思想。

葛洪提出许多特效治疗药物。他用大豆、牛乳、蜀椒和松节松叶治疗脚气病，因这些药物里含有比较丰富的维生素，治疗脚气病效果较理想。疟疾亦是一种常见病，葛洪提出一种青蒿治疗法，其法是绞出青蒿汁服用。我国科学家发现，青蒿中含有青蒿素，它是一种新型、优质的特效药，比起奎宁、氯喹等，在治疗脑型恶性疟疾及对氯喹等具有抗药性的疟疾，效果更加理想。现代医学界将其誉为继氯喹之后抗疟史上的一个突破。

应该指出的是，青蒿素是一种不耐热的化学物质，在加热后即失去其抗疟性能。葛洪显然认识到青蒿素的这个特点，故在治疗时摒弃了中药常用的熬汤水剂型，改用绞汁的方法，这不能不令人叹服其认真观察和深入实践的科学精神。

葛洪还提出用常山治疟疾，麻黄治咳嗽，松节油治关节炎，雄黄、艾草作消毒剂。现代医学也已证实，常山含有生物碱，能治疟疾；麻黄里的生物碱性物质，有发汗作用；雄黄含有砒，有杀菌功效；艾草中含有挥发性的芳香油，可驱逐毒虫。因此葛洪所用的这几种药物，具有一定疗效。

葛洪记载了不少我国古代独特的治疗技术，如捏脊疗法、食道异物取出法、掐人中穴救昏迷等多种方法，至今有不少还是医疗及民间常用的急救方法。

葛洪医学思想具有可贵的群众性。葛洪是一位虔诚的道教徒，他醉心于炼制灵丹妙药，追求长生不老。由于他曾周游各地，深感普通老百姓因缺医少药而坐以待毙的不幸，故在编撰《肘后备急方》时，不采用那些珍贵药品，而选用那些随处可见的一般草石之品和价廉效显的常见药。治疗技术更是力求简便易行，如对古代的针灸技术，他只提倡灸疗法，因为针术复杂，非一般患者所能掌握，而灸术则人人可行。施灸部位，他绝少用穴位名称，而是通俗明确地指出大致的位置，如"两乳间""脐下四寸"之类，这样，普通人就能掌握，不至出错。因此，后人称赞葛洪的医疗技术为"简便验廉"。他的医学思想对中医的发展影响较大，尤其对明清时代兴起的走方医、铃医等学派，影响更大。

如上所述，葛洪在我国古代化学和医学领域，做出过很大贡献。但是，由于当时自然科学发展水平的限制，他还不可能科学地总结这些成就，故而他的著作里有不少神秘的唯心主义内容，如服食丹药以求长生不老，画符念咒以求治病救人等等，都深刻地影响到他在科技史上的成就。

042

誉满中外的唐僧
——玄奘

　　玄奘（600—664），俗姓陈，名祎，法名玄奘。因他是唐朝的和尚，后人又习称他唐僧。玄奘是我国历史上杰出的旅行家、翻译家和佛教哲学理论家，为中外文化交流和我国的翻译事业做出了卓越的贡献。玄奘的名字在我国和东南亚各地广为流传，无人不晓。隋文帝开皇二十年，玄奘出生于洛州缑氏县陈堡谷（河南偃师县缑氏镇陈河村）一个姓陈的家庭里。祖父陈康，因学识渊博，在北齐担任过国子博士。父亲陈慧，曾任江陵县令。陈慧精通儒家经典，风度儒雅。隋末政治腐败，他隐居乡里，且耕且读，朝廷几次举他做官，他都以有病推辞不就，受到当时人们的称赞。陈慧育有四男一女，玄奘是他的幼子。唐玄奘小时候就已经表现出了超群的聪慧。8 岁时，父亲坐在凳子上给他讲解《孝经》，当讲到"曾子避席"时，玄奘突然整理衣襟，恭敬地站了起来，父亲感到很奇怪。玄奘回答说："曾子听到老师的教诲，就立即避席，现在您给我讲课，我怎么能坐着不动呢？"父亲听了很高兴，知道他以后肯定能成大器，亲友也夸奖他，说他以后前程不可限量。

　　玄奘所处的隋代，佛教相当盛行，全国各地寺院林立，为了逃避赋税和徭役的负担，许多人都出家为僧。玄奘的二哥陈素，早年就已经在洛阳净土寺出家，他见玄奘聪明好学，就将他带到洛阳诵习经业。玄奘 13 岁时，朝廷派郑善果到洛阳剃度和尚，这时学业优良的预选者有几百人。玄奘因年龄幼小，不在预选之列，他就站在郑善果的门口。郑善果见他气度不凡，就问他立志要干什么，玄奘严肃地回答："继承如来，弘扬佛法。"郑氏非常赞许他的志向和风度，就破例选取了他。郑善果对同僚们说："诵业易成，风骨难得。若度此子，必为释门伟器。"他叹息恐怕自己见不到玄奘名扬海内外的那天了。

玄奘出家后，与二哥同在净土寺，他开始发愤学习佛典。东都洛阳在隋代是人物荟萃之地，隋炀帝在东都建有四个道场，招徕天下名僧。但到隋末，天下大乱，王世充据洛阳，与长安的唐朝李氏父子对抗。连年战乱，繁华的洛阳成了一片废墟。为了寻求学问，玄奘与哥哥一同来到了长安。但这时的李唐王朝正忙于东征西讨，长安甚至连讲席都没有设。唐初，四川由于僻处西南，又踞有长江天险，战火还没有波及，两京名僧高士大都流落四川，四川佛教大盛。玄奘又和哥哥经谷子午南下，从长安到了成都。留居成都3年之间，在名师指导下，玄奘兄弟二人学业进步很快，已经精通了佛教的主要典籍。玄奘并不满足，他希望能再次进京，求师问道，但遭到了哥哥的阻拦。玄奘毅然独自与商人结伴，顺长江东下到达荆州，在荆州住在天皇寺讲学，深得汉阳王的赞许。半年之后，玄奘由荆州北上，壮游大江南北，遍访高僧名流，最后辗转来到长安，就学于法常、僧辩两位大师。这时的玄奘已经"誉满京邑"，成为长安的名人，两位大师将他推许为"佛门千里驹"。

玄奘青少年时期壮游南北，遍访名师。经过多年的刻苦钻研，他感到各家学说对佛典的解释不尽一致，而且已经翻译成汉文的典籍也不能很好地表达原意。为了解决这些疑难，玄奘决心前往印度西行求法。但是贞观初年正是唐朝和突厥关系最紧张的时候，唐太宗正准备全面出击突厥，严禁人们出国。玄奘与几位同伴向唐政府申请出国，没有得到批准。别人都退缩了，但玄奘并没有灰心。贞观元年（627年），玄奘混在难民群中，西出长安，开始了闻名中外的万里孤征。

在海上交通没有充分发展之前，我国与西方各国之间的政治、经济、文化交流主要是通过横贯欧亚大陆的丝绸之路进行的。唐朝的丝绸之路从敦煌往西可以分为三道：北道由敦煌至哈密，向北越过天山，沿天山北部西至吉木萨尔，由此往西，直抵南俄草原。由北道也可以在锡尔河渡河南行，经过河中地区到达印度。中道由敦煌至吐鲁番，沿塔克拉玛干沙漠北缘西经库车、喀什等地，越过葱岭到达中亚。南道则由敦煌至且末，沿塔克拉玛干沙漠南缘，经由于阗等地，向西翻越克什米尔到达印度。在这条道路上有渺无人烟的沙漠，有鸟兽罕至的雪山，有出没无常的强盗，艰难险阻，决不下于《西游记》中描写的八十一难。但是，困难大，玄奘的决心更大，他立下誓言，"若不至天竺，终不东归一步"。

当玄奘到达甘肃河西走廊时，凉州都督李大亮，得知玄奘要西行求法，命令沿途州县、边防哨卡严防捉拿。命令说："有僧字玄奘，欲入西蕃，所在州县宜严候提。"在这种情况下，玄奘只得昼伏夜行，到了玉门关。玉门关往西，有唐朝边军守卫，五座烽火台首尾相连，每烽相距百里，除了烽火台附近的一点泉水外，中间根本没有水草，无法通行。在玄奘到达之前，驻扎在烽火台上的唐军已经得到了捉拿玄奘的命令。玄奘在烽火台下取水时，被唐军捉住，幸亏由于一位笃信佛教的小军官相助，唐玄奘才摆脱了边防的捉拿，进入了浩渺无际的莫贺延碛。

莫贺延碛，东西 800 里，上无飞鸟，下无走兽，道路的标志只有饥渴而死的人骨残骸、往来的商队、僧人都视莫贺延碛为死亡之地。玄奘只身一人，环顾四野，黄沙漫漫，只有一匹孤零零的老马和自己作伴。玄奘走了不久，就不幸迷路。在饮水时，又不慎将盛水的皮囊打翻，水全部倾倒在地下。在寸草不生的沙漠里，没有水，就意味着死亡。这时的玄奘，"四顾茫然，人鸟俱绝。夜则妖魑举火，烂若繁星；昼则惊风拥沙，散如时雨"。在这种绝望的情况下，玄奘被迫返回，但走了十几里，他想起了自己的誓言，他决心宁可冒死西行，也不东归求生，玄奘又毅然拨缰西进，幸亏有胡人赠予他的老马引路，他终于九死一生，到达了伊吾（今新疆哈密）。

这时的玉门关以西，都属于西突厥的管辖范围，玄奘要往印度，首先必须到天山西北部的王庭，得到突厥王的允许和支持。所以玄奘准备取北道，从伊吾越天山到可汗浮围城（今新疆吉木莎尔县）。但是玄奘西行取经的消息，早已传遍了西域。当时的高昌（吐鲁番）国王派专人在伊吾等地迎接玄奘，一定要请他到高昌，盛情难却，玄奘只得改走中道，先到了高昌。玄奘受到了高昌王殷勤的接待。高昌王执意要玄奘留在高昌，主持高昌的寺院。为了表示自己西行求法的决心，玄奘以绝食明志。高昌王终于被玄奘矢志不移的精神感动，在自己母亲面前与玄奘结为弟兄，请玄奘回来时在高昌住 3 年。玄奘答应了高昌王的要求，又踏上了西征的旅途。高昌王热情地为玄奘准备了行装，还有黄金 100 两，银钱 3 万，绫、绢 500 匹，作为玄奘来往 20 年的旅费。另外给西突厥可汗写了一封信，请他命令西方各国，给玄奘提供方便。为了使玄奘顺利到达，高昌还给沿途的龟兹（新疆库车）等 24 国国王写了信，附带赠送给西突厥可汗和沿途各国很多礼物，派殿中侍御史欢信和 25 个工役护送玄奘。玄奘对高昌王的一片盛情非常感激，他上书致谢说："决交河之水，比泽非多；举葱岭之山，方恩岂重。"西发高昌那天，高昌王与大臣、百姓和僧众送出城外几十里，才依依告别。

从高昌出发后，玄奘度银山、经焉耆，至龟兹国。又从龟兹过姑墨国（新疆阿克苏），转而北度凌山（天山穆素尔岭）。凌山四季积雪，山峰险峻，气候严寒，终日飞雪。玄奘一行席冰而卧，悬釜而炊，历尽艰辛，7天才度过凌山。随行者之中，冻饿而死将近一半，牛马冻死的就更多。出山以后到达热海（苏联境内伊塞克湖），沿热海西北行，在素叶城（苏联托克马克附近）碰上了西突厥可汗。西突厥可汗派遣懂得各国语言的人做玄奘的翻译，派人护送玄奘。玄奘由西突厥南下，到达河中地区（苏联境内阿姆河、锡尔河之间的地区），过铁门关，渡阿姆河，越兴都库什山，到达北印度境内。玄奘万里孤征，亲历 110 国，最后终于到达了他向往的佛教圣地——天竺。

当时的印度寺院密布，学者云集，正处在佛教全盛时期。

玄奘先到达著名的佛教"键陀罗艺术"发源地键陀罗国（今巴基斯坦的白沙瓦），之后又来到了小乘佛教的发祥地迦湿弥罗国（克什米尔）。在这里学习了两年，又沿恒河来到了印度佛教最高学府摩揭陀国的那烂陀寺。那烂陀寺是印度学术文化中心，聚集着大批最优秀的学者，不但保存大量大、小乘佛教经典，而且有许多天文、地理、医药书籍。那烂陀寺有僧众 1 万多人，每天有 100 多处讲座，僧众研究的内容有佛教大、小乘经典，因明学、声明学等，甚至婆罗门教的《吠陀经》以及医方、术数都有人研究。主持那烂陀寺的戒贤法师已经年近一百，备受人们尊敬，被称为正法藏，是印度佛教学权威。

玄奘到达那烂陀寺时，1000多人手执幢盖、华香遮道欢迎。玄奘受到了很高的礼遇，外出可以乘象舆（一种专门装在大象身上的轿子）。戒贤法师还专门为玄奘开讲《瑜伽论》。玄奘在那烂陀寺遍访名师，潜心钻研，很有名气。当时那烂陀寺1万多人中，除了戒贤法师精通诸学外，能解经、论的有1000余人，通30部的500人，通50部的计玄奘在内只有10人。但玄奘并不满足，又辞别戒贤，到印度各地游学，之后又回到了那烂陀寺。这时玄奘的学问，已经达到了炉火纯青的地步。戒贤叫他主持全寺的讲席。经过几次与学者的辩论，玄奘的学问得到了公认。一天，那烂陀寺的门口，高悬着四十条教义，原来这是顺世外道写的。他来那烂陀寺与人辩论，声称"若有破难一条者，我则斩首相谢。"几天过去了，没有人敢出来与他辩论。玄奘派自己的侍从将顺世外道的四十条教义扯下来，与他进行辩论。玄奘从容不迫，侃侃而谈，最后顺世外道理屈词穷，缄口认输，请玄奘按约杀他。玄奘说，信佛的人不杀生害命，你就做我的仆役吧。在场的人都惊叹玄奘的学问，佩服他的度量。戒日王专门为玄奘在曲女城（印度坎诸吉）召开了一次学术辩论大会。大会以玄奘为论主（主讲人）。会场门口照例高挂一牌，上面写着"如有一字不通，能被驳倒，愿斩首相谢。"连续18天，无一人出来辩难，玄奘取得了胜利。按照古代印度的惯例，玄奘乘着装饰华丽的大象，华盖引路，贵臣陪卫，绕场庆贺。簇拥的群众牵着玄奘的袈裟高呼"支那国（即中国）法师生大乘义，破诸异见，自十八日来无敢论者，并宜知之！"听众都竞相授玄奘以荣誉称号，大乘听众称玄奘为"摩词耶提婆（大乘天）"。小乘听众誉他为"木叉提婆（解脱天）"。从此玄奘声名卓著，誉满天竺。

冬去春来，日月如梭，玄奘离开祖国已经15年了。他不时思念着祖国，思念着亲人。摩罗王愿意为玄奘造100所寺院，条件是要玄奘留在印度，那烂陀寺的僧众也苦苦挽留玄奘。玄奘归心似箭，婉言谢绝了他们的请求，毅然踏上了归程。回来时，玄奘取道南道，翻越克什米尔，直抵于阗。在于阗，他向唐太宗写了一道表文，解释他违犯禁令出国的原因，请朝廷处置，托商人带往首都长安。唐太宗大喜，命令沿途各国护送玄奘，这样，玄奘很快就在贞观十九年（645年）顺利到达长安，受到了隆重的欢迎。回国之后，玄奘住在长安弘福寺，潜心译著。

玄奘从印度带回675部佛经，直到他逝世，19年间一直翻译不辍。计译出经、论75部，1335卷，1300多万字。玄奘的翻译不但数量浩繁，而且力求既忠实于原文，又通俗易懂，在我国翻译史上开创了一个新的时期，他的翻译被称为"新译"。玄奘还将印度久已失传的《大乘起信论》和我国古代哲学名著《老子》由中文译成梵文，流传于印度，为中印文化交流做出了卓越的贡献，尤其是玄奘翻译的印度因明学《形式逻辑》著作，大大推动了我国逻辑学的发展。玄奘与鸠摩罗什、真谛、不空，被称为我国历史上的四大翻译家。

玄奘回国后，由他口述，弟子辩机记录而成的《大唐西域记》12卷，详细生动地记载了玄奘亲身经历和得自传闻的近130个国家的历史、地理、民族、宗教等各方面的情况。由玄奘的弟子慧立、彦悰所著的《大慈恩寺三藏法师传》10卷，详细叙述了玄奘一生的主要活动，被梁启超推许为"古今所有名人谱传中，价值应推第一"。《大唐西域记》以地为主，《大慈恩寺三藏法师传》以人为主，被当今学者称为研究唐代中西交通及中亚、印度历史、民族、语言、宗教的"双璧"。

由于积劳成疾，玄奘在唐高宗麟德元年（664年）二月初五溘然长逝。消息传开，为他送葬的有100多万人，住在墓旁的有3万多人。收藏玄奘法师顶骨的石函，现在仍然保留在南京历史博物馆，供人们凭吊。

043

"不识一字的禅宗创始人"

——慧能

慧能（638—713）亦作惠能，俗姓卢，世居范阳（郡治在今北京西南），生于南海新兴（今属广东）。他3岁时，父亲去世，生活十分艰难，只得靠卖柴与母亲相依为命。慧能因家境贫寒，没上过学，因而不识一字。一次，他在市上闻颂《金刚经》后，就决心学佛。

慧能辞别母亲，千里迢迢，投奔到湖北黄梅东山寺禅宗第五祖弘忍门下。最初弘忍只是叫慧能在寺里砍柴、春米。后不久，弘忍要挑选嗣法弟子，以便传付衣钵（继承权的象征）。他要寺里的众僧各作一个偈，以便通过作偈来发现每个人对佛法理解的程度。谁作得好，就把衣钵传给他，当第六世祖。当时有一个最有学问的"教授师"叫神秀，作了一个偈写在墙上："身是菩提树，心如明镜台；时时勤拂拭，勿使惹尘埃。"慧能在碓房春米时，听到人念这个偈，就说："我也有一个偈，但不会写。"于是就请人代他将偈写在墙上，其偈为："菩提本无树，明镜亦非台，本来无一物，何处惹尘埃？"弘忍见了他的偈，大加赞赏，认为慧能能够"悟本性"，本性即佛性，即悟出佛性来。弘忍认为慧能对佛法的理解最为深刻和彻底。于是就选慧能为法嗣，秘密传授了法衣袈裟和秘宣了《金刚般若波罗蜜经》。之后叫他马上离开寺院，以免有人争夺继承权而遭到陷害。据说慧能走后，还有几百人从后面追来，要夺衣钵，并杀他，但没有得逞。

慧能回到岭南隐居，后来在韶州（今广东韶关）一带传播"直指人心，顿悟成佛"的禅宗思想。他的一部分说法，经其徒弟整理记录编成《六祖法宝坛经》（简称《坛经》）。据《坛经·行由品》中记载，慧能在一次听印宗法师讲《涅槃经》时，有风吹动了旗杆上的幡，有两个和尚发生了争论。一个说，是风吹动了幡，另一个不服，坚持说是幡本身动。慧能听后，插话说："不是风动，也不是幡动，而是你们的心动。"这番话惊动了印宗法师。他十分佩服慧能的见解，自己退位，而尊慧能为师。这一来，慧能在岭南的名声立时大振。

从慧能最初在弘忍门下作的偈，到后来说的"心动"，可以看出在他的禅宗学识中，心成为万物惟一的本体。慧能完全否定了客观事物的存在，是一个彻底的主观唯心主义者。由于慧能禅宗学说强调心的作用，即强调"直指人心，见性成佛"，故又叫佛心宗或心宗。

在慧能时，禅宗已开始分裂为南北两派。神秀在北方宣扬"渐悟"说；慧能在南方宣扬"顿悟"说。史称"南顿北渐""南能北秀"。慧能创立的南宗，影响逐渐扩大，后来竟超过了北方的神秀一派，继而又发展为中国佛教诸派之首。慧能本人也被唐宪宗追谥为"大鉴禅师"。

慧能禅宗创立和兴盛时，正是唐王朝由兴盛走向衰亡的时期。当时的统治阶级内部矛盾日益尖锐，广大农民与地主阶级的矛盾都到了不可调和的地步。无论是地主、官僚，还是广大劳动人民，都希望在佛门中找到出路。这些都为慧能创立禅宗、发展禅宗，提供了良好的条件和基础。同时，慧能禅宗的创立和发展，也与它以宗教革新的面目、佛性学说的诱惑等作用分不开。因此，当佛教宗派纷纷创立，内部不断分化，形成天台宗、华严宗、禅宗等几大主要中国佛教宗派时，禅宗能够脱颖而出，独树一帜，成为唐代以后佛教的主流及中国佛教的代名词，并绵延不绝，从中唐到北宋盛行不衰，甚至一直延续到近代。禅宗不仅对中国的思想界产生了深远的影响，还流传到朝鲜、日本、越南等地。这些与慧能禅宗思想理论体系是分不开的。

在慧能之前的几代禅师，没有系统的禅宗理论，而且其学说先后变化也较大。直到慧能开始，才有了较为系统的禅宗思想理论。慧能的禅宗理论教义，可以简括为：不立文字，直指人心，见性成佛。认为人人都有佛性，都可以成佛。在此基础上，他又提出：顿悟成佛。他认为每个人只要努力追求悟性，断决一切世间杂念，刹那间就能成佛。慧能的顿悟说强调无念、无相、无往。所谓无念，即不要有任何的理念思维，要听而不闻；无相，即不要有任何的感性认识，要视而不见；无往，即不要受客观世界的任何影响和束缚。无念是禅宗成佛的主要宗旨。在慧能看来，凡夫与佛的主要界限，只在一念之间，只要摒弃一切杂念，使心成为绝对的空寂时，就能进入佛的境界。

慧能的"顿悟成佛"的理论，与印度佛教以及中国其他佛教诸派都不一样，它是印度佛教与中国传统思想相融合的产物，也是当时中国特有的历史条件下的产物。他使印度的佛性论与中国固有的性善论逐步结合，同时也受到庄周虚无主义思想和魏晋玄学的很大影响。所以说慧能禅宗是真正的中国化的佛教。

慧能禅宗具有反传统，否定一切，又形成了它在佛教各宗派中一个具有宗教革新意义的显著特点。它公开向印度佛教经典的权威挑战。慧能的弟子法海编集他的说法记录，被称为《坛经》，这是中国僧人惟一被称为经的著作。在佛教经典中，只有释迦本人的说法才能称"经"，其他顶多是"论"。可见慧能一派的禅宗在中国佛教中的地位。

慧能禅宗还大胆否定印度佛教修行的繁琐程序。他主张不立文字，以简明的新学说取代繁芜的佛教注疏。要人们不要迷信经典，要废除教义。他还主张不必要坐禅念经，累世修行。禅宗按理是必须坐禅的，这是佛教各宗派所共同奉行的必不可少的一门重课，而现在坐禅念经的传统被慧能禅宗打破了。慧能曾有一偈："生来坐不卧，死去卧不坐，一具臭骨头，何为立功课？"由于慧能的禅宗主张"顿悟成佛"，"唯此一心是佛"，对佛教理论能够直接明快地加以阐述，而且又相应提倡一套简易的修行方法，因此比起其他佛教诸派，更易于被广大群众接受。

慧能禅宗除禅宗教义简明、修行方法简便，成佛迅速外，慧能还说："下下人有上上智，上上人有没意智。"从字面看，可以认为有肯定"卑贱者聪明，高贵者愚蠢"的积极意义。又如其禅宗认为，人人都有佛性，也似乎反映出"众生平等，一视同仁"的意味。这些无疑对广大群众有着更多的诱惑力。

慧能禅宗理论，叫人们不要向现实世界中寻求幸福，对现实社会不合理的制度不要有任何不满，要甘心忍受一切剥削和压迫。所谓痛苦，不过是人们自己内心的不觉悟。要想脱离苦海，惟一的办法就是断决一切理念。这种脱离苦海的办法，不过是对人们思想的一种束缚，是麻醉人民的一种精神鸦片。总之，慧能禅宗理论既适应统治阶级的利益，又在一定程度上适合了中国广大群众的思想、心理、感情和习惯，从而能够比其他佛教宗派得到更快的发展而成为佛教诸派的主流。

慧能禅宗理论对改变和发展中国的佛教理论有一定的推动作用，同时对中国的思想界产生了深远的影响。慧能禅宗以主观的心替代客观世界，特别是禅宗后期，从主观唯心主义走向了泛神论，从而包容了无神论的合理性。宋代哲学家张载、王安石则用禅宗的泛神论加以改造，形成其唯物主义哲学体系。唯心主义则利用禅宗的主观唯心主义，形成我国的宋明理学。

慧能禅宗思想是彻底的主观唯心主义的思想理论，但在这一理论中，以歪曲的形式提出了一些值得探讨的问题，如无神论问题、认识论问题等，对促进唯物主义和辩证法思想的研究，在客观上起到了推动作用。可以说，慧能禅宗理论对唯物主义、唯心主义都有着重大影响，对中国思想发展史的研究也有着重要的价值。

044

著名理学家
——朱熹

宋王朝和汉、唐比较起来，国力十分衰弱，而封建统治却日趋严密。它是一个需要儒学而又要改铸儒学的时代。宋仁宗时，周敦颐以儒家思想为主体，吸收儒学和道家思想，提倡"主静""无欲"，宣扬"君君、臣臣、父父、子子、兄兄、弟弟、夫夫、妇妇，万物各得其理然后和"，成为宋代道学的开山祖师。神宗时，周敦颐和弟子程颢、程颐，宣扬"父子君臣，天下之定理"，并且进一步吸收佛学唯心主义，提出了一个以"理"为主要范畴的哲学体系。

宋王朝统治阶级要为现实统治的"合理性"进行辩护，以"理"为主要范畴的道学唯心主义便应运产生和发展起来了。这个任务是由南宋的朱熹最后完成的。

朱熹（1130—1200），字元晦，号晦庵，徽州（今江西）婺源人。他父亲朱松在福建龙溪做官，朱熹出生在龙溪。

朱熹18岁时，参加建州的乡贡考试，中乡试，第二年中了进士。后被派到泉州同安县任主簿，他赴任途中，路过延平时拜见道学家李侗。李侗和朱松曾一起受教于杨时的弟子罗从彦，都是程门的子弟。后来，朱熹拜李侗为师，李侗要朱熹只读"圣贤言语"。此后，朱熹觉得"圣贤言语"有味，回头看佛家学说，则觉得漏洞不少，他就着力于以儒学为主体来构造他的唯心主义体系。李侗很喜欢朱熹这个学生，替他取了一个字，叫元晦，意思是"木晦于根，春荣华敷；人晦于身，神明内腴"，希望他成为一个外表不露、道德内蓄的人。他在《与罗博文书》中，夸耀朱熹说："元晦进学甚力，乐善畏义，吾党鲜有。"

绍兴三十二年六月，赵构退位，孝宗赵眘即位。在主战派的要求下，孝宗任用张浚为江淮东西路宣抚使，统帅军马。七月，孝宗为被秦桧陷害的抗金名将岳飞平反，驱逐秦桧党人，并下诏求言。八月七日，朱熹向孝宗上了一道奏章，即《壬午应诏封事》，提出三项建议：一是讲求"格物致知"之学，建议孝宗弃道教佛教的学说，延访"真儒"为顾问。二是罢黜和议，他明确地说："金虏与我有不共戴天之仇"，提出"非战无以复仇，非守无以制胜"的主张。三是任贤，他要求孝宗能任用"忠臣贤士"。在奏章中，他请求为"天理"而战，表现了尊王攘夷的强烈民族主义意识。

隆兴元年（1163 年）三月，孝宗召见朱熹，朱熹上表辞谢。十月，孝宗下旨催促，朱熹赶到杭州。这时由于宋军出战不利，主和派再度抬头，孝宗起用秦桧余党汤思退为右相，并派卢仲贤到金军议和。朱熹仍然强烈地反对议和，他于十一月六日受孝宗接见时，上了三道奏札，主张取消议和之说。孝宗任命朱熹为武学博士，这个职务并非朱熹所长，因此，他要了一个管理南岳庙的祠职。

卢仲贤出使归来，传达了金方苛刻的议和条件，孝宗后悔起来，又倾向于抗战。十二月，任命汤思退为左相，张浚为右相，兼枢密使。这时，朱熹去见过张浚一次，提出了北伐中原的具体想法。他建议分兵进攻关陕、西京、淮北等地，吸引金兵注意，然后选精锐数万，直捣山东。朱熹还见过张浚的儿子张栻，要他转告张浚，决不能跟汤思退合作。过后，朱熹便离开杭州回到福建崇安。

隆兴二年八月，张浚逝世，这一来，杨思退更加肆无忌惮，居然逮捕抗战派官员 20 余人，又派人去金朝通报情况，要金兵南下威胁。10 月，金军渡过淮水，大举南侵。十二月，宋金签订"隆兴和议"，宋割让海、泗、唐、邓、商、金六州给金朝，宋向金称侄皇帝；每年向金交纳"岁币"20 万。

乾道元年（1165 年）4 月，朱熹到杭州就任武学博士之职。因为参加政事钱端礼主和，朱熹辞归，回乡之前，他给吏部侍郎陈俊卿写了一封信，尖锐地抨击讲和。他认为，讲和之说所以得逞，其根源在于皇帝的"心术"受到了蒙蔽。他要求陈俊卿以"格君心之非"为己任，帮助孝宗纠正过失。

宋金"隆兴和议"之后，金朝转入忙于巩固内部统治，一时无力南侵，宋朝暂时安宁，这一来，朱熹便一头钻进研究道学中去了。

从北宋起，道学中一直存在着客观唯心主义和主观唯心主义两个流派，但却处于不自觉状态，直到鹅湖之会，这两个流派才各自形成了自己的壁垒。人们由于朱熹以理为最高范畴，称之为理学唯心主义，陆九渊以心为最高范畴，称之为心学唯心主义。

淳熙六年，朱熹就知南康军（今江西星尔县），管理地方行政，在任期间，关心郡学，修复庐山白鹿洞书院，并亲自讲学，推动了地方教育。

1181年，浙东大饥，朝廷调朱熹提举浙东常平茶盐公事。朱熹就任后，巡视衢、婺各地，厘革弊政。当时坚持唯物主义、主张功利的陈亮拜访朱熹，并就义理和功利、王道与霸道等问题，展开激烈的论战。后来，朱熹的理学又遭到监察御史陈贾的攻击，说朱熹是"假名以济伪"，建议朝廷"摈弃勿用"。孝宗采纳陈贾的意见，朱熹被解职。

绍熙元年（1190年），光宗赵惇即位。光宗一朝，是道学家们抬头得势的时候。同年4月，朱熹为《大学章句》和《中庸章句》二书作序。在序言中，朱熹自称他的书有助于"国家化民成俗"和"学者修己治人"。这一年，朱熹被任命为漳州知州。他到任后，刊刻《易》《诗》《书》《春秋》和《大学》《论语》《中庸》《孟子》等书，把传播儒学放在首位。在漳州，朱熹也做过一些对人民有利的事。

绍熙四年冬，朱熹被任命为知潭州荆湖南路安抚使。他在此处抑制豪民，兴办学校，修复著名的岳麓书院，亲自讲学；四方学者多慕名来就教。

1195年，宁宗赵扩即位，光宗退位做太上皇。宰相赵汝愚推尊儒学，他称朱熹为"儒宗"，赞成研究"正心诚意"之学说。因此，他推荐朱熹任侍讲（皇帝的教师）兼侍制（皇帝的顾问）。不久，宁宗又任命朱熹兼任实录院同修撰。

朱熹最初是受到宁宗的信任的，但由于韩侂胄因立宁宗有功，擅权用事。朱熹借讲学的机会向宁宗进言，提防韩侂胄专权。宁宗听不进去，反而罢去朱熹的侍讲官。不久，支持朱熹的赵汝愚也被排挤出朝廷。由于韩侂胄的得势，反道学派又抬头了，理学被指斥为"伪学"而受到禁止，朱熹及其门徒被指控为"伪党""逆党",甚至有人上奏要把朱熹杀掉。这就是历史上的"庆元党禁"。

庆元六年(1200年),朱熹病死,享年71岁。朱熹死后,学禁有所松弛。他的讲学语录经门人黎靖德编辑为《朱子语类》,诗文经他的儿子朱在等人编辑为《晦庵先生朱文公文集》。1027年韩侂胄一死,宁宗追谥朱熹曰文,赠中夫。后来,宋理宗追赠朱熹为太师,封徽国公。

元朝以后,朱熹理学成为官方哲学,为封建地主统治人民的理论工具。在明清两代被提到儒学正宗的地位,科举考试也都采用他的《四书集注》。朱熹理学在中国封建社会后期极大地起着禁锢思想的作用。

045

具有"反叛"意识的思想家
——李贽

在中国历史上，不乏才高气傲之士屈死在统治阶级的樊笼中，李贽就是这样的一位。李贽（1527—1602），是我国明代具有"反叛"意识的思想家。他是福建泉州晋江人。他生长在一个笃信伊斯兰教的商人家庭。泉州当时是我国著名的对外贸易的港口，有海上"丝绸之路"的源头的美称。这种早期的资本主义贸易关系和社会家庭氛围对李贽的思想形成有重要影响。

李贽，原姓林，初名载贽，号卓吾，又号笃吾、宏甫。嘉靖三十一年（1552年）中举后改姓李，1566年为避穆宗载垕讳，取名贽。因泉州是温陵禅师福地，他还别号温陵居士。他曾为官河南共城（今辉县），因仰慕邵雍筑室于苏门山百泉上，又号百泉居士。晚居龙湖，号龙湖叟。

李贽幼年丧母，随父林白斋读书学习，12岁时作《老农老圃论》，而为人所称道。他26岁时，乡试中举。嘉靖三十五年，被授河南共城教谕职。嘉靖三十九年，他在共城任满，升迁南京国子监博士。不久，父丧回家，三年服满后，进京候缺。嘉靖四十三年，复任南京国子监博士；嘉靖四十五年，补礼部司务。隆庆四年（1570年）任南京刑部员外郎；万历五年（1577年）任云南姚安知府，万历八年，任满致仕，专心著述。晚年的李贽漂泊不定。万历九年（1581年），他在湖北黄安的耿定理、耿定向家中教书。"自称'流寓客子'。既无家累，又断俗缘，参求乘理。极其超悟，剔肤见骨，迥绝理路。出为议论，皆为刀剑上事，狮子进乳，香象绝流，发咏孤高，少有酬其机者。"（袁中道：《李温陵传》）万历十二年，他移居麻城龙潭湖与僧友读书、参禅。"所读书皆钞写为善本，东国之秘语，西方之灵文，离骚、马、班之篇，陶、谢、柳、杜之诗，下至稗官小说之奇，宋元名人之曲，雪藤丹笔，逐字雠校，肌襞理分，时出新意。其为文不阡不陌，摅其胸中之独见，精光凛凛，不可追视。诗不多作，大有神境。亦喜作书，每研墨伸楮，则解衣大叫，作兔起鹘落之状。其得意者亦甚可爱，瘦劲险绝，铁腕万均，骨棱棱纸上。"（《李温陵传》）万历二十四年，他开始流转山西沁水、大同等地；万历二十五年，他到北京，寓西山极乐寺；万历二十六年夏，又到南京，居永庆寺，曾三见利玛窦。万历二十八年春，他到济上刘东星漕署，编《阳明先生道学钞》《阳明年谱》；后北上通州，被加以"敢倡乱道，惑世诬民"的罪名逮捕。李贽在狱中说："衰病老朽，死得甚奇，真得死所矣。如何不死？"万历三十年（1602年）三月十五日，他自杀于狱中，从容赴死。

李贽著作等身，最主要的有《藏书》《续藏书》《焚书》《续焚书》等。

李贽的这些著作，骨子里充满了一种追求个人自由与解放的反叛意识。他在《阳明先生年谱后语》中曾说："余自幼倔强难化，不信学，不信道，不信仙释，故见道人则恶，见僧则恶，见道学先生则尤恶。"所以，李贽学说的一个很大特点是对封建理学进行批判。

他认为："咸以孔子之是非为是非，故未尝有是非。"他说，如果以孔子的是非为是非，"则千古以前无孔子"，那就没有是非了吗？他认为，天生一人，自有一人的作用，孔子的作用很大，但不能夸大孔子的作用。他讽刺道学家"天不生仲尼，万古长如夜"的崇拜，挖苦说：怪不得孔子以前的人整天点着蜡烛走路！在我国封建时代，敢于议论孔子，反对以孔子的是非为是非的传统观念，否定孔子的权威，这是要具有十足的胆量和勇气的。

李贽认为道学家崇尚的所谓"经典"，是用来骗人的，正所谓"道学之口实，假人之渊薮"。他讽刺道学家"依仿陈言，规迹往事"，"瞻前虑后，左顾右盼"，这些人平日只会"打恭作揖，终日匡坐，同于泥塑"，一旦社会有变，"则面面相觑，绝无人色"。他批判道学家"存天理，灭人欲"的虚假说教，认为"穿衣吃饭，即是人伦物理"，伦理表现在日常生活之中，而不在日常生活之外。他斥责道学家是"阳为道学，阴为富贵，被服儒雅，行若狗彘"的衣冠禽兽，是"口谈道德而心存高官，志在巨富"的两面派、伪君子。他表示与假道学誓不两立，说："今世俗子与一切假道学，共以异端目我，我谓不如遂为异端，免彼等以虚名加我。"（《焚书·答焦漪园》）"我可杀不可去，我头可断而我身不可辱。""可以知我之不畏死矣，可以知我不怕人矣，可以知我不靠势矣，盖人生总只有一个死，无两个死也。"（《续焚书·与耿克念》）李贽的这些批判意识是那个时代社会矛盾的反映。李贽所处的时代，我国封建社会已日益走向没落。明朝嘉靖、万历年间，社会政治黑暗，阶级矛盾加剧，因而反映在意识形态领域，就不可避免地要产生否定封建传统思想的社会思潮。而这种新思潮的产生，多多少少地又与正在萌生的资本主义生产关系联系在一起。因而李贽的思想，不仅有对旧势力的批判，而且有对新势力的赞扬。例如，他对我国沿海地区兴起的社会关系持肯定态度。他认为私欲和交换关系的产生都是必然的。他说："私者，人之心也，人必有私而后其心乃见"，"圣人亦有势利"。他认为人与人之间的关系是交换关系，说"天下尽市道之交"。这些观点反映了当时正兴起的社会经济的关键。此外，李贽对妇女寄予了很大地同情。他主张男女平等，反对重男轻女。认为男女有性别之分，但无是非之辨。在婚姻关系上，他推崇卓文君，赞同男女自主婚嫁，打破传统的"父母之命，媒妁之言"的婚配方式，这也反映了社会经济发展所要求的婚姻方式的变革。

李贽的思想涉及许多方面。早年其自然观有唯物主义倾向，认为天地万物皆阴阳二气所生。他虽表示不信仙佛，但自其接触王守仁心学后，思想有所转变，"乃知得道真人不死，实与真佛、真仙同，虽倔强，不得不信之矣"。后来他还接受了禅宗的观点，相信"万法尽在自心"，山河大地同清静本原合而为一。因而李贽的学说服膺于"心学"，并把王守仁的"良知说"，发展为"童心说"。他说："夫童心者真心也。""童子者，人之初也；童心者，心之初也。"他认为，童心，绝假纯真，是最初的一念之本心。失去了童心，便失去了真心；失去了真心，便失去了真人。他分析由于人在成长过程中，接受了许多假事、假理、假言、假语，而逐渐失却童心。"童心既障，于是发而为言语，则言语不由衷；见而为政事，则政事无根柢；著而为文辞，则文辞不能达。"他力主批判假言假语、假人假理，主张"天下之至文，未有不出于童心焉者也"。(《焚书·童心说》)李贽的"童心说"影响很大，它不仅成为其批判道学的理论依据，而且作为一种文学新见解，即为文要从真心中自然流出，这个观点对于我国文学史上著名的公安派散文的创作有着深远的影响。

盖棺不能论定。李贽死后，褒之、贬之不一。

褒之者曰：李贽"盖言语真切至到，文辞惊天动地，能令聋者聪，聩者明，梦者觉，醒者醒，病者起，死者活，躁者静，聒者结，肠冰者热，心炎者冷，柴栅其中者自拔，倔将不降者亦无不意颓而心折焉"。(汪本钶：《续刻李氏书序》)

贬之者曰："李卓吾大抵是人之非，非人之是，又以成败为是非而已。学术到此，真是涂炭，惟有仰屋窃叹而已！如何如何！"(顾宪成：《束高景逸书》)

明、清的统治阶级把李贽的学说看作"异端之尤""非圣无法"的洪水猛兽，加以销毁；就连王夫之、顾炎武这些进步的思想家也对李贽加以贬斥。五四运动前后，吴虞等人受李贽学说的鼓舞，把李贽思想当做"打倒孔家店"的思想武器。中华人民共和国成立后，中华书局分别校点出版了李贽的著作。值得指出的是，1974年，在批林批孔运动中，那种把李贽当做尊法反儒的英雄也是有失偏颇的。李贽思想具有进步意义但又有自身局限性，这是需要实事求是加以分析的。

046

"天下兴亡，匹夫有责"的倡导者
——顾炎武

顾炎武（1613—1682），吴郡昆山（今江苏昆山市）人。是我国明清之际著名的经学家、思想家。生于明万历四十一年仲夏。幼时取名绛，后改名继坤，字忠清；明朝灭亡后，又改名炎武，字宁人；一度避仇于南京钟山（蒋山），曾隐姓埋名叫蒋山佣；因他家乡有个亭林湖，后世学者又称他为"亭林先生"。

明末清初是我国社会的一个大变动时期。当时江南一带资本主义经济关系已经萌芽、发展，并冲击着封建主义的经济关系。明末官场腐败，地主阶级内部倾轧，官吏中饱私囊，人民苦不堪言，社会处于一个动荡的多事之秋。社会的风云变幻在顾炎武幼小的心灵中留下了深深的烙印，他在嗣祖、父蠡源公和王氏的教育下，立志做一个经世致用、刚直不阿，于天下有用之人。

顾炎武14岁进县学读书期间，和同乡好友归庄（文学家归有光的曾孙）参加了复社。复社是当时东南各地的几社、则社、读书社、大社、惊隐社、闻社、南社、云簪社、海金社等复合而成的由代表革新的地主阶级知识分子组成的进步团体。崇祯年间，曾开过三次大会，震动朝野，被统治阶级视作"上摇国柄，下乱群情"的组织。顾炎武与归庄在复社中敢说敢为，不拘泥于封建礼教，被一些守旧的人视为"狂"，嘲笑为"归奇顾怪"。

由于明末官场贿赂盛行，士大夫投机钻营，尽管顾炎武14岁就中了秀才，但到27岁，他也没能通过乡试取得举人的资格。从此，他便摒弃科场题名之路，致力于实学研究关于国计民生的真学问。

1644 年清军入关，当时我国南方建立一些"小朝廷"企图与清廷抗衡。1645 年春，顾炎武曾被荐入南京弘光小朝廷任兵部司务，他准备了《军制论》《形势论》《田功论》《钱法论》等作为兴复大计，希望得到采纳，但当他发现小朝廷混浊失去人心，便辞官回乡。在故乡，他加入了历史上有名的"苏州抗清斗争"。抗清失败后，顾炎武家破人亡。这期间，鲁王、唐王均派人和他联络，试图请他出山，帮助中兴大业，但因母棺未葬，未能成行。不久，这两个政权也覆灭了。顾炎武只好隐居在太湖山区读书，并相机与活动于太湖一带的抗清义军联系。江南一带的抗清力量被镇压后，他只好剪发改装，扮作商贾，往返于长江中下游和淮安等地。

1655 年，顾炎武被当地官僚地主诬告"通海"逮捕入狱，在友人相助下，出狱后决计北上，遨游天下。在泰山，他一展胸中积郁，挥笔写下"三万六千年，山崩黄河干，立石既已刻，封松既已残，太阳不东升，长夜何漫漫"的《登岱》诗。在山东，他选择章丘作立足之地，并往来于许多地方查考地方志，调查研究，作"经世致用"之学。1668 年，由于山东的一起"逆诗"案，他被讦奏，56 岁时又关进了济南监狱。后经友人相救，无罪获释。从 1657 年他初到山东至 1677 年他告别山东，他的足迹几乎踏遍了山东各地，并参与修订《邹平县志》《德州志》《山东通志》，还完成了其巨著《肇域志》的山东部分。这一期间，他为了治致用之学，一度垦荒于山西雁门之北、五台之东。由于他善于经营，曾"累致千金"。然而，顾炎武志不在金钱而在于"经世致用"之学。1677 年他应友人之邀，入陕西，居于华阴，杜门不仕，拒修《明史》，致力于其毕生巨著《日知录》和《天下郡国利病书》。

《日知录》是顾炎武从青年时代开始积累资料，花了 30 多年心血完成的读书笔记。《日知录》1670 年初刻于淮安，8 卷本。晚年的顾炎武检讨旧作，作了大量的增补，扩充成 20 多卷，内容涉及政治、经济、军事、教育、科技、哲学、宗教、历史、法律、经学、文学、艺术、语言、文字、典章制度、天文地理等广阔的领域。取"日知"二字，反映了顾炎武治学之认真。他的学生潘来回忆说：亭林先生没有一天不读书，没有一天不抄书。朋友们有时终日宴饮，他对于这样来消磨时光感到讨厌，客人走后，他总是叹口气说："可惜又是一天白白过了。"（《顾炎武》江苏古籍出版社 1982 年版第 74 页）顾炎武认为，知识是日积月累的结果，既要坚持刻苦读书，又要通过实地考察。他说："愚自少读书，有所得辄记之。其有不合，复改定；或古人先我而有者，则遂削之。积三十余年，乃成一编。"（《日知录·自序》）

《天下郡国利病书》是其 27 岁科场失意后就着手撰写的资料性较强的经济地理巨著。在他生前一直没有定稿刊刻。其主要内容是研究全国各地的农田、赋役、水利、盐法、矿产、交通和各地的疆域、关隘要塞、兵防等问题。该书命名"利病"，反映了他"经世致用"的抱负。为此，他历时 24 年，通读了二十一史以及天下郡国志书、地方志书、名人文集、奏章典册等，行程二三万里，往来南北东西作实地考察。

《日知录》和《天下郡国利病书》等奠定了顾炎武在我国历史上的重要地位。与同时代的人和前人相比，顾炎武的学术成就是多方面的。

在哲学观点方面，他反对唯心主义的理学观点，认为"盈天地之间者，气也"，气是构成万物的本体，万物的变化，不过是气的聚散。他说："聚而有体谓之物，散而无形谓之变。唯物也，故散必于其所聚；唯变也，故聚不必于其所散。是故聚以气聚，散以气散。"（《日知录》卷一）在道器关系上，他认为道存在于器物之中，而不在器物之外，"非器则道无所寓"（《日知录》卷一）。

在史学观点方面，他认为历史是进化的，风俗是可变的，变化是"相因之势"起作用，人只能顺其"进"势而进，顺其"退"势而退。在史学研究上，他重视历史资料的广集博采，而特别注重原始资料的价值；在资料处理方面，他主张秉笔直书，遇到疑义，要用正史、野史、官书、私著互证，否则存疑。

在伦理观点方面，他认为学者的使命在于"明学术，正人心，拨乱世以兴太平"。他重视搞好物质生产的作用，认为搞好生产是行教化、正人心、厚风俗的基础。所以他注重关系到民生利弊的实学，所到之处，不是进行空洞的道德说教，而是传播各种实用的技艺，以促进人民生产和生活的改善。

在政治观点方面，他主张众治，反对独治。认为天下权力归于一人的专制不能治理好天下，为此，他提出限制皇权、扩大地方分权、对地方官实行考核、恢复乡治制度、允许民间评论国家大事等措施。

在教育观点方面，他主张乡举，反对举科。认为科举只能为背诵时文的人骗取功名，而不能求得真才实学，误人误国。他要求通过辟举、荐举的方法，使有才智的人施展才智。

在文学观点方面，他推崇白居易"文学合为时而著，歌诗合为事而作"的观点，认为这是"知立言之旨者"。他反对模仿古人，认为"终身不脱依傍二字，断不能登峰造极"。

在音韵学方面，他的《音论》《诗本音》《易音》《唐韵正》《古音表》（合称《音学五书》）具有很高的学术价值，他被尊崇为清代古音学的鼻祖。

在考据学方面，他注重"采铜于山"，搜集、整理、鉴别、选别原始材料，反对"废铜铸钱"，抄袭第二手材料，剽窃他人的学术成果。他的考据学开了清代朴学的新风。

1682年正月初八年迈体弱的顾炎武访友准备回归华阴时，不幸落马坠地，次日溘然长逝于山西曲沃。"天下兴亡，匹夫有责！"顾炎武的这一名言影响了一代又一代的仁人志士。顾炎武作为封建时代的伟大学者，他的道德言行、学问文章虽然带有那个时代的局限性，但其对后世的进步影响还是不可磨灭的。

047

抨击君主专制的启蒙思想家
——黄宗羲

黄宗羲（1610—1695），字太冲，号梨洲，又号南雷，学者尊称他为梨洲先生，浙江余姚人。他与顾炎武、王夫之三人，同被称为明末三大思想家。

黄宗羲出身于中小地主官僚家庭。他的父亲黄尊素是有名的东林党人，为人刚直不阿，敢于抨击时政。天启六年（1626年）因为与大宦官魏忠贤斗争被削去了御史（监察官员）的官职，后来被害死在狱中。

黄宗羲从14岁起跟随父亲住在京城，经常看到父亲与东林党的领袖人物在一起讨论时局，商讨对付阉党的办法。前辈那种忧国忧民的精神深深地感染着黄宗羲，同时从父辈的谈话中，他了解到朝廷中的许多黑暗内幕、丑恶现象，这使他从小养成了爱憎分明、嫉恶如仇的性格。

黄宗羲在成长的道路上，早年得益于他父亲的教诲极深，他父亲死后，给他影响最大的是他的老师——当时有名的浙东大学者刘宗周。19岁为父报仇申雪从京城回到家乡，他决心遵照父亲生前关于读书人不可不通晓史事的教诲，潜心学史，民愤读书、抄书，从历史中了解古今混乱得失的事迹，研讨经世治国的实学。他看到：崇祯即位不久，就开始猜疑群臣，独断专行，因而阉党势力也重新抬头。那时，灾荒连年，赋税繁重，民怨沸腾。而李自成为首的农民起义军，以燎原之势迅速发展着。满洲贵族在东北建立地方政权（先称"金"，后改称"清"）后，清兵在关外虎视眈眈，待机而动。明王朝已到了崩溃的前夜，而朝廷政治腐败，没有一丝起色。于是他毅然参加了当时在社会上规模最大、影响也最广的文人团体——复社。黄宗羲与其他成员一起坚持"重气节，轻生死，严操守，辨是非"的宗旨，与当时最腐朽的封建恶势力——宦官进行不妥协的斗争。

崇祯十一年（1638年），黄宗羲与陈贞慧、吴应箕等人，组织了复社中的148人，以他和顾杲为首联名发表了《南都防乱公揭》，声讨当时被称为第二个魏忠贤式的人物——阮大铖。这篇《公揭》把阮大铖的丑恶嘴脸揭露得淋漓尽致，入木三分。揭文一发表，立刻轰动了京城，黄宗羲也从此成了阉党的眼中钉。

清兵入关后，黄宗羲的老师刘宗周避居山间，他严词拒绝了清政府的劝降，绝食殉国。刘宗周的崇高气节鼓舞了浙东人民的抗清斗争，也激励了黄宗羲。这一年（1645年），他与弟弟黄宗炎变卖了家产，在余姚黄竹浦起兵，组织了抗清义军"黄氏世忠营"。他们拥戴当时在绍兴建立的又一个南明王朝——鲁王政权。从此，黄宗羲踏上了8年抗清的艰辛历程。黄宗羲为恢复明政权颠沛流离，九死一生。当他清醒地看到，清王朝的统治已经在全国确立，因腐朽终于覆灭的明王朝再也不可能恢复重建时，便回到家乡隐居起来，结束了在动荡中奔波的生活。他出于对祖国和民族的强烈的责任感，开始总结历史上的经验教训，探讨经国济世的实学，整理和研究祖国的文化遗产。

康熙二年（1663年），黄宗羲54岁，写下了具有划时代意义的反帝制的光辉著作——《明夷待访录》。黄宗羲生活在17世纪"天崩地裂"的时代，饱尝了由于封建制度的腐朽破败所引起的种种灾难和痛苦。痛定思痛，他产生了总结以往的惨痛教训，找到一条出路的要求。《明夷待访录》就是代表他的社会政治思想的一部力作。它是黄宗羲惟一的一部政治专著，是他结合自己几十年斗争实践研究历史和明代政治所作的总结。

《明夷待访录》全书21篇，《原君》开头，《奄官》结尾，其中有《原臣》《原法》《学校》等13部分。

"天下之治乱，不在一姓之兴亡，而在万民之忧乐。"这是贯穿于全书的指导思想。在封建社会的末期，这种见解有其突出的进步性。作者从这一思想出发，无情地揭露和鞭笞了封建君主专制制度的罪恶。

黄宗羲的进步政治思想的形成，与当时的社会历史实际有紧密的联系。黄宗羲亲身经历过明朝灭亡的历史，也目睹了清兵攻占各地的暴行，特别是他看到当各地人民反抗清初残酷统治的时候，腐朽的南明王朝反而成了抗清斗争的绊脚石，这种鲜明的对比深深地印入他的心里。他思考着社会动荡的根源。黄宗羲在《原君》篇中愤怒地写道："为天下之大害者，君而已矣！"这话真是痛快淋漓，一针见血！这话在300多年前，是没有人敢说的，黄宗羲却大声疾呼：皇帝是"天下之大害者""敲剥者"。因此，有人称赞《明夷待访录》是"人权宣言"。

在批判了君主专制之后，他进而说：现在天下的百姓怨恨他们的君主，"视之如寇仇，名之为独夫"，这完全是理所当然的！他明确地提出这样的问题："岂天地之天，于兆人万姓之中，独私其一人一姓乎！"在黄宗羲的笔下，从来被认为至高无上的"天子"被剥掉了神圣的光圈；"天子"并不是什么的神权天授，不过是普通的"一人一姓"而已。

在《明夷待访录》中，黄宗羲有力地鞭挞了束缚思想、窒息人才的科举制度。他认为这种制度服务的所谓学校纯属是"富贵熏心"的势利场。他鄙视那些以皇帝之是为是、以朝廷之非为非的读书人，对有真才实学但却被埋没于"草野之间"的人们则深表同情。

君主专制之害，在当时怎样才能加以改变呢？黄宗羲认为最重要的是制定"天下之法"，废除"一家之法"，从而限制君权，保障人民的基本权力。他为了求得人权平等，主张非废除秦汉以来的"非法之法"不可；要求得天下太平，非废除专制的君主制度，而改为民主制度不可。在《原君》中他理直气壮地呼吁，现今应当是"天下（人民）为主，君为客"。

在《明夷待访录》中，黄宗羲还提出了"工商皆本"等先进的经济思想。

在经济学说上，他也反映市民的要求。主张废止金银货币，使用"宝钞"，而以金银作为宝钞的基金。他这种经济思想，有利于商品流通，有利于工商业的发展，开启了近代的经济政策。

《明夷待访录》反对君主专制，主张民权，对清末的维新变法运动影响很大。当时的资产阶级改良派梁启超、谭嗣同等将它节抄、复印、秘密散发，鼓动了民主思想，推动了改良思潮。黄宗羲的民权思想一直影响到辛亥革命时期的孙中山、邹容、陈天华等人，为旧民主主义革命提供了思想武器。

黄宗羲60岁以后，从事于学术史和史学的研究，66岁时完成中国第一部学术史——《明儒学案》。这部著作，对明朝300年间各个学派学术思想的发展经过，每个学派的时代背景、代表人物、学说宗旨及其前后变化等，作了介绍和评论。《明儒学案》在刊印之前，就已引起许多学者的重视，彼此传抄。康熙三十一年刻印问世后，清代学者推崇备至。《四库全书》也收录了此书，它是我国第一部内容比较完整系统的学术思想史专著。

黄宗羲一生从事学术研究，取得了很大的成就。其著作共60余种，1300余卷，内容涉及史学、政治、哲学、经学、数学、地理、天文、历法、音乐、诗文等许多方面。

晚年的黄宗羲已经成为一位德高望重、誉满全国的大学者。康熙皇帝也几次想征召他到朝廷任职或参加修撰《明史》，并认为他是当时惟一的一位博学多闻，才华横溢，可以充当朝廷顾问的人，但是黄宗羲辞官不做，继续潜心于搞学问。

黄宗羲是一位爱国者，他在明末清初之际，坚持了崇高的民族气节。他作为启蒙思想家，勇敢地抨击了腐朽的封建君主专制制度。他作为伟大的学者和思想家，为中华民族的学术文化发展作出了重要的贡献。他的著作是中华民族优秀文化遗产的一部分。

048

中国古代哲学的集大成者
——王夫之

王夫之（1619—1692），字而农，号姜斋。其祖原为江苏高邮人，因随燕王朱棣"靖难"南下，以功授衡州卫指挥金事，世袭武职，居湖南衡阳。王夫之晚年隐居在湖南的石船山麓，故后人称他为船山先生。他是明末清初的伟大哲学家，我国古代哲学的集大成者。

王夫之幼年勤奋好学，智力过人。其父是当地有名的学者，家庭环境对他影响很大。因此，他4岁开始入私塾，7岁读完了五经，10岁时，他父亲给他讲儒家经典。14岁中了秀才。24岁中了举人。这时，在他父亲的督促下，又进京考进士。因当时李自成、张献忠农民起义，时局紧张，上京之路已经不通，他只好返回家乡。

1643年，张献忠领导的农民起义军攻占衡阳，聘请王夫之参加起义军。他拒绝从军，并藏在南岳双峰下的草舍中，义军胁迫其父为人质，他得知后，刺伤脸部和肢体，去见义军。经过交涉，起义军看到他那种样子，释放了他父亲，他也乘机逃走了。明朝灭亡后，他在衡山起兵反清，阻击清军南下，兵败后，奔赴肇庆，任南明桂王政府行人司行人。后因反对王化澄，几陷大狱，到桂林投靠瞿式耜，不久，瞿式耜殉难，他也从此浪游于湖南的浯溪、郴州、耒阳、晋宁、涟郡一带。降清将领吴三桂攻占衡州后，曾派人请他出来做官，他坚决不做，清朝官吏带了许多礼物拜访他，他拒之门外。他认为，农民造反赶走皇帝，那是大逆不道。清兵入关，夷人统治汉人，更是不合理。所以，他看到明朝大势已去，就回乡隐居于湖南湘西苗瑶山洞，最后定居于衡阳的石船山，闭门著书。他隐居后，仍然坚持了反抗民族压迫的斗争精神，至死都没有按照清朝的法令剃发留辩。他著书也是为了宣传自己的主张，一生坚持了唯物主义的战斗精神，至死不变。

由于他生活在动荡的年代，经过了政治上的风风雨雨，经济上也是极为困难的，写作连书籍纸墨这些基本的条件都不具备，有时不得不向别人讨些废旧账簿来用。正是在这样的艰难困苦的环境下，使他有机会接触社会，体验人民的疾苦，这对他的学术成就有很大帮助。正如他自己1692年为自己题的《碑铭》所说的："抱刘越石之孤愤，而命无从致；希张横渠之正学，而力不能企。"这就是说，他在政治上要像西晋的刘琨一样，尽力挽救国家危亡；而在学术上坚持北宋张载的唯物主义思想。这是他一生的真实写照。由于他不倦地努力，著作涉及面很广，学术成就很大。他对天文、历法、数学、地理都有研究，尤其是在经济、史学、文学等方面成就更大，他的主要贡献，是在哲学上总结和发展了中国古代朴素唯物主义。他在批判宋明理学的斗争中，继承和发展了王充和张载的唯物主义的优良传统，批判总结了古代哲学的各家各派，建立了自己的一个博大精深的哲学体系，把我国古代朴素唯物主义推向一个新高度。他一生著作很多，共有320卷，100多种，800万字。主要著作有：《张子正蒙注》《周易外传》《尚书引义》《读四书大全说》《思问录》《黄书》《噩梦》《读通鉴论》《宋论》等。

他在中国古代哲学的一些基本问题上，如理气问题、道器问题、有与无的关系问题，等等，都进行了研究，作出了重要贡献。

关于理气问题，他继承和发挥了张载的"虚空即气"的唯物主义观点，强调气是一切变化着的物质现象的实体，是客观存在。他认为，"尽天地之间，无不是气"（《读四书大全说》），"凡虚空皆气"（《太和篇》）。这就是说，世界的本体，是物质的气。他还进一步强调"气"是客观存在的。他说：人的"目所不见，非无色也。耳所不闻，非无声也。言所不通，非无义也"（《思问录》）。因此，不能因为感觉不到，就说"无"。"气"在构成万物时，由于聚散的不同，分为有形的和无形的。这种有形和无形，只是形态上的不同，并不是有和无的差别。他还用"气"的观点，论证了物质不生也不灭。他说木柴燃烧化为烟和灰烬，好像什么也没有了，其实并不是这样，它的一部分化成水，归入大自然中的水，一部分烧成灰土，归入大地上的土，没有烧尽的木头，仍是木头。这些既不生也不灭，世界是不生不灭的。值得注意的是，他还提出"理即气之理，而后天为理之义始成"。有力地批判了宋明理学的"理在气先"。"理在事先"，即精神先于物质存在的唯心论，否认了离开物质运动而独立存在的客体精神——理。他还发挥了张载"理也顺而不妄"的观点，说明了理不仅在气中，而且是气的运动变化，有它的"必然"——规律性。

王夫之在道器关系上，他批判了宋明理学中的"离器言道"的唯心主义论调，对道器关系作了新的发挥。他说："据器而道存，离器而道毁。"（《周易外传》）所谓"器"，就是指客观存在的各种具体物质，所谓"道"是具体事物的规律；没有事物，运动的规律就是不存在的，所以"道不离器"。他还认为，"无其器则无其道"，即没有事物就没有事物的规律，只能说规律是事物的规律，而决不能说事物是规律的事物。他举例说，在没有弓箭的时候，当然就不会有关于射箭的道理；在没有车马的时候，当然就不会有关于驾车的道路，等等，总之，当有某种事物的时候才会有关于它的原则、道理和规律。同时，他还认为，随着"器日尽，而道愈明"，意思是说，随着事物向前发展，它所表现的规律也就愈明显了。他的"道不离器"的观点，坚持了物质第一性，精神第二性的唯物主义观点，为他的唯物主义体系奠定了基础。

王夫之在批判宋明理学的形而上学的观点时，还提出了一些辩证法的学说。在主观与客观的关系问题上，他认为认识是主客观的统一。他说："形也，神也，物也，之相遇知觉乃发。"（《太和篇》）这里，他所说的"形"是指人的感觉器官，"神"是人的思维活动，"物"是指外界事物，这就是说，这三者相结合，人才能有认识。当然，他还不可能把认识提高到感性认识阶段和理性认识阶段的高度，但他已看到人的思维活动在认识过程中的作用，这是符合唯物反映论的原理的。

王夫之在物质运动问题上，认识到物质运动的绝对性，批判宋明理学的形而上学不变论。他说："天下之变万千，而要归于两端。"（《老子衍》）意思是说，世界变化无穷无尽，究其原因，是由于气中存在着两端，"两端"就是事物存在的两个方面,比如阴和阳、刚和柔、动和静、聚和散等。任何一个事物都包含着这"两端"。他认为静与动的关系是辩证的,他说:"静者静动,非不动也","方动即静,方静施动,静即含动,动不舍静"。(《思问录》)这就是说,动是绝对的,静是相对的,如江河之水,表面看来,似乎古今一样,其实今水已非古水。他认为"天地万物,恒生于动而不生于静"(《读四书大全说》),他还阐述了"道日新""质日代"的发展变化观点。他说:"天地生物,其化不息。"是说事物是永远发展变化的,不可能"废然而止"。这里,他修正了张载的"日月之形,万古不变"的观点,更有力地抨击了宋明理学"天不变,道也不变"的唯心主义观点。

王夫之还应用唯物主义自然观去观察历史,提出"理""势"统一的历史观。他把历史发展的客观过程和必然趋势,叫做"势",把历史发展的规律性叫做"理"。他提出了"于势之必然处见理"的观点,即人们必须从"势之必然处"认识历史发展的必然规律。他还进一步提出,历史既然有"理"和"势",治天下就必须要"循理""乘势",按照客观规律办事。因此,他强调,历史发展不能凭主观意志,而必须遵守历史发展的客观规律。同时,他还重视人的能动作用。他认为,从一种客观可能性变为社会现实,必须通过人的有目的的活动。在历史观上,虽然他反对了历史倒退论,提出了许多新的见解,但他的历史观还是唯心主义的。

总之,王夫之的哲学成就是巨大的。他不仅全面地继承了我国古代朴素唯物主义哲学的思想成果,而且在一定程度上有所突破,有所建树。他对唯心主义哲学的批判,在中国哲学史上占有重要位置。但是,由于时代和阶级的局限,他的历史观归根到底还是唯心主义的。

049

程朱理学的全面批判者

——戴震

戴震（1724—1777），字慎修，又字东原，安徽休宁隆阜（今安徽屯溪市）人，生于清雍正元年（1724年），乾隆四十二年（1777年）病逝于北京。

戴震出身于一个小布商贩家庭。10岁"就博读书，过目成诵，日数千言不肯休"。戴震自幼聪明过人，记忆力很强，塾师授以《说文解字》，"三年尽得其节目"，到了十六七岁时，对《十三经注疏》也已"能全举其辞"。因家境贫困，他18岁便随父行商，辗转各地。戴震生活的年代，是清朝统治者在文化思想上实行高压恐怖政策的年代。统治者把程朱理学奉为官方的哲学，大兴文字狱，对不利于他们统治的民族民主思想，对同程朱理学相背离的言论，都加以残酷的血腥的镇压。戴震通过大量事实，认识到封建统治者提倡程朱理学意在用以镇压和摧残进步思想，压迫和奴役广大人民，于是他决心揭露程朱理学，开始了对程朱理学的全面批判。正是由于戴震的大量著作"触犯"程朱理学，因此，豪强显贵把他视为眼中钉。初以侵占戴氏祖坟加以凌辱，乾隆二十年秋，又借弘历炮制的湖南学政胡中藻《坚磨生诗钞》的文字狱加罪于戴震。面临杀身灭族之灾，戴震被迫立即"脱身挟策入都"，先后在北京、扬州等地过了10年颠沛流离的避难生活。戴震40岁中举人，41岁至53岁，曾先后六次入都参加会试，均落第。51岁入四库全书馆任纂修官。53岁，会试不第，准与乙未贡士一体殿试，赐同进士出身，授翰林院庶吉士。55岁病逝于京师崇文门西范氏颖园。戴震的一生，大部分时间是在贫困中度过的。他的生平经历对他的哲学思想的形成和发展，有着密切的关系。

戴震继承了中国哲学史上的唯物主义传统，吸取了当时自然科学的成果和新兴市民阶层的思想因素，建立了他的朴素唯物主义哲学体系。戴震的哲学包括自然观、认识论以及社会政治伦理观三个重要组成部分。戴震是在批判程朱理学的唯心主义体系，批判封建伦理道德中，阐发他的哲学观点的。

关于自然观，戴震认为宇宙的本原是物质的气，这种物质性的气就是阴阳、五行，就是道。他说："《易》曰'一阴一阳之谓道'，《洪范》：'五行：一曰水、二曰火、三曰木、四曰金、五曰土。'……阴阳五行道之实体也。"道的实体，就是物质的阴阳五行。他明确指出，"道，指其实体实事之名"，绝不是精神性的东西。他批判了程朱理学"理也者，形而上之道也，生物之本也；气也者，形而下之器也，生物之具也"的唯心主义观点，认为所谓形上形下都是气化流行的形态。戴震还坚持"理化气中"的唯物主义观点，批判程朱学派"理化气上"的唯心主义。他认为所谓"理"，无非是事物的条理，即事物的规律，不能脱离具体事物而存在，理不是离开具体事物的所谓形而上者，理就在事物之中，"就事物言，非事物之外别有理义也。'有物必有则'，以其则正其物，如是而已矣"。戴震还认为物质世界是运动变化的，"天地之气化流行不已，生生不息"，"生生者，化之原；生生面条理者，化之流"。他把宇宙看成是气化流行的总过程，并把这个运动变化的过程，称之为"道"。但在发展观上，戴震认为道是运动变化的，而具体事物（器）却是一成不变的，"器言乎一成而不变"，"气化生人生物之后，各以类滋生久矣；然类之区别，千古如是也，循其故而已矣"。这又具有形而上学的因素。

认识论是戴震哲学的重要组成部分，也是他批判程朱唯心主义哲学体系的一个重要方面。戴震提出"人之血气心和，原于天地之化"和"有血气，则有心知；有心知，则学以进于神明"的观点，这是唯物主义的认识起源论。他认为人的耳目鼻口等感觉器官接触外界事物，心能发现事物的规律。他强调对事物要进行考察研究，"事物之理，必就事物剖析至微而后理得"。戴震还提出"光照论"，由于戴震把人仅仅理解为自然的人，他离开了人的社会性、离开了人的认识对社会实践的依赖关系，而把认识看成是像火光照物一样，由于光的大小、明暗、远近的不同，认识也有深浅粗细之别；光大、光远、光明，得理就多些，反之则少些。把人的认识看成只是消极的、被动的反映。

中国哲学史上长期争论不休的一个社会政治伦理问题，即人性是善还是恶？"理"和"欲"的关系如何？戴震主张性是善的；"理"与"欲"是统一的。这就是他的社会政治伦理的基本观点，也是他整个思想体系的核心。戴震认为，人是一种有感觉的自然物，有血气心知，"有欲、有情、有知"，这是人的本性。他强调欲和私的严格区别，认为私是"欲之失"，不能"因私而咎欲"。相反，人的自然情欲是道德的基础。"理存乎欲"，道德准则的作用在于使人的自然情欲得到合理的满足和发展，即"体民之情，遂民之欲"，并使之不断臻于完善。他主张"以情洁情"，使天下人的物质生活欲求"无不得其平"，戴震揭露宋明理学"存理灭欲"的禁欲主义是统治者"以理杀人"的工具。戴震的伦理思想，在客观上反映了当时市民阶层的平等要求，包含着启蒙思想的因素，是中国近代反对封建旧道德的先声。

戴震及其哲学在当时及后世都产生过相当的影响。戴震在世时，他的《原善》《疏证》等哲学著作，既有人（如洪榜等）给予推崇，也有人（如彭允初等）加以反对。戴震逝世后，他的哲学很快在东南沿海一些省份的知识界流传开来。据章学诚（1738—1801）说，在戴震哲学的影响下，一些地区的知识界，已经造成了"不驳朱子，即不得为通人"、"诽圣诽贤，毫无顾忌"的时风。我国近代资产阶级民主革命思想家也从反对清王朝的封建统治、进行民主革命的需要出发，研究和宣传戴震的哲学思想。章太炎是近代首先评论和推崇戴震哲学的人。他认为戴震的哲学代表了人民的愿望。正是在章太炎等人的宣传下，戴震哲学更广泛地被人所重视。到了五四运动时期，一些民主思想家也曾利用过戴震反理学的斗争成果去批判孔家店。尽管戴震像一切旧唯物主义者一样，他的哲学尚存在这样或那样的缺陷，但戴震哲学毕竟是有它自己的特点和超越前人和同时代人的地方。正当雍正、乾隆年间，大批学者屈从于清王朝的文化高压政策，纷纷脱离社会政治实践，钻进故纸堆里的时候，唯独戴震勇敢继承张载、王夫之等人的唯物主义传统，高举唯物主义旗帜，指名道姓地批判程朱理学，完成了以前反理学的思想家所没有完成的任务，启迪了后代的民主思想，这不能不说是戴震为中国哲学史写下的新篇章。

戴震一生著作很多，包括算学、天文、地理、声韵、训诂、哲学等方面内容。戴震死后不久，曲阜孔继涵将其著作统编为《戴氏遗书》，收入《微波榭丛书》，1792 年，段玉裁编定《戴东原集》刊行于世。中华人民共和国成立后，先后有中华书局出版的《戴震文集》(1980 年)、《孟子字义疏证》(1982 年版，包括《原善》《绪言》《孟子和淑条》《答彭进士允初书》《中庸补注》等)，上海古籍出版社出版的《戴震集》(1980 年)等。

050

"自立于 20 世纪诗界中的大家"
——黄遵宪

黄遵宪（1848—1905），字公度，广东嘉应州（今广东梅州市）人。是中国近代杰出的爱国诗人，也是一名外交家，戊戌运动的积极参与者。

黄遵宪出生前后，正是帝国主义一次更比一次野蛮地侵略中国、国内农民运动一浪高过一浪的时代。中国社会的经济、阶级关系发生着剧烈的变化。这一切，对黄遵宪的一生，有着极大的影响。他 20 岁在家乡考中秀才，26 岁中拔贡生，29 岁中顺天乡试举人，曾得到李鸿章的赏识，称其为"霸才"。

1878 年他 30 岁的时候，何如璋奉命出使日本，他以参赞的身份随使日本。日本自明治维新以来，不到十年的时间就日渐强盛起来，这对于近邻的、正遭受外国侵略的中国人民来说，有着现实的借鉴作用。黄遵宪同国内的其他仁人志士一样，迫切想了解日本是如何学习西方的。他游历日本各地，接触各阶层人士，认真考察和研究日本的历史、现状及风俗等，并且还注意研究各国的历史及国际形势。他的眼界不断扩大，思想也发生了明显的变化。他在这一时期，创作了大量反映和介绍日本国情的诗作，并着手编撰《日本国志》。

1882 年他调任驻美国旧金山总领事，1885 年解任回国。在国内这一段时间里，他日夜加紧著述，于 1887 年完成了《日本国志》一书。该书共 40 卷，包括年表、国统、邻交、天文、地理、职官、学术等 12 类，共 50 余万字。他在这部书中，采用略古详今之手法，在记述日本 3000 多年的历史沿革后，着重介绍了日本明治维新以来在政治、经济、文化等诸方面的变革情况。以他自己的话说："意在借镜而观，导引国人，知其所取法。"其目的就在要作为中国变法自强的借鉴。

1891 年他再度出仕，随薛福成出任英国使馆参赞，不久又调任新加坡总领事。1895 年中日甲午战争爆发，他被调回国内。

黄遵宪在长期的外交生涯中，耳濡目染了东西方各国的政治制度及其学术思想，如探寻了日本明治维新发生的原因、政治制度等；又出开办费，又请梁启超来上海共同筹办并主笔《时务报》。同年，他奉旨入京，被命为出使英国大使，后来又改为出使德国，但遭到阻挡而未能成行。1897 年改任湖南长室盐法道，继而又接署湖南按察使，与湖南巡抚陈宝箴协力举办新政，仿西方国家巡警制度，设立保卫局，又设课吏馆；还开办了时务学堂和南学会，宣传变法维新和培养维新人才，使湖南当时的社会风气大变，成为变法维新的中心之一。1898 年，黄遵宪被命为三品京堂出使日本。但他因病而未能立即赴任。这年 9 月，维新变法运动遭到以慈禧太后为首的顽固派的镇压而告失败，黄遵宪受人参奏，几经周折，最后被罢职归家。

黄遵宪不但是维新变法运动的积极鼓吹者与参与者，还是中国近代一位杰出的爱国诗人。与他的改良主义政治思想相适应，在诗歌领域，他成为改良主义时期爱国诗人的一面旗帜。当时的中国诗坛，虽然仿效古人的目标各有不同，但仿古这一点却是共同的。浓厚的复古之风笼罩着当时的中国诗坛。而这时资产阶级改良派的几位首要人物，像康有为、梁启超、夏曾佑、谭嗣同等人，在从事政治改革的同时，都提出了反对复古、革新诗界的口号。

1896 年到 1897 年之间，梁、夏、谭等正式提出了"诗界革命"的口号。黄遵宪诗歌的成就不仅高于旧派诗人作家，而且也超越了同时期的新派诗人作家。在其创作上是如此，在提倡"诗界革命"的主张上，也远远地早于康、梁、夏、谭等人。他在少年时代，就已提出"别创诗界"的主张。他 21 岁时，提出"我手写我口"的诗歌创作原则，亲自考察和接触了美国、英国等新型资产阶级国家的政治制度。这些使他认识到，建立立宪政体是西方和日本强盛的缘由；中国要救亡图存，只有维新，要维新就必须学习外国。

回国后，黄遵宪于1895年奉命主持洋务局工作。1896年他来到上海。当时康有为正在上海组织强学会，黄遵宪也参加了。之后，他又登门拜访了康有为。他赞同康有为的维新主张，但略有一点不同之处，他认为"顿进难求速效，不若用渐进法"。这一点并没有影响他们之间的共事。而且从这次会面之后，他们"朝夕过从，无所不语"。

北京的强学会，不久就遭到顽固派的封禁，上海的强学会也随之瓦解。黄遵宪为重振强学会精神，决心开办报馆，加强舆论宣传。在诗歌创作方面，黄遵宪要求达到"古人未有之物，未辟之境"。他以通俗语言写诗，反对盲目尊古和仿古，主张冲破旧式诗歌的束缚。在他几十年的诗歌创作实践中，始终坚持这一原则，成为中国近代"诗界革命"的先驱。

黄遵宪的诗，"大部分是政治诗、时事诗，是纪史议政的史诗"。由于他生活的年代正是帝国主义列强疯狂侵略中国的时代，他将反帝爱国的激情，熔铸在笔端，写出了一首首反映时代、表达人民意志的诗。1884年中法战争中，清军节节败退，当时年已七十的冯子材老将军，在镇南关一战中，打败了进犯的法军。消息传到美国，黄遵宪奋笔疾书，写下了《冯将军歌》。他热情歌颂了英雄将帅奋勇反抗侵略者的爱国精神。诗中写道："冯将军，英名天下闻……将军一叱人马惊，从而往者五千人，五千人马排墙进，绵绵延延相击应……十荡十决无当前，一日横驰三百里……闪闪龙旗天上翻，道咸以来无此捷。"中日甲午战争后，签订了割地赔款的丧权辱国的《马关条约》，台湾被割让的消息，使他又挥笔写下了《台湾行》。诗中写道："城头蓬蓬擂大鼓，苍天苍天泪如雨。"字字句句倾泻着他心中的巨大悲愤，并发出坚决保卫祖国领土的铿锵誓言："……成败利钝非所睹，人人效死誓所拒。万众一心谁敢侮！"在《羊城感赋》《马关纪事》《天津纪乱》《哭威海》等诗里，他无情地揭露和谴责了清政府中的汉奸和庸臣，控诉了帝国主义列强欺凌我国的野蛮罪行。黄遵宪的诗，如人所说："如读一部中国近代史，是历史的诗。"

黄遵宪在我国古典诗歌的继承方面以及民间文艺等方面，都有过不少卓见。他认为在诗的创作上，要"取《离骚》、乐府之神理而不袭其貌"，主张继承和发展古典诗歌中积极的浪漫主义与现实主义的传统；诗歌要成为时代的镜子，要有诗人的独特风格。他努力使传统的诗歌形式与新内容和谐，即从古典诗歌、民间文艺中汲取营养。他的家乡嘉应州是山歌之乡，他从小就受到山歌的熏陶。在他的诗作中，有不少就汲取了劳动人民口头文学的特点，取精用宏地移植到他的诗创作中，丰富和扩展了他的诗的表现力。

他的著作有《日本杂事诗》《人境庐诗草》《日本国志》等。

051

"公车上书的头儿，戊戌政变的主角"
——康有为

康有为（1858—1927），原名祖诒，字广厦，号长素，戊戌变法失败后，又号更生，广东南海（今广州）人。学者称南海先生。他是中国近代史上早期的资产阶级改良派思想家之一，是戊戌变法的组织者和领导者。其先代为广东名族，世代以理学传家。康有为从小就在这样一个封建官僚地主家庭接受封建正统教育。其父达初早逝，从小就跟祖父赞修学习程朱（即宋朝的程颢、程颐、朱熹）之学。他每次诵读，过目不忘。7岁便通文。18岁时又从师于广东的一个知名理学大师朱次琦，学习3年，以程朱理学为主，而又兼陆王（南宋陆九渊和明朝王阳明）心学。他博涉群学，像哲学、历史、佛学等，都有着很深的旧学根底。

康有为生长的年代，正是中国遭受资本主义侵略和接受西方资本主义文化最早的时代。他受程朱理学和时世的影响，鄙弃那种重繁琐考据的学风，好独立思考，并以"救世"为其大志。

1879年，他独自到西樵山白云洞读书，阅读了不少像《文献通考》《经世文编》《天下郡国利病书》《读史方舆纪要》等"经世致用"的书。这年冬，他又游历了香港，接触了西方资本主义的文明："览西人宫室之瑰丽，道路之整洁，巡捕之严密，乃始知西人治国有法度，不得以古旧之夷狄视之。"（《戊戌变法资料》）这些都使他开阔了眼界。从这年起，他开始了向西方寻找真理的历程。

1882年，他去北京参加顺天乡试，未考取。回广州时，他在北京、上海买了大批的讲求西学的书籍，潜心学习和研究西方的新思想和新学问，并与中国历史上的变革思想相结合，逐步形成自己的改良主义思想。

1884 年，康有为开始编写《人类公理》一书，后来改名为《大同书》。《大同书》成于 1901—1902 年，全书共 10 卷。康有为利用今文经（即汉代学者所传述的儒家经典）的公羊学说和《礼记·礼运》中的大同思想，与欧洲空想社会主义、资产阶级民主思想和达尔文进化论糅合在一起，幻想一个"无邦国、无帝王、人人平等、天下为公"的所谓大同社会。

1888 年，康有为再次到北京应试，正逢中法战争失败，面对"马江败后，外侮频仍"的现状，康有为第一次向光绪皇帝上书。其内容主要是指出民族危亡迫在眉睫，必须要改良政治以挽救国家的命运，提出了"变成法，通下情，慎左右"三条纲领性主张。此书被当政大臣所截留，未到光绪皇帝手中。这次上书，在北京城引起了一定的反响。

1890 年，康有为又回到广东。他一边收徒讲学，一边宣传维新变法的思想，并力图从中国固有的文化中寻找有利于自己思想的武器。他受今文经学（指经学中研究今文经籍的）家廖平思想的影响和启发，认识到今文经学中有不少可以汲取的东西。从今文的"三统说"讲夏、商、周三代制度各有"固革损益"；到"三世说"讲乱世可进至"升平"而至"太平"，正说明了制度不是不可变的。他还读了严复翻译的《天演论》一书，也得到不少收益。他对西方的进化论，作了一定的取舍、加工、改造，并试图把这种进化论与儒家今文经学糅合，用"三世说"的历史进化论来解释中国历史，解释中国的现状要改变，只有变法图强。这就开始形成了康有为的孔子托古改制的思想，写成了《新学伪经考》。在他的学生梁启超的协助下，又编写成了《孔子改制考》。前一本书，是康有为在维护孔子的名义下，将封建主义者历来认为神圣不可侵犯的经典宣布为伪造的文献。也就是用孔子的名义提出维新变法的主张。后一本书把孔子装扮成是具有资产阶级民权思想和平等观念的倡导者。这两部书对当时学术界产生了强烈的影响，并成为资产阶级改良派变法的理论根据。

1895 年，中日甲午战争失败后，康有为、梁启超又到北京参加乡试。此期间传来《马关条约》割地求和的消息，康有为愤慨之余，立即联合当时由各省来京会试的举人约 1300 多人，联名给皇帝上书，要旨是反对与日本签订投降和约，主张变法图强。这是康有为的第二次上书，但仍未能到达皇帝手中。然而它的影响是巨大的。这就是历史上有名的"公车上书"。康有为这次上书未成功，却中了进士。他为了实现资产阶级改良主义主张，又以进士的名义继续上书。其内容主要是有关变法的建议。这次上书，光绪皇帝虽然看到了，但也不了了之。这年8月，康有为和梁启超在北京组织戊戌维新时期的第一个学会——强学会。它不仅得到大多数知识分子的支持，也得到当时某些官僚的支持。与此同时，还创办了《中外纪闻报》。尔后康有为又南下，到上海组织强学会分会。这些主要都是以宣传保国、保种、救亡图存的思想，以便争取更多的群众支持。强学会活动不久，就遭到顽固派的攻讦与封禁。这种压制，反而加速了变法维新运动的发展。全国各地，纷纷创建各种学会、会堂、报馆、书局等。上海、湖南、广东逐渐形成维新变法运动的中心。

1897年，德国强占胶州湾，列强开始瓜分中国。康有为于这年12月，一面开始第五次给皇帝上书，一面组织学会，比如粤学会、蜀学会、知耻会等。一个月后，康有为又给光绪皇帝上《应诏统筹全局折》，系统地提出变法的纲领，这是第六次上书。并将他撰写的《日本明治变政考》《俄罗斯彼得变政记》送给光绪皇帝，以期望皇帝效法日本和俄国。接着他又第七次上书，着重论述彼得大帝是如何敢于向西方学习的。

1898年，在粤东会馆召开了著名的保国会。康有为在大会上发表演说，并起草了保国会的章程。保国会的宗旨就是要保国、保种。他打出救亡的旗帜，以便唤起广大群众的爱国热情，因而使他们发动的改良运动成为一个群众性的爱国运动。参加保国会的人数，达到百日维新前维新派政治活动的高潮。但是，保国会没有存在多久，就解散了。1898年6月11日，光绪皇帝终于接受康有为等人提出的"要救国，只有维新，只有学外国"的政治纲领，决心变法。6月16日光绪皇帝召见康有为，命他当变法的顾问。百日维新自此开始。以康有为为首的资产阶级改良派，在这段日子里，通过光绪皇帝，颁发了一道道诏令，包括有政治、经济、文教、军事等方面的改革措施。其变法主张，可概括为：政治上拟请颁布宪法，召开国会；经济上拟请发展中国的民族资本主义；军事上拟请重练新军以图富强；文教上拟请废止科举，培养新人。就在维新派认为变法可望成功的时候，这些诏令遭到顽固派的极力抵制。9 月 21 日以慈禧太后为首的顽固派，经密谋策划，突然发动政变。光绪皇帝被囚瀛台，维新派遭到残酷的捕杀。

康有为在政变前一天，得到皇帝密诏，即刻离开北京而逃至日本。当时孙中山正在日本从事革命活动，得知康有为到来，曾派人与其联络，希望能够合作。康有为断然拒绝了。在流亡期间，康有为游历了美洲、南洋，在加拿大组织了保皇会。他坚持君主立宪，反对孙中山领导的革命活动。1913 年回国后，他办《不忍杂志》，反对民主共和，宣扬孔教为国教。1917 年参加了拥立宣统复辟的活动。五四运动以后，仍坚持君主立宪和尊孔。

戊戌变法是中国近代第一次民主宪政运动。康有为曾向西方寻求真理，为使中国富强，曾是中国近代早期资产阶级的先进人物、戊戌变法的组织者和领导者。戊戌政变失败后，他却一步步陷入保皇派的泥坑。然而他组织和领导的戊戌变法运动在中国近代史上的进步作用，还是不可磨灭的。"广东举人多得很，为什么康有为独独那么有名，因为他是公车上书的头儿，戊戌政变的主角。"鲁迅的寥寥数语，勾画了康有为在中国近代史上的地位。

052
中国历史上一位百科全书式人物
——梁启超

梁启超（1873—1929），字卓如，号任公，别号沧江，又号饮冰室主人，广东新会人，出身于地主家庭。幼时聪颖、机敏，有家学，11岁考中秀才，16岁中举人，是一个颇具影响的资产阶级启蒙宣传家。1890年，他去北京参加顺天乡试，落榜。归途中，他在上海坊间购得《瀛环志略》一书，开始知道世上原有五大洲各国。随后又买了当时所能买到的各种"西学"书籍，如饥似渴地汲取西方资产阶级思想文化和了解世界形势，大大开阔了眼界。回到广州后，梁启超听说康有为给皇帝上书要求变法未成，且刚从京师回来，便前去拜访。康有为对梁启超慷慨陈词，对数百年旧学无用的批驳与辩证，使梁启超受到极大的震动。此后，梁启超拜康有为为师，在其万木草堂学习3年，完全接受了康有为的改良主义思想及其主张。在此期间，他协助康有为编写了《新学伪经考》等书，成为康有为最为得力的助手。

1894年，梁启超同康有为一道，同去北京赶考，未被录取。第二年，两人再次前往北京赶考。当时正逢《马关条约》签订，全国上下正处于众情激愤之中。康有为决心再次给皇帝上书。在梁启超的协助下，康有为联合当时在京准备应试的各省举人，联名上书请求变法，这就是著名的"公车上书"。

这次会试，梁启超仍然榜上无名，他就留在北京帮助康有为组织强学会，担任书记员，创办《中外纪闻》报。不久该报就遭到顽固派的压制，不仅北京而且上海也同样，学会、报馆陆续遭到查封。然而，这种符合当时历史潮流的维新变法运动是不会被顽固派所吓倒的，相反得到更加迅速的发展，各地创办了许多学会、报刊。

1896 年，梁启超到上海创办《时务报》，担任主笔。他撰写了《变法通议》等文章在报上发表。他揭露了封建专制制度的腐朽没落，猛烈抨击了顽固守旧派，指出不变法的危害，提出了系统的变法理论。他以不同于当时文坛风气的新文体，通俗而流畅，富有感情的笔调，大声呐喊，中国非变法不可；唯有变法，才能保国、保种、保教。这一代表资产阶级爱国启蒙的宣传，有着巨大的感召力，受到当时人们的极大欢迎。梁启超的名声也为之大震，成为海内外闻名的宣传家。《时务报》在数月之间，销量达到万余份，是中国有报以来前所未有的。受其影响，各地也很快新办了各种报刊杂志，为宣传和推动维新变法运动起到了积极而显著的作用。

1896 年，梁启超去澳门筹办《广时务报》，后易名为《知新报》。该报于 1897 年初正式发行。他还集股在上海创办大同译书局，其中《孔子改制考》《俄皇大彼得政考》等书，就由此印行。梁启超又应湖南巡抚陈宝箴、按察使黄遵宪的邀请，到湖南长沙时务学堂担任总教习。这是一所培养维新人才的学校。他还协助谭嗣同筹划新政，组织南学会和创办《湘报》，使湖南很快成为维新变法的中心之一。

1898 年，康有为第六次上书，维新变法运动也随之进入高潮。梁启超为协助康有为，特地赶来北京帮助筹办保国会。保国会的成立，推动了全国的维新变法运动。6 月 11 日，光绪皇帝颁布诏令，决心变法。康有为、梁启超得到重用，参与新政。梁启超奉旨在总署查阅奏章。他多次上书，要求废除八股文等。光绪皇帝召见了他和康有为，命他筹办大学堂，主持译书局事务。然而，维新变法有如昙花一现，很快就失败了。9 月 21 日，以慈禧太后为首的顽固派残酷地镇压了维新变法运动，梁启超逃离北京后东渡日本。

梁启超在日本创办和主编了《清议报》，提倡勤王，詈骂慈禧。当时孙中山亦在日本从事革命活动，当他知道康有为、梁启超也在日本时，就偕同陈少白约康、梁会谈，只有梁启超到会。三人各抒己见，讨论双方合作问题。接着孙中山又派陈少白专访康有为。康有为断然拒绝与孙中山革命派合作。梁启超犹豫不决，最终没能达成合作。后来，梁启超又游历了美洲、日本各地，发展保皇势力，成为海外立宪派的首要人物。

1899 年冬，康有为与唐才常决定在长江沿岸各省起兵"勤王"，募集"自立军"。梁启超也赞同他们的主张。第二年，自立军起义失败，康有为、梁启超又逃至海外，遂居日本。

梁启超于 1902 年创办《新民丛报》，初期影响比较大。1905 年孙中山领导的同盟会成立。梁启超利用《新民丛报》与同盟会的《民报》展开论战。辛亥革命后，梁启超继续宣扬改良主义。他为袁世凯篡权而尽力，只是到 1915 年袁世凯的复辟激起全国公愤，才急忙转而反对帝制，派其学生蔡锷组织护国军反袁。袁世凯死后，他又为段祺瑞政府效力，充任其财政总长。1920 年以后，他宣布"政治退隐"，到清华、南开等大学任教。

梁启超是中国近代资产阶级在启蒙思想和学术领域中的主要代表人物。他在戊戌变法时期，其主要活动是宣传。他创办和主笔《时务报》，主持湖南时务学堂，办大学堂、译书局等，另外还参与了《新知报》《湘报》《政论》《国风报》等报刊工作。他发表的《变法通议》与《时务报》作为当时的著名文章与刊物，风行海内外，产生了极大的影响。不但在人们日常用语中，增添了许多新名词、新口号，而且增进了变法图强的意识，促进了维新运动的发展。维新变法失败后，梁启超逃亡日本，曾一度摇摆于改良与革命之间，但很快就脱离了与孙中山革命派的短暂的联合。他在日本先后创办和主编了《清议报》《新民丛报》。在 20 世纪初的几年间，梁启超尽管已经成为保皇党，但他的文章在当时仍受到人们的热烈欢迎。这主要是他根据自己所汲取和了解的西方文化与思想学说，结合中国当时的时局，宣扬了一套在当时还不失为先进的资产阶级的社会意识，广泛介绍了近代西方资产阶级的哲学与社会科学学说。如卢梭的《民约论》、达尔文的进化论以及像康德等人的思想等等。这对于长期处在封建专制统治下的人们，犹如呼吸到一股清新的空气；对梁启超来说，则正是进行思想启蒙的有力武器。作为一个保皇派，在他的文章中，常常夹杂着一些陈旧甚至反动的东西，但其主流还是资产阶级上升时期的理论。他以其流畅生动的文学语言，表达了当时的人们所最为关心和需要的东西，而且他能够表达得通俗易懂，易于被人们所了解、喜爱和接受。郭沫若曾评价梁启超："当时有产阶级的子弟——无论赞成或反对，可以说没有一个没有受过他的思想或文字的洗礼的人。"曾有人给他作传时说：梁启超聪明敏捷，机警过人，生有奇才，下笔48分钟写作《康南海传》。可见他的文字造诣之深。

梁启超在中国近代史上还是最早高度评价和极力提倡小说创作的人，也是最早在中国主张用资产阶级史学观点和方法来研究中国历史的人。他一生著述甚多，由后人整理的《饮冰室合集》就有148卷。

053

晚清"盗火者"

——严复

　　严复(1854—1921),福建侯官(今福州)人,原名体乾、宗光,字又陵,入仕途后改现名,字几道,晚号愈懋老人。他出生在一个乡村儒医的家庭,有家学,从小聪慧,拜同里黄宗彝为师;14岁时父亲去世,同年考入洋务派左宗棠在福州办的海军学校,称为船政学堂。他学习优秀,毕业后在军舰上实习5年。1876年他被派往英国海军学校留学3年。留学期间,他注意的并不是海军,而是大量地阅读当时在西方流行的政治、哲学名著,像达尔文、赫胥黎的进化论,亚当·斯密的经济学和卢梭、孟德斯鸠的社会学等,试图从中探求救国的真理。他博览群书以及受西方文化的熏陶,使他认识到西方的强大在于西方资产阶级创造的自然科学和社会科学以及资产阶级的民主政治制度。为此,他回到国内就积极提倡和宣传科学与民主。从第一次鸦片战争开始,中国的有识之士就认识到外国资本主义的先进,主张要向先进的西方资本主义学习,提出了"师夷长技"的口号。第二次鸦片战争以后,清政府中洋务派官僚为了维护封建统治,开展了一场颇具规模的学习西方的运动,但是洋务派对西方的认识还很肤浅。他们只知学习西方的技艺,而不知西方之所以强大的原因。中日甲午战争以后,一批资产阶级改良派迅速崛起。他们已认识到西方的强大在于它的政治制度。于是,他们开始了一场宣传、效仿西政的思想启蒙运动和政治革新运动。然而他们对西方的认识,限于当时的历史条件,也还是局部的,不可能深入。当时中国的知识界正处于所谓"学问饥荒"状态。那时西方的理论著作还没有完整地翻译介绍过来,有些人不懂西文,不能直接阅读原著和亲知西方文化,深感心余力绌。而蓬勃兴起的维新运动，是多么迫切地需要西方资产阶级的哲学、社会科学等著作作为理论指导啊！严复正是在此时担负起了时代赋予的重任。

1879年，他回国后在福州母校教了一年书。1880年，直隶总督、北洋大臣李鸿章在天津开办一所海军学校，名叫北洋水师学堂。严复被调任为该校的总教习，后来又任总办（即校长），在此供职约20年。严复可称中国海军建军中的前辈，可他却没有参加海军，更没有参加甲午之战的海战。义和团起义时，他避居上海7年，翻译了多种西方资产阶级的自然科学与社会政治学著作，其中就有最负盛名的《天演论》（今译《进化论与伦理学》）。1895年严复在天津《直报》上发表了《论世变之亟》《辟韩》《原强》《救亡决论》等文章，提倡西学，采用西方社会的政治制度，等等。1902年他到北京任京师大学堂译局总办，后又与人创办复旦公学，一度任校长。1908年到北京任学部（教育部）名词馆总纂及资政议员。辛亥革命后，曾担任北京大学校长，但不久就辞职，以后未再担任任何具体职务。

严复是中国第一个真正了解西方文化的思想家，也是中国近代以来第一个系统地介绍和传播资产阶级的政治思想和学术思想的启蒙思想家。他翻译的《天演论》《原富》《穆勒名学》《法意》等西方名著，将近代西方的进化论、唯物论的经验论以及资产阶级古典政治经济学和政治理论等系统地介绍进来。这些思想和理论带给中国人一种全新的资产阶级世界观，起到了深远而广泛的影响。特别是严复翻译的《天演论》，书中阐发的"物竞天择，适者生存"的进化论思想，在当时面临帝国主义列强瓜分厄运的中国社会，不啻敲响了振聋发聩的长鸣的警钟。

达尔文进化论是19世纪自然科学的伟大成果之一。达尔文用大量事实阐发了"物竞天择，适者生存"的生物进化规律。赫胥黎是达尔文主义的忠实信徒，他著的《天演论》，是运用达尔文生物进化论的原理，来解释人类社会发展的一部著作。他认为人类社会和生物界一样，也存在着生存竞争，只有强者及最适宜生存的才能生存下去。虽然人类社会发展的规律，并不同于生物界，但是由于生物进化论概括出来的"一切事物都是在不断发展变化"的这一普遍法则，也是适应人类社会的。严复介绍和宣传进化论，正是要人们认识到这一普遍法则，认识到人类社会总是要不断前进，中国只有发愤图强，才不会亡国灭种。当时正处在民族危亡时的中国，凡有爱国之心的人，无不在苦苦思索、探寻着中国的出路。《天演论》的出现，很快为资产阶级改良派接受，为他们变法革新的合理性提供了思想武器。

严复赞成达尔文、赫胥黎的生物进化论的观点，但不完全同意赫胥黎在《天演论》中阐发的社会学观点。他在翻译该书的过程中，不仅仅从文字上翻译，同时还时常在译文中加上一些按语，以表达自己的见解与主张。《天演论》中阐发的思想，并不完全科学，但在当时却有不同一般的反响。这一方面是严复在翻译时，没有生搬硬套西方资产阶级的思想，而是力求服务于当时中国的需要；另一方面是这一理论客观上符合了当时中国社会所面临的救亡图存的迫切愿望，对维新运动起着重要的作用。在严复宣传进化论带来积极影响的同时，虽然也产生了一定的消极因素，但这是次要的。他介绍、宣传的西方先进思想，不仅在戊戌时期对改良派发挥了重大的启蒙影响和作用，而且对中国后来的几代年轻爱国者都有着启蒙影响和作用。

严复主张西方民主，并对西方民主作了多方面的宣传。他将西方资本主义国家同中国封建社会进行了一番比较研究，发现中西社会的根本不同点就在于"自由与不自由异耳"。例如在政治上：中国最重三纲，西人首明平等；中国亲亲，西人尚贤；中国以孝治天下，西人以公治天下；中国尊主，西人隆民；中国贵一道而同风，西人喜党居而州处；中国多忌讳，西人重讥评。在经济上：中国重节流，西人重开源；中国追淳朴，西人求欢愉。在文化上：中国美谦屈，西人务发舒；中国尚繁文，西人乐简易；中国夸多识，西人尊新知；中国委天数，西人恃人力。（《论世变之亟》）通过这种比较，严复从实现个人自由进而实现国家自由的逻辑出发，提出"鼓民力"、"开民智"、"新民德"三项作为变法改革的根本。这个救国方案，其实就是教育救国论。这比之于康有为、梁启超的改革政治制度的主张，已是很保守的了。

严复深信自由才是根本，甚至到了较晚时期，仍认为"故今日之治，莫贵乎崇尚自由"。严复对西方资本主义的了解和认识，比中国其他资产阶级改良派可谓更为深刻，理论上也为之先进，但他从来不是一个政治家。随着维新运动高潮的到来，他在政治上愈趋保守。辛亥革命后，严复更是完全背弃了他早年热情宣传和介绍的西学，以至于列名成为拥戴袁世凯复辟帝制的"筹安会"的一员。这种历史教训是值得后人总结和吸取的。

054

中国民主革命的先行者
——孙中山

孙中山（1866—1925），幼名帝象，稍长取名文，字德明，号日新。后又改号逸仙。至于孙中山这个名字，则是他在日本进行革命活动时曾化名中山樵，人们便以孙中山相称他了。

他出生在广东香山县翠亨村一个农民家庭里。幼时的孙中山喜欢听太平天国的故事，洪秀全打清军的故事深深吸引了他，直至长大以后他还以"洪秀全第二"自居。

17岁时他干了一件世俗不能容忍的事。1883年冬季的一个下午，他和陆皓东等几个伙伴把翠亨村"北极殿"里的泥菩萨搞了个稀巴烂。这一举动震动了整个村子。乡绅们对孙中山大加诅咒，最后把他赶出了村。

孙中山从偏僻的乡间逃出后，前往香港进了拔萃书室，次年初又转入皇仁书院。基于忧怀国事的充沛情感，他开始留意物色志趣相投的人。本来，孙中山是想"借医术为入世之谋"的，但只实践了一年多，他就感到仅凭"医术救人，所救有限"。为了"救人救国"，他决心弃医从政。1894年夏，他写了一篇《上李鸿章书》，不料李鸿章根本不理会他这番"为民请命"的好意。

寄予李鸿章"玉成其志"的幻想破灭后，他遂于1894年冬毅然在檀香山创建了中国第一个资产阶级革命团体——兴中会，明确提出"驱逐鞑虏，恢复中华，创立合众政府"的基本纲领。并于翌年与陈少白、郑士良等人，积极联络会党、绿林、游勇、防营、水师，在广州发动了第一次武装起义。

广州密谋武装起义流产后不久，清政府下令缉拿"乱臣贼子"孙中山。孙中山只好与陈少白、郑士良东渡日本，后又只身赴美国。1896年10月1日，孙中山从纽约来到英国伦敦。10月11日上午，他刚走出寓所，清政府驻英使馆的几个暗探便以攀认同乡为名，把他秘密绑架到了清使馆，并马上策划着如何把他秘密押送回国。后来，幸在康德黎等好友的帮助下，清使馆才迫于各种压力，不得不于10月26日释放了孙中山。

伦敦绑架事件更增强了孙中山的自信和献身精神。据康德黎说，孙中山获释后"没有浪费一分钟时间去玩乐。他总是不停地工作"，到大英博物馆图书馆"阅读一切学科的书籍，如关于政治、外交、法律、军事和造船、采矿、农业、牲畜饲养、工程、政治经济学等等"。此间，他还研究了马克思、乔治、穆勒、孟德斯鸠以及其他一些人的学说。因此，当他于1897年7月2日离开伦敦时，"始知徒致国家富强、民权发达如欧洲列强者，犹未能登斯民于极乐之乡也。……予为一劳永逸之计，乃采取民生主义，以与民族、民权问题同时解决"。形成了自己的一套民主主义学说。

从伦敦蒙难之后，孙中山比以往更注意会集仁人志士。他曾把一切敢于改革政治的人都引为同志，即使像康有为、梁启超这样的维新派人士他也想争取过来。然而，康有为并不像孙中山所想象的那样，他始终坚持自己保皇的主张，不与孙中山合作。至于梁启超，他在孙中山面前玩弄两面手法，一方面在孙中山面前表示"合作到底，至死不渝"；另一方面，却在自己办的《清议报》上歌颂光绪的"圣德"，公开鼓吹"保皇"。在梁启超的煽动下，为数不少的兴中会会员竟转到保皇派一边。康、梁的所作所为激怒了孙中山，到1899年夏秋之交，他毫不客气地斥责康有为这个"坏透了的孔学家是一文不值的"。他决心与保皇党人分道扬镳。从此，他与他的同志们不断撰文痛斥康、梁等人。到1900年，震撼中国大地的义和团运动爆发了。孙中山看到清王朝的力量遭到严重削弱，于是决意把握时机，在广州再行起事。本来，他准备亲自指挥这场战斗，不料7月16日他自日本经西贡抵香港海面时，香港当局竟不准他靠岸。在这种情况下，他只好临时改变军事计划，由郑士良指挥在惠州发难。从10月18日夜起事的惠州之役后来虽也归于失败，但此役却使孙中山受到了极大的鼓舞。一方面他觉得清军不堪一击,另一方面他深感到此役后的处境与 5 年前广州密谋流产后的处境大不相同了。那时国人多视他为"乱臣贼子","咒诅谩骂之声不绝于耳",而现在则有许多人为惠州起事未能得手"扼腕叹息"。

随着革命形势的急速发展,各地革命团体如雨后春笋般地不断涌现。面对这种革命形势,孙中山迫切感到需要建立一个统一的政党,以便更好地领导全国规模的资产阶级民主革命。他于 1905 年 7 月 19 日结束欧美之行,到达日本。在东京,他结识了近代中国另一个杰出的资产阶级政治活动家黄兴。当孙中山把关于建立一个全国规模的统一革命组织的想法告诉黄兴时,其深表赞同。紧接着,他们又于 7 月 30 日联络其他革命团体的负责人开了一个会,最后选定新组织的名称为"中国同盟会"。

8 月 20 日,中国同盟会正式宣告成立,大会通过了《中国同盟会章程》,并推举孙中山为总理。不久孙中山又创立了中国同盟会的机关报——《民报》,在《发刊词》中,他第一次提出了民族、民权、民生三大主义。

武昌起义成功后,孙中山被南京十七省代表会议选为中华民国临时大总统。但他的地位是极不稳固的。一方面奄奄待毙的清政府起用了大野心家袁世凯来绞杀革命;另一方面南京临时政府内部钻进了一批投机革命的官僚、政客、立宪党人。袁世凯这个阴险毒辣的家伙,手中拿着两张牌,一面以革命党人逼清廷退位,一面又以武力和北方局势不稳定来诱迫革命党人"议和",结果,不仅清廷依了他,就连软弱的革命党也随之落入他的圈套。1912 年 2 月 13 日,即在清帝下诏退位的第二天,孙中山只好向临时参议院辞去临时大总统职务,并荐袁以自代。

起初,孙中山还好心看待袁世凯,说"袁赞成共和……与吾人意见已同",只是"作事手腕,稍涉于旧"。不过,随着国民党理事长宋教仁被刺等事件的不断发生,他就义无反顾地和袁决裂了。他曾极其沉痛地说:"我的辞职是一个巨大的政治错误,它的政治后果正像在俄国如果让高尔察克、尤登尼奇或弗兰格尔跑到莫斯科去代替列宁而会发生什么一样。"1913 年 7 月,他在上海发表讨袁通电,发动江西、安徽、广东等省的革命党人，进行了武装讨袁的"二次革命"。但仅仅支持了一个多月，讨袁军就偃旗息鼓了。

"二次革命"的失败，对孙中山的刺激很大。他痛感同盟会改为国民党后党内良莠不齐，鱼龙混杂，便于 1914 年 1 月 8 日，在日本重新组织了中华革命党，并始终把主要精力放在讨袁方面。袁世凯在西南护国军和全国人民的一片喊打唾骂中死去后，孙中山又树起了"护法"的大旗。在他看来，《临时约法》和国会是民国的象征。1917 年 7 月，他偕同部分国会议员率领起义的海军第一舰队由上海去广州，联合"暂行自主"的西南军阀，于 8 月召开国会非常会议，建立了一个反对北方军阀的中华民国政府，并被推举为海陆军大元帅。然而实践证明，依靠军阀重建共和国的做法是行不通的。西南军阀与孙中山合作，无非是想利用他的名望，来巩固和扩展自己的势力。孙中山愤于"南北如一丘之貉"，在次年 5 月辞职前往上海。

从羊城返沪的几年，是孙中山一生中最苦闷的时期。据他自己讲，有一段时间里，他除了继续撰写《建国方略》外，对"外方纷纭，殊不欲过问"。尤其使他感到绝望的是，当他 1921 年重返羊城，再次揭起"护法"旗帜时，相从他十多年的部下陈炯明竟背叛了他，差点把他置于死地。

正当孙中山处于彷徨的时候，共产党人伸出了援助之手。首先，他得到了"国友人师"列宁的援助。当时，列宁正密切注视着东方的革命。他称赞孙中山是一位伟大宣传家和伟大活动家。与此同时，李大钊同志代表中国共产党于 1922 年 8 月 23 日，专程从北京到上海和他会面。两人像多年未见的老朋友，"畅谈不厌"。双方一致同意通过振兴国民党以振兴中国，一致同意两党进行合作。

1922 年 9 月 4 日，孙中山在上海召开研究改组国民党计划的会，初步成立了改组工作的机构。次年 11 月，又发表了改组宣言和党纲草案，并确定了联俄、联共、扶助农工的三大政策。1924 年 1 月 20 日，中国国民党第一次全国代表大会在广州召开。在这个大会上，通过了由共产党人直接参与制定的《中国国民党第一次全国代表大会宣言》。在这个文件中，孙中山重新解释了他的三民主义，使其具备了反帝反封建的革命内容。

对于帝国主义，孙中山以往是抱有很大幻想的。但到了晚年，特别是和共产党人结交后，其反帝思想达到了前所未有的高度。他曾在多次演讲中愤怒地揭露了帝国主义侵略和掠夺的种种事实。他说："我们国家的土地有这样大，矿藏有这样富，农产有这样多，为什么还弄到民穷财尽，人民日日受贫穷的痛苦呢？最大的原因，是受外国的经济压迫。"

1924 年 10 月，孙中山下令再度北伐，以"完成过去斗争未了之功"。但不料北伐军刚刚出师，北京局势就发生了改变。冯玉祥囚禁了曹锟，吓跑了吴佩孚。冯玉祥以为要解决中国的统一问题，没有孙中山是不行的。于是，冯玉祥本人以及做了"临时总执政"的段祺瑞和张作霖联名先后打电报给孙中山，邀请他北上共商国是。 1924 年 11 月 13 日，孙中山和宋庆龄乘军舰离粤北上。然而不幸的是，他行至天津，突然病倒了。入京后，经协和医院诊断为晚期肝癌。1925 年 3 月 12 日，这位为祖国的独立和自由奋斗了一生的近代伟人停止了呼吸，享年 59 岁。毛泽东同志对具有崇高民族气节和英雄气概的伟大的中国民主革命先行者孙中山给予很高的评价，赞扬他"全心全意为了改造中国而耗费了毕生精力，真是鞠躬尽瘁，死而后已"。

055

我国浪漫主义文学的奠基人
——屈原

屈原（前342—前278），名平字原。他出生在战国后期楚国一个贵族家庭里（今湖北省秭归县）。当时的华夏民族正处在"七雄争霸"时代。原凌驾在各诸侯国之上的周天子已是强弩之末，名存实亡，以秦、魏、韩、赵、燕、齐、楚为首的七大诸侯国则各占一方，互相兴师问罪。然而，分裂毕竟不是历史发展的总趋势。从割据走向统一才是社会发展的必然规律。所以，各个诸侯国都力图击败别国，壮大自己。在七雄之中，位于现在陕西一带的秦国，自秦孝公起就任用商鞅实行了政治经济改革，秦惠文王、武王、昭襄王等又继之变法，国富兵强，成为六国的最大威胁。秦国之下，数齐、楚两国较强。楚国幅员最大，兼之又有"商农工贾不败其业"，"举不失德，赏不失劳，老有加惠，旅有施舍"，人民生活"无冻馁之人"的盛世，也不乏具备统一全中国的条件。可惜好景不长。经过长达一个半世纪的"争霸"战乱，楚国这只大船在时代潮流的风雨飘摇中，走向沉没。"楚强则秦弱，楚弱则秦强"。日趋衰败的楚国要想扭转颓势，重振国威，不仅亟待在内政上革除积弊，而且需要在对外方面展开灵活外交。

屈原正是在这种乱世中一天天长大。对于他这个从小就对宗国、乡土、人民有着挚爱感情的人来说，还有什么比眼睁睁看着父母之邦日益衰败更感悲痛的呢？

大约在公元前319年，年仅23岁的屈原，当了楚国的左徒（仅次于丞相），辅佐楚王励精图治，处理朝中内政、外交大事。

屈原认为，要使楚国振兴发达起来，就必须对内严明法纪，举贤授能，把肯为国家为人民办事的德才兼备的人选上来，打击结党营私、不执行国法的特权阶层。对外必须"联齐抗秦"。否则，楚国必将被别国吞并。

当时为政的楚怀王还不失为一个有道明君。他希图通过变法以图强。这样，屈原"入则与王国议国事，以出号令；出则接遇宾客，应对诸侯"，很快成为朝中最出色、最受重用的人。

朝中的政务虽然异常繁重，但为了国家和民族能够长治久安，屈原何乐而不为呢？！他首先接连制定了几项法令，取缔和限制了旧贵族的某些特权，打击了一些贪污、腐化、结党营私活动，选用了一批贤才管理国家大事。后来，又亲自出使齐国，说服了齐王，结成楚齐联盟。从此，楚国日益振兴起来，在各诸侯国中的地位也提高了。公元前 318 年，楚、齐、赵、魏、韩、燕六国，在楚国郢都开会，喝血酒订立了六国联盟，还推选楚怀王当了六国的"纵约长"。为此，楚怀王更加赏识屈原，进而把制定《宪令》的任务秘密授于他。

当时把持楚国大权的旧贵族代表人物主要有楚怀王宠爱的南后郑袖，令尹子椒（相当于丞相）和上官大夫靳尚一伙亲秦派。南后郑袖是他们的后台老板。她生了一个儿子叫子兰，这子兰成天吃喝玩乐不干正事，可南后总想着让他将来继承王位。上官大夫言听计从。这伙人本能地感到屈原起草的《宪令》一旦公布，对他们来说不啻为一道死刑判决书，所以，一个个急得像热锅上的蚂蚁，拼命反对新法的制定和实施。于是，在上官大夫靳尚的策划下，演出了一幕谗害屈原的政治丑剧。他们有的到屈原那儿去夺《宪令》稿，以探内容虚实；有的到怀王面前诬告屈原如何傲慢，如何把变法功劳归于己有，瞧不起国君，等等。

可悲的是，此刻的楚怀王已经非同以往了。他当初虽也痛改时弊之误国，亟思改革，但由于他的劣根性决定了他不可能长思久策，继续支持屈原变法。面对宠姬郑袖，佞臣靳尚等人的造谣中伤，竟"不清澄其否"，疏远了屈原，罢免了他的左徒之职，让他担任有职无权的闲官三闾大夫。

楚怀王听信谗言，反悔变法确使屈原苦痛万分。但他虽已"不复在位"，却仍坚持死谏，劝诫怀王放弃亲秦路线。屈原的这种行为一再触怒了怀王和持权祸国的南后、子椒、靳尚之流，他们竟于公元前 299 年左右把屈原赶出京城，流放到汉水上游一带原野上。

自从以屈原为首的联齐抗秦派失势之后，秦王及其谋士们高兴得不得了。他们马上抓住时机，对楚国软硬兼施，又拉又打。秦王先派遣丞相张仪到楚国搞收买贿赂，许秦以 600 里之地割让楚国为诱饵，要求楚与齐断交。对于这个明显的骗局，楚怀王竟贪图厚利，相信张仪之言，更改了联齐抗秦路线。而当他派人去秦受地时，秦却毁约食言，不欲割地。为此，楚怀王又恼羞大怒，先后两次发兵攻秦，结果连吃败仗，非但拿不到 600 里之地，反而把原属楚国的汉中地区也给丢了。在这种情况下，楚怀王才起用了流放中的屈原，派他再度使齐，重修楚齐之好。

然而，怀王是个反复无常的君主。当秦国故伎重演，表示愿意以退还所占楚地汉中一半为条件与楚讲和时，怀王竟声言宁肯不要土地，也要张仪的脑袋。待等张仪冒险演出一幕自投罗网的闹剧后，他却一反初衷，非但不杀张仪，反之听信张仪的诡辩重新走上了亲秦绝齐的歧途，使屈原刚刚修复的楚齐联盟毁于一旦。

公元前 299 年，秦国又约楚怀王到秦之武关（今陕西商县东）相会，结果怀王再入秦国圈套，成为可怜的阶下囚。

还在怀王被扣留在秦国期间，楚国就立太子熊横为顷襄王。这顷襄王比怀王更昏庸无能，竟认贼作父，做了秦王的女婿。他更视屈原为眼中钉肉中刺，非去之而后快。大约在公元前 292 年，屈原再度被顷襄王逐出朝廷，永久流放在长江以南的荒野上。

从此，屈原度过了十几年精神苦闷、贫病交加的流放生活。公元前 279 年春天，秦军攻破楚都郢城（今湖北江陵），于烧杀掳掠的同时还捣毁了楚先王的陵墓。郢都的残破对漂泊困顿中的屈原是最后的沉重打击，早已抱定誓与父母之邦共存亡决心的他，遂于公元前 278 年农历五月初五举身投入汨罗江。

屈原舍生取义，为自己建立了一座非人工的纪念碑。两千年来，我国人民一直尊敬他，每逢端午节（农历五月初五），还用吃粽子的方式来纪念他。中国文化革命的先驱鲁迅先生曾以一首别致的无题诗赞颂屈原："一枝清采妥湘灵，九畹贞风慰独醒。无奈终输萧艾密，却为迁客播芳馨。"

并进而指出他的作品"其影响于后来之文章，乃甚或在三百篇以上"。

的确，屈原留给中华民族的文化遗产是相当丰富的。他一生写了许多诗，目前能看到的有《离骚》《九歌》《九章》《天问》《招魂》等20多篇。

在全部作品中，《九歌》是一组最美丽的抒情诗。它共分为11章，分别写了天神、太阳神、云神、河神、战神、人鬼等各种神灵的品质及其悲欢离合。真、善、美的追求精神贯穿了整个乐章。

《天问》则是一篇奇文。在这里，屈原一口气提出了有关天文、地理、哲学、历史等范围的170多个问题。它不仅显示了屈原知识的渊博精深、思想的开阔活跃，而且体现了他作为诗人的极为丰富的想像力。

《离骚》更是一篇宏伟壮丽的抒情叙事诗，可谓屈原思想性格、斗争精神和天才智慧的结晶。在这首2490字的诗中，屈原全面回顾了自己的斗争经历，并愤然揭发了故国宫廷里的黑暗势力。

屈原的作品，不但具有深刻的思想内容，而且在艺术上也很有特色。他善于驰骋幻想，忽而驱龙麾风，呼风唤雨，作长天之遨游；忽而又昆仑流沙，南夷云梦，作大地之巡礼。像《离骚》中关于上天入地追求理想的描写，就异常神奇。屈原还喜欢大量运用比喻和象征，如常以栽培香草比喻延揽人才，以众芳芜秽比喻好人变坏，以善鸟恶禽比喻忠奸异类，以饮食芳洁比喻人格高尚等等。此外，他又惯以繁盛的铺叙与华丽的辞藻来增加作品的声色和文采。正因为有着这些艺术特色，屈原才被公认为我国浪漫主义文学的奠基人。

对于屈原的作品，中外人士都乐于欣赏。像他的《离骚》曾先后译成德文、法文、英文、日文、俄文等。正是由于他那超群的艺术力量，在1953年他被列为世界文化名人，为中华民族赢得了骄傲。

056

不屈的灵魂

——司马迁

翻开《史记》，读罢《太史公自序》，再读一读那篇浸透着血与泪的书信《报任安书》，掩卷沉思，就像做了一场噩梦似的，令人凄怆！这是一部中国文人的心灵史，一篇精神炼狱的独白。它把人们带进两千多年前一个封建专制的社会，去感悟那淌着血的人间悲剧的惨烈，去体察一位无罪的罪人那不屈的灵魂及其生命的历程。

司马迁生于汉武帝时期。大约在汉武帝继位前 5 年，即公元前 145 年[1]，司马迁出生在左冯翊夏阳（今陕西韩城西南）。幼年在家乡放牧牛羊，参加过农业生产。夏阳山环水绕，北距著名的龙门山相去不远，据说当年大禹曾在这里穿山治水，疏导黄河。这是一块钟灵毓秀的土地，大自然的鬼斧神工既塑造了壮丽的山河，也赋予人们个性魅力。也许是充满神奇幻想的龙门胜地，给了童年的司马迁一个梦幻的世界，启迪他去编织多彩的未来；而滔滔黄河的激流，以东泻万里而百折不回的气势，又铸就他的一副敢于直面人生的傲骨。少年时代的司马迁是幸运的。一些对他的人生道路起着重要影响的人先后走进他的生命历程，首要者当推他的父亲司马谈。

司马迁的先世，是周朝的太史。后来家境变迁，曾经中断史职。大约在司马迁 6 岁的时候，他的父亲司马谈继任史职，成为刚刚登位的汉武帝的太史令。太史令职掌天象历算，是个地位低微的小官。从此司马迁告别生他养他的故乡，随父迁居京师附近的茂陵（今陕西兴平西北），在这

【1】 关于司马迁的生年，目前学界仍无定论。这里是根据王国维《太史公系年考略》的主张。

里他受到了严格的传统家学的训练。司马谈博学多才，是一位精通天文学、《易》学和黄老学的学者。他承袭先秦的批判精神的余绪，曾以他所崇尚的黄老学说为主，对思想领域中的儒、墨、名、法、道、阴阳等家的学说，进行过批判和总结，写成著名的论著《论六家要旨》，其中对道家思想推崇备至。这在"罢黜百家，独尊儒术"的汉武帝时代，无异离经叛道，与汉家的统治思想背道而驰。司马谈敢于坚持学术己见，对各学派有褒有贬，兼采各家之长，不分正统与异端的求实态度，在当时的思想界是独树一帜的。也许是这种家学传统的熏陶，司马迁不仅接受了诸子学说的传授，也从中汲取有益的思想营养，形成一种保持心智独立的性格。

在司马谈的精心培育下，司马迁一面接受家学教育，刻苦攻读古文，10岁就能诵读《尚书》《左传》《国语》《世本》等古籍；一面利用京师的有利条件，从师问故，向当时的古文学家孔安国学习《古文尚书》，向今文学家董仲舒学习《春秋》公羊学。在这些名家大师的指导下，司马迁广征博览，涉猎范围很广，为他后来继承父业打下了深厚的基础。

经过10年的攻读，司马迁获得了广博的知识，也积累了许多疑难问题。于是，在他20岁那年，司马迁怀着探原解疑的愿望，开始他的考察史迹的壮举。他南游江、淮，到过现在浙江的会稽山，考察有关禹的传说；探访吴国、越国旧地，搜集各种遗闻轶事。他渡沅水、湘水，探寻舜葬九嶷山的遗迹；在长沙凭吊屈原自沉的汨罗江；又访问当年春申君在楚的遗址。他南登庐山，考察禹疏九江的故地。又到齐鲁之都，搜集孔子、孟子的轶事。之后，他游览丰沛、彭城等地，采访秦汉之际的人物故事。司马迁漫游大江南北，足迹几乎遍及大半个中国。他通过实地考察名山大川，调查各地的风俗民情，采访各种遗闻轶事，对后来《史记》的成书，提供了极其宝贵的资料。

司马迁回到长安不久，就被任命为郎中。这是宫廷中掌守门户、出充车骑的低级官员。然而正是这种侍卫的官职，为司马迁提供了出使西南的机会。当时，汉武帝正致力于开发我国西南地区，在现在的四川、云南和贵州一带，先后建立5个郡。为了加强对上述地区的统治，公元前111年，司马迁奉命出使西南各地。谁知这竟是司马迁生命的又一次飞跃，不仅开拓了他的视野，而且以史家的视觉深入到西南少数民族的方方面面。他在《史记》中留下的有关少数民族的记述，不能不令人叹服他的史识独具，前无古人。

公元前110年，司马迁出使西南返回长安，正赶上汉武帝举行大规模的封禅典礼。司马谈作为太史令，从职务上与封禅有关，却不能参与其事，只好留在洛阳，以至悲愤而死。司马迁闻讯，赶到洛阳，见到奄奄一息的父亲。司马谈只留下"无忘吾所欲论著"的遗言，便与世长辞了。司马迁悲痛欲绝，表示要继承父业，完成他父亲的遗志。

司马迁没有辜负他父亲的期望。在司马谈死后的第三年，他继任父职，做了太史令。经过5年时间的工作，他利用宫廷图书馆，搜集整理了大量的文献资料。公元前104年，司马迁以满腔热情，开始《史记》的著述。但是，这种平静的著述生活，只过了短短5年，一场横祸突然袭来，使他陷入了绝境。这就是因李陵案发，司马迁不幸受到了牵连。

事情是这样：公元前99年，汉武帝派宠妃李夫人的哥哥李广利去攻打匈奴，又派李陵携带粮草军需随征。但是李陵自告奋勇，自请愿带领5000步兵北击匈奴，以分散匈奴的兵力，减少李广利进军的压力。李陵统率的5000兵力，出居延行至浚稽山，与匈奴3万骑兵相遇，杀敌数千人。匈奴人随即调集8万骑兵围攻李陵。在寡不敌众的情况下，李陵转战千里，士卒死伤无数，最后箭尽道绝，后无援兵，终于被俘投降。本来汉武帝想以李广利为主力，李陵助战，不料李陵被俘，李广利也成了匈奴人的手下败将。当时，李广利率3万骑兵出酒泉，虽然杀伤匈奴万余人，但是却遭到匈奴人的包围，几乎全军覆没，死亡人数达十之六七。汉军两路出击，均以失败告终。消息传到京师，朝中一片震动。一些阿谀奉迎之臣，罗织夸大李陵的罪过，纷纷归罪于李陵。司马迁对此很有看法。当时，汉武帝食不甘味，上朝时情绪很不愉快。当汉武帝召见、询问司马迁的看法时，司马迁虽然与李陵同在朝廷任职，但是两人并没有什么交情，他只是本着平时对李陵的了解，举述李陵一些好的品德和这次攻打匈奴的功绩，想以此宽慰汉武帝，堵塞那些夸大构陷李陵的言辞。结果汉武帝认为司马迁有意诋毁李广利，替李陵开脱罪责，竟把他下狱论罪。接着，又以

"诬罔主上"的罪名，判处司马迁死罪。根据汉朝的刑法，死罪可以用钱赎免，或以腐刑抵罪。司马迁官微家贫，没有巨资赎罪，一些亲朋好友不敢营救，终于受了腐刑。

司马迁身陷囹圄，从肉体到精神，受到了极大的摧残。在他看来，一切耻辱，"腐刑极矣！"他曾想到自杀，然而，"死有重于泰山，或轻于鸿毛"，当他想到"草创未就"的著述，便面对残酷黑暗的现实，"就极刑而无愠色"。于是，这位为流俗所鄙薄的史家，"隐忍苟活"，并以古圣贤发愤著述的事例激励自己，用他"身残处秽"的生命去完成那部"究天人之际，通古今之变，成一家之言"的史学巨著——我国第一部纪传史。

大约在公元前 91 年，司马迁以坚韧不拔的精神最后完成《史记》的著述，当时并未刊行。直到汉宣帝时期，司马迁的外孙杨恽才把它整理问世，当时人称之为《太史公书》，或称《太史公记》，或简称《太史公》。现用名称《史记》的出现，有人认为是在魏晋期间。《史记》全书 130 篇，分别由本纪 12 篇、表 10 篇、书 8 篇、世家 30 篇、列传 70 篇组成，共计 52.65 万字。它记载上起黄帝，下迄汉武帝天汉年间（前 100 年—前 97 年），包括政治、经济、军事、文化、少数民族和外国历史等内容。

《史记》所开创的纪传史的体例，对我国古代史学影响很大。这是一种新的历史学的编纂形式，由"本纪"、"表"、"书"、"世家"、"列传"等五部分组成。"本纪"按编年记载历代帝王的兴废及重大历史事件；"表"以年表形式，记载重要的历史大事；"中"记载各朝典章制度的演变；"世家"专记诸侯国、勋贵以及有影响的人物事迹，"列传"记载社会各阶层的代表人物的事迹。其中，"本纪"、"列传"是纪传史的两大主要部分。"本纪"记事简要，是纪传史的"纲"；"列传"记事详细完整，是纪传史的"目"。简言之，所谓纪传史，就是以历代帝王为序，以人物传记为中心，将涉及该朝代的重要历史事件、典章制度、地理沿革、风俗习惯等编纂于其中，构成一代完整的历史。自从司马迁创立纪传史的体例之后，历代史家沿用不绝，成为我国古代主要的史学体例之一。宋代郑樵说：《史记》成书之后，"使百代而下，史官不能易其法，学者不能舍其书，六经之后，惟有此作"（《通志·总序》）。可见它对我国古代史学影响之大。

从内容上看，先秦史籍的记载，具有单一性的特点，它或者局限在某些地区、某一时期，或者局限在政治、军事方面的内容。《史记》打破了这种局限性，扩大了历史记载的范围，成为一部记载的时间跨度长、包容各地区各方面内容的综合性通史，因而使我国古代史学发生了划时代的转变。

不仅如此，《史记》所体现的忠于史实的"实录"，一直为后人所称道，也是它具有高度价值的表现。《史记》问世不久，西汉后期的学者如刘向、扬雄无不称赞"其文直，其事核，不虚美，不隐恶，故谓之实录"，连历史观与司马迁相悖的班固，也不能不为之叹服。这里所说的"实录"，指作史要有坚实的史实根据，不曲笔，不溢美，实事求是地记录历史本来的面目。司马迁写《仲尼弟子列传》时，对于历史人物的评述，曾经批评那种"誉者或过其实，毁者或损其真"的极端的做法，道出了他作史求实求真的心声。这种尊重客观史实，既不掩饰过失，也不夸张事实的实录，就贯穿在《史记》各组成部分之中。他在记述秦汉之际的历史时，把雇农出身的陈涉与西汉开国皇帝刘邦的事迹，置于同等的地位来实录，满腔热情地称述"天下之端，自涉发难"，即把汉家的帝业与这位农民的发难相联系。同时，还把陈涉的事迹写进"世家"，同诸侯以及汉朝的开国元勋萧何等人的地位等同。这就如实地评价了陈涉的历史地位，还了陈涉本来的面目，是后来继承司马迁史学的班固无法相比拟的。

司马迁对汉武帝统治下的西汉社会的描述，更是无所避忌的实录。一篇《平准书》以很少的文字介绍汉初经济的匮乏，用大量的篇幅叙述经过汉初70年苦心经营，到汉武帝时已是仓满粮足，府库充盈，积累了大量的财富。然而"物盛而衰"，由于汉武帝大兴功业，以及对匈奴的长期战争，几乎耗尽了汉初积累的财富，汉朝只得加强对人民的掠夺，加上地方豪强横行乡里，富商大贾"蹹财役贫"，使农民陷入水深火热之中。通篇《平准书》记载的，实际上是"物盛而衰"的图解。在社会矛盾日益尖锐的情况下，汉武帝大力加强暴力统治。司马迁在《酷吏列传》中记载12名酷吏的暴举，其中汉武帝时期的酷吏就占了10名。他们严刑妄杀，以残酷著称。试看司马迁笔下的酷吏：周阳由"最为暴酷骄恣。

所爱者，挠法活之；所憎者，曲法诛灭之"；杜周"专以人主意指为狱"；王温舒"好杀伐行威"，"天子闻之，以为能，迁为中尉"。还有一些酷吏凶恶残忍，草菅人命，他们或"妄杀"，或"锯项"，甚至"擅磔人"。在《史记》中，类似的实录，举不胜举。

司马迁对汉史所作的实录，触犯了汉家的皇威，《史记》因此而遭到被销毁的厄运。自东汉以来，《史记》已残缺不全，班固撰《汉书》时，称《史记》"十篇缺，有录无书"。东汉初卫宏在《汉书旧仪注》里，记述了《史记》被销毁的原因及经过："司马迁作《景帝本纪》，极言其短及武帝过，武帝怒而削去之。后坐举李陵，陵降匈奴，故下迁蚕室。有怨言，下狱死。"（《史记·太史公自序》裴骃《集解》引）后来三国的王肃、东晋的葛洪，也有类似的记述。看来司马迁遭遇腐刑，还有更深一层的原因，李陵案不过是个托辞。而且他最后的死因，至今仍然是个谜。司马迁的卒年已无法确知，大约在公元前90年前后，死时约55岁左右。

司马迁直笔论史，为后人留下一部难得的信史。《史记》不仅开创了纪传史的体例规模，也是我国传记文学之先河，曾被誉为"史家之绝唱，无韵之《离骚》"（鲁迅：《汉文学史纲》）。它同时是属于世界的，是公认的世界史学名著之一。司马迁为我国和世界古代文化建立了不朽的丰碑！

057

断代史之祖

——班固

班固（32—92），字孟坚，扶风安陵（今陕西咸阳东北）人，东汉著名历史学家、文学家。班固出身于仕宦之家，而且家学渊源。班固的祖先，当秦汉之际，是边地豪强，从五世祖班长起，由富而贵，从豪族变成官吏。曾祖班况的女儿为汉成帝的婕妤，家累千金，成帝时，官至越骑校尉；大伯祖班伯，通晓诗书，为定襄太守；二伯祖班游与刘向典校皇家秘书，家有赐书。祖班稚，哀帝时，为西河属国都尉，后迁为广平尉。平帝时，王莽专权，班稚恐惧，请求去职，补授为延陵园郎。父班彪与从兄班嗣都是西汉末年著名学者，扬雄、王充等皆亲登其门受学。班彪是当时一个著名的儒学大师，才高学博，他在西汉末年群雄割据的形势下，衷心拥护刘汉王朝，写作《王命论》，在这篇文章中，宣扬封建集权的大一统思想，公元25年，汉更始帝被杀，长安一带大乱，班彪携家避难河西（今甘肃黄河以西），投靠河西大将军窦融，并为其筹划谋划，窦融所上的章奏，都出自班彪之手，因此得名，为光武帝刘秀召见，后被任命为望都长，建武三十年（54年）班彪病死。

司马迁的《史记》流传以后，不少学者如刘向父子、扬雄、史岑等，因《史记》记事止于汉武帝太初年间，都准备续补这部名著，但班彪认为这些续补之作都不足以踵继其书，于是曾继司马迁的《史记》作《后传》65篇，班彪的思想和《后传》都对班固的思想和他后来《汉书》的写作有影响。

班固幼而聪慧，9岁就能作诗赋，16岁入洛阳太学读书，他不死守章句，只求通晓大义。及长，博览群书，诸子百家之言，无所不读，更兼性情宽厚平和，谦虚谨慎，因此深为当时儒家学者称赞。父亲班彪去世那年，他23岁，班固还归乡里，居丧期间，着手整理他父亲的《后传》，欲完成其父未竟之业。汉明帝永平元年（58年），开始编写《汉书》，时年27岁。永平五年，有人上书明帝，控告他私改国史，班固被捕下狱，关在京兆大牢里。他的弟弟班超怕他被关在大牢中，无法说明真相，赶到洛阳替他辩白，向明帝陈述了班固的著述意图，同时地方官吏也把他的书稿送到京师，明帝看后，很欣赏班固的才学，就召他到校书部，并任命他为兰台（兰台是汉代皇家藏书的地方）令史。在兰台令史任上时，他与陈宗、尹敏、孟异共同撰成《世祖本纪》。次年，升迁为郎，负责校定秘书。又与人共同记述了功臣、平林、公孙述事迹，作列传、载记28篇进上，从此，班固奉诏在兰台撰写《汉书》，他集中精力，以著述为业，一直坚持到建初七年（82年），前后历时25年，才基本完成这部著名的《汉书》。尚未完成的部分表志，班固死后，由其妹班昭和马续补写而成。

章帝时，班固职位卑低，先任郎官，建初三年（78年），升为玄武司马，是守卫玄武门的郎官中下级官吏，由于章帝喜爱儒术文学，赏识班固的才能，因此诏他入宫廷侍读。章帝出游，常随侍左右，奉献所作赋颂。对于朝廷大事，也常奉命发表意见，与公卿大臣讨论，他曾参加论议对西域和匈奴的政策。

建初四年（79年），章帝效法西汉宣帝石渠阁故事，在白虎观召集当代名儒讨论五经异同，并亲自裁决，这次会议，班固以史官兼任记录，奉命把讨论结果整理成《白虎通德论》（又名《白虎通义》）。章帝末年，班固以母丧去官。

和帝永元元年（89年），大将军窦宪奉旨远征匈奴，班因被任命为中护军随行，参与谋议。窦宪大败北单于，登上燕然山（今蒙古境内的杭爱山），命班固撰写了著名的《燕然山铭》文，刻石纪功而还。

班固与窦宪本有世交之谊，入窦宪幕府后，主持笔墨之事，关系更为密切。永元四年，窦宪在政治斗争中失败，被迫自杀。班固因此免官，洛阳令种兢对班固积有宿怨，借机罗织罪名，捕班固入狱，同年死于狱中，享年61岁。

《汉书》是我国第一部纪传体断代史，记事始于汉高祖元年（前206年），终于王莽地皇四年（23年），共229年的历史。全书包括本纪12篇，表8篇，志10篇，列传70篇，共100篇，后人划分为120卷。它沿用《史记》的体例，而略有变更，改书为志，改世家为列传。

班固编写《汉书》，掌握的资料比较丰富，作者并且重视对资料辨别审查，对于那些好事者的奇谈怪论，概行删汰，对于那些真伪难辨的言行，则详予考证，去伪存真，这反映了作者客观真实的态度，基本上保证了《汉书》的真实性。同时，班固还善于利用前人的研究成果，加以创造性的发展。《汉书》武帝以前的记载，大都采自《史记》，但班固并不照抄司马迁的原话，而是进行加工整理，删增损益，融会贯通，进行了创造性的补充。《汉书》在历史编纂方法上也有突出的贡献，整齐统一了体例。如以帝系为经，传则以时代顺序为主，每传概以姓或姓名标题，这种编纂体例为后世断代史家所沿用。

班固《汉书》的十志，是记载典章文化的专史，它在《史记》八书的基础上进一步穷本寻源，不少地方较《史记》更完整更丰富。如《汉书·食货志》虽主要根据《史记·平准书》，但材料系统、具体，成为研究秦汉经济制度和社会生产力的第一手材料。再如班固根据刘歆《七略》创立的《艺文志》，根据《禹贡》《职方解》所创立的《地理志》，都是我国研究有关学科的重要材料。其他如《沟洫志》系统研究秦汉水利建设。《五行志》《天文志》《律历志》中包含有大量古代自然科学史料。《礼乐志》《刑法志》，记载秦汉时代的政治法律制度。后世正史上的志，大都依据《汉书》十志有所增删，我国典章制度得以保存，《汉书》十志起了很大的作用。

由于班固的家庭出身和他所受的教育，思想上有很大的局限性。他后来奉旨修史，站在统治阶级立场上，为封建统治阶级服务，对统治阶级罪恶加以掩饰。但是作为一个伟大的历史学家，他非常重视客观的历史事实，因此，《汉书》比较全面地反映了西汉一代的历史，一定程度上暴露了统治阶级的残忍暴虐，荒淫无耻，帮助我们认识那个时代。班固有他自己评价政治得失的标准，那就是看对人民有利还是有害。所以《汉书》

歌颂知稼穑艰难的汉宣帝，歌颂造福人民的循良官吏文翁、朱邑、召信臣等。他批判酷吏，反对无道战争。班固还正确地阐释了历史发展的客观过程，他深刻地认识到经济和经济关系是社会发展的动力，生产情况、风俗习惯、人民生活、民族关系、社会动乱、农民起义，归根到底都是经济和经济关系矛盾运动的结果。

《汉书》在文学上有重要成就，有不少成功的作品，富于文学色彩，成为后代传记文学的典范。《苏武传》通过生动情节的叙述，突出传主不为利诱、视死如归的爱国精神，崇高的品格和民族气节。《张禹传》写张禹的狡诈虚伪，善于阿谀取宠以保权位，不动声色却能入木三分。《霍光传》通过几个典型事件，塑造了一个谨慎小心、正身立朝而又权倾朝野的宰辅形象。《朱买臣传》通过传主得意失意时的描写，活画了那个时代知识分子的可怜可悲形象，同时作者还讽刺了当时人的趋炎附势的丑恶嘴脸，世态炎凉，读后引人深思。

班固在写人物时，往往通过细节来突出他们的思想性格，读来风趣盎然。《汉书》在语言上富丽堂皇，典雅精工，好用古字奇字。从总体上看，详赡严密，简洁整饬，为后世喜欢骈俪典雅风格文人所喜爱。

班固除《汉书》外，尚有大量的文学作品留传于后世。《后汉书》本传说，班固所著，《典引》《宾戏》《应讥》及诗、赋、谏、颂、书、文、记、论、议、六言等41篇。其中《两都赋》与《燕然山铭》也都很有名。《两都赋》盛称洛邑制度之美以折西宾淫侈之论。该赋真实地反映了当时社会生产极其发展，城市繁荣，物质富饶。文中运用了大量的夸张和比喻等修辞手法。《两都赋》开创了京都大赋一体，张衡的《二京》、左思的《三都》都渊源于此。

班固的单篇作品都收在《汉魏六朝百三名家集·班兰台集》中。

058

书圣

——王羲之

王羲之，字逸少，出生于西晋惠帝太安二年（303年），卒于东晋穆帝升平五年（361年）。祖籍山东琅琊临沂（今山东临沂县北），是倡导晋室南渡之议的王旷之子，名相王导与"过江书画第一"王廙之侄。王旷曾任丹阳和淮南太守，是个很有见识的人，他对东晋王朝的建立曾作出过重大贡献，可惜在西晋末年，大约在王羲之12岁时（314年），王旷去世，未能发挥更大作用。王羲之少年丧父之后，全靠母亲、哥哥养育成人。王羲之幼年说话迟钝，并未引起当时人们的重视。13岁时，他去拜见吏部尚书周颛，周颛仔细观察他后，认为他不是一般的人，当时待客的重要食品是牛心炙（烤牛心），在座客都没有吃时，先割一块给王羲之吃，从此之后，王羲之才开始出名。握有重权的伯父王导、王敦对他都非常重视，王敦曾说："你是我家的好儿郎，不会比主簿阮裕差的。"

王羲之21岁那年，太尉郗鉴派门生向王导求一个女婿，王导让他们自己到东厢王家子弟中去挑选，门生看后回禀郗鉴说："老王家的青年个个都不错，可是知道这件事后，一个个都显得很拘谨，只有一个人在东床袒腹而食，好像不知道这事似的。"郗鉴听后说："那一个正是我要找的好女婿呀！"派人一打听，那个袒腹而食者，正是王羲之，后来就把女儿郗璿嫁给了王羲之。这就是妇孺皆知的东床袒腹故事。

由于时代环境、社会思潮以及家庭出身等的影响，王羲之的思想和生活充满着各种矛盾。首先表现在他对仕宦和隐逸的态度上，当他的好朋友殷浩参与朝政，欲重用他时，他回信说："我生平不愿在朝廷为官，如果想，伯父王导任丞相时就可以飞黄腾达，但我那时都坚决推辞了，现在男婚女嫁，已像汉代向子平那样感到满足，我要过隐逸生活了。不过话又说回来，如果国家急需、朋友信任的话，就是到关陇、巴蜀那样远的地方也在所不辞，而且一定能做出别人做不出的成果来。"

王羲之年满 22 岁，不经选举就起家为秘书郎这类清贵显要的官职。后来征西将军庾亮很欣赏他，请 32 岁的王羲之为参军，又迁升为长史。庾亮临死时向皇帝上书，说他"清贵有鉴裁，应该重用"。东晋成帝咸康六年（340 年），38 岁的王羲之迁宁远将军江州（今江西九江市）刺史。东晋永穆帝永和六年（350 年），48 岁的王羲之出为右军将军会稽内史，所以后世遂称之为王右军。因王羲之少有美誉，朝廷公卿皆爱其才，多次召他做侍中、史部尚书，他都推辞不就。王羲之虽无意仕途，但他办事异常认真，在任职期间，做了很多好事。如在会稽内史任上，荒年开仓赈贷。针对老百姓赋役繁重，他多次上书请求减免，他还想过一些消除官员腐败的办法。

王羲之名为右军将军，但不带兵打仗。可是他对军国大事非常留心，对时局往往有独到见解。在对东晋偏安江南的客观形势和朝廷中司马昱、殷浩、桓温人事问题的分析之后，他对几次北伐计划和行动采取了不同的态度，坦率地提出建议，表现出直率的性格和敏锐的洞察力。东晋康帝建元元年（343 年）庾翼请求北伐，多数人反对，他积极支持，他给康帝写信说："朝廷政治清明，君臣和谐，庾稚躬（翼）北伐，一定能够成功。"可惜的是，不久庾翼病死，北伐计划未获施行。东晋穆帝永和九年（353 年）殷浩北伐，王羲之明确反对，虽然他和殷浩的个人关系极好，但他认为殷浩是个清谈家，没有处理军国大事的能力，他更明白，殷浩依靠的司马昱和手握兵权的桓温之间存在着尖锐的权力斗争。桓温主张北伐是想提高自己的威信，司马昱拉殷浩北伐是想和桓温对抗。王羲之认为当前压倒一切的是内部团结稳定，加强实力和采取守势。他给司马昱写信说："今边境不安宁，内部有可忧之事，国家大计应该做到知己知彼，万无一失才行动，否则必遗社稷之忧。"可是二人不听劝告，终至一败。虽说王羲之确保淮河、坚守长江的主张失于保守，但还是很中肯的。

正当朝廷为殷浩的失败和朝臣之间的矛盾忧心忡忡之时，又发生了一件与王羲之本人关系十分密切的事，从而彻底改变了他的生活道路。

当时骠骑将军王述（属太原王氏大族）和王羲之齐名，可是王述急躁率直闻名于世，二人的关系不和谐。王羲之估计，王述最多也不过到仆射这类官，后来王述竟蒙显授，作了扬州刺史，大大出乎王羲之的意料，因扬州是个大郡，是京城所在地，其长官皆由丞相一级兼任。更让王羲之难以忍受的是，他所守的会稽郡正好受王述管辖，两人本来同岁，青年时代王羲之为临川太守，王述仅为其辖下的一个县令，现在二人官职相距悬殊，他感到非常屈辱，各种因素的综合作用促使他下定决心，在父母墓前郑重宣誓，彻底告别官宦生活。这一年正是东晋穆帝永和十一年（355年），王羲之53岁。

王羲之辞官不仕之后，悠游山水便成为他晚年生活的主要内容。他同道士许迈相交，同游名山大川，垂钓采药，诗酒唱和，尽情游乐，曾经向东方游到大海，还打算远游巴蜀，未果而卒。

王羲之死后，朝廷赠金紫光禄大夫，墓地在现在浙江全庭乡之瀑布山。

王羲之之所以名垂青史，不在于他有什么事功，而在于他的书法艺术。王羲之生活在世代簪缨、文化气息很浓厚的家庭里，这对于其个性发展和成长是非常有利的。相传王羲之7岁学书，12岁时，见父亲枕中有《笔论》一书，窃而读之，其母认为年岁太小，不能理解，父亲王旷也说："等你长大成人后，我再教你不迟。"但王羲之认为如果长大成人，就晚了。其父不得已，为其讲授书法理论，从此初识学书门径。后来王羲之又拜伯父王廙和卫夫人徐铄为师，王羲之书法才突飞猛进，一日千里。

王羲之练字非常专心认真。有个故事说，王羲之平日在书房里专心致志地练书法，吃饭了他都不知道。有一次书童送来了他最喜欢吃的蒜泥和大馍，他连头都不抬，继续挥毫疾书，神态严肃认真，书童只好回去叫夫人来劝他吃饭，王夫人到书房，只见他拿着一块沾了墨汁的大馍往嘴里送，弄得满嘴乌黑。原来王羲之吃馍时看的是字，脑子里想的是字，因而把墨汁当蒜泥吃了。王夫人见此情状，不禁大笑起来，王羲之边挥笔疾书，边夸今天的蒜泥好香呢！

王羲之在书坛上享有崇高的声誉，占有至尊的地位，被后世誉为"书圣"。在书法艺术史上，就其影响之大、成就之高和发展的全面来说，没有一个能超过他。可称得上光芒万丈前无古人。他的字体系博大，内容非常丰富，表现形式又比较含蓄。

王羲之书法代表作主要有：

小楷有：《东方朔画像赞》《曹娥碑》等。

行书主要有：《圣教序》等。

草书主要有：《快雪时晴帖》《丧乱帖》《姨母帖》《奉橘帖》《兰亭集序》《十七帖》等。总体上看，王字具有独特的个人气质，字如其人：王字笔力雄健，尽态极妍，具有丰富的形式美；王字自成一家，博取众长，创造了新的书法体式。

下面简评其中三幅作品，窥豹一斑。

《丧乱帖》，字势凝重，潇洒自然，紧凑含蓄，字势倾侧取媚，整幅作品呈现错落跌宕的美趣。《十七帖》，笔法古直浑然，有篆籀之意，从容衍裕，而气象超然，最能代表王书的本来面目。

最值得一书的是，东晋永和九年，王羲之和谢安等 42 人在山阴兰亭集会祓禊，大家饮酒赋诗，王羲之为诗集写了一篇序言，即著名的《兰亭集序》，文好字好，文笔清新疏朗，情韵绵邈，不带有魏晋以来的骈偶习气，把具体环境下的实在情感与哲理性思维结合为一体。字势生动，变化丰富，被誉为天下行书第一。

059

东晋最伟大的画家
——顾恺之

顾恺之（约 344—405），中国东晋杰出的画家，是中国绘画史早期画家的杰出代表。他是东晋晋陵无锡（今江苏省无锡市）人，字长康，小名虎头。出身于封建官僚家庭，其父顾悦之，曾任尚书左丞。顾恺之博学有才气，366 年，年轻的顾恺之就被桓温引为大司马参军，很受桓温赏识。392 年又为殷仲堪参军。405 年为散骑常侍。409 年刘裕北伐南燕，顾恺之参与其事，并为其作《祭牙（旗）文》。关于他的生平，《晋书》本传记载并不详细，并且是从《世说新语》等小说书中抄来的。

顾恺之多才艺，工诗赋、书法，尤精绘画，尝有"才绝、画绝、痴绝"之称。顾恺之平生游历过许多地方，他到过四川、湖南、江苏、浙江等广大地区，秀丽壮美的祖国河山，开阔了他的眼界，增长了他的见识，为他将来艺术创作准备了丰富的素材。

两晋时代，玄风大畅。许多人崇尚玄谈，不管世务，行为放诞，以聪明为病，以糊糊涂涂为好。顾恺之善于装傻卖呆，以"痴"为名。有一则故事说，顾恺之曾将非常珍贵的一箱书画寄存在桓玄那里，桓玄偷走了箱中所有的书画却将空箱子还给他，顾恺之打开箱子一看，见画不翼而飞，他明知是桓玄所为，却因桓玄当时权倾朝野，怎好得罪，只好自认倒霉，反而旷达地说："妙画通灵，变化而去，如人之登仙。"

关于他的文学才华方面，《晋书》说他有文集和《启蒙记》一书行世。他创作了大量的诗赋叙记，很有特色。有一次他到浙江会稽（今浙江绍兴）一带去游玩，有人问他这个地方怎么样，他盛赞会稽山水之美，用充满诗情画意的语言说："千岩竞秀，万壑争流，草木蒙笼其上，若云兴霞蔚。"

这几句话有声有色，千载后读之也不得不佩服他兰心蕙口锦绣华章。他本人对自己文学方面的才能自视很高，一次有人问他："你创作的《筝赋》和嵇康的《琴赋》相比如何？"顾恺之认为自己的《筝赋》不在嵇康《琴赋》之下，就回答说："不赏识《筝赋》的人会因为后出而舍弃它，深加赏识《筝赋》的人也会因为妙好而重视它。"

顾恺之的最大成就还是在绘画方面。他是第一个画维摩诘居士像的人，顾恺之把他画成清瘦带有病态的样子，开创了"秀骨清像"的画风，这就是"顾家样"。这种形象很符合当时人的审美欣赏习惯，很受士大夫们欢迎。相传 364 年，建康（今江苏南京市）修建瓦棺寺，主持僧向京城的士大夫募捐，一般人家最多只捐钱 10 万，穷青年顾恺之一下子就认捐 100 万钱，许多人听后都感觉惊异，主持僧认为他是在开玩笑，顾恺之却不慌不忙地对他说："你为我新刷一堵墙壁，我就能为你筹集到这笔钱了。"主持僧望着这个诚实的青年，就照办了。顾恺之用了一个多月的时间，在新粉刷的墙壁上画了一幅维摩诘像。在这幅画快完工时，他对主持说："第一天来看我的画的人，每人只要他捐钱 10 万，第二天来的人要他捐钱 5 万，第三天随意捐助。"到了正式接待观众那天，他当着众人的面为画上的人物点上眼珠子，说也怪，画上的人物顿时就精神焕发神采奕奕了，光照全寺。看画之人无不为其高超的画艺倾倒，不多时就捐助 100 万钱。

顾恺之画人物画，有的好几年都不点眼珠子，他认为，"四体妍蚩，都无关大局，传神之处却正在目睛之中"。可见他非常慎重点染目睛，因为这是一幅画成败的关键所在。他谈论作画难易之处，曾经说过："手挥五弦易，目送归鸿难。"这是说作画，画一个人弹琴容易，画一个人注视归鸿飞去时的神情就难了，动作易画，神情难描。

据说殷仲堪有眼病，一目盲。顾恺之请求为其画像，殷仲堪初不答应，顾恺之对他说："没有关系，在眼睛上点上瞳子，再在瞳子上用飞白的技法显示白痕，如轻云蔽日一般，结果更美。"这则小故事可见其确为画眼睛的高手。

顾恺之画人物，还注意通过人物本身的特点来刻画人物的性格、神态。据说有一次他给裴楷画像，顾恺之把裴楷脸上的三根毫毛画得非常突出，人们问他什么缘故，他说："裴公才智超群，见识宏深，这三根毫毛就是见识的标志。"看画的人仔细寻思，确实觉得比不画这三根毫毛更能表现人物的风貌。还有一次他给谢鲲画像，将他画在山岩之间，人们问他为什么？他说："谢鲲曾经说过平生喜游山水，有隐逸之志，所以把他画在乱山之中。"

顾恺之的绘画作品由于年代久远，流传下来的已经不多了。下面就来谈谈他的两幅代表作，《女史箴图》和《洛神赋图》。

《女史箴图》是根据西晋诗人张华所作的讽刺荒淫无耻的贾后的《女史箴》原文而进行创作的。张华文章的主要内容是宣传封建礼教，教育宫廷中的妇女们如何作为的一些道德教训。顾恺之的画作使人形象地看到 4 世纪宫廷妇女在封建制度压迫和礼教束缚下的真实生活，是一部反映现实的艺术作品。这幅画的前两段已经残缺，据现存所录《女史箴》原文的书法，与唐虞世南、褚遂良的风格相近似，可以肯定地说，应是唐代最能代表顾恺之的风格和特点的摹本。1900 年，八国联军攻入北京，被英军从清宫中劫走，现藏伦敦不列颠博物馆。这件作品的绘画技巧高超，能够比较准确地表现各种人物的身份和特点。在描绘用笔方面，顾恺之提炼出了"春蚕吐丝"的线条，这种线条的特点是粗细变化不大，纤细均匀，流畅自如，具有轻快优美的装饰效果和气脉贯通的特点，给人一种回肠荡气的感觉。这些特点在《洛神赋图》中也同样存在着。

《洛神赋图》取材于曹植的《洛神赋》，旧说曹植作《洛神赋》是纪念他与甄后（曹丕妻）的一段隐秘恋情，此说问题很多，无法得到确实的证明。恐怕曹植只假托一个神话人物，把世俗的男女之情升华到诗意的完美形态。曹植在赋中渲染了男女主人公之间情意缱绻却又因人神殊途而无法交接的惆怅和哀怨，避免了这类作品中常见的掩盖在神话色彩之下的粗俗暗示，格调高雅，感情真切，具有较高的审美价值，赋中对神女容貌情态的刻画非常细致生动。顾恺之的《洛神赋图》发挥了高度的艺术想像力，富有诗意地描绘了原赋的意境。画中洛神多次出现，或在水面凌波回顾，或在云间遨游，或单独一人，或与曹植在一起，给人一种含情脉脉、情意绵绵的感觉，画中的曹植体态修长，清瘦俊秀，从精神气质上看具有名士风度。整幅图卷生动地体现了原赋的意境，诗情画意，相得益彰。

顾恺之的画，较之汉画，高出了许多，当时谢安就惊叹："有苍生来所无"，可见其绘画成就之高。顾恺之除精通绘画以外，还在绘画理论上有所贡献。他著有画论《魏晋胜流画赞》《论画》《画云台山记》，在这三篇理论著作中，谈论的主体是绘画如何才能传神的问题，内容包括理解对象的性格，甚至社会地位属性，同时阐述了绘画中的一些基本原理和技法。这是现在所知道的我国最早的绘画理论专著，对后代绘画理论的发展具有重要的意义。

060

名垂青史的"百代画圣"
——吴道子

　　吴道子,又名道玄,东京阳翟(今河南禹县)人,其生卒年代已不可确考,大约生于唐高宗在位时,主要活动时期为唐玄宗开元、天宝年间。他是我国历史上一位成就卓著的大画家,人称为"画圣"。

　　吴道子小时候生活贫困,四处流浪。为了谋生,他选择了当时社会地位极其卑下的画塑作为职业,由于他在这个方面颇有天赋,再加上他肯钻研,不到20岁的时候,他就成为一位小有名气的画工了。不久,他在逍遥公韦嗣立府里做幕僚。借职务之便,吴道子畅游四川,流连于巴山蜀水的秀美风光,这对他后来在山水画创作上独创新风产生了深刻影响。后来,他改任兖州瑕丘(今山东滋阳)县尉,在此期间,他一边做着小官,一边从事艺术创作。尽管他的社会地位依然不高,但在寺庙道观的壁画创作上却显示出惊人的才华,声名逐渐远扬,甚至连唐玄宗都知道他的大名。

　　唐玄宗是开元盛世的开创者,他不仅治国有方,是位大政治家,而且对艺术有敏锐的鉴赏力。于是他破格降诏宣吴道子入宫,授以"内教博士"的职衔,后又升为"宁王友"。这样,吴道子就由普通的画工,变成为最受宠爱的宫廷画师。

　　吴道子的画,师承多人。最初,他师法唐太宗时著名画师张孝师的画风,又极推重南朝梁大画家张僧繇,他还向著名书法家贺知章、张旭学习过书法,大剑术家裴旻也常和他谈道论艺。时人多将张旭的狂草书法、裴旻的剑术和吴道子的绘画,并称为"三绝"。可能是受了狂草书法的影响,吴道子大大提高了线条的表现力。他创造出生动流畅、富有表现力的兰叶描（形如兰花的叶子，有转折变化）、莼菜条（这种线条两端轻细，中间粗重，浑圆劲挺，好像杭州西湖出产的莼菜的茎叶），突破了东晋顾恺之以来那种粗细一律的铁线描法，特别适宜于表现生动的气势。他所画的人物服饰最能表现这一特点，故有"吴带当风"之誉。他还融狂草"飞白"艺术于绘画之中，创立了"笔不周而意周"（笔迹虽断而形象周全）的"疏体"，开后代写意人物画之先河。

吴道子作画，成竹在胸，画来挥洒自如。天宝年间，唐玄宗令他去四川嘉陵写生。吴道子饱览秀美风景之后，未画一幅画就回到都城，凭着对那山山水水的鲜明印象和娴熟的技巧，只用了一天时间，就在大同殿的墙壁上，画出一幅水墨苍劲的嘉陵江风景，博得观众的交口称赞。吴道子作画，并无固定程序，画人或是从手臂开始，或是从足部开始，无不合乎人体比例。他在命笔时，并不借助任何仪器和工具，却能画得准确精当，其直中绳，其方中矩，其圆中规。有次他在长安兴善寺画神像头上的圆光，只见他随手一挥，快如旋风，圆光已呈现在人们的面前，引得围观者一阵欢呼。

吴道子和当时其他画工一样，在绘画的同时，也学习塑像。塑像的实践，对于他提高绘画技术有着积极的促进作用。他画人物时，用朱粉的厚薄来表现骨肉的高低起伏，具有强烈的立体感，甚至能看到"八面"的效果，当时的人们多将他的绘画和"塑圣"杨惠之的塑像并称。这种画塑兼修的传统，一直到今天依然保存着。吴道子还将塑像上彩的方法引入绘画之中，创造出以墨线为基础，略施淡彩的"吴装"，成为后代白描画体的开始。

吴道子在绘画上无所不能、无所不精，但是他创作的主要方面，是宗教题材的人物画，而且绝大部分都是壁画。他具有巨大的创作热情和旺盛的精力，仅在长安和洛阳的寺观里，就画了300多幅壁画。这些壁画里的人物，形形色色，没有一个雷同。可见他的想像力和表现力是何等丰富！有次唐玄宗害疟疾，昏睡中梦到一个小鬼偷盗杨贵妃的香囊和玉笛，正要逃跑时，来了一个身穿蓝袍、袒露右臂、脚穿皮靴的大鬼，将它捉住吃掉。玄宗梦中询问其姓名，方知大鬼是落第的举子钟馗，死后专除天下妖孽。玄宗醒来后，将梦中情形告诉吴道子，叫他画出来。吴道子画好呈上，唐玄宗一见惊呼道："画得真像，和我梦中看到的简直一模一样！"这就是后代人们在端午节贴钟馗像，用来镇宅辟邪习俗的起源。

吴道子创造的人物形象真实而又生动。在赵景公寺里所画的手拿香炉的天女，有一种飞着眼儿要和人说话的神态；菩提寺里画的《维摩变》中的舍利佛，其目光会随着人转动；菩萨寺内那位礼拜佛骨的菩萨，天衣飞动，满壁生风；玄元皇帝庙里的千官像，更得到大诗人杜甫的盛赞，称人物的生动仿佛使整个墙壁都活动起来了。有次，吴道子在内殿的墙壁上画上五条龙，每当天色阴沉快要下雨的时候，这幅壁画仿佛也生起烟雾，五条龙张牙舞爪、鳞甲飞动，好像就要从墙上飞到天上一般。于此可见吴道子那栩栩如生的绘画艺术。

吴道子还擅长揭示人物的心理状态。保留下来的宋人摹本《送子天王阁》，是研究吴道子绘画的惟一重要资料，画面内容描写释迦牟尼降生后，他的父亲净饭王抱着他去拜谒大自在天神庙的情景。图中净饭王小心翼翼地怀抱着初生的释迦，王后摩耶夫人紧随身后，他们的神色庄严肃静，暗示出这个未来的佛祖地位将凌驾于自己之上；那些张皇失措、匍匐跪拜的天神形象，也显示出释迦降生给了他们多么巨大的震动，尽管这些天神们威武无比，却被这位婴儿所慑服。这种人物心理状态的刻画，充分表达出颂扬释迦的主题，是极其成功之作。这幅摹本画在白麻纸上，着色很淡，接近白描，线条有力而富于变化，是典型的吴道子风格。清末此画流入日本，现为东京山本悌二郎澄怀堂所藏。

吴道子的画迹，画史记载很多，仅宗教类壁画，就有上百种之多，如《金刚经变》《维摩变相》《地狱变相》《西方变相》《智度论色偈变》《明真经变》《日藏月藏经变》《五圣千官》《鬼神帝释》《东封图》等等。可惜这些壁画早已随着建筑物一起灰飞烟灭了。壁画以外的屏风画、卷轴画见于历代记载的也有不少，如《朱云折槛图》《明皇受箓图》《钟馗元夜出游图》《宣圣像》《金桥图》《五星像》《南岳图》《列圣朝元图》《桃源图》《水月观音》《护法天王像》《送子天王阁》等等。这些作品除刚才提到的摹本《送子天王图》之外，没有一幅保存下来，实在非常遗憾。其他虽还有一些相传是吴道子的作品，如《释迦三尊像》《善神像》《山水图》等，因画史并无可靠记载，故不少人都把它们看做属于和他一个画派的较晚期作品。不过，河北省曲阳县北岳庙的石刻画《鬼伯》和西安碑林里的《观音像》，有人以为是后人根据吴道子原画摹刻而成，故而多少也可以看出一点原作的绘画面貌。

吴道子是当时画坛魁手，弟子众多，其中成就较高者有卢楞伽、杨庭光、李生等人。后世传其画派的著名画家，有五代的朱繇、曹仲玄，宋朝的王瓘、李公麟、武宗元，元朝的颜辉，明朝的吴伟、戴进等人。而李公麟被公认为吴道子之后第一人。由此可见吴道子对画坛的巨大影响。事实上，早在唐朝时，吴道子的作品已极其珍贵。张彦远在《历代名画记》中说他画的一扇屏风，值金 2 万。宋人郭若虚称吴道子为"画圣"，苏轼在《书吴道子画后》中说："诗至于杜子美（甫），文至于韩退之（愈），书至于颜鲁公（真卿），画至于吴道子，而古今之变、天下之能事毕矣。道子画人物……盖古今一人而已。"他将吴道子的绘画成就，与杜甫的诗歌、韩愈的古文、颜真卿的书法相提并论，认为他们都是登峰造极，无人能出其右的。后人对于吴道子的推崇之高，由此可见一斑。

尽管吴道子在绘画上成就卓著，可称为"百代画圣"，但他并非十全十美的完人，他好酒使气、放浪不羁，心胸尤其狭窄，不能容忍别人超过自己。当时有位著名的画家皇甫轸，画技也很高超，堪与吴道子并驾齐驱。吴道子十分忌妒他的才技，竟雇人将他杀害。这是吴道子犯下的不可饶恕的罪恶。

安史之乱的爆发，导致唐朝由盛而衰，叛乱的军兵先后占领唐朝东西二京，无数楼阁殿宇被焚毁，吴道子花费无数心血画成的作品也随之被毁。此后，吴道子销声匿迹，历史再也没有他活动的记载了。或许这位此时至少 70 多岁的艺术家已不忍再看满目疮痍的世界，悄然而去，惟有他的艺术光芒，永留斯世。

061

诗仙

——李白

  距今 1200 多年的盛唐时期，中国诗坛上出现了一代巨匠——李白。如果把唐代诗人比作满天繁星的话，那么李白就是照亮整个诗坛的一颗巨星。后人将他称为"诗仙"，因为他一生傲岸狂放，风流倜傥，以布衣啸傲于王侯公卿之间，在民间留下了许多富于浪漫色彩的传说；又因为他的诗豪放飘逸，想象丰富奇特，激情有如大江大河，至今还能使我们感受到那种震撼人心的力量和难以言传的灵气。

  唐开元十三年（725 年），青年李白离开了故里，登舟出三峡而至江陵，开始了一生的漫游生活。此后，他再也没有回到过故乡。

  李白（701—762），字太白，号青莲居士，又号谪仙人。关于他的家世，我们知道得不多。他父亲叫李客。他的祖上曾流落他乡，在李白出生前后才迁至绵州昌隆县（今四川江油市）。李白的童年和少年时代是在山明水秀的大巴山区度过的，"五岁诵六甲，十岁观百家"，受到了传统文化的熏陶。他学习十分刻苦，所以后来成为"铁杵磨成针"那个著名故事里的主人公。少年时即作诗赋，扬言要超过他的同乡、汉代文豪司马相如。在游历了蜀中以后，他感到这里的空间似乎过于狭小，憧憬着到更广阔的天地里去做一番事业。于是，在他 24 岁那年，便"仗剑去国，辞亲远游"。

  这时正是唐代开元年间，中国封建社会的黄金时代正在到来。与许多青年学子不一样，李白没有去投考进士，借以博取功名利禄。他的理想是"申管晏之谈，谋帝王之术"，要当官就要当宰相，辅佐君主，"使寰区大定，海县清一"，干一番轰轰烈烈的大事业，然后功成身退，浪迹江湖。他对自己的才能十分自负：

大鹏一日同风起,扶摇直上九万里。

假令风歇时下来,犹能簸却沧溟水。

在他看来,开元年间社会的安定与繁荣,正是自己大展宏图的极好时机。

抱着这种目的,李白在家乡时就开始了"遍干诸侯"的活动。出蜀之后 10 余年中,又陆续给一些地方官吏上书赠诗,希求引荐,但不仅毫无结果,反而招致诽谤。于是,他"西入秦海,一观国风",隐居在长安附近的终南山,企图在京城谋到出路,但"阊阖九门不可通,以额扣关阍者怒",依然报国无门。

在长期的漂泊生活中,李白游历了半个中国,足迹遍及湖北、湖南、江苏、浙江、河南、陕西、山西、河北、山东等省。他的求仕活动没有成效,他的诗歌艺术却日臻成熟。祖国的壮丽山河,开阔了他的心胸,启迪着他的灵感;各地的民歌呈献给他丰富的养料;而社会的阅历和生活的磨难,更使他洞悉到世态的炎凉。

他写山:

"青冥倚天开,彩错疑画出。"

他写水:

"江色绿且明,茫茫与天平。"

他写瀑布:

"飙如飞电来,隐若白虹起。初惊河汉落,半洒云天里。"

他写黄河:

"君不见黄河之水天上来,奔流到海不复回!"

在他笔下,祖国的山河是多么秀丽和壮观。而在他"蜀道之难难于上青天"的感叹中,你分不清他是极言自然界的山道之险,还是感慨人世间的行路之难。

随着这些不朽诗篇的问世，李白的大名也远近皆知了。天宝元年（742年）秋，正当他在会稽一带漫游时，一道诏书下达：召李白进京。10余年的愿望一旦变为现实，李白简直有点飘飘然了。他"仰天大笑出门去"，踏上了西去长安的路程。

对李白来说，在长安生活，仿佛是一个美丽但却匆匆消失的梦。

唐玄宗李隆基在金銮殿召见了李白，对他优礼有加，命"待诏翰林"。"待诏翰林"并不是正式职官，有点近似于皇帝的私人秘书（当然不是一个人），就是待在翰林院里，听候皇帝下诏，帮助起草文书，回答咨询，陪随宴游等。据说，唐玄宗曾"以七宝床赐食，御手调羹以饭之"，还对李白讲："卿本布衣，名为朕知，非素蓄道义，何以及此。"大有相见恨晚的劲头。此后，李白经常陪着皇帝宴游，留下了一些帮闲的文字，如《宫中行乐词》《龙池柳色初青》《听新莺百啭歌》之类。

李白哪里知道，天宝年间的唐玄宗，已经成了一个享乐皇帝。在统治了30年以后，他觉得天下太平，四海晏乐，便一味地胡闹起来。他的周围聚集起各色小人和野心家，政治一天天腐败下去。他沉溺于骄奢淫逸的生活，甚至把儿媳弄进宫里封为妃子。召李白进京，只是想以此粉饰太平，装点门面，并为宫中行乐增添乐趣而已。而李白的"受宠"却使周围的奸佞之辈妒火中烧，随之而来的就是流言与诽谤。

由于李白生性高傲，才华横溢，说他坏话的大有人在。时间稍久，诽谤者的队伍越来越大，他的处境也就越来越坏。天宝三年（744年）春天，他终因无法忍受而上书请求"还山"。唐玄宗马上批准，"赐金遣之"。这时，李白供职翰林院才只一年半。

"挥涕且复去，恻怆何时平。"他满腔热情而来，却伤心失望而去。偌大的一座京城，容得下荒淫骄奢的帝王，容得下仗势弄权的佞臣，容得下斗鸡蹴鞠的地痞，却容不下一个伟大的诗人。

从天宝四年至十四年（745—755），李白在大江南北、黄河上下漫游了整整10年。去朝之后，他就在济南郡的紫极宫接受了"道箓"，成为一名正式的道徒。道教是唐代的国教，上自王公贵戚，下至平民百姓，均极信服，故盛极一时。李白在少年时代就对此有兴趣，出蜀之后，更是到处寻仙访道。他结交了一些当时著名的方士，并曾郑重其事地学过炼丹。他诗作中有着大量歌咏求仙的内容，以一种游仙的形式驰骋着天马行空般的想像力。在他政治上失意时，自然会到宗教中去寻找解脱。但宗教毕竟不能使李白长久地忘掉现实的苦难，幻想也不能完全使他解脱忧虑和愤懑。李白没有在名山大刹中隐居起来修身养性，而是继续四方漫游。生活使他逐渐地看到了"盛世"掩盖下惊人的腐败，看到"繁荣"背后隐约到来的动乱。

天宝十四年（755 年）底，安禄山以清君侧为名起兵反唐，唐玄宗出奔巴蜀，洛阳和长安相继失陷。为了避乱，李白辗转流亡，最后避居于庐山。他忧心于破碎的山河，希望能为消弭战乱尽自己的一份力量。

这样的机会似乎很快就到来了。第二年，永王李璘数次派人送来诏书，请李白出山相助。李璘是唐玄宗第十六子，玄宗在出奔途中，诏命他赶赴江陵，经营东南，保住半壁江山。于是，李璘顺江东下，沿途广募将士，名满天下的诗人李白，自然在征辟之列。李白思虑再三，最后毅然下山，入了永王李璘的幕府。在此期间，他写下了《永王东巡歌十一首》，决心一清胡尘，以报朝廷。

但命运又一次捉弄了他。李璘的哥哥李亨这时已自行即位（是为唐肃宗），而尊玄宗为太上皇。他见李璘在长江流域招兵买马，势力不断扩大，十分猜忌。兄弟之间很快就爆发了一场内战。结果，李璘战败被俘，他的部下也就在一夜之间从出征讨逆的勇士变成了"附逆作乱"的罪犯。李白在永王幕中不过一月，也无法解脱，终于锒铛入狱。以耿耿报国之心，遭此大劫，李白悲愤异常，他"举酒太息，泣血盈杯"，"泪血地而成泥，狱户春而不草"，精神上受到了极大打击。经过亲属友人的奔走营救，虽其间一度获释，但最后还是落得个"长流夜郎的处分"。

唐肃宗乾元元年（758 年），57 岁的李白告别了前来送行的亲友，踏上了流放的漫漫长途。盛唐时代结束了。而随着这次挫折，李白的理想和抱负也像他身后的滔滔江水一样付诸东流了。

乾元二年（759 年），朝廷因久旱成灾，大赦天下。行至奉节（今四川奉节县）的李白突然遇赦，喜出望外，立即登舟返回。"朝辞白帝彩云间，千里江陵一日还。两岸猿声啼不住，轻舟已过万重山。"——这首有名的杰作《早发白帝城》，正是他那欢快心情的反映。

虽然李白是被特赦，但赦归却使他产生了新的幻想，以为天地再新，可以东山再起。于是他再次请人荐引，然而每每碰壁，只得流连于江夏一带。一年后，李光弼出镇临淮，年过六旬的李白以抱病之躯请缨入幕，行至半途，因病重而归。

失望和孤独像影子一样时时刻刻陪伴着他，他的酒是越喝越多了。李白终生嗜酒，他的诗作多与酒有关，而他的好诗，似乎多半也是在酒后作的。你看，"百年三万六千日，一日须倾三百杯"，"两人对酌山花开，一杯一杯复一杯"，"人生得意须尽欢，莫使金樽空对月"。他仗着千斛美酒的力量，嘲笑了求仙炼丹和功名富贵，自豪地宣称自己的诗篇是永恒的：兴酣落笔摇五岳，诗成啸傲凌沧洲。

晚年的李白贫病交加，有时似乎连酒钱也没有。有一次，他在路上遇见一个亲戚，想要一起去饮酒，无奈之中只得把多年不离身的佩剑拿去换酒喝。尽管如此窘迫，他仍在痛饮，饮后击节悲歌："君爱身后名，我爱眼前酒"，"孤猿坐啼坟上月，且须一尽杯中酒"，"抽刀断水水更流，举杯销愁愁更愁！"在这些凄凉悲怆的诗句中，我们不难感受到诗人内心巨大而深沉的痛苦。

上元二年（761年）底，李白来到当涂（今安徽省当涂县），投奔在这里当县令的亲属李阳冰。过量的饮酒已经摧残了他的健康，使他得了"腐胁疾"的绝症，所以第二年就去世了。临终前，他将平生作品托给李阳冰，并赋《临终歌》一首。

关于李白之死，还有另外一种说法。据说在一夜里，李白穿着官棉袍，乘一叶小舟出游采石江，"傲然自得，旁若无人，因醉入水中捉月而死"。这也许是人们的一种希望，也许是个事实。不管怎样，这个极富浪漫气息的传说是这样符合李白的秉性，以至流传千年，至今不衰。

历史上多少煊赫一时的帝王将相或早已被人遗忘，但诗人李白却在人们的怀念中获得永生。在诗人生前曾涉足过的地方，人们修起了各种各样的纪念设施；在民间的酒肆中，长期以来一直挂着"太白遗风"之

类的招牌；在戏曲、小说中，有着《太白醉酒》《李太白醉写蛮书》等
故事。他的诗歌更是被传诵了千余年，成为我们民族文化中的瑰宝。

062

诗圣

——杜甫

唐朝是我国文学史上诗歌创作的黄金时代。唐代诗人如群星璀璨，伟大的现实主义诗人杜甫就是唐代诗坛上一颗光辉夺目的明星。杜甫创作的诗歌估计有 3000 首之多，留存的有 1400 多首。杜甫的诗歌不仅数量浩繁，而且具有丰富的社会内容、鲜明的政治倾向和强烈的艺术感染力。他的诗歌犹如一幅唐代历史的画卷，被公认为"诗史"，他本人也因才华盖世，被后人誉为"诗圣"。

杜甫（712—770），字子美。因在诗中曾自称"少陵野老"，也称杜少陵，他又一度为检校工部员外郎，所以后代又称他为杜工部。

唐玄宗先天元年（712 年），杜甫生于河南巩县。杜甫自幼聪明颖慧，7 岁便开始作诗，曾作《吟凤凰》一首。9 岁时，他已经有了一定的书法基础。到十四五岁时，杜甫就已"出游翰墨场"，与当时的文士名人交游。他出众的才华，受到人们的敬重，当时的文人，将他与两汉时代著名的文学家扬雄、班固相比。杜甫的年轻时代，正是我国历史上著名的开元盛世，也是他一生最快意的时期。经过少年时代"群书万卷常暗诵"的刻苦学习，开元十九年（731 年），杜甫 20 岁时，他离开书斋，远游吴、越（今江苏南部及浙江），饱览了莺飞草长的江南景色。他到了苏州，曾经想泛海东游，探究传说中的扶桑，但没有去成。他又南渡钱塘江，游历名山大川，凭吊历史遗迹。江南的名胜文物，不但开阔了他的视野，也丰富了他的文思。

开元二十三年，杜甫回到巩县，去洛阳应试，没有考中。开元二十五年，他又北游齐、赵（今山东省和河北省南部），与友人一起呼鹰逐兽，饮酒赋诗，流连于山水之间。

杜甫青年时期一件重要的大事，是与李白的相见。天宝三年（744年），这两位中国古代文学史上最伟大的诗人在洛阳会面了。李白比杜甫大11岁，杜甫很佩服李白"笔落惊风雨，诗成泣鬼神"豪放飘逸的才华，两位诗人一起畅游了河南、山东，"醉眠秋共被，携手日同行"。虽然以后再没有见面，但他们之间的友谊，成了中国古代文学史上的一段佳话。

杜甫在年轻时代有远大的政治抱负，对统治阶级有天真的幻想。他要"致君尧舜上，再使风俗淳"。辅佐君王，治理天下。开元二十三年洛阳应试的失败，并没有使他完全灰心。到天宝六年（747年），唐玄宗下诏，征求天下有一技之长的士人到京应试，杜甫再次赴考。但是奸相李林甫为了独揽朝政，一个人也没有录取，反而向唐玄宗上表祝贺，说"野无遗贤"，天下有才能的人都得到了重用。杜甫屡试不中，寄居长安，经济来源已经不足以维持一家的生计。除了自己种些药卖之外，全靠朋友的接济。这种寄人篱下的生活，对杜甫刺激很大，他曾愤懑地写道："朝叩富儿门，暮随肥马尘。残杯与冷炙，到处潜悲辛。"有时候，生活竟然困窘到了挨饿受冻的地步，"饥饿动即向一旬，敝衣何啻悬百结"。苦难生活的折磨，使杜甫逐渐深入到了人民之中，耳闻目睹了人民的痛苦，深刻体会了人世间的不平。长安的十年困守，使他坚定地走向了现实主义的创作道路。

杜甫寄居长安的天宝年间（742—756），正是唐朝由盛而衰的急剧转变时期。阶级矛盾、民族矛盾以及统治阶级内部的矛盾都逐渐激化。但这时唐玄宗昏聩荒淫，沉湎于酒色；奸相李林甫、杨国忠把持朝政，排斥异己，更加深了唐帝国的危机。当时专为杨贵妃做工的织工、绣工就多至700人，但在水深火热中的人民却衣不蔽体。看到这些腐败的现象，杜甫愤然作了一首《丽人行》，讽刺杨贵妃及虢国、秦国夫人等的荒淫无耻。针对当时唐朝的穷兵黩武，杜甫又写了著名的《兵车行》，控诉了统治者的残暴，表现了对人民的深切同情。在这首诗里，描绘出了一幅妻离子散、白骨蔽野的凄惨景象。这首诗历来被人们认为是杜甫的诗歌创作走向现实主义的一个光辉的转折。

天宝十四年（755年），杜甫到奉先县探视妻子。这时藩镇与中央政府的矛盾已经到了爆发前夕，劳动人民衣食无着，冻馁遍野，而唐玄宗却带着杨贵妃与皇亲大臣在骊山华清宫花天酒地，游玩作乐，面对这种鲜明的对比，杜甫写了《自京赴奉先县咏怀五百字》，满怀悲愤地唱出了"朱门酒肉臭，路有冻死骨！荣枯咫尺异，惆怅难再述"的千古名句。赶到家后，小儿子已经饿死了，杜甫心中的痛苦，是难以用言辞表达的，他痛苦地说："所愧为人父，无食致夭折。"但即使在这时，他还是"默思失业徒，因念思远戍"，为饥寒交迫中的劳苦大众担忧。十年的磨难，使杜甫和人民紧紧地联结在一起，成为一个忧国忧民的现实主义诗人。

天宝十四年底，范阳、平卢、河东三镇节度使安禄山以讨杨国忠为名，发动了著名的"安史之乱"。叛兵很快攻占洛阳，又自潼关入长安，唐玄宗南逃四川，唐肃宗即位于灵武。杜甫投奔肃宗，在路上被叛兵捉住，送往长安。国破家亡的战俘生活，使杜甫作品的思想性更加丰富了，他在这时写下了不少政治性很强的诗篇。描述了人民在战乱中的悲惨处境。脍炙人口的《春望》，就是他被俘期间写下的名篇：

国破山河在，城春草本深。

感时花溅泪，恨别鸟惊心。

烽火连三月，家书抵万金。

白头搔更短，浑欲不胜簪。

至德二年（757年）四月，杜甫只身逃出长安，奔向凤翔，见到了唐肃宗。他描写道："麻鞋见天子，衣袖露两肘。"为了逃脱叛兵，他一路上遭受了很多困难。唐肃宗任杜甫为左拾遗。但不久之后，杜甫因为上书直言，营救房琯的罢相，触怒了唐肃宗，几乎被唐肃宗所杀。以后再也得不到肃宗的信任，屡屡遭到贬斥。杜甫在外贬华州司功参军时，一次由洛阳回华州，一路上满目萧条，民不聊生，官府残暴，欺压民众，这一切给杜甫留下了深刻的印象，有感于此，他写下了控诉官吏暴行、深切同情人民的"三吏"（《新安吏》《潼关吏》《石壕吏》）。用他饱蘸血泪的笔，忠实地再现了人民在战乱中遭受的苦难。

从东都到潼关途中，杜甫看到战乱之中新婚离异，老年应征，以及战乱之后劳动人民无家可归的悲惨景象，又写下了"三别"（《新婚别》《垂老别》《无家别》）。《无家别》中，他用寥寥几笔，勾勒出了一幅田园荒芜、人民离散的图画。

"三吏"、"三别"，无论在思想性和艺术性上都达到了诗作的高峰，在我国人民中广为流传，深受人们的喜爱。

玄宗的荒淫、肃宗的昏庸、权贵们的腐化以及人民的悲惨处境，使杜甫对统治者残存的幻想逐渐消失了。乾元二年（759 年），杜甫放弃了华州司功参军的官职，举家迁往秦州（今甘肃天水），过上了与人民群众更加接近的漂泊流浪的生活。黑暗的社会将杜甫一步步地推向苦难的深渊，但同时也将他的诗作一步步地推向了现实主义的顶峰。

杜甫在秦州住了三个月，为饥饿所迫迁到了同谷（今甘肃徽县境），又从同谷辗转南下，一路上备尝艰辛，终于在乾元二年（759 年）底来到了富庶的成都。在朋友高适等人的帮助下，在城西浣花溪畔营建了草堂，总算有了落脚之处。

安史之乱后，北方的大都市如长安、洛阳等都遭到了战火的浩劫，但僻处西南的成都却幸免于兵燹之灾，是当时全国最繁荣的都市之一。

定居草堂之后，结束了颠沛流离的生活，生活来源也基本稳定，杜甫心绪安恬，写出了很多清新的吟景小诗，描绘成都风物。如"细雨鱼儿出，轻风燕子斜"、"圆荷浮小叶，细雨落轻花"等都不愧为神来之笔。

肃宗宝应元年（762 年），杜甫的挚友剑南节度使严武入朝，杜甫送至绵州（今四川绵阳），严武走后，因为兵变阻隔，杜甫回不了成都，又被迫流亡梓州。唐代宗广德二年（764 年），杜甫本来准备东下，但正碰上严武再次被任命为剑南节度使，在严武的邀请下，杜甫又回到成都草堂。杜甫在严武处任了半年幕僚，任节度使府参谋，官衔为检校工部员外郎。但他因为不习惯官场的应酬，半年后就辞职回到草堂。杜甫写道"不爱入州府，畏人嫌我真。及乎归茅宇，旁舍未曾嗔"，他已经和劳动人民建立了深厚的感情。尽管杜甫四处漂泊，但他的忧国忧民之心，一点都没有改变。广德元年（763 年），杜甫在梓州听说安史之乱平复，官军收复河北，写下了著名的《闻官军收复河南河北》：

剑外忽传收蓟北，初闻涕泪满衣裳。

却看妻子愁何在，漫卷诗书喜欲狂。

白日放歌须纵酒，青春作伴好还乡。

即从巴峡穿巫峡，便下襄阳向洛阳。

这首诗气势磅礴，一气呵成，连用了剑外、蓟北、巴峡、巫峡、襄阳、洛阳六个地名，但却没有一点堆砌的感觉，爱国之心，跃然纸上。这时尽管自己的温饱都没有保障，但他没有忘记天下劳苦大众。居住成都草堂时，有一天夜里，秋风怒号，将屋顶的茅草撕成碎片，卷向天空，彻夜漏雨，屋内无立足之处，杜甫一夜不眠，作《茅屋为秋风所破歌》：

安得广厦千万间，大庇天下寒士俱欢颜，

风雨不动安如山！

呜呼！何时眼前突兀见此屋，

吾庐独破受冻死亦足！

宁愿自己受冻而死，来换取天下穷苦人的温暖，这就是诗人包容天地的胸怀！

唐代宗永泰元年（765 年），严武死去，杜甫失去依靠，离开成都，沿长江泛舟东下，寄居夔州（今四川奉节）。由于常年流离失所，贫病交加，诗人心境非常不好，在夔州时写下的《登高》一诗，形象地描述了诗人穷愁潦倒的悲惨境地：

风急天高猿啸哀，渚清沙白鸟飞回。

无边落木萧萧下，不尽长江滚滚来。

万里悲秋常作客，百年多病独登台。

艰难苦恨繁霜鬓，潦倒新停浊酒杯。

唐代宗大历三年（768 年），应弟弟杜观的邀请，杜甫又赴江陵（湖北江陵）。在荆湘期间，由于亲朋日少，世态炎凉，杜甫漂泊流离，居无定处。先后到过江陵、公安（今湖北公安）、岳州（今湖南岳阳）、衡州（今湖南衡阳）等地，最后因为贫病，于大历五年（770年），死于湘江舟中，享年59岁。遗体殡于岳阳。直到唐宪宗元和八年（813年），孙子杜嗣业将他的灵柩运回河南，葬在偃师西北首阳山下。

一代诗圣——杜甫虽然死了，但"李杜文章在，光焰万丈长"，杜甫的名字，将同他不朽的诗篇一起永远留在人民心中。

063

唐代大思想家、文学家
——韩愈

　　韩愈（768—824），字退之。他的原籍，说法不一。韩愈自称是"昌黎韩愈"。其实，他不是昌黎（今辽宁义县）人，只是因为昌黎的韩姓是"郡望"，按照当时的风气，他便自称"昌黎韩愈"了，时人也这样称他为"韩昌黎"。韩愈是河南人，当是无疑的。但具体说来，有的认为他是邓州南阳（今南阳市）人；有的根据韩愈自写的一些文章确定他为孟州南阳（今孟州市）人。

　　韩愈的家境本来并不坏。祖辈是做官的，父亲韩仲卿和三个叔叔也是做官的。他们的官阶，除三叔韩云卿当过监察御史，都不甚高。韩仲卿只是做过一些地方的县令。同时代的大诗人李白在韩仲卿离开武昌县时，曾为其撰写了诵德碑，说他"未下车，人惧之；既下车，人悦之。真如春风，三月大化。奸吏束手，豪宗侧目"。这样，一个正直的地方官的形象，便因文豪之笔而永垂于世了。不幸的是，韩愈3岁的时候，他的父亲死了。长兄韩会和嫂郑氏负起抚养他的责任。大哥的任所时有变动，幼小的韩愈也因此而常常跋涉于途。10岁的时候，韩会受到政治斗争的牵连，被贬为韶州刺史，韩愈也从长安到了数千里外的韶关。不久，新的不幸又突然袭来，大哥在韶州死了。异乡无靠，能干的大嫂郑氏毅然率领家小，护送灵柩，"水浮陆走"，回到河南。他们回到河南之后，恰值藩镇同朝廷相抗。不得已，郑氏又带领他们到了宣州（今安徽宣城）。在宣州，虽有韩会置下的一些田产，但并不富庶，所以他在谈到"就食江南"的一段生活时，慨曰"伶仃孤苦"。

　　韩愈19岁的时候，离开宣州到长安参加进士科的考试。他怀着满有把握的心情进京，"谓青紫其可拾"（青紫，指官服）。当有人把礼部过去所试赋、诗、策等的题目给他看时，他以为"可无学而能"。可是年轻的韩愈哪里知道，当时的科举风气已坏，单靠才学而没有高官、名流荐举是很难考中的。果然，第一次考试落榜了，第二次、第三次考试也落榜了。直到贞元八年（792 年）他 25 岁时，经过名人梁肃的推荐，又逢勇于革除弊政的陆贽主试，第四次考试才中了进士。

按照唐朝的规矩，在礼部考中进士还不能做官，还要参加吏部的考选。在吏部"博学宏辞"科的考试中，韩愈又是三年遭到失败。"四举于礼部乃一得，三选于吏部则无成"。长安实在待不下去了，他便离开了京都返回老家河南。

回到河南后的第二年，即他 29 岁时，第一次得了个微小的官职，在宣武节度使董晋帐下做"观察推官"。衣食问题算是解决了。但是，他想做一番事业，不愿"伏门下而默默兮，竟岁年以康娱"。后来董晋死了，他走奔徐州，投到武宁节度使张建封门下，仍做"推官"。但因"言无听也，唱无和也"，遂于第二年又离开徐州到了京师长安。此时的长安同昔日一样，仍然是"君门不可人，势利互相推"，没有韩愈的立足之地。没有办法，他再次回到河南。直到 35 岁才当上了京官"四门博士"，不久升迁为监察御史。可是，很快他又被贬为阳山县令。

韩愈为什么当上监察御史之后不久便被贬到广东西北部去做阳山县令呢？《新唐书》本传说是"上疏极论宫市，德宗怒，贬阳山令"。所谓宫市，大概是指宫中开设的市场。韩愈上书论其弊端，触怒了唐德宗，因而被贬。实际上，被贬原因，远不止此。问题的关键是为民请命，得罪了当政。贞元十九年，春夏大旱，京畿乏食，一片凄凉景况。可当时的京兆尹李实弄虚作假，隐瞒旱情，继续"聚敛征求"。韩愈看到这种情况，便毅然提起笔来"上陈人疾苦"，写了《御史台上论天旱人饥状》。李实其人，"恃宠强愎"，"随喜怒诬奏迁黜"，哪里容得韩愈揭露他的劣绩，便在皇帝面前屡进谗言。昏庸的唐德宗便以"上疏论宫市"，把韩愈贬到边远之地。

"朝为青云士，暮作白首囚。"韩愈在阳山任上，"有爱在民"，得到老百姓的爱戴。据说，老百姓生了孩子，很多人用韩愈的姓作孩子的名字，以表示纪念。

一年后，唐德宗死了，新皇帝（顺宗）即位，韩愈遇赦，被任命为江陵法曹参军（掌管刑狱的官）。不久，又一个新皇帝（宪宗）登基，韩愈被调回长安做"代理国子博士"。然后，因为受到诽谤，为了免遭不测之祸，他又自请到东都洛阳的国子监分部去教书。元和三年，韩愈 41 岁当上了正式的国子博士；继而做过都官员外郎、河南（即洛阳）令、职方员外郎（属兵部，管边疆事）、比部郎中、史馆编修、考功知制诰、中书舍人等；50 岁，因军功，晋升为刑部侍郎。

"一封朝奏九重天，夕贬潮阳路八千。"元和十四年（819 年），唐宪宗遣使者到凤翔县法门寺把护国真身塔里藏的所谓释迦牟尼佛的遗骨（一节指骨）迎进皇宫，继而在各大寺院展览，供人崇拜。一时搞得满城风雨，有的"焚顶烧指"，有的"解衣散钱"，劳民伤财，不知几多。韩愈，这位自幼所读"皆圣人之书，杨墨释老之学，无所入其心"的儒者，认识到这样做对于统治阶级、对于儒家思想的传播都不利，对于人民也极有害。为了统治阶级的利益和维护"圣人之道"，他向皇帝呈上了热情洋溢、富有哲理的《论佛骨表》。

《论佛骨表》的要点，一是指出"佛"是外来的东西，佛法未入时，帝王年寿，百姓安乐；自有佛法，"乱亡相继，运祚不长"，"事佛渐谨，年代尤促"；二是指出迎佛骨的危害，"伤风败俗，传笑四方"；三是指出佛法"不知君臣之义，父子之情"，佛骨是朽秽之物，怎能迎入宫禁；四是指出处理办法，将此骨"付之有司，投诸水火，永绝根本，断天下之疑，绝后代之惑"。

韩愈的《论佛骨表》，不管其出发点如何，在客观上无疑是进步的。但这一下子，可把唐宪宗戳疼了。因为韩愈说到越是信佛，越是年寿不长，所以"表入，帝大怒，持示宰相，将抵以死"。幸得裴度、崔群诸相和"戚里诸贵"等替他说情，才免于一死。但是，正如俗话所说，"死罪已免，活罪难饶"，一下子又把他贬到"南天"广东，去做潮州刺史。

韩愈到潮州后，写了《谢上表》，承认自己"狂妄戆愚，不识礼度"，同时把唐宪宗恭维了一番。唐宪宗有点"感悔"，又将他内迁为袁州（今江西宜春）刺史。

韩愈在潮州，"问民疾苦"，写过《祭鳄鱼文》，自此鳄鱼"西徙六十里"，"潮无鳄鱼患"。《祭鳄鱼文》写得很漂亮，但说鳄鱼因此而徙，恐怕是纯属无稽了。在袁州，他毅然解放奴隶700余人，并与其相约，永远"禁其为奴"。

元和十五年（820年），穆宗即位后，他被召回做了国子祭酒（国子监的领导人），转任兵部侍郎；不久，因宣抚藩镇王廷凑有功，转吏部侍郎。

长庆四年（824年），韩愈57岁，病逝，死后赠礼部尚书。

韩愈一生，虽然长期活动于政界，并且还做过一些好事，但他"拙于世务"，所以真正说起他的重大成就来，还是在文学领域里。

韩愈积极领导了唐代古文运动，并使这一支运动获得重大的成功。

所谓古文运动，就是改变汉魏六朝以来的骈体文，恢复先秦时代的散文体。骈体文，讲究声律、对仗，堆砌典故，要求四六成文，追求华丽的辞藻，因而限制了内容的表述。在此之前，已有人反对过这种文体。韩愈把这一运动推向了一个新的阶段。

韩愈提倡古文的目的，用他自己的话说是："通其辞也，本志乎古道也。"这说明，他的目的不是为古文而古文，而是为了振兴儒学，恢复"圣道"。

韩愈认为，"文以载道"，文和道必须有机地结合起来，不能搞形式主义，应该首先重视的是道，是内容，"本深而末茂，形大而声宏"。

韩愈以"物不得其平则鸣"为根据提出了一条理论。他认为，草木、金石本无声，而是受了外界的摇动或撞击后发出声音的，人也是一样，"有不得已而后言者"。这说明韩愈已认识到社会生活同创作的关系，社会的生活必然反映到文学的创作上。

韩愈认为，文体上应该学习古代圣贤之为文。但这种学习不是教条的，而应该是"师其意，不师其辞"。

韩愈还提出，写文章应该"唯陈言之务去"，即把一切陈词滥调统统去掉，有所创新。

　　韩愈领导唐代古文运动是成功的,从此"古文自唐以后为一大变",一改过去淫靡的文风。苏轼据此称他是"文起八代之衰",无疑是一句颇为恰当的评价。韩愈的上述主张,对于后代文学理论的发展和文学实践活动都有积极的影响。

　　韩愈的作品非常丰富,现存诗文700余篇,其中散文近400篇。

　　韩愈的散文涉及方面很广,有"扶树教道"、宣传儒家思想的作品,如《原道》《原性》《原毁》;有寓意深刻的杂说,如《龙说》《马说》;有刺社会之弊的议论和表状,如《讳辩》《论佛骨表》;有谈"求师之道"的,如《师说》;有感情激荡、真挚动人的祭文、墓志铭,如《祭十二郎文》《柳子厚墓志铭》;还有辞丽意尽、忧乐溢于言表的书信,如《答李翊书》等等。

　　韩愈的诗作像他的散文一样,也有很大成就。他从李白、杜甫的诗作中汲取了"营养",但不拘泥于李、杜,而是有所革新,有所创造,从而在他周围形成了一个新的流派。

　　韩愈的文学作品是中国文化宝库里的重要财产。这份财产,过去滋润着祖国的文化之树,今后还将为祖国文化的新发展提供"营养"。

　　韩愈三进国子监做博士(相当于国家的大学教授),一度担任国子监祭酒(相当于大学校长),同时不顾流俗,招收弟子,亲授学业,留下了论说师道、激励后进和提携人才的文章。因此说,他不失为一位有创造性见解的教育家。

　　唐时风俗,人们耻以为师他人。韩愈力改此风,广招后学。韩愈招收后学的态度是非常积极的,即使生活困难得连早饭也没得吃,"诱厉后进"的精神始终不动摇。他的好友柳宗元曾赞叹说:"今之世不闻有师,独韩愈不顾流俗,犯笑侮,收招后学,作《师说》,因抗颜为师,愈以是得狂名。"

　　韩愈写过一些不仅在当时,而且对后世产生了极大影响的教育论文,其中主要有《师说》《进学解》《杂说四·马说》等等。在这些文章中,有些论述在今天看来仍不失其积极意义。第一,他强调了求师的重要性,指出"人非生而知之",只有向人学习,才能得到知识,解除疑难。第二,他提出了"道之所存,师之所存"的命题。他所说的"道"当然是"圣人之道"，我们从今天的教育角度看不妨把它视为学问。只要是有学问的人，就是自己的老师。第三，他提出了"业精于勤，荒于嬉；行成于思，毁于随"的至理名言，激励学生刻苦学习，要善于动脑筋，不要因循守旧。第四，他把有才能的人比作千里马，指出"世有伯乐，然后有千里马。千里马常有，而伯乐不常有。故虽有名马，祇辱于奴隶人之手，骈死于槽枥之间，不以千里称也"。这个生动的比喻，恰当地阐释了在位之人如何识别人才、对待人才和使用人才的问题。

韩愈的哲学观点则是唯心主义的，他相信天命和鬼神。但是，在对待佛教问题上，韩愈又较柳宗元表现出更积极、更勇敢的态度。当然，他反对佛教并不是因为佛教是唯心主义，而是从维护统治阶级的根本利益和振兴儒学出发的。但是，不管怎样，由于佛教对社会、对人民危害很大，他反对佛教的现实意义及其在中国思想发展史上的地位是应该肯定的。

韩愈在哲学领域里影响较大的学说是"性三品说"。韩愈认为："性也者，与生俱生也；情也者，接于物而生也。"就是说，人性是人生下来就有的，情是后天产生的。性的具体内容表现为仁、义、礼、智、信（五德），情的具体内容表现为喜、怒、哀、惧、爱、恶、欲（七情）。这些东西，人人都有，但程度不同。韩愈认为，这种差异也是天生的，因而他把人性分为上、中、下三品，相应的情也有三品。性三品，就是人三等。根据这种理论，韩愈提出对上等人用"教"的办法，对下等人用"制"的办法，使之"畏威"。毫无疑问，这是维护封建等级制的理论，是同董仲舒把人性分为"圣人之性"、"中民之性"、"斗筲之性"一脉相承的。这种理论，虽然对于反对佛教绝情出世的观点有一定意义，但也是一种错误的理论。性三品，必然导致英雄史观。韩愈认为，历史是由"圣人"创造的。这是性三品说的必然逻辑结论。

由上可见，韩愈的作品，丰富了祖国的文化宝库，一些创造性的见解，诸如"业精于勤，荒于嬉"、"世有伯乐，然后有千里马"、"不破不立"等等，成了后人的格言；一些精辟的概括，诸如"坐井观天"、"异曲同工"、"天涯海角"等等，成了我们今天常用的成语。

韩愈也有不少缺点，比如，在政治上倾向于保守、宣传性三品和唯心主义的英雄史观，等等。但是，这些方面的问题同他对祖国文化的贡献相比，应该说是第二位的。

064

著名的文学家　卓越的思想家

——柳宗元

柳宗元（773—819），字子厚，原籍河东（今山西省永济市），柳家是名门望族，世代有人在外做官，在京城长安（今陕西西安）亦有住宅与庄园。到柳宗元的父亲一代，便已在长安定居了。

柳宗元的父亲柳镇是唐朝的一个中、下级官吏。他为人正直，爱结交朋友，爱仗义执言，是一个富有正义感的知识分子。这样的脾气与秉性，要想在官场中升迁是万万不可能的。他曾做过录事参军、长安主簿、殿中侍御史等官。贞元五年（789年），柳镇便因为一起财产纠纷的案件得罪了当朝的权贵被贬官。贞元八年，柳镇虽然官复原职，但回到长安第二年便病故了。父亲生前的刚正与仕途上的坎坷使少年时代的柳宗元也蒙受了心灵上的创伤。

柳宗元出生的时候，正是唐王朝从盛转衰的开始。繁荣、富庶的盛唐，经过"安史之乱"近10年的折腾，各种社会矛盾急剧爆发了。中唐以后的社会，正是藩镇割据、宦官专政、朋党相争等封建社会的各种毒瘤的滋生时期。柳宗元在这种动乱、险恶的环境中成长，难免要被卷入社会矛盾的漩涡。父亲柳镇长期在外做地方官吏，母亲卢氏带领他住在长安，他时常往来于父亲的住所与长安之间，从小就接触了广阔的社会，因此，开阔了视野，丰富了知识。13岁时，便能代人作文。刘禹锡称他"以童子有奇名于贞元初"，可见他名气不小。

贞元五年，17岁的柳宗元，风华正茂。随即应科举、求进士，但"四年，乃得举"。贞元十四年，26岁的柳宗元又考取了博学宏词科，任集贤殿高院正学。从此正式踏入仕途。但他所追求的，不是登科第、做高官、为将相，而是"行乎其政"的理天下。

"永贞革新"是中唐时期以王叔文为首的朝官为打击宦官势力和藩镇势力、加强朝政、改革政治而进行的斗争。他们采取的是在朝廷上层依靠皇帝的权威，实行一些从上而下的改革。

王叔文，越州山阴人。他出身寒微，但胸有大志，是一个有政治头脑、有活动能力的政治家。贞元三年，他以入侍东宫陪伴太子李诵的机会，一方面对李诵施加影响；另一方面广泛地结交人才，培养亲信，鼓吹改革。在朝廷内部逐渐形成了一个改革的政治集团。与此同时，太子李诵也成了王叔文集团的支持者。柳宗元的生活经历和政治抱负，与王叔文集团的活动宗旨是一致的，而像柳宗元这样刚刚踏上仕途的青年朝官，才气横溢，正是王叔文集团罗致的"人才英俊"，两人一拍即合，这是很自然的。柳宗元很快便成为以王叔文为代表的改革集团中的骨干，并投身于朝廷内部的政治斗争。

贞元十九年，柳宗元被提升为监察御史里行，两年后又被提为礼部员外郎。柳宗元认为自己"年三十三，甚少，自御史里行得礼部员外郎，超取显美"，轻取高位，前程远大。

贞元二十一年，李适病危，太子李诵即位。王叔文一派执掌朝政，遂雷厉风行地推行了一些改革措施。他们首先强化了中央的权力，改革贞元以来的皇权旁落、政出多门的混乱场面；其次是打击宦官和割据一方的藩镇，罢去了"五场小儿"与"宫市"，从而切断了宦官邀宠的经济来源；最后是任用贤能、汰除老朽与保守派官吏。这些措施，旨在恢复朝廷的力量，改革腐朽的贪鄙之风，在中唐这个衰竭的时期，是振聋发聩的。柳宗元以自己杰出的文才起草了许多推行改革的诰制诏命，这样，就难免涉及了朝廷上的一些人和事，从此也种下了与保守派官僚难以解开的嫌隙。

保守派官僚和宦官以手中掌握的军权，与王叔文集团进行了较量。而王叔文能依靠的李诵却是个重病缠身的人，即位不久，其子李纯便在宦官的拥戴下立为太子，王叔文等排斥李纯失败。李纯立为太子，改革活动便发生了急剧的逆转。当年八月，李纯即位，改贞元二十一年为永贞元年，轰轰烈烈的革新活动，几个月便烟消云散了。这年九月，秋风萧瑟，满腔政治热情的柳宗元受到了出为韶州刺史的处分；十一月，赴遗途中，又被贬为永州司马。王叔文集团的其他几位骨干不论其以前官位大小，一律被贬为司马。故"永贞革新"历史上也称为"二王（王叔文、王伾）八司马事件"。

永州在中唐时期，还是个荒僻落后的地区，它的州治在零陵，地处湖南、广东、广西的交界，是唐朝廷安置流放人员的地方。805年的冬天，柳宗元从长安跋山涉水来到这里。经过洞庭湖的时候，他眺望奔流的湘江，缅怀战国时代伟大诗人屈原的遭遇，想到自己的身世，无限的感慨涌上心头，在屈原投身的汨罗江畔，他写下了《吊屈原文》，抒发了自己的愤懑之情："吾哀今之为仕兮，庸有虑时之否臧。食君之禄畏不厚兮，悼得位之不昌。"指斥了当权者的贪权与腐败。

柳宗元被贬永州，却因此得到了长期接触下层生活、了解人民痛苦的机会，使他的文学创作得到了取之不尽、用之不竭的生活源泉，这对封建社会的地主阶级知识分子来说，是不幸中的幸事。柳宗元在永州期间，他的创作热情，结出了丰盛的硕果，无论从思想和艺术方面，都达到了他一生成就的高峰。

柳宗元是以"系囚"的身份来永州的，虽然仍挂着"司马"的头衔，但是"员外置"，属编制之外，每天无公务可做。于是"闷即出游"，投迹山水，从而写下了许多讴歌人民群众的不朽诗篇；对在饥饿线上挣扎的劳动人民，也作了朴实生动的描述。如著名的《田家》三首，就是中唐时期人民悲惨遭遇的真实写照！他又创作了许多优美的古典散文，揭露和抨击了"安史之乱"以后赋税暴敛的残酷。如《捕蛇者说》，作者发出了"孰知赋敛之毒有甚是蛇者乎"的控诉与呐喊。

在永州期间，柳宗元的笔触，一方面揭露了社会的黑暗；另一方面他摆脱了官场的角逐，离开了尔虞我诈、乌烟瘴气的京城，大自然的熏陶，使他慢慢地摆脱了自己因政治上的挫折而带来的沉重的精神上的痛苦，心情开始安定而开朗起来了，他开始游览永州境内的山水景色，吸收田园风光的营养，陶冶自己的高尚情操。

当秋风萧瑟、枫叶红透的时候，柳宗元便和在永州新结识的朋友登高游览，他们常常砍柴开路，渡潇水，游西山。这时候，柳宗元写下了中国文学史上山水游记的名篇——"永州八记"。

元和五年（810 年），柳宗元在钴鉧潭西面买了一座小丘。他开垦土地，构屋筑亭，准备作为自己的久居之地，并写了《钴鉧潭西小丘记》，祝贺小丘得到了新生，庆祝自己有了新居。

但是，柳宗元的村居生活，绝不是美妙安逸的田园诗，他的精神仍受着流贬处分的深深折磨；他的生活也时时发生窘迫，有时不得不向地方官吏求援，过着类似乞讨的生活。"投迹山水地，放情咏《离骚》"，只是他自我解脱的一种方式而已。

世道的艰难，生活的贫困，使柳宗元创作的思想水平达到了新的高度，以生活为源泉而写出的一些古典散文，比起魏晋以来的骈体文，具有强大的生命力，他与韩愈虽然政见不同，但在文学创作上却互相推重，结为好友。他们又与天下有志者书信往还，切磋文学，主张"文以明道"，共同领导了震撼文坛的"古文运动"。

元和十年（815 年），43 岁的柳宗元被"特旨待召"到了长安，同时受诏的还有其他几位"司马"。这些人在流放 4 年之后来到长安，喜不自禁。刘禹锡甚至写了《戏赠看花诸君子》的诗："紫陌红尘拂面来，无人不道看花回。玄都观里桃千树，尽是刘郎去后栽。"表达了听到起复之后的狂喜心情。但等待这些人的前途却是再一次地被贬。这次，柳宗元被任命到更加遥远、荒僻的柳州做刺史。政治上再次遭受到挫折的柳宗元，对朝廷的希望全部破灭了。在永州十一年的生活中，身心受到了极大的摧残。在柳州任上，他扶病为当地人民做了一些有益的事。

其一是采取措施，禁止掠卖奴隶。对被压迫和被损害者寄予了同情与关怀。他写过一篇《童区寄传》，就是歌颂一个反掠卖幼童的英雄的。

其二是提倡植树造林，因地制宜发展林业，开发柳州的经济。他治柳 4 年，给柳州百姓做了不少好事。在他死后，柳州人民在罗池立庙，奉他为罗池之神，世世供奉。

元和十四年（819 年）十一月八日，贫病交迫的柳宗元病死于柳州，终年 47 岁。他死前遗书刘禹锡和韩愈，表达了自己对世道的无比的忧虑和对当时社会的无穷的遗恨。残酷的社会制度、黑暗腐朽的唐王朝，终于扼杀了这位有抱负、有才华的思想家与文学家。而柳宗元给后人留下的大量的杂文、山水游记、寓言、诗歌、辞赋、小说等精神文明的结晶，却成了中国文学和思想艺术的宝库，这份珍贵的历史遗产，奠定了他在我国文学史和思想史上的地位，人们永远景仰这位伟大的思想家和文学家。

065

中国的"诗魔"

——白居易

白居易（772—846），字乐天，号香山居士，出生在郑州新郑一个官僚士族家庭里。幼时的白居易聪明过人，家庭又给他提供了良好的学习条件。从五六岁起，他便学习写诗，到9岁已能辨别声韵。可惜11岁时战祸突然打乱了他宁静的幼学生活，他不得不离开故土过"昼行有饥色，夜寝无安魂。东西不暂住，来往若浮云"的避难生活。然而，艰辛的颠沛流离的生活丝毫不能减弱他的进取心，为了猎取功名，他含辛茹苦，日以继夜地勤学苦练，终于在16岁时写出了传世名篇《赋得古原草送别》："离离原上草，一岁一枯荣。野火烧不尽，春风吹又生。……"据书记载，白居易初次进京应举，曾拿着自己的诗作去拜见名士顾况，顾况望着白居易的名字很不以为然，竟诙谐地开玩笑说："长安米价很贵，要'居'下来是很不容'易'的呀！"但当他读到"野火烧不尽，春风吹又生"一联时，顷刻间被这位年轻人的才华征服了，连忙改口赞叹道："能写这样的好诗，居亦不难了。"从此，白居易的名声大振。

面对来自诗坛的一片喝彩声，白居易并不以此为满足。为了实现自己"丈夫贵兼济，岂独善一身"的大志，他一如既往，奋力求索。到20岁后更加"苦节读书"，"昼课赋，夜课书，闲又课诗"，以至念得"口成疮"，写得"手肘成胝"。正是这种苦行僧般的磨炼，成就了白居易的真才实学。

白居易一生写了不少诗，至今流传下来的有近3000首，是唐代诗人中首屈一指的。他曾说："文章合为时而著，歌诗合为事而作。"他的诗多少年来"耐人咀嚼"，就在于"多触景生情，因事而起"。

36岁至40岁是他一生创作的旺季。有名的千古绝唱《长恨歌》就是在他 36 岁脱稿的。这年冬天，他和友人一起游山游寺，聊天中经常谈及唐玄宗和杨贵妃的事，因感于天宝轶事，便运用了抒情的笔调描绘这一动人的篇章。这首诗的前半部对唐玄宗"春宵苦短日高起，从此君王不早朝"的荒淫好色与杨贵妃"后宫佳丽三千人，三千宠爱在一身"的恃宠而骄进行了讽刺和谴责。后半部对两人的爱情悲剧充满了哀怜与同情。诗人以"蜀江水碧蜀山青，圣主朝朝暮暮情"，"悠悠生死别经年，魂魄不曾来入梦"道出了杨贵妃被绞死后玄宗的相思之情；以"玉容寂寞泪阑干，梨花一枝春带雨"细腻地抒发了杨贵妃在所谓蓬莱仙山中失去慰藉的孤寂情态。

白居易曾说："一篇《长恨》有风情。"他的这个说法真是画龙点睛。多少年来，这首绝唱不正是以它的"情"在拨动人的心弦吗？

白居易一生曾做过左拾遗、江州司马、忠州刺史、杭州刺史、苏州刺史等官。他为官期间比较关心民间疾苦。用他的说法就是闻见"有足悲者"、"直歌其事"、"惟歌生民病，愿得天子知"。他的《秦中吟》和《新乐府》充分反映了这一点。

《秦中吟》共 10 首，作于 38 岁。其中《重赋》一篇深刻揭露了"无名税"的流弊，说终年辛劳的百姓"幼者形不蔽，老者体无温"，而官家却"缯帛如山积，丝絮似云屯"。《轻肥》《歌舞》《买花》描写了内臣、大夫、将军、公侯们"日中乐饮"、"夜半歌舞"，奢相夸耀的糜烂生活。《不致仕》则直接嘲讽了八九十岁不退休的贪荣而恋栈者，像"朝露贪名利，夕阳忧子孙"至今仍是人们传诵的名句。由于这组诗刺痛了豪门权贵的疮疤，致使他们闻之"相目而变色"。

《新乐府》共 50 首，像《新丰折臂翁》，和杜甫的名作《兵车行》有些类似，它对天宝年间宰相杨国忠为了"求恩幸，立边功"——征讨南诏事进行了谴责。在这里白居易借一个 88 岁老人之口追叙他当年"夜深不敢使人知，偷得大石槌折臂"的惨痛故事，说明了百姓不愿参加不义之战。《卖炭翁》则对倚势凌人的豪强充满了憎恨。在白居易的笔下，一位值得同情的、终日挣扎在死亡线上的卖炭老翁与两位可惜的"黄衣使者白衫儿"的形象惟妙惟肖地刻画出来。

44 岁那年，一次巨大的政治冲击波向白居易袭来。这年 6 月 3 日，宰相武元衡、御史中丞裴度遭人暗杀；对于这么大的事，朝内掌权的宦官集团居然无动于衷；白居易气愤已极，认为这是国家的奇耻大辱，即刻上书捕杀刺客，以肃法纪。不料，一下捅了马蜂窝。一腔爱国热血反遭到嫉视和诽谤。8 月间，他被逐出长安，贬为江州（今江西九江）司马。

对于白居易来说，这一击是沉重的。在江州，他郁郁不乐，用"行在独善"来压抑"志在兼济"，每天"不分物黑白，但与时沉浮"。不过，"胸中消尽是非心"毕竟是不可能的。他在思索，他在回忆，在悲哀的愤恨中，写下了"倾诉平生不得志"的传世名篇《琵琶行》。

《琵琶行》说的是，在唐元和十一年（816 年）一个深秋的夜晚，诗人到浔阳江头送客，偶遇到一个充满迟暮感而漂泊不定的女性。这女子原是一个长安名歌妓，曾红极一时，但等她青春已逝，容减色衰，昔日朝暮追求她的公子哥儿们便溜之大吉，她只好和一个商人结合，由长安漂泊到江湖上。眼下商人又外出卖茶，把她一人孤零零抛在江州，"去来江口守空船"，弹弹琵琶以寄托幽怨的情感来度日。由此，诗人从飘零孤女的自述以及凄苍的曲调中，产生了共鸣，想起了自己的不幸遭遇，发出了"同是天涯沦落人"的叹息！

白居易在这首诗中表现了惊人的艺术手法。像"千呼万唤始出来，犹抱琵琶半遮面"，恰切地揭出了琵琶女娇羞、孤寂的性格和沉沦不幸的身份。尤其是形容琵琶声音的那一段简直是一曲绝唱，当人们读到"大弦嘈嘈如急雨，小弦切切如私语。嘈嘈切切错杂弹，大珠小珠落玉盘。间关莺语花底滑，幽咽泉流冰下难"时，仿佛就在耳边听到了急骤的琵琶声，在眼前也浮现出白雨漂珠的情景。

48 岁那年隆冬，白居易得到敕令，升任忠州刺史。做了不到两年太守，旋被召回长安。长庆二年（822 年）穆宗任命他为杭州刺史。三年后再次奉皇上之命充任苏州刺史。

在杭州时，白居易就多半过着"吟山歌水嘲风月"的闲散生活，到苏州后思想比以往更加消沉。他虽也"重裘每念单衣士，兼味常思旅食人"，但"独善其身"的念头逐渐支配了他的行为。在苏州只干了一年，他便决定辞官隐居洛阳。

"空门寂静老夫闲，伴鸟随云往复还。家酝满瓶书满架，半移生计入香山。"归洛之后，他和香山僧结香山社，自称香山居士。他常常乘着肩舆入山，穿着白衣裳，曳着长手杖，徘徊寺中。有时又坐船外出游览，或低吟，或长啸。见了他的人，都羡慕他的闲情逸致。隐居期间。他"歌酒优游"，写了不少诗，但大都是些"嘲花吟月赠娥媚"之类的作品。

白居易是在 75 岁时悄然与世长辞的。当时，不消说一般生前好友，就连宣宗皇帝也作诗悼念这位伟大的诗人，赞誉他"童子解吟《长恨》曲，胡儿能唱《琵琶》篇。文章已满行人耳，一度思卿一怆然"。

白居易是风靡于中唐时期的一位诗人，他的诗富有情深意逸，雅俗共赏，不少名篇连几岁童子和普通老妪也能出口成诵，兼之他又作过"惟有诗魔降不得，每逢风月一闲吟"的佳句，后人就以"诗魔"称他。

066

北宋著名的政治家、历史学家 —— 司马光

我国历史上，有两位著名的历史学家，因为都复姓司马，所以人们称为"两司马"。一位是撰写《史记》而闻名的司马迁；一位是主编《资治通鉴》的司马光。

司马光（1019—1086），字君实，北宋陕州夏县（今山西夏县）人。他父亲叫司马池，官任天章阁。宋真宗天禧三年（1019 年），司马池任河南光山县令，这年十月十八日，司马光出生在官舍里，为纪念当地地名，又有光大门楣的意思，他父亲就给儿子取名叫"光"。

司马光从小就机智勇敢。他 7 岁时，有一天，他和小伙伴们在院子里玩捉迷藏的游戏，一个顽皮的孩子不小心掉到水缸里去了。孩子们都慌了，不知如何是好，只有司马光急中生智，顺手搬起一块石头，用尽力气向水缸砸去。水缸被砸了一个大窟窿，水流了出来，那个顽皮的孩子得救了。

司马光从小就勤奋读书，他最喜欢读的是《左氏春秋》《史记》《汉书》这类的历史书。司马光刚刚 20 岁的时候，即宝元元年（1038 年），他考中进士甲科，开始走上仕途。

司马光中了进士不久，他的双亲接连去世了。他埋葬双亲之后，就到京师去做官。后来到山西并州做庞籍的幕僚，当仁宗皇帝病了，几个月不能上朝时，臣下都很着急，因为那时未立太子，但没有人敢出来讲话。后来范镇、韩琦出来讲话了，司马光也上奏章，劝仁宗立皇嗣。仁宗就立英宗为后嗣，做皇太子。嘉祐八年三月，仁宗皇帝病重，他对司马光等臣子的忠心尽职十分赞赏，临终前留下遗诏，赏赐司马光等一笔财宝。司马光对受赐的同僚说："现在国家穷困，钱财缺乏，我们不应该接受这么多的

赏赐。"司马光不管别人怎样做，决定将自己分得的财宝，交给谏院作公费，以减轻国库的负担。这一消息传开后，人们称赞说："司马相公真是一个廉洁的人。"

英宗在位时，十分器重司马光，任命他为枢密使。英宗死后，神宗继位，欧阳修向神宗举荐司马光，说司马光是"德性淳正，学术通明"的栋梁之材。神宗就任命司马光为翰林学士。后来，神宗支持王安石变法，思想保守的司马光虽是王安石的好朋友，仍指责王安石的新法使"士夫沸腾，黎民骚动"。由于政见不同，神宗要司马光做枢密副使，司马光辞不受命，不与王安石合作。

后来，司马光隐居在洛阳的尊贤坊，他买了二十几亩地，造了一座花园，取名为"独乐园"。管理"独乐园"的园丁说："只有我们的司马相公不爱钱。"当时，人们还传颂着司马光"典地葬妻"的故事。

英宗在位时，司马光决心编写一部"删削冗长，举撮机要，专取关国家兴衰，系生民休戚，善可为法，恶可为戒"（《进资治通鉴表》）的史书，并确定此书的宗旨是"鉴前世之兴衰，考当今之得失"，以提供封建统治阶级治理国家的经验。治平三年（1066年）司马光编写的《通志》完成了，共8卷，起于周威烈王二十三年（前403年）止于秦二世三年（前207年），共计195年的七国（秦、魏、韩、赵、楚、燕、齐）的兴亡史。《通志》是编年体史书，文字简明扼要。书成后，呈英宗阅览，得英宗的赏识，并鼓励司马光继续写下去，并下命在秘阁设置修书局。不久，司马光就组成了一个强有力的编写班子，其中有刘攽、刘恕和范祖禹等史学家。司马光的儿子司马康也爱历史，为了培养他，司马光也叫他参加了编写工作。

神宗即位后，把《通志》改名为《资治通鉴》，意思是"鉴于往事，有资于治道"。由于司马光与王安石政见不同，不相参与政治，而专门从事编书工作，得到神宗的批准，把《资治通鉴》的书局迁往洛阳。司马光等人广泛收集材料，据说，他们所引之书达300多种。司马光十几年如一日从事编写工作，呕心沥血。元丰七年（1084年），司马光主编的《资治通鉴》终于完成了。这部历史巨著，上起周威烈王二十三年，下止五代后周显德六年，共1362年的历史，分为294卷，共计300多万字。19年来，他们摘引的资料和《资治通鉴》的底稿，堆满了两大间房子。司马光这时已 65 岁了，由于操劳过度，双鬓霜白，牙齿脱落。用他的话说："我的全部精力，都消耗在这部书上了。"

当年十二月，司马光不顾寒冬腊月，请人用锦缎装裱了 10 个精美的匣子，用车马载着，他自己和刘攽、范祖禹等人亲自押送，从西京洛阳出发，日夜兼程，送往东京汴梁，向神宗进献《资治通鉴》。神宗皇帝十分高兴，加封司马光为资政殿学士。

以天下为己任的司马光，在洛阳闲居了十几年，到 67 岁那年，又重新走上政治舞台。元丰八年三月，力行新政的神宗皇帝去世了，9 岁的赵煦即位，为哲宗皇帝，他的老祖母太皇太后听政。

太皇太后是英宗皇帝的皇后，她在政治上是个保守派。英宗在世时，她对司马光、吕公著等人的政治主张十分赏识。她"垂帘听政"后，就派使臣到洛阳问政于司马光。司马光对使臣指出，由于近年来政治风气败坏，趋炎附势的人升官发财，贪污腐化的人富贵荣华，正直的人都不敢说话了。眼下最要紧的是"广开言路"，不管做官的或平民，都允许他们发表意见。太皇太后接受司马光的建议，颁布了广开言路的诏令。接着，苏辙又上书，控告宰相蔡确和韩缜、章惇 3 人狼狈为奸，戏弄朝廷。太皇太后就把握有实权的蔡确等 3 人贬官降职。

不久，太皇太后起用了司马光为陈州知州。司马光走马上任路过东京时，又被太皇太后留做门下侍郎（即在皇帝身边参与政事的官员）。自此，司马光从洛阳移居汴梁。

司马光看到当时卖官鬻爵、贪污腐化的严重现象，他上奏朝廷，建议设置一个专门选拔人才的官方机构——明经行修科。但实践证明，还是不能把那些真才实学的人推举出来，"明经行修科"形同虚设，有名无实。

元祐元年（1086 年）七月，司马光和吕公著合计后，终于提出一项"十科荐士法"。就是按照师表、献纳、将帅、监察、讲读、顾问、著述、狱讼、财赋、司法等十科所需要的专门人才，分别从有官和无官的人中选举，论才干授官。谁推举的人，如果发现没有真才实学，或胡作非为，谁就要受到同样的惩罚。太皇太后批准了"十科荐士法"的方案，从此，推举有才干的人做官，要经过十科甄别。这样一来，有些真才实学的人被推举做官了，那些无能之辈就混不下去了。当然，在封建社会里，"十科荐士法"只能在选拔官吏方面起些积极的作用，但这没有也不可能解决官员腐败无能的严重问题。

不久，太皇太后任命司马光为尚书左仆射兼门下侍郎（即左丞相），又任命吕公著为尚书仆射兼中书侍郎（即右丞相），使他们同心辅政，管理国家大事。这时，司马光写了一张"开言纳士"，这是一件十分新鲜的事，消息传遍了京城，风靡全国。这样一来，有人投书司马光诉说民间疾苦，有人登门拜访，直接向他反映情况。作为封建大官吏的司马光，能这样做真是不简单。

由于长期操劳，司马光终于病倒了，于 1086 年逝世，享年 68 岁，朝廷赠给司马光以"太师"、"温国公"等称号。他死后，"京师之民，罢市而往吊"，百姓则画他的像祭奠，表示尊敬。

067

坎坷仕途，文坛大家
——苏轼

宋仁宗嘉祐二年（1057 年），朝廷开科取士，主考官是欧阳修。考毕，阅卷时，欧阳修拿了一份考卷看了又看，而且一面看，一面还连连赞叹："好呵，有这样的人才，我当退避之。应当让这样有才干的人出人头地！"于是，经复试，此人终于进士及第，随后便进入了仕途。

此人是谁？就是文坛上大名鼎鼎的苏轼。考文即流传至今的《刑赏忠厚之至论》。这篇文章虽然还有欠缺之处，但文风华丽朴实，对当时欧阳修领导的古文运动来说（"古文"，一般是指先秦两汉以来用文言写的散体文，与六朝盛行的专门讲究排偶、辞藻、音律、用典的束缚人的思想的骈体文是相对立的）是具有革新意义的。

苏轼（1037—1101），字子瞻，一字和仲，号东坡居士，四川眉山人。他出身世族地主，从小就受到良好的家庭文化教育，7 岁知书，十多岁传文。一生文采风流。

苏轼生活的时代，正处于北宋王朝发生根本变化的时代。由于北宋统治阶级的横征暴敛，在社会相对安定的局面消失后，从政治到经济一系列的矛盾开始逐个地暴露了出来。地主阶级中的有识之士，如范仲淹、欧阳修等人，已经发出了改革积弊的呼声，倡导古文运动（旨在反对骈体文），而后的王安石则更是在宰相任上大刀阔斧地行起了"新法"。一时改革之风很盛，在某种程度上也产生了一定的效用。但是，苏东坡的政治思想是比较保守的，由于他反对"新法"而被调离出京，先后任杭州、宿州（今江苏省铜山县）、徐州等地地方官。神宗元丰二年（1079 年）又徙知湖州（今浙江省吴兴县）。这一年，因御史李定、舒亶、何正臣等说他写诗讽刺了"新法"而被捕入狱。这就是当时有名的"乌台诗案"（乌台，指当时的御史府）。出狱后被贬为黄州团练副使。

哲宗元祐元年（1086年），以司马光为首的党执政，苏轼被召回京，官至中书舍人、翰林学士等职。这时王安石新法尽废。只因苏轼主张对新法"参用其是"，不要全盘否定，引起了司马光的不满和恼怒，被贬为杭州知州。绍圣元年（1094年），新党再起，苏轼被调定州当太守，接着因在任上有"诋谤先朝"之嫌，贬岭南的英州及惠州等地，之后更又把他流放到儋州，即现今的海南岛。直到宋徽宗接位，大赦天下，他才得到内徙的机会，但至常州便病逝了，时年66岁。死后谥"文忠公"。

苏轼在政治上动辄得咎，屡遭贬谪，所以他的政治才能无法发挥，可述者不多。不过，在当官期间，他是为黎民百姓做了一些好事的。如在徐州任上，遇黄河决口，徐州城有水淹之险，一些有钱的人纷纷出城逃避。苏轼为安定民心，一律强迫返城，并号召军民筑堤防水，徐州终于保全。在开封任上，为民请命，取消了官府强迫老百姓买灯庆贺元宵节的命令。在杭州任上，遇大旱，人民无以为食，他为此请求上司免交贡米，并且兴修水利等，至今西湖尚存在"苏堤"，"苏"即为苏轼，因他领导所筑而后为名……不过，在苏轼的生平事迹中，最大的成就是在文学方面。后人对苏轼的诗、词、散文、书法、画都赞美备至，有极高的评价，又有"韩潮苏海"之称，"韩"即唐代"文起八代之衰"的韩愈。人们把苏东坡与韩愈相提并论，可见是如何地推崇他了。

苏轼的诗，有2700多首，其中有的是直接抨击当时的黑暗现实的，如《荔枝叹》，从汉唐帝王强迫人民进贡荔枝，写到作者眼前所看到的为讨皇帝喜欢而以"争新买宠各出意"的那些无耻的官僚政客所干的劳民伤财的勾当，从而引起全国人民对这批"疮痏"的痛恨，发出了"至今欲食林甫肉"的呼声。揭露是十分有力的。有的是充分表达他爱祖国、爱人民的思想的，尤其是当人民被逼得"谷未启场，帛未下机，已非己有"及"高田生黄埃，下田生苍耳。苍耳亦已无，更问麦有几"的时候，他总是不顾一切地大声疾呼："民痛何时休！"表示了对现实的强烈不满，并且深为自己"平生五千卷，一字不救饥"而感到羞愧和内疚。有的是热切向往自己的功名和事业的，如"平岁便怀济物志，微官敢有济时心"，"圣朝若用西凉簿，白羽犹能效一挥"，"臂弓腰箭何时去，直上阴山取可汗"等句充分地反映了他的宏大志愿和抱负。有的是抒发自己豪放、出世的情怀的，如《和郭主簿二首》等。还有的是写个人的孤独、苦闷、彷徨的，或者是对历史上英雄人物的歌颂。至于吟咏自然风物的，在他的全部诗作中又占有极大的比重，像描绘西湖景色的《饮湖上初晴后雨》："水光潋滟晴方好，山色空蒙雨亦奇。欲把西湖比西子，淡妆浓抹总相宜。"以及《惠崇春江晚景》其二的题画诗："竹外桃花三两枝，春江水暖鸭先知。蒌蒿满地芦芽短，正是河豚欲上时"等都是脍炙人口的佳作。总之，苏轼的诗反映的社会内容相当广阔，形式也多样，且语言充分散文化，读来琅琅上口，是很能抓住读者的心的。世人把他与黄庭坚并称"苏黄"。

与诗一样，苏轼所填的词的量也很多，现存 300 多首，而且在内容和形式上都有突破和革新。就内容来说，在他之前，"词为艳科"，写的无非是男女相思之情，离别之苦，风花雪月之愁；风格是极为柔弱的，思想是萎靡的。而苏轼则给词注入了新的血液，一反绮罗香泽之态，变柔弱为豪放（中国文学史上词的豪放派就是由他所开创的），变萎靡为沉雄。请看元丰五年（1082 年）他游赤壁后写的《念奴娇·赤壁怀古》：

> 大江东去，浪淘尽，千古风流人物。故垒西边，人道是，三国周郎赤壁。乱石穿空，惊涛拍岸，卷起千堆雪。
>
> 江山如画，一时多少豪杰。
>
> 遥想公瑾当年，小乔初嫁了，雄姿英发。羽扇纶巾，谈笑间，樯橹灰飞烟灭。故国神游，多情应笑我，早生华发。
>
> 人生如梦，一尊还酹江月。

在缅怀赤壁之战的同时，写出了对当时参与这场战斗的东吴大将周瑜的无限钦慕，读来激动人心。除了这种战争题材外，即使是写词人惯写的月，也自有他的与众不同之处。比如《水调歌头》：

> 明月几时有？把酒问青天。不知天上官阙，今夕是何年。

我欲乘风归去，又恐琼楼玉宇，高处不胜寒。

起舞弄清影，何似在人间！

转朱阁，低绮户，照无眠。不应有恨，何事长向别时圆？

人有悲欢离合，月有阴晴圆缺，此事古难全。

但愿人长久，千里共婵娟。

全词通彻清奇，以浪漫主义的手法，从哲学的高度看待月的"圆""缺"。"此事古难全"一句反映了苏轼的豁达大度，坚强乐观的性格，并给读者以强烈的感染力。可说在同类题材中作如此写法的还前无古人！就形式来说，以往的词十分注重音律，而苏轼则重视词的文学意义，他打破了词在音律方面过于严格的束缚，不让形式来桎梏以至损害内容，不使自由奔放的风格受到拘束，从而把词带进了一种全新的境界，给人们很大的启发。

除了诗和词，苏轼的散文成就也极大，他是欧阳修领导的古文运动的继承者，不只长于议论，而且善于用形象的语言状物写景，艺术性很高，像前后《赤壁赋》，描写赤壁胜景，缅怀古人，俯仰今昔，感慨之状，溢于言表。又有《文与可画筼筜谷偃竹记》，虽也是一篇追记往事、悼念古人之作，但是，文如行云流水，"行于所当行，止于所不可不止"；声情并茂，细节逼真生动，十分感人。又如《喜雨亭记》是苏轼在嘉祐六年（1061年）在凤翔府（今陕西省凤翔县）判官任上写的，亭建成时恰好普降喜雨，苏轼遂以"喜雨亭"命名，并在"雨"字上大做文章，一开头就说："亭以雨名，志喜也。古者有喜，则以名物，示不忘也。"为什么有雨则喜？文中有一段话是这样的：

予至扶风之明年，始治官舍。为亭于堂之北，而凿池其南，引流种树，以为休息之所。是岁之春，雨麦于岐山之阳，其占为有年。既而弥月不雨，民方以为忧。越三月，乙卯乃雨，甲子又雨，民以为未足，丁卯大雨，三日乃止。官吏相与庆于庭，商贾相与歌于市，农夫相与忭于野。忧者以喜，病者以愈，而吾亭适成。

可见，"久旱逢甘雨"。苏轼通过亭的命名有关心农桑、"民富乐、官安逸"的意思，这意思一直写到文的末尾，以极其欢畅的心情作结，酣畅流利，使人回味无穷，真可说有"意之所到则笔力曲折，无不尽意"之妙。这实在是一篇难得的佳作。此外还有《决壅蔽》《教战守》一类的政论，也都具有散文化的特点，在嬉笑怒骂中揭露了当时政治上的一些弊端，并积极地提出了治国之策，意义是很深刻的。

还有书法，他也独树一帜，被后人列为宋代苏（轼）、黄（庭坚）、米（芾）、蔡（襄）四大书法家之首。据说，苏轼学书时每"抄经、史，皆一通，每一书成，辄变一体，卒之学成而已"。但他不沿袭拘泥成法，而是有自己独特的变化，这种变化和他对书法的见解紧密相连。他在《志林》中曾说："真生行，行生草。真如立，行如行，草如走，未有未能行立而能走者也。"从这里我们可以体会到，他十分重视基本功的练习，学书首先从"真"书学起，然后行，然后草。正因为这样，他做到了既不薄前人，又能自出新意，这就是在继承前人的基础上进行独创，从而开创了一派新的书风。可惜的是，他的真迹留下不多，目前能见的有《祭黄几道文》《前赤壁赋》《黄州寒食诗帖》等。此外，在他故乡四川眉山县城内"三苏祠"中有些刻石文字，据说也是出于他的手笔。确否，这要凭各人的眼力判断了。

苏轼还善于画画，喜画竹、枯木、怪石，且诗画一体，有"诗中有画，画中有诗"之誉，取法文与可，故在宋代文苑中每以"文苏"并称。不过存世的画迹与书法一样，已不多见，新中国成立后虽有人千方百计搜集，除了《枯木怪石图》《竹石图》等，所得甚微。比较来说，他传世的诗、词、散文（包括政论）相当多，有《东坡文集》110卷。这对后人研究他的思想及生平带来了一定的方便。

从总的来说，苏东坡既是政治家，又是著名的文学家、诗人、书法家、画家。在文学创作方面代表着北宋的最高成就，与父苏洵、弟苏辙并称一门"三苏"，均属"唐宋八大家"之列。不幸的是，他在政治生涯中被卷入到了新旧党争的漩涡，并最后成了漩涡中的牺牲品。

068

"寤寐不忘中原"的忧患诗人
——陆游

"我生急雨暗淮天,出没蛟鼍浪入船。"

宋徽宗宣和七年(1125年),身为淮南节度转运副使的陆宰奉诏到宋的京城——开封去朝见皇帝。他带着家眷,坐船从淮南出发,向东航行,在一个疾风骤雨的天气里,他的夫人在颠簸的船上生下了一个孩子,这就是后来成为我国历史上著名的爱国诗人陆游。上引两句诗,则是陆游后来在追记出生时的写照。

陆游(1125—1210),字务观,号放翁,越州山阴(今浙江绍兴)人。他家从高祖陆轸开始,祖父陆佃,父亲陆宰,都是在朝做官的,所以陆游的家庭出身在封建社会里来讲还算不错,生活虽然还不能和豪门显贵相比,一般也还过得去,再加上祖父、父亲都是有名的学者,为官又讲气节,廉明正直,因此陆游从小就受到良好的教育和文化熏陶。

陆游出生时,北宋的政治在表面上还是平静的,因此他后来写诗说:"少傅奉诏朝京师,舣船生我淮之湄,宣和七年冬十月,犹是中原无事时。"不过,这种"无事"之日,仅仅过去二年,即钦宗靖康二年(1127年),金人大举南侵,攻陷了开封,大肆抢掠宫殿的珍宝、文物、图籍等,又挟徽、钦二帝以及赵氏宗室包括后妃、公主等在内北去,至此,北宋就覆灭了。而当时正担负着泽、潞一带军需供应任务的陆游的父亲陆宰,也因被后来当上汉奸的御史徐秉哲的弹劾罢免了官职,并开始了全家的逃难生涯,吃尽了种种苦头。后来陆游在《三山杜门作歌》诗中写到这段生活时有如下一些诗句:

我生学步逢丧乱，家在中原厌奔窜。

淮边夜闻贼马嘶，跳去不待鸡号旦。

人怀一饼草间伏，往往经旬不炊爨。

就这样，辗转多年，一直到陆游 9 岁那年，赵构建都临安（今杭州），设立了南宋小朝廷，才回到老家山阴。

陆游在逃难过程中，目睹了宋王朝的无能以及金人的铁蹄蹂躏，再加上父亲陆宰是一个爱国仕人，他每与友人谈及国事，常常悲愤得泣不成声，以至吃不下饭，因此使陆游幼小的心灵受到了爱国主义的感染和影响，这和他后来成为一个爱国诗人是分不开的。

陆游从小就爱好学习，他曾写诗说："我生学语即眈书，万卷纵横眼欲枯。"又说："少小喜读书，终夜守短檠。"可见他是一个十分用功的孩子。同时，由于他父亲还是一个当时知名的藏书家，家中又有大量的藏书供他阅读，特别是陶渊明诗集和王维、岑参等人的诗他尤为喜爱，所以《宋史·陆游传》说他"年十二，能诗文"。有一次，曾几去拜访陆宰，陆游见了曾几的面，高兴得不得了，为此写诗表达了他当时的心情："忽闻高轩过，喜欢忘食眠，袖书拜辕下，此念私自怜。"而曾几对这位好学的少年也十分器重，曾倾心教以作诗之法。他在曾几指导下进步很快，29 岁（绍兴二十三年）到临安参加省试，主考官即取他为第一名。只因当时奸相秦桧的孙子秦埙也参加了这次应考，秦桧私下示意主考官两浙转运使陈子茂助秦埙"状元及第"未遂，加上陆游又喜谈抗金，因此陆游遭到了秦桧的忌恨，第二年殿试时，就把陆游刷了下来，因而陆游一时失掉了由科举取得功名的机会。后不久（绍兴二十五年），秦桧死了，到陆游 34 岁时，朝廷起用了他，先后委任为福州宁德县主簿以及枢密院编修等职务，从此便踏上了仕途。

陆游登仕之时，已颇有诗名。绍兴三十二年（1162 年），宋高宗赵构把皇位交给了太子赵眘，是为宋孝宗。宋孝宗曾一度有恢复中原之志，抗击金人，为此大力整顿军政，起用人才。一次问朝臣周必大，当今的诗人谁能比得上李白，周必大回说唯有陆游；同时宰相史浩、黄祖升又在皇帝面前极力推荐陆游"善辞亲，诸典故"，因而陆游便引起了赵昚的注意，赵昚亲自召见了他。陆游向赵昚面呈了刷新政治、巩固国防之策，并提出了恢复中原失地的主张。赵昚听后很满意，特赐陆游为进士出身。陆游因此很想一展抱负，为国效力。这时朝廷重臣龙大渊、曾觌用事，这两个人招权植党，操纵政治，"荧惑圣德"，而枢臣张焘却不敢发一言，后在陆游的劝说下，张焘迫不得已将龙大渊、曾觌的不规矩行为奏明了赵昚，岂料赵昚不仅不听，反认为陆游挑拨离间，一怒之下，将他黜为建康通判，不久改调镇江通判。

这事刚过去，又一件事发生了。原来陆游父亲有一旧交名张浚，北伐时，正巡视江、淮，对陆游也很器重，陆游因此有机会向张浚献抗战之策。后张浚抗战失利，被免了职，陆游也被扣上"鼓唱是非，力说张浚用兵"的罪名，受到了株连，乾道元年（1165年）被罢黜还乡。与此同时，赵昚在一批投降派的包围下，因受蛊惑而与金人议和，订立了丧权辱国的"隆兴和议"。

此次罢官后，陆游回家乡闲居了几年，直到乾道五年朝廷才又重新给了他一个夔州通判的职务。这时陆游已45岁了。在夔州居官期间，陆游因远离朝廷，不能襄助国家大计，心情是非常苦闷的。这时三年任满，王炎去川、陕作宣抚使，因为主抗战，陆游得到他的赏识而被委为干办公事的职务，并派去南郑襄理军务。陆游从此穿上戎装，亲临抗金前线，决心恢复国土，为此还写了一首《夜读兵书》的诗，表明了他的心迹："平生万里心，执戈王前驱。战死士所有，耻复守妻孥。"哪知不久王炎他调，陆游的抗战理想又破灭了。在悲痛之余，他写诗表露了心中的郁闷："三秦父老应惆怅，不见王师出散关。"淳熙五年（1178年），陆游也离蜀东归，回到了临安，后又在福建、江西做了几任地方官，官卑职小，又因开仓济民，遭到上级反对，复被罢黜。淳熙十五年后虽又一度任严州知事、临安军器少监以及于第二年又改任礼部郎中兼实录院兼讨官，但因他连上几道励精图治的奏章，触怒了刚接任的宋光宗赵惇而再被黜退了。从此，他长期定居于山阴，"身杂老农间"，过着田园生活。

但对陆游来说，田园生活并非牧歌式的，而是隐藏着无限的悲痛。原来，在他 20 岁的时候，陆游与表妹唐琬结了婚。唐琬既美丽，又善诗词，婚后生活十分融洽。不料陆游的母亲却对这位侄女非常不满意，硬是逼着陆游与她离异。陆游母命难违，只好照办了。离婚后，唐琬再嫁赵士程。一天，赵、唐夫妇二人游禹迹寺的沈家花园，那天陆游也刚好来园中遣闷解愁。陆、唐见面，旧情如丝，双方都表现出了无可奈何的惆怅。赵士程是了解他俩的这一段婚姻关系的，为安慰唐琬，特地给陆游送来一份酒肴。陆游情不可却，喝下了三杯两盏苦酒后，提笔在墙上写了一首悲痛绝伦的词，题为《钗头凤》。词是这样的：

> 红酥手，黄滕酒，满城春色宫墙柳。
>
> 东风恶，欢情薄。一怀愁绪，几年离索。错！错！错！
>
> 春如旧，人空瘦，泪痕红浥鲛绡透。
>
> 桃花落，闲池阁。山盟虽在，锦书难托。莫！莫！莫！

这首词深刻地表达出了陆游怀念前妻之情，同时他对婚姻不能自主的封建制度提出了血泪的控诉。唐琬读后，不能自已，回家后郁郁成病，不久便死了。在唐琬死后 40 年，陆游已是一个 75 岁的老人，还是旧情难泯，因此在居家期间又写了不少诗词来怀念这位多情的恋人，其中有一首《沈园》诗是这样的："城上斜阳画角哀，沈园非复旧池台。伤心桥下春波绿，曾是惊鸿照影来。"睹物思人，黯然神伤，至今读来，仍是字字句句催人泪下，不胜其悲！

但是，尽管陆游一生，不论在官场，还是婚姻生活，过得极不称心，有一点却是从年轻到年老一以贯之，那就是在困难当头之日，"寤寐不忘中原"，以国家大事为重，一心想着洗刷国耻。这在他的诗作中有强烈的反映，请看《冬夜读书有感（其二）》：

> 胸中十万宿貔貅，皂纛黄旗志未酬。
>
> 莫笑蓬窗白头客，时来谈笑取幽州。

一个已经"白头"的老人，不仅还一心等着"时来"的机会，上战场杀敌,而且从"谈笑取幽州"一句中更充分地体现了他对取胜的十足信心! 这是何等的乐观主义! 更可贵的是,他的这种信心并非是一时的,这在另一首题为《读书》的诗中也同样有所反映。这首诗先由几更天读书而想到汴京沦陷的情景,而后又以蔺相如、廉颇等古代爱国的文臣武将自许,结尾热情地喊出:

君不见长松卧壑困风霜,时来屹立扶明堂!

虽然陆游因被罢官而身处困境,想的却仍是保国家、卫社稷的千秋大业。真是字字千钧,气贯长虹,光比日月! 谁读了这样的诗会不受到感动呢? 可是,由于南宋统治者的昏庸无能,尽管陆游忠心为国,当权者却不肯起用他。在他弥留之际,他把儿子叫到病榻前,写了一首《示儿》诗,作为临终绝笔:

死去元知万事空,但悲不见九州同。
王师北定中原日,家祭无忘告乃翁。

明知"死去元知万事空",却还是要他的儿孙等有朝一日官兵北伐胜利,在设祭亡灵之时,不要忘了将胜利的消息告诉他,幽明远隔,这话听来似为儿戏之言,然而,在与亲人永诀的关头,却没有一句提及儿女私事,也无个人身后安排之嘱,而是流露了一片爱国热情。这不要说在南宋风雨飘摇的当时,就是在今天,也还是深深地震撼着我们每个人的心的。呜呼,南宋有着这样一心报国的将才,半壁江山却亡于金人铁蹄之下,是天意如此安排的呢,还是造物者对赵宋王朝作贱人才的报复? 实在是很发人深思的。痛哉!

陆游和下一篇介绍的辛弃疾都是历史上名副其实的儒将。他一生共写诗 9000 多首,今有《渭南文集》《剑南诗稿》《老学庵笔记》等传世。

069

文武兼备的一代儒将
——辛弃疾

辛弃疾（1140—1207），字幼安，号稼轩，山东济南人。他所处的时代，正是国家多事之秋：北方的女真族已灭了北宋，占领了长江以北包括济南在内的大片土地，并建立起了金政权。人民受到大肆蹂躏和掠夺。高宗赵构则偏安于江南，不仅无力恢复失地，而且还时时受到北来之敌的威胁。在这种环境里成长起来的辛弃疾，从小就受到了爱国主义的教育，立下了恢复中原之志。20 岁左右，还两度去北国侦察敌情。绍兴三十一年（1161 年），金主完颜亮又督师南侵，辛弃疾为了保卫国土，抗击侵略者，聚众 2000 多人，组织了一支农民队伍，并在此后不久与当时另一支由耿京领导的起义部队相汇合，在耿京部队中担任了"掌书记"的职务。与他同时参加耿京部队的，还有一个名义端的和尚。此人心怀叵测。有一天，竟趁人不备，偷了起义部队的印信叛逃投敌。辛弃疾发觉后，连夜带了人马追杀了这个叛徒，遂未酿成大祸。

一波刚平，一波又起。接着，起义军中又一叛徒名张安国的，杀了耿京，北投金国，金主还让他做了济州知州。这时，正值辛弃疾奉耿京令"奉表归宋"，还至海州地面，一听说了这件事，十分愤恨，立即亲率人马夜袭济州，活捉了张安国，献给赵构砍了他的头。由于这件事表现了辛弃疾的英勇气概，辛弃疾受到了起义军士的拥戴，后来他在回忆这件事时，写了一首《鹧鸪天》的词，词的上片写道：

壮岁旌旗拥万夫，锦襜突骑渡江初。

燕兵夜娖银胡䩮，汉箭朝飞金仆姑。

仅四句就把将帅和士兵英勇无畏，为国杀敌直至整个战斗和获胜的过程写出来了，而且写得是那样有声有色，又有极强的艺术感染力，以致使读者也如同看到并参加了这场战斗似的。

辛弃疾在袭杀张安国后即驰奔南宋。那时孝宗赵眘接位不久，有收复失地之志，再加朝廷中主战派如建康留守史正志等人与辛弃疾意气相投，常在一起谈论复国大事，所以辛弃疾抗金意志益坚，自诩"他年要补天西北。且归来，谈笑护长江，波澄碧"。可惜朝廷没有重用他。先是只给了他一个江阴签判之职，乾道四年（1168 年）又调任他为建康通判。所谓"通判"，不过是协助州府长官处理一些事务性的工作。这自然会使他感到苦恼。一次，登建康赏心亭，他写了《水龙吟》词：

> 楚天千里清秋，水随天去秋无际。遥岑远目，献愁供恨，玉簪螺髻。落日楼头，断鸿声里，江南游子。把吴钩看了，栏杆拍遍，无人会，登临意。
> 休说鲈鱼堪脍，尽西风、季鹰归未？求田问舍，怕应羞见，刘郎才气。可惜流年，忧愁风雨，树犹如此！倩何人唤取，红巾翠袖，揾英雄泪！

词中江南游子，"把吴钩看了，栏杆拍遍，无人会，登临意"写出了这位意气风发的英雄少年对无人了解他的报国雄心而感到极度的不平和苦恼；接着下片以"倩何人唤取，红巾翠袖，揾英雄泪"作结，表现了他无可奈何的抑郁心情以及深切的痛苦。

可是，尽管这样，尤其是在此后职务又频繁调动的情况下，他还是积极地向南宋政权提出抗金的策略和主张，向皇帝上《论阻江为险须藉两淮疏》《议练民兵守淮疏》等，分析了当时抗金形势，提出了在巩固国防的前提下向北进击的建议。与此同时，他又在湖南组织了一支军队，名"飞虎营"。这支军队是当时重要的抗金力量，使金人大为害怕，称为"虎儿军"。可惜，由于南宋当权者昏庸和猜疑，不仅没有实现辛弃疾的抗金主张，反而由于朝廷中主和派的掣肘而给他安上了种种莫须有的罪名，于淳熙八年（1181 年）受到了免职的处分，罢了他的官。他在朝廷无立足之地了，于是从此开始，在江西信州（今上饶市）闲居下来，长达 20 年之久。这期间虽然曾一度赴福州兼福建安抚使之职，然而为时都很短暂，根本无法施展他抗金的抱负。

在信州，辛弃疾营建了住宅，题"稼轩"，并以为自己的号。自此，他日夕与农民为伍，在他眼里，一松一竹成了"真朋友"，山、鸟山花变为"好兄弟"，与乡邻相处甚欢。因此写下了不少以农村为题材的词。其中如《鹧鸪天》：

> 春日平原荠菜花，新耕雨后落群鸦。
>
> 多情白发春无奈，晚日青帘酒易赊。
>
> 闲意态，细生涯，牛栏西畔有桑麻。
>
> 青裙缟袂谁家女，去趁蚕生看外家。

写农家景致和生活是那样的清新淳朴。又有《清平乐》：

> 茅檐低小，溪上青青草。
>
> 醉里吴音相媚好。白发谁家翁媪？
>
> 大儿锄豆溪东，中儿正织鸡笼。
>
> 最喜小儿无赖，溪头卧剥莲蓬。

又是那样充满着生活的情调，且意趣盎然。

可是，志在报国的辛弃疾，内心却是很不平静的。如果说，上面一类的词反映了他的闲适，也多少带有一些忘怀世事的消极思想，但我们也只能看作这是他解脱报国无门的苦闷的一种手段，而并非是处于颓丧的境地。因为除了这类词以外，他仍在关心着抗金复国的大事，如淳熙十五年（1188 年），爱国词人陈亮过访，两人同游鹅湖，促膝谈心，共商复国大计，事后写下了悲壮慷慨的《贺新郎》：

> 把酒长亭说。看渊明、风流酷似，卧龙诸葛。何处飞来林间鹊，
>
> 蓦踏松梢微雪，要破帽、多添华发。剩水残山无态度，被疏梅、

料理成风月。两三雁，也萧瑟。

佳人重约还轻别。怅清江、天寒不渡，水深冰合。路断车轮生四角，此地行人销骨。问谁使、君来愁绝？铸就而今相思错，料当初、费尽人间铁。长夜笛，莫吹裂。

陈亮见词，也贺了一首。辛弃疾又以同调答之：

老大犹堪说。似而今、元龙臭味，孟公瓜葛。我病君来高歌饮，惊散楼头飞雪。笑富贵、千钧如发。硬语盘空谁来听？记当时、只有西窗月。重进酒，唤鸣瑟。

事无两样人心别。问渠侬：神州毕竟，几番离合？汗血盐车无人顾，千里空收骏骨。正目断、关河路绝。我最怜君中宵舞，道男儿、到死心如铁。看试手，补天裂。

前一首既赞美了陈亮与东晋陶渊明、三国诸葛亮那样风流儒雅的态度和治国平天下的抱负，又着重地写出了他与陈亮的诚挚友情；后一首"过片后，着重于抒发彼此之间怀才不遇的苦闷并表示坚决抗敌，至死不渝的共同意志"。（胡云翼语）是十分感人且使人神伤的。差不多与此同时，他又写了《破阵子》：

醉里挑灯看剑，梦回吹角连营。

八百里分麾下炙，五十弦翻塞外声。沙场秋点兵。

马作的卢飞快，弓如霹雳弦惊。

了却君王天下事，赢得生前身后名。可怜白发生！

从回忆青年时代的战斗生活着笔，充分地表达了为保卫国土而雄心不减当年的英雄气概。可惜年纪不饶人，由于"白发生"而这一切过去的已成过去，未实现的也难实现了。因此心情是悲愤的。直到宁宗嘉泰三年（1203年），他64岁时才有了一些转机。那时，外戚韩侂胄当权。不管韩侂胄在朝廷干了些什么事，人们对他的评价如何，他曾主张过北伐则是肯定的。为此，当辛弃疾被起用为绍兴知府兼浙东安抚使，赴任时，他的友人陆游为此还写了《送辛幼安殿撰造朝》一诗作为鼓励：

> 中原麟凤争自奋，残虏犬羊何足吓。
>
> 但令小试出绪余，青史英豪可雄跨。

这首诗是鼓励辛弃疾奋发向上，为国出力，扫平顽敌，壮我中华，名垂青史。辛弃疾没有辜负陆游的期望，上任后，他一方面劝说韩侂胄多作北伐准备；另一方面又委婉地上奏皇帝"务为仓猝可以应变之计"。随后，朝廷又委任他为镇江知府，开始了新的抗敌生涯。

辛弃疾在镇江任上，积极地募壮丁，建劲旅，制军衣，并且反复考虑了敌我形势，制定了攻守策略，大力刷新军制，任用人才。同时，以战国时老将军廉颇自喻，以示他抗战到底的决心。这一点，在他写的《永遇乐》词中我们可以清楚地看出来。词是这样的：

> 千古江山，英雄无觅孙仲谋处。舞榭歌台，风流总被雨打风吹
>
> 去。斜阳草树，寻常巷陌，人道寄奴曾住。想当年，金戈铁马，
>
> 气吞万里如虎。
>
> 元嘉草草，封狼居胥，赢得仓皇北顾。四十三年，望中犹记，烽
>
> 火扬州路。可堪回首。佛狸祠下，一片神鸦社鼓！凭谁问：廉
>
> 颇老矣，尚能饭否？

可惜，仅仅任期一年，他又受主和派的排挤而被罢了官。直到开禧二年（1206年），宁宗下诏伐金才重新被召回朝廷，不久又晋升龙图阁待制。但这时他因年老多病，体力不支，几经申请，获准到江西的铅山养病。而就在他养病期间，南宋进击金政权失利，通使议和，敌人趁机提出了极为苛刻的议和条件。时局非常危急。宁宗不得已，再度诏命辛弃疾为枢密院都承旨，希冀由他力挽危局。但是，此时辛弃疾已心力交瘁，诏命尚未到达铅山，终因忧愤国事而于开禧三年（1207年）九月十日溘然长逝，时年68岁。临终前，他还大呼"杀贼！杀贼！"爱国热情至死不渝。

从辛弃疾的一生足可说明他是南宋杰出的抗金爱国将领，也是一位爱国词人，一生中写下了大量的诗词，有《稼轩长短句》12卷及《稼轩词》4卷两种刊本问世。今人邓广铭曾辑有《稼轩词编年笺注》，计收词620余首。这些词，除了一部分描写农村景色和农民淳朴生活感情的以外，大多笔力雄健，气势磅礴，充满爱国激情，以豪放著称于世，在我国文学史上留下了一座丰碑。从这点说，他是我国历史上一位名副其实的文武兼备的儒将。

/070/

第一个大规模描写农民起义的作家
——施耐庵

施耐庵，原籍苏州，生于元元贞二年（1296年），舟人之子，13岁入私塾，19岁中秀才，29岁或30岁中举，35岁中进士。35—40岁曾在钱塘为官两年，因为和上司关系不好，挂印而去，返回苏州。至正十六年（1356年）60岁，张士诚占据苏州时，前来征聘。施耐庵虽未出山，却和其部将卞元亨相友善。张士诚失败以后，施耐庵逃回兴化，隐居著书，不久又迁往白驹镇施家桥。朱元璋屡征不应，最后在淮安去世。相传《三国演义》的作者罗贯中是他的学生。关于施耐庵的材料，目前所知极少，学术界还存在着比较大的争论，施耐庵的生平虽然不太清楚，但他却创作出一部杰出的小说——《水浒传》，成为古典小说四大名著之一，在中国乃至世界文学史上都占有重要地位。

《水浒传》是作者根据口头文学、宋元讲史话本、元人杂剧酌斟取舍、匠心独运，撰写成的一部现实主义巨著。《水浒传》的版本大致可分为简本和繁本两个系统。简本文字简略，细节描写少；繁本文学性强，描写细致生动。一般认为，简本是繁本的一个节略本。主要版本有天都外臣作序的一百回本《忠义水浒传》，又有杨定见一百二十回本，金圣叹七十回本等，这里以一百二十回本为主，兼采其他版本来论述。

施耐庵在《水浒传》里反映出极为深刻的社会意义，作者以其杰出的艺术描写手段，揭示了中国古代封建社会中农民起义的发生、发展和失败过程的一些本质方面。《水浒传》的社会意义首先在于揭露了封建社会的黑暗和腐朽，以及统治阶级的罪恶，说明农民起义的根本原因是"官逼民反"。在《水浒传》前七十回中，作者刻画了封建统治阶级的许多反面人物，上有昏庸无道的徽宗皇帝，以及高俅、蔡京、梁中书、童贯这些贪官污吏，下有祝朝奉、毛太公、西门庆、郑屠这些土豪劣绅、地痞恶霸，他们利用封建国家机器残酷压榨农民。这一群坏蛋骑在人民头上恣意妄行，为非作歹，弄得人民没有活路。正是因为封建压迫的残酷，所以李逵、阮氏三兄弟、解珍、解宝等人铤而走险，投奔了梁山。就是身为80万禁军教头的林冲，都被逼上了梁山。说明了"乱由上作"。民乱于下，是政乱于上的必然结果。

《水浒传》热情讴歌了起义英雄的反封建压迫的斗争精神，鲁智深是在《水浒传》中出现较早的人物之一，此人生性豪爽，侠肝义肠。"拳打镇关西"、"大闹野猪林"里的精彩描写，可以看出他对权豪势要的憎恶和仇恨，对受欺辱者的同情和关怀，"大闹五台山"表现了他对宗教清规戒律的蔑视，鲁智深是莽撞的花和尚，但他粗中有细，也有精明机智的一面。如打死郑屠后，边骂边踏步走，在相国寺制服泼皮，都是例证。李逵的形象在《水浒传》中最为鲜明，他出身贫穷，因误犯人命，流落江州当了一名小牢子。他生性鲁莽，一打仗就光着上身，往人多处杀，有一种奋不顾身的精神。他的口头禅是"杀去东京，夺了鸟位"，尤其突出的是他反对招安。所有这些都可以看出他对农民起义军事业的忠诚和性格的鲁莽。

《水浒传》的作者施耐庵同情这些英雄人物的遭遇，对他们的所作所为，予以热情地歌颂和充分的肯定。作者把这些被称做"杀人放火"、"十恶不赦"的"罪人"，描写得有声有色、可敬可爱，表现了施耐庵的朴素的阶级感情和超人的胆识，表现了施耐庵反对封建统治的思想倾向。

施耐庵在《水浒传》里还描写了不少战争场面，体现了唯物辩证法的思想，"三打祝家庄"算是最好的一个典型例证，在这次战役中，梁山泊义军能重视调查研究，对敌人分化瓦解，采用里应外合的办法，终于取得了战役的胜利。

施耐庵在《水浒传》中塑造了农民起义领袖"宋江"这个典型艺术形象。

上梁山之前，宋江出身于小地主家庭，是山东郓城县的押司，一个下级官吏，"自幼学儒"、"曾攻经史"，因此养成了忠孝观念，他虽为官府中人，却仗义疏财，结交天下英雄豪杰，对下层人民富有同情心，对封建黑暗势力有所不满。形成了他思想性格上的两面性，一方面要做忠臣孝子，一方面又仗义扶危同情人民群众。上梁山前，宋江曾幻想依靠自己的才能博得个封妻荫子，好"名垂青史"，所以在杀死阎婆惜、仕途断绝之后，他宁愿东躲西藏，也不愿造反，这说明他忠君观念很浓厚。浔阳楼醉题反诗，宋江被问成死罪，梁山好汉劫法场，宋江再也没有了退路，才被迫上了梁山。宋江有组织才能，待人谦和礼貌，善于团结人，再加上他在江湖上的声誉，许多好汉都上了梁山，壮大了梁山泊的力量，起义军在他的指挥下，打过许多胜仗，三打祝家庄、破高唐、克青州、取大名、下东平、西赢童贯、三败高俅、引起朝野震动，这都说明宋江的军事指挥才能。但由于他忠君观念未变。所以每次与官军对阵，都为日后招安预留退步，不肯斩尽杀绝，一连串的军事胜利，都成为宋江拿去与统治集团讨价还价接受招安的资本。最后来江接受招安，断送了梁山泊的伟大事业。招安之后，又奉命去镇压方腊义军。施耐庵是赞成招安的，《水浒传》最后写宋江等人被奸臣害死，以悲剧结局，又可以看出作者对招安又持怀疑态度的。施耐庵极力渲染宋江的忠君思想，满怀激情地描写众多英雄走向失败的全过程，说明了一个真理：投降没有好下场，招安也绝对没有出路。这个血的教训，对人无疑是有借鉴意义的。《水浒传》中的这些描写，客观真实地反映了农民起义的历史，闪耀着现实主义的光辉，因此《水浒传》在中国文学史上产生了巨大的影响。

　　施耐庵在《水浒传》里通过艺术形象表现了"官逼民反"的现象，反映了历史的真实，在文学史上第一次大规模描写农民起义的全过程，具有伟大的意义，同时又深刻地揭示出接受招安必将葬送农民起义成果的道理。

　　《水浒传》的语言，以口语为基础，经过加工提炼，又融会古典书面语言的优点，受到众口一词的赞扬。这种语言明快洗练，生动准确、丰富多彩。像"智取生辰纲"中白日鼠唱的一首民歌："赤日炎炎似火烧，野田禾稻半枯焦。农夫心里如汤煮，公子王孙把扇摇。"反映了社会现实，与劫取生辰纲这个事件也相符。这类俗语在作品中比比皆是。"端的""怎生""遮莫""村村势势"这些方言词语的运用，既通俗易懂，又再现了当时的社会生活，当然小说吸收这些口语，主要目的是为刻画人物个性服务的，能使读者看出说话人物的个性，从而给人一种如见其人、如闻其声的感觉。

《水浒传》的结构有明显的拼凑痕迹，施耐庵把许多独立的小故事经过改造组织在一起。这种"板块"串联结构的一大优点是使人物形象更加鲜明，每个人物的故事更加集中完整，如同一部中篇小说，人物的性格特征更加突出，笔酣墨饱，给人的印象极为深刻。像书中史进、鲁智深、林冲、晁盖、宋江等人的故事便是如此。

《水浒传》的最大成就是塑造了一二十个典型人物形象。施耐庵紧扣住这些人物的出身经历，通过这些人物的所作所为去描写，从而将那些性格特征极为相近的人物区别开来，如武松的勇武豪爽，鲁智深的嫉恶如仇、暴烈如火，李逵的纯朴天真、憨直鲁莽，林冲的刚烈正直，无不栩栩如生，使人过目难忘。《水浒传》在塑造这些英雄人物形象时，着重采取现实主义精雕细刻的方法，使人物性格极为鲜明。《水浒传》还善于通过富有特征的细节来刻画人物。"黑旋风斗浪里白条"一节，陆地上张顺斗不过李逵，水里李逵斗不过张顺，条件不同，胜败立显，这一细节真实可信，表现李逵的鲁莽和憨直。

《水浒传》非常重视故事情节的曲折生动，它总是在情节冲突中和情节展开中来刻画人物的性格，很能引人入胜，富有传奇色彩。

071

他创作的小说，是世人生活的教科书
——罗贯中

罗贯中（约1330—1400），名本，字贯中，别号湖海散人，山西太原人。因为他一生的绝大部分时间都是在杭州等地度过的，所以明代有人便把他当做钱塘（今杭州）人，或者说是"越人"。

罗贯中生活的时代，正是元末明初社会激烈动荡之时，当时民族矛盾和阶级矛盾交织在一起，斗争十分尖锐复杂。贾仲名在《录鬼簿续编》里记载他"与人寡合，乐府隐语，极为清新。与余为忘年交，遭时多故，天各一方，至正甲辰（1364年）复合。别来又六十余年，竟不知其所终"。可见罗贯中在当时居无定处，四海飘荡，甚至连他的忘年之交都不知道他的行止。有的传说他曾经参加过元末农民大起义，担任张士诚的幕僚。所有这些经历，肯定使他对于当时社会各个阶层有比较全面的了解，对于民间的疾苦多了一些体验，对于当时统治者的残暴也有了更深刻的认识，所有这些，为他以后的文学创作积累下丰富的素材。

罗贯中在文学上的成就是多方面的。他不仅写历史小说，而且还写杂剧和诗谜，均获好评。不过他创作的许多作品，今天大都散佚，他的才华主要保存在尚存的几部小说中，除《三国演义》外，还有《残唐五代史演义传》《平妖传》等书。

《残唐五代史演义传》60则，是根据《唐书》《五代史》等史书和有关的讲史话本编成，记叙了从黄巢起义到赵匡胤陈桥兵变的一段历史，在刊印流传过程中曾经被后人改动过，但并未损害原来的基本面貌。此书从内容到形式方面，都比较幼稚，可能是罗贯中40岁以前的作品。

《平妖传》原名《北宋三遂平妖传》，最初原书只有20回，后经冯梦龙增补改编成为现今的 40 回本，主要描写北宋贝州的王则、永儿夫妇起义，文彦博得"三遂"（马遂、李遂和诸葛遂智）之力加以镇压的故事。

罗贯中还创作杂剧《宋太祖龙凤风云会》，描写了赵匡胤和赵普的故事，所表达的"圣君贤相"政治理想与《三国演义》完全相同。尽管罗贯中的创作很丰富，但最能代表其思想和风格的作品只有《三国演义》。

《三国演义》原名《三国志通俗演义》，可能是罗贯中 50 多岁时的作品。这时他的人生经历与社会体验已经更为丰富深刻，艺术表现能力也进入了成熟阶段。尤其是他在元末农民武装斗争中的实践，更使他对社会、历史、人生都有了许多深入的见解，而且在政治、军事斗争方面也积累下许多宝贵的经验，因此，罗贯中才有可能创作出《三国演义》。

早在三国时代后期，三国故事就在民间流传，到了北宋，"说三分"就成为一个独立的科目。广大民间说唱艺人，以自己的智慧和才能，不断充实和丰富着三国故事。罗贯中便是在长期流传下来的三国故事的基础上，创作出这部历史小说的。《三国演义》以三国时期魏、蜀、吴三国间政治军事斗争为主要描写内容。罗贯中根据陈寿的《三国志》、裴松之的《三国志注》、刘义庆的《世说新语》、宋元讲史《三国志平话》，还有流传于民间的各种传说，经过大量艰苦细致地整理提炼、加工和创造，最终完成了这部伟大的著作。

《三国演义》从东汉灵帝建宁二年（169 年）起，到西晋太康元年（280年）止，描写了近 110 年间发生的历史事件，主要描写魏、蜀、吴三国的兴起和衰败灭亡的过程。全书分为四大部分，第一部分 1—33 回，主要写从东汉末年到曹操平定北方。第二部分 34—50 回，主要写赤壁之战和天下三分。第三部分 51—115 回，写蜀国的创建过程以及刘备死后诸葛亮的南征北伐。第四部分 116—120 回，写西晋统一天下。

《三国演义》在曹魏、刘蜀、孙吴三个政治集团中，把曹魏和刘蜀两个政治集团作为主要对立面，并把刘备集团放在中心地位，孙吴集团虽然也是与刘备集团斗争的敌手，但更多的是作为抗曹的联合力量，《三国演义》充分地描绘出魏、蜀、吴三方之间错综复杂的矛盾关系。在 120 回中的《三国演义》中，充满着接连不断的残酷战争、军事政变、阴谋诡计，以及联盟变幻、两面三刀。小说花了很大的力气去写军事计谋与兵不厌诈，但贯穿全书的还是反对战争、要求和平，反对分裂、主张统一。

人物刻画如何是小说成功与否的关键。《三国演义》善于刻画人物，书中总共写了400多个人物，栩栩如生的人物也有十几个，下面谈谈《三国演义》中塑造的几个主要人物。

曹操是《三国演义》中塑造得最成功的一个艺术典型。历史上的曹操是三国时期杰出的政治家、军事家，在历史上起了一定的进步作用，但在《三国演义》中，作者把曹操塑造成为一个奸雄的形象，着重刻画他"奸"的一面。小说中的曹操，他的人生信条是"宁教我负天下人，不教天下人负我"，是极端利己的处世哲学。他以怨报德，杀了吕伯奢一家；攻打徐州，屠戮百姓，挖掘坟墓；借仓官辈土之头，来稳定军心；杀孔融、杨修、华佗，害祢衡、荀彧，无不表现他损人利己、残忍奸诈的特性。但是小说也没有把曹操写成一个十恶不赦的大坏蛋，没有把这个人物简单化处理，在写他奸诈的同时，也突出了他"雄才大略"的一面。他比较有政治远见，也非常自负，他曾说过："设使天下无有孤，不知当有几人称帝，几人称王。"却也是实话。曹操有卓越的军事指挥才能，"官渡之战"集中表现了他多谋善断、出奇制胜的胆略和才识。除袁术、破吕布、灭袁绍、定刘表，都充分表现出他军事方面的才能。曹操善于用人，不计贵贱，唯才是用，所以他周围聚集了大批人才，都充分表现出他领导方面的才能。曹操在我国文学史上是个不朽的艺术典型。

《三国演义》中的刘备，寄托了作者的政治思想，是奉行"王道"、"仁政"的代表。小说中的刘备实行宽仁爱民政策得到人民的拥护。当阳撤退，万分危急，他不忍抛弃百姓逃跑，百姓以死相随。刘备还具有忠厚仁义的品格。他礼贤下士、知人善任，能够调动部属的积极性。所有这些，实际上把刘备塑造成一个好皇帝的形象，反映了广大人民的美好愿望。

诸葛亮是《三国演义》塑造的另一个成功的艺术典型，作者把他塑造成为一个贤相的形象，诸葛亮为报答刘备的知遇之恩，竭忠尽智，不辞辛苦地奋斗了一生，鞠躬尽瘁、死而后已是其一生真实写照，这个人物最吸引人的是他具有无穷的智慧和卓越的才能，他不但精通军事艺术，而且能够机智灵活地加以运用。草船借箭、三气周瑜、智取汉中、七擒孟获，知己知彼，胜券稳操。所有这些，经过《三国演义》的大肆刻画和演绎，诸葛亮遂成为智慧的化身，给人留下了极其深刻的印象。

关羽在《三国演义》中是"忠义"的化身，他忠于刘备，忠于蜀汉政权，曹操用金钱美女、高官厚禄都收买不了。他为人恩怨分明，有恩必报，所以他宁愿违反军令也要在华容道义释曹操。当然他也是个有缺点的英雄：骄傲自大，居功自傲。其他如张飞的直率粗豪、敢说敢做，鲁肃的忠厚老实，周瑜的雄姿英发、心胸狭窄，无不给人留下深刻的印象。

三国时代，战争不断。作为反映这个时代的小说，《三国演义》对战争的描写，有其独到之处。全书共写了40多次大小战争，对战争的描写极为出色。如官渡之战、赤壁之战、彝陵之战等大规模的战争，从战争的起因、力量的对比、彼此的方略以及内部争执到战争的过程及其变化，胜负的决定及其缘由，有关人物在战争中的作用，都能叙述得生动而具体，写出战争的巨大声势和紧张气氛，扣人心弦。《三国演义》中描写的战争，并不是呆板的、千篇一律地铺叙两军对垒，而是根据战争的不同情况做不同的艺术处理和描写，所有的战争描写都没有雷同的感觉。如官渡之战和彝陵之战，都是以少胜多的著名战役，前者抓住军粮这个决定战争胜败的关键，火烧乌巢军粮，结果反败为胜；后者采取以逸待劳的战略方针，火烧连营700里，结果大败蜀兵。作者在描写战争时，善于通过战争进程中错综复杂矛盾的揭示，来表现波澜壮阔的战争场面。作者还善于运用动中有静的手法把激烈的战争场面写得有张有弛、松紧有致，这种忙里偷闲的方法把战争表现得曲折生动，富于艺术魅力。

罗贯中创作的《三国演义》，是我国古典文学宝库的代表作品。作为较早的一部历史小说，它也代表了历史小说的最高成就。它采用浅近流畅的语言、富于变化的笔法、摇曳多姿的文笔、宏伟的结构，把近百年三国史叙述得有条不紊。关于战争的描写、人物的塑造，都达到了比较高的境界。《三国演义》不单单属于中国，它早已走向世界，深受世界各族人民的喜爱。它是中国人民贡献于世界文学之林的一颗璀璨的明珠。

072

元杂剧的奠基人
——关汉卿

关汉卿（1220？—1300？）的生平资料缺乏，只能根据片断的资料和他在散曲中的自叙，勾画出一个粗线条的轮廓。据元代后期戏剧家钟嗣成《录鬼簿》记载，关汉卿，大都人、太医院尹（天一阁抄本作"太医院户"），号己斋叟。估计是当时太医院一个小官吏。他把一生的主要精力，都贡献给当时正在蓬勃兴起的杂剧事业，是大都最重要的杂剧创作团体之一——玉京书会的领袖人物，同杨显之、梁进之、费君祥、王和卿等人友谊很深。他不仅生活在"书会才人"之中，而且混迹于勾栏行院，与朱帘秀等演员亲密交往。有时还亲自登场演出，与杂剧有关的吹拉弹唱，他都擅长，具有多方面的艺术才能，是元杂剧的伟大作家。南宋灭亡（1279 年）后，他曾到过繁华富庶的杭州，也可能到过扬州。关汉卿是个多产的作家，他一生写了 68 种剧本，现存剧本 18 种。除杂剧外，关汉卿还写了许多散曲，今存小令 50 多首，完整的散套 12 篇，这些小令，内容大都是离愁别绪，男欢女爱，缠绵悱恻，清新活泼。相对于其杂剧来说不过是大海微沤，这里就不作具体分析了，只提其中的一个散套《南吕·一枝花·不伏老》，这个散套，关汉卿以自讽自嘲的口吻，写其自得其乐，透露出狂傲不屈的个性。

关汉卿现存杂剧剧目如下：

《窦娥冤》《单刀会》《蝴蝶梦》《调风月》《救风尘》《金线池》《切鲙旦》《绯衣梦》《谢天香》《拜月亭》《双赴梦》《玉镜台》《裴度还带》《陈母教子》《单鞭夺槊》《五侯宴》《鲁斋郎》。

关汉卿的杂剧最有价值的主题是揭露元代权豪势要的残暴和政治

的黑暗，赞扬受害者的反抗斗争。关汉卿的《鲁斋郎》《望江亭》《蝴蝶梦》十分真实地勾勒出这些权豪势要的蛮横嘴脸，尖锐地揭露了他们的罪行，反映了人民对他们的愤恨和斗争。鲁斋郎公开抢人妻女，《望江亭》里的杨衙内为了夺取白士中的妻子，捏造罪名，拿着御赐宝剑要取白士中的脑袋；《蝴蝶梦》里的葛彪仗着权豪势要的特权，无端在街上打杀人命。关汉卿通过艺术形象告诉人们，他们的罪行不是偶然的个人行为，他们横行霸道都有皇帝撑腰，他们有王法的庇护，是封建制度造成的。

《窦娥冤》是作者晚年精心结撰的佳作，也是这类公案剧中的代表作。主角窦娥是个年轻的孀妇。她幼年失母，7 岁时，父亲为了还债和筹集进京赶考的路费，将她送蔡婆当童养媳。十几年后，等她结婚不久，丈夫就去世了，婆媳二人相依为命。蔡婆讨债遇险被地痞张驴儿父子相救，张氏父子借此威胁蔡氏婆媳嫁给他们二人，霸占她们的家产。窦娥坚决不同意，张驴儿借蔡婆卧病之机设计毒死婆婆，不料被自己的父亲误食身亡，张驴儿便诬告窦娥毒死公公。窦娥怕打坏了婆婆，便屈打成招，被官府问罪斩首，临行前她发了"三愿"，死后"三愿"都应验了。最后窦娥托梦给她的父亲，冤狱才得以平反。第三折是全剧的高潮。一曲《滚绣球》通过窦娥的血泪控诉，引起人们对这个是非颠倒、好坏不分的社会继续存在的合理性的怀疑。作者借此剧歌颂人民的反抗斗争，揭露了社会黑暗和统治者的残暴，反映了当时尖锐的阶级矛盾。

在揭露当时的社会矛盾时，关汉卿特别关注妇女的命运。妇女问题是一个社会问题，也是关汉卿写得最多的主题。关汉卿不仅揭露贪官污吏对妇女的压迫，而且以家庭婚姻问题为中心，反映封建社会妇女的痛苦和斗争，触及了封建制度的若干方面。《调风月》揭露贵族阶级和奴婢制度的罪恶，《拜月亭》批判封建家长制度，《救风尘》围绕妓女从良问题，猛烈地抨击了糟蹋妇女的娼妓制度。《救风尘》正是这方面的一部力作。本戏写妓侠赵盼儿救出同伴宋引章的故事。剧中赵盼儿有个姊姊宋引章，不听赵的劝告，嫁给了虚情假意、会献殷勤的周舍，婚后备受虐待，宋带信给赵盼儿，要求其前来搭救。赵利用周舍喜新厌旧的心理，投之以利，诱之以色，赚得休书，救出宋引章。本剧通过人物复杂的心理活动、行动语言等，塑造了一个可爱可敬、聪明机智的风尘侠女的形象。这个形象集中反映了被压迫妇女掌握自己命运的要求和能力。

关汉卿还写作了不少历史剧。《西蜀梦》指斥卖友求荣的奸佞小人，《单鞭夺槊》谴责报仇不顾大局的小人，《哭存孝》指斥诬杀功臣的残暴行为，这其中最有名的是《单刀会》。

《单刀会》这出戏主要描写关羽应东吴鲁肃的邀请，渡江赴会，第一折写鲁肃定计。第二折写鲁肃打听关羽的情况，乔玄、司马徽分别述说了关羽的英勇和赫赫战功。第三折写关羽渡江赴会。第四折写关羽怒斥鲁肃，安然返回。本剧塑造了一位顶天立地、光明磊落的英雄形象，歌颂了忠心耿耿维护汉家事业的关羽，谴责了玩弄阴谋诡计、一意孤行的鲁肃。

关汉卿这类历史题材的作品，总结历史经验，揭示忠奸对立，抒发了作者对英雄人物的企慕和对己身不遇的感慨，给人一种阳刚清正之美，透露出浓厚的文化信息。

总之，关汉卿用戏剧塑造了两组对立斗争的形象，批判了封建社会和统治阶级，赞扬了人民的反抗精神，反映了当时社会不可调和的矛盾，是元代社会的一面镜子，可以看到那个社会人民的苦难生活和不屈的斗争精神。

关汉卿是一位艺术大师，他精通杂剧艺术的三味，他的杂剧在关目结构的安排，戏剧语言的运用，人物形象的塑造等方面都有重大的开拓和建树。关汉卿善于从全部故事情节里挑选几个关键性的场面加以铺写，这样戏剧就显得集中紧凑，不蔓不枝。《窦娥冤》在这方面尤为突出。本戏楔子是序幕，交代身世，其他四折一开场就见冲突，其他情节都一笔带过。善于刻画冲突，还表现在过场戏非常简洁，《望江亭》《拜月亭》诸剧尤为突出，移步换形，富于变化。

关汉卿把塑造人物形象放在首位，他心目中理想的主人公都是像窦娥、赵盼儿、燕子、谭记儿、王氏母子、关羽那样刚毅坚强，不甘屈辱的人物，他们不仅是被压迫者（除关羽外），而且是抗争者，在某种意义上还是胜利者。在中国文学史上，还没有哪个作家像关汉卿这样塑造出如此栩栩如生、鲜明生动的人物形象。剧烈的戏剧冲突，出色的心理描写，是关汉卿塑造人物不可缺少的艺术手段。

关汉卿杂剧富有浓厚的传奇色彩。在处理戏剧冲突方面，关剧善于提炼激动人心的情节。有"三愿"应验、天地变色的奇迹；有单枪匹马慑服强敌的孤胆英雄；有被所爱者抛弃却被侠妓救出的曲折。形形色色，不一而足。

关剧的语言老辣地道。他善于提炼口语，化用古典语言，而这些都丰富了作品的色泽和韵味。《单刀会》第四折关羽的两段唱词，"双调新水令""驻马听"，虽然融合了苏东坡《赤壁怀古》的意境，但也经过了关汉卿的艺术再创造，给人一种苍凉悲壮、慷慨激越的感觉。

关汉卿是生活在 13 世纪的封建文人，虽有这样那样的缺点和不足，但我们不能苛求古人，责备先贤。他是一位大胆创新、锐意改革的戏剧大师，他深入生活，与民间艺人相结合，积累了丰富的舞台经验，以他的不朽创作促进了元杂剧的成熟和发展，成为元杂剧的奠基人，在我国古代产生了深远的影响。

/073

古典浪漫主义长篇小说作家的代表
——吴承恩

吴承恩，明代小说家，字汝忠，号射阳山人，约生于1504年，约卒于1582年。先世为江苏涟水人，后徙居江苏淮安山阳（今属江苏淮安）。吴承恩出生在一个由下级官吏而沦为小商人的家庭里。吴承恩世代书香，只不过到他父亲辈才开始败落。曾祖吴铭，曾任浙江余姚县学训导，祖父吴贞曾任浙江仁和县教谕，官职都很低微，其父未曾进学，仅在社学中学习几年，最后经商，以做绸布生意为生。其父虽然是个商人，却很喜欢读书，经史子集、诸子百家无所不读，为人也很正派，富有正义感。这样的家庭，对吴承恩的思想性格的成长不可能没有影响。

吴承恩自幼聪慧，博览群书，学问渊博，年轻时就受到督学使者的赞扬，以文名著称于乡里。他不负父师的期望，很早就进入淮安府学，成为一名秀才。他还受到漕运总督唐龙和淮安知府葛木的器重。向他请教的人很多，许多缙绅官吏都请他捉刀代笔。吴承恩很是风光一阵，但是，这样一个很有文才的知识分子，在科举考试时，却屡试不第，直到40多岁，才补上"岁贡生"。50多岁时，吴承恩迫于母老家贫，不得不进京去谋了个长兴县县丞的差事，可是，没干上一两年，就因为和上司意见不合，辞职回家。从此之后，直到他去世为止的二三十年间，他都没有出外做官。在此期间，除曾在南京短时居住之外，其余大部分时间，吴承恩都在家乡淮安度过。

吴承恩从童年时代开始，就爱看神怪小说，他常常背着父母和老师，偷偷到市上去买一些野史和小说来看，通过对这类神话传说和民间故事的阅读，他的想像力得到了较大的丰富和提高，这为他日后创作《西游记》

准备了充分的素材。又由于生活的磨难，他在饱尝人世间的酸甜苦辣之后，对于世态的炎凉、人情的冷暖，都有了较深刻的认识和体会，这些无疑成为他在文学创作上取之不尽、用之不竭的源泉。

吴承恩一生著作很多，除《西游记》之外，他还撰写了《禹鼎志》等一些别的神怪小说、戏剧和诗文。由于他家境贫寒，又没有儿子，所以遗稿大部分都散失了。后来有位叫丘正纲的同乡，把其残存的小部分诗文搜集起来，刻印成书，起名《射阳存稿》。这部书一直流传至今，成为我们研究吴承恩文学活动的宝贵材料。

吴承恩在前代传说和平话、戏曲的基础上，将印度无支祁传说跟取经故事结合起来，并熔铸现实内容，创造出这部神话小说《西游记》。《西游记》塑造了性格鲜明的人物形象，是一部充满幽默机智和幻想、情节离奇的作品。《西游记》总共 100 回，全书的内容由三部分组成。第一部分，包括第 1 回至第 7 回，写孙悟空出生和大闹天宫的故事；第二部分，包括第 8 回至第 12 回，写唐僧身世，魏征斩龙，唐太宗入冥的故事，交代取经缘由；第三部分，包括第 13 回至第 100 回，写孙悟空皈依佛门和猪八戒、沙和尚一起到西天取经，一路上跟妖魔鬼怪和险恶的自然环境作斗争，经过九九八十一难，终于取得真经，自己也修成了正果。

吴承恩通过大闹天宫的故事，塑造了孙悟空这个文学形象。小说的开始写一只猴子从石头中诞生出来。他成了众猴之王，但又离开水帘洞去寻求不老之术，在学得法术之后，他公然反抗玉皇大帝派去的天兵天将。他两次到天庭做了徒有虚名的小官，在偷吃了长生不老的仙桃、金丹之后，再次反下天庭，结果被二郎神降服，但已是金刚不坏之身，最后佛祖降服了孙悟空，并把他压在五行山下，在那里一直等待唐僧。这个故事说明了人性的自由本质与不得不接受约制的矛盾处境，具体表现为孙悟空从无法无天、绝对自由的状态到受到禁制、皈依佛门正道的过程，作者对孙悟空很难以拘束的一面描写，流露出作者对人性自由一面有更大的兴趣。

小说第二部分在结构上起一个过渡和联结的作用。第三部分取经故事，由相对独立又相互关联的 41 个小故事组成。

　　这一部分，唐僧救出悟空之后，另外两个徒弟猪八戒和沙和尚也加入了取经的行列，他们二人本是玉皇大帝手下的将帅，由于犯了点小罪而被降谪人间。这部分的大部分篇幅，写唐僧师徒遭遇许多妖魔鬼怪和其他精灵，他们都想捕获唐僧，因为吃了唐僧肉，或者同唐僧结婚而获取他的元阳，便可长生。悟空一次次地救护唐僧，并且依靠佛祖和观世音的帮助，他们最后到达西方极乐世界，也就是如来佛的居地灵山，获得他们要求取的真经，在把它们带回中国之后，唐僧和孙悟空成了佛、猪八戒和沙和尚成了罗汉。漫长的千难万险的旅途归根结底是以取经为目的，可以被视作"天路历程"的象征，寓示着人必须历经千难万险才能获得最终完善和幸福的意义。

　　《西游记》通过神话的形式，表现了丰富的社会内容，曲折地反映了现实社会的矛盾，表达了人民的要求和愿望。孙悟空乐观积极，不惧不畏，勇于战斗，敢于战斗，追求自由，是中国人民的斗争生活的艺术写照。小说揭露天庭神权统治的残忍和腐朽，玉皇的昏庸、凶暴是地上人间帝王的写照，妖魔鬼怪的诡计多端、狡猾贪残与人世间反动黑暗势力相同。所有这些都使得这部小说具有现实批判意义，可以帮助人们认识那个社会。

　　《西游记》的艺术成就之一是塑造了形形色色的人物形象。吴承恩笔下的唐僧是个具有封建士大夫气质的人物，具有恐惧、担忧、贪图安逸、迂腐顽固而又胆小怯懦、无理责骂和残忍对待功臣，实际上是个被讽刺和嘲笑的对象。猪八戒极为粗俗的形象，成了耽于声色口腹之欲的代表，是一个有缺点又令人喜爱的人物形象，他有憨厚纯朴能吃苦耐劳的一面，又有自私懒惰贪馋的一面，对取经缺乏坚定性，一遇到困难就要散伙回家，好拨弄是非，嫉妒心又特强。沙和尚虽忠于取经事业，但从总体上看，人物呆滞和心情郁闷。玉皇大帝是个典型的封建君主形象，无能庸懦，残忍刻薄。太白金星的故作聪明和迂腐，太上老君的吝啬和冷酷无情，形象都极为生动活泼，极为传神。

　　艺术成就之二是丰富的想象。《西游记》创造了绚丽的神话世界，为人们提供了广阔的活动空间，三头六臂，七十二般变化，腾云驾雾，牛鬼蛇神，表现出作者丰富的想象力。读后让人难忘的还有：风光如画的花果山，阴森恐怖的地府，淫威森严的天庭，奢侈豪华的龙宫。

《西游记》的语言生动流利，尤其是人物的对话，富有鲜明的个性特征，充满了生活气息，具有幽默讽刺诙谐的艺术情趣。吴承恩善于吸收方言土语，特别是大量地采用他的家乡话淮安话，将其加工为雅洁生动的文学语言。

《西游记》在中国小说史上占有重要的地位，它是明代神魔小说的杰出代表，和《三国演义》《水浒传》《红楼梦》一起，成为中国人民家喻户晓的古代小说名著，对后世产生了广泛的影响，在世界文学史上也占有光辉的一页。

074

一部红楼传千古
——曹雪芹

人们提到曹雪芹，就会谈起他的《红楼梦》；反之，人们读《红楼梦》，又自然而然地会想到曹雪芹。可以说，在人们的观念中，曹雪芹的名字与小说《红楼梦》已成为完整的一体。

曹雪芹（1715—1763，但也有人说是1726—1764）。名霑，字梦阮，号雪芹，又号芹溪、芹圃。始祖原为汉人，原居于关外（辽阳。但也有人认为原籍为河北丰润），约在明朝万历年间（1573—1620）归属旗籍。由于他的祖上曾为清皇室贵族多尔衮的家奴，1645年清入关，多尔衮为摄政王，曹家为此成为内务部上旗包衣（即为家奴）家世。之后，在顺治十一年（1654年），曹雪芹的曾祖父曹玺的妻子孙氏又被选为皇三子玄烨的乳母，所以玄烨即位当上了皇帝后，大大地提高了曹家的政治地位，康熙二年（1663年）曹玺被任命为江宁（今南京）织造监督，不仅负责掌管皇帝及宫内所需的各种织物的织造、采购、供应等任务，而且康熙五次南巡，有四次还以他家为行宫。真是声势煊赫无比。曹玺死后，其子曹寅继任，之后继任的是曹颙、曹頫兄弟。曹頫即为曹雪芹之父。

曹家世代为官，所以曹雪芹从小就过着"锦衣纨绔"、"饫甘餍肥"的生活，是封建社会里上层阶层一个公子哥儿。

不过，好景不长。在曹雪芹出生前，由于宫廷内部斗争，康熙的二十多个儿子在康熙死后争夺皇位，曹頫也被卷了进去，因为传说他与皇四子胤禛的政敌有牵连，等到胤禛登上了皇帝宝座（雍正），为了消灭异己，他借口曹頫在江宁织造任内累年失职亏空，削去曹頫江宁织造的官职，又抄没了他家家产。曹家受此重大打击，从此开始衰颓，曹頫只好带领全家从南京回到北京居住，那时曹雪芹尚在幼年时期。

1736 年乾隆继位，又起用曹𫗦，据说是任命他为内务府的员外郎。官位虽然不很高，但毕竟又挤入了封建统治阶级之列，因而家业稍稍中兴。不料到乾隆四年（1739 年），曹家再次被卷入皇室争斗的旋涡之中，并且以失败告终。于是曹家就进一步地颓败下去。曹雪芹十五六岁时，生活已大不如前，后来又沦为普通旗人中的一员。到了晚年，益发穷困潦倒。

曹家的兴隆衰替，在曹雪芹幼小的心灵上留下可怖的印象，再加上他后来饱经沧桑的经历，使他决心用文学形式来抒发他满腔的不平和愤恨，表达对现实的不满。这样，便形成了写《石头记》（即《红楼梦》）的念头。

曹雪芹性格豪放，胸怀开阔，又是个多才多艺的人，传说年轻时代也曾有一段仕途的经历。有人说他是"贡生"，也有人说他是"举人"或"孝廉"，还有人说他做过内务府堂主事、侍卫，在宗学当过差以及别的什么官职。实情究竟如何，由于材料阙如，目前难做定论。但他的身份不像祖上那样显赫是可以肯定的。

如前所说，曹雪芹的祖上世代为官，且列祖列宗都为文学名流，尤其是他的祖父曹寅，还当过康熙的"侍读"，对经史有相当的研究，又擅长诗词，在文坛上颇负盛名，所以曹雪芹于书香门第中自小就受到很好的文化教育，再加上他"善谈吐，风雅游戏，触景生春，闻其奇谈，娓娓然令人终日不倦"，因而从年轻时就学得各种才艺，诸如金石、字画、风筝、纺织、医学、烹调、工艺、印染、雕竹都是他所爱好并擅长的。诗也写得很出色，他的朋友赞他"诗胆昔如铁"、"诗笔有奇气"。他画的石头，朋友敦敏在《题芹圃画石》中有这样几句："傲骨如君世已奇，嶙峋更见此支离。醉余奋扫如椽笔，写出胸中块垒时。"这几句诗不仅是对曹雪芹艺术造诣的赞颂，也是对曹雪芹性格的切实写照。这一性格在《红楼梦》中我们也可以深切体会到。

由于曹雪芹才气横溢，又有一副"傲骨"，所以他是决不肯甘居人下，为封建统治阶级役使的。所谓"不求众赏，潇洒做顽仙"，这就表明了他这一态度。为此，大约在 1754 年前后，他毅然离京出走，独居于北京西郊的一个荒僻的山村里。尽管这时一家人已经陷入"蓬牖茅椽，绳床瓦灶"的困境，生活上"举家食粥酒长赊"甚至"饔飧有时不继"，要靠借债和友人接济度日，困难和折磨一个一个而来，但都被他的惊人毅力克服了，即使在他写《红楼梦》的过程中，不幸丧妻，接着惟一的爱子又夭折，在悲伤使他成疾，贫病无力求医的情况下，还是继续着他的艺术生命，"披阅十载，增删五次"，呕尽心血，于乾隆二十八年（1763年），除夕，在富贵人家爆竹迎春之时，"泪尽而逝"。结局十分悲惨。

《红楼梦》写作的时代，封建社会的腐朽已接近顶点。那时，从明朝中叶开始的资本主义生产关系的萌芽有了进一步的发展，封建统治阶级对广大劳动人民的压迫和剥削日益残酷，农民与封建统治阶级的斗争此起彼伏，民主主义思想已经有所表现。封建的、宗法的制度显然已成为历史的垃圾和扫荡的对象。这一切，不能不给曹雪芹的思想以深刻的影响，并在《红楼梦》中有所反映。

遗憾的是，《红楼梦》只完成了前八十回，曹雪芹就逝世了。在这八十回中，他以贾宝玉和林黛玉恋爱为主线，塑造了贾宝玉、林黛玉、薛宝钗、王熙凤、晴雯、袭人、史湘云、尤二姐、尤三姐、贾母、刘姥姥等一系列有鲜明性格的栩栩如生的艺术形象。难能可贵的是，他还以独特的艺术手法用大量诗词来熔铸人物个性，以展现和丰富人物的内心世界，使各个人物的形象更为饱满。在此基础上又尽情地写了贾、史、王、薛四大封建家族由盛而衰的整个过程。只因没有写完，所以故事情节是不完整的。因此，在曹雪芹死后，有乾隆乙卯科进士，曾当过内阁中书、翰林院"侍读"等官的高鹗又按照故事提供的发展线索续作了四十回，继续写了贾、史、王、薛四大封建家族的衰败，完成了贾宝玉与林黛玉的恋爱悲剧。在人物性格的刻画和艺术上是有一定成就的。自然，比较而言，尤其思想性和艺术价值来说，还不能和曹雪芹写的八十回相比，甚至有些地方还违背了曹雪芹的原意，如本来已一败涂地的贾家，在高鹗的笔下，最终竟"兰桂齐芳"，家业复兴，为封建社会拖了一条光明尾巴。但不论如何，由于高鹗的续写，使《红楼梦》得以一百二十回本的完整情节流传于世。这是高鹗的功劳，我们是不应当抹杀的。

　　《红楼梦》是一部伟大的现实主义杰作。一方面将以贾政为代表的封建社会末期腐朽没落势力的嚣张气焰向读者作了充分的展示，有力地对封建宗法社会连同在这个社会上滋生和存在的桎梏和束缚人们思想的礼教、道统以至"圣人"的经典等作了无情的揭露、批判和鞭挞；另一方面又热情地歌颂了贾宝玉、林黛玉、晴雯、尤三姐等与之进行的不屈的斗争，充分地表明了他们是封建社会的叛逆者，从而突出了反封建的主题，显示了作者理想的追求。因此，鲁迅先生盛赞："在中国的小说中实在是不可多得的。"尽管由于曹雪芹受阶级地位以及当时历史条件的限制，他的理想具有乌托邦性质，并在一定程度上具有矛盾性，如对封建社会的腐败和没落有着一定程度的眷恋和伤感，甚至还发出了"无才补天"的感叹。但从作品的整个思想倾向来看，他毕竟深刻地接触并暴露出了18世纪前，也就是接近封建社会末期的阶级斗争和封建统治阶级内部的矛盾，以及封建社会不可避免地要崩溃和灭亡的命运，具有浓厚的民主主义思想意识。因而这本书在社会上一经流传，就引起了封建卫道者的深恶痛绝，加以百般咒骂和诽谤，污蔑它是"淫书"。严禁人们阅读。可是，这无损于《红楼梦》一字一句，安徽学政玉麟曾不打自招地说："我做安徽学政时，曾经出示严禁，而力量不能远及，徒唤奈何！"这说明，《红楼梦》是如何受人的喜爱和欢迎了。

　　《红楼梦》最初流传时，书名叫《石头记》，因为书中第一回点明全书记的是青峰埂下一块石头的经历——这当然是寓意。但由于上面所说，这书被清代封建统治者严禁，为避他们的耳目，后来书商曾一度假《金玉缘》等名刊行，至于最后被称为《红楼梦》，据学者称，那是摘用了书中"警幻仙曲演红楼梦"句中的"红楼梦"成句。

　　在《红楼梦》流传过程中，出现了各种不同的版本。最出名的是"脂本"和"程排本"两种。"脂本"八十回，上有"脂砚斋"、"畸笏叟"、"绮园"、"梅溪"、"松斋"等人的批语，其中"脂砚斋"的批语最多，出现也最早，且批得很精辟，因此学者们称这种本子为"脂本"或"脂批"。但"脂砚斋"究竟是谁？至今学者还弄不清楚。"程排本"分"甲本"与"乙本"两种，"甲本"用活字排，"乙本"是程伟元根据"甲本"校阅而重排的，包括高鹗续作的后四十回在内，共一百二十回，并有程、高二人的序。

　　《红楼梦》自问世后就受到读者珍视，开初被传抄，后来通过刻印就流传得更为广泛，而且还流传到了国外，也受到国外人民的喜爱，迄今已被译成英、俄、法、德、意、日、越、匈等多国文字，译本数量多至几十种左右，同时在东南亚和世界其他有关国家不断地有人对此书进行研究，并给予了极高的评价。从这看来，《红楼梦》已成为全人类宝贵的文化遗产，在世界的文学宝库中已成为一颗璀璨明珠。因此，曹雪芹作为一个世界伟大的文化名人和作家是当之无愧的。这值得中国人民骄傲和自豪。

075

"兵家之祖"

——孙武

　　普鲁士人克劳塞维茨写于 19 世纪上半期的《战争论》，是世界公认的一部军事学术杰作，曾经使西方军事界震惊的是，在这之前 2300 多年，中国就有了与之相比并不逊色的军事名著《孙子兵法》。

　　《孙子兵法》的作者，就是古代的大军事家孙武。

　　孙武，字长卿，齐国乐安（今山东惠民县）人。他出生于春秋末年，约与孔子同时。孙武的祖先居住在陈国，公元前 672 年因内乱逃奔齐国，受到齐桓公的器重，遂定居下来，改姓田。到了孙武的祖父一辈，因"伐莒有功"，齐景公赐姓孙氏，分封在乐安，成为一个新兴的封建地主家族。以后齐国又发生动乱，孙武为了避祸，离乡背井，辗转流离，来到长江下游的吴国。

　　孙武生活的春秋时代，是中国历史上一个新旧交替时期。随着社会生产力的发展及生产关系的变化，东周王室逐渐衰微下去，各诸侯国渐次崭露头角，群雄角逐，争力霸主，兼并战争十分频繁。据史书记载，春秋 242 年间，发生大小军事行动 480 余起。社会在剧烈的动荡中进步，酝酿着新的统一。反映着各阶级或社会集团利益的法、兵、儒、墨诸学派相继创立，形成"百家争鸣"的局面。这一切，为孙武写作兵书、扬名战场提供了活动的舞台。

　　来到吴国的孙武隐居起来，埋头著书，列国纷争的形势，吸引他去思索和总结战争的规律，而比较活跃的学术思想，又给他的研究注入了活力。经过努力，他终于完成了兵法十三篇的写作。这部著作确立了孙武日后作为兵家创始人的地位，但在当时，他还是一个默默无闻的隐士。

孙武寄居的吴国原来依附于楚国，后吸收了较为先进的中原文化，逐渐摆脱楚国的控制。公元前 514 年，吴王阖庐在谋臣伍子胥的协助下登上王位，雄心勃勃地准备加入各强国的角逐。但吴国地处偏远地区，人才缺乏，所以，当伍子胥获悉有一位来自齐国的隐士已著有兵法时，他立刻报告了吴王。

阖庐的兴奋心情是可以想见的。他已经有了练达机敏的谋臣伍子胥，但还缺少一位能指挥三军的将领。他立即要来孙武的十三篇兵法，细心披阅，那些精辟的见解很快就使他入迷。于是，阖庐来到孙武的馆舍，要亲眼见见这位才华横溢的隐士。

一见面，吴王就说："先生的十三篇兵法我全看了，我是个好用兵的人……"

不料孙武却不客气地回答说："用兵固可以获利，但不能视同儿戏。君王这样讲，我就不敢说话了。"

吴王连忙解释，说自己从未见过这样高明的兵法。问孙武能否小规模地演示一番。孙武告诉他，不论贵贱男女，均可列阵操练。为了试试这个异乡人的才能，阖庐决定让孙武指挥宫女演兵。

在吴国都城的一处园林中，战鼓高架，旌旗飘扬。与这肃穆的气氛稍显不协调的是，列阵待命的并不是骁勇的虎贲之士，而是 180 名娇弱的蛾眉女子。

吴王阖庐站在高高的望云台上。他虽然为孙武的兵法折服，但对其实际指挥能力还不了解。趁此机会，他想仔细地观察。

孙武将宫女分成左、右两队，让吴王的两个宠姬分担队长，手持画戟。他先问宫女们是否知道左右手和心、背的位置，宫女们回答知道。于是孙武说："令你们向前，就沿心的方向进击；令向左，就沿左手方向出击；令向右，就沿右手方向出击；令向后，就沿背的方向后退。"宫女们答道："懂了。"孙武又告诫她们严守军纪，强调说："军令一出而不听从者，定将斩首。"

交代完毕，孙武传令击鼓，向右进击。

宫女们没把这个陌生的异乡人放在眼里。让女子演兵已够新鲜了，现在鼓声大作,令旗挥舞,更使她们觉得可笑。她们忍不住嘻嘻哈哈地大笑起来。

孙武没有动怒,他认为约束不明,申令不熟,是将军的过错,从未习武的女子列队操练,更应交代清楚。他重申了军纪军令,再下令击鼓向右进击。

两个队长仗着是吴王的宠姬,根本不听命令。鼓声一响,宫女们又发出一片笑声,队形一下子乱了。

孙武这时说:"纪律令已三告而五申,仍不遵循,这就是队长之罪了。"他命令军士将左右二姬正法,以明军纪。

站在望云台上观阵的吴王见此情形,大为吃惊。这二姬是他最宠爱的,离了她们,他会食不甘味。他急忙派人向孙武传令,赦免二姬。孙武断然说:"我已受命为将,将在军,君王的命令有的也可以不接受。"他坚持将二姬斩首明法,然后指定两队中排头的宫女为队长。

不知是两颗人头的震慑,还是孙武那种沉着自信。执法如山的气概的作用,等战鼓声再起,宫女们奇迹般地列成一支步调整齐的队伍,前后左右,进退起止,一切都合乎规范,丝毫不乱。喧闹之声当然再也听不到了。

于是孙武派人禀报吴王,队伍已训练齐整,可随时调遣。正在为失去宠姬、丢了面子而恼怒的吴王声言不愿下台观看。听了这话,孙武说:"大王用兵原来只喜欢听听,不能付诸实行的。"

演兵斩姬,令出必行,显示了孙武的大将气魄和胆略。阖庐毕竟是一个想有所作为的君主,尽管心有不悦,他最终还是任命孙武为大将军。

吴王阖庐得到伍子胥和孙武两人的辅佐,争露图强之心更盛。分析当时列国盛衰的形势,寻找富国强兵的途径,是他经常与臣下议论的话题。

当时,兴盛一时的晋国已经衰落,实权落到范氏、中行氏、智氏、朝氏、赵氏、魏氏六个卿大夫手中。有一天,吴王问孙武道:"六将军分守晋国之地,谁先亡,谁成功呢?"

孙武早已成竹在胸,他回答说:"范氏和中行氏先亡,智氏次之,韩氏魏氏又次之,最后获利的将是赵氏。"

吴王很感兴趣，便追问为什么。

这当然难不住孙武，他侃侃而谈："范氏的亩制在六卿中最小，但也按伍征税，养着庞大的军队，设有众多官吏，主骄臣奢，寄希望于多打仗来扩充势力，所以先灭亡。智氏的亩制略大一些，但也广置兵士官吏，贪功图利，爱好征战，所以灭亡也快，韩氏魏氏的情况也差不多。只有赵氏，虽然亩制最大，但收税与他们几家一样，兵士官员不能多养，主俭臣收，以御害民，所以最后能成功。"

一席话说得阖庐恍然大悟："王者之道，厚爱其民也。"

就在孙武发表这番议论之后的半个世纪间，赵、韩、魏"三家分晋"。孙武虽然没有料到这个局面，但他对范、中行、智三氏的次第灭亡，预测得相当准确。更重要的是，孙武在这里抓住了田亩制的变革、田赋的多少与争取"民"心之间的关系，表现出一种敏锐的政治眼光。

公元前512年，也就是吴王任命孙武为将军后不久，吴国兴兵攻楚，杀死降楚的吴国二公子，夺取了舒城。吴王想要趁胜进兵，攻打楚国都城，孙武劝说道："人民已经疲劳，不可贸然进兵，还是等待时机吧。"

在这以后几年中，吴国一面增强国力，一面不断派兵袭扰楚国。楚国军队疲于奔命，连吃败仗，国势渐渐衰落。公元前506年，吴王阖庐问伍子胥和孙武："过去你们说楚国都城进不去，现在如何呢？"

孙武认为战机已经成熟，他和伍子胥二人答道："楚将囊瓦贪馋无能，唐、蔡二国都对之怨恨，大王想大军伐楚，必先使这两个国家归附。"吴王听从了这个建议，联合唐、蔡二国，夹攻楚国，终于大败楚国，楚昭王弃都逃亡。

在孙武等人的谋划下，吴国西破强楚，北威齐晋，显名诸侯，成为秦秋末年的赫赫霸主。孙武以他的学识和才能，在吴国兴起的历史过程中起了强有力的作用。

孙武卒于何年，现在已不可考了。我们只知道他的墓坐落在吴县巫门外，他安息在他得以施展才能的吴国土地上。就在这里，他写出举世闻名的杰出军事著作——《孙子兵法》。

流传到今天的《孙子兵法》有十三篇：始计、作战、谋攻、军形、兵势、虚实、军争、九变、行军、地形、九地、火攻、用间。在这并不很长的篇幅中，孙武对战略战术作了一系列精辟的论述。

孙武认为，"道"是决定战争胜败的首要因素，就是说，修明政治、确保法制，就能掌握胜败的决定权。他比较全面地对天、地、将、法分别作了阐述，认为要取得胜利，需要一定的物质力量、有利的天时地形、严明的管理和训练、正确的军事指挥等。孙武提出"知己知彼，百战不殆"的思想，认为这应当贯穿于战争指导的全过程。在作战方针上，他主张"兵贵胜，不贵久"，在作战形式上，他把"伐兵"放在"攻城"之上，以为"攻城之法，为不得已"，在作战指导上，他强调"善战者，致人而不致于人"，"兵因敌而制胜"。他把政治、外交、心理等因素都综合到战争中，初步具有现代"总体战"的某些特点。对各种战术以及选将、练军、适应地形，甚至运用间谍等，他都有精湛的议论。在2400多年后的今天，虽说社会已大大前进，武器装备日新月异，战争的规模、方式早已不同于往日，但孙武对战略战术一些最高原则的高度概括，却仍然还有实用价值。这就是直到今天《孙子兵法》仍然受到人们重视的原因。

孙武在论述战争时，揭示了军事领域中的许多矛盾范畴，如敌我、众寡、强弱、攻守、进退、胜败等。兵力的虚实、士气的勇怯、部队的劳逸、作战的奇正等，也都是他注意的问题。他并且已看到矛盾对立的双方在一定的条件下转化的可能性，"乱生于治，怯生于勇，弱生于强"。这些自发的朴素的辩证法思想，虽然没有形成完整的理论，但使得孙武对军事问题的认识和叙述更加深刻。完全可以说《孙子兵法》是一部优秀的军事理论著作，同时也是一部相当精彩的哲学著作。我们从中不但可以读到有关战略战术的精辟见解，还能不时领悟到哲学思想的启示。

孙武是我们中华民族的骄傲，《孙子兵法》是我们民族文化的瑰宝。孙武和《孙子兵法》是不朽的。

076

"围魏救赵"的创造者
——孙膑

对中国文化稍有涉猎的人，多少会知道孙子和《孙子兵法》。即使不知孙子其人，也会知道"知己知彼，百战不殆"这些源自《孙子兵法》的成语。

孙子有两人，一名孙武，一名孙膑。他们都是我国春秋战国时期，著名的军事家。孙武仕于吴国，因此又叫"吴孙子"。孙膑仕于齐国，因此又叫"齐孙子"。孙膑比孙武迟生 100 多年。许多国内学者认为，孙膑是孙武的后人。

传世至今的《孙子兵法》十三篇，是孙武所作。至于《孙膑兵法》，却很早失传，从《隋书》开始，史籍中即不见著录。因此宋朝以后，特别是明清以来，人们对于孙武和孙膑是否各有其人和各有兵书传世的问题，存在着种种争论。

1972 年 4 月，《孙膑兵法》在失传 1000 多年之后，从山东临沂银雀山一座西汉初期的墓葬中，与《孙子兵法》及其他先秦兵书竹简同时被发现了，从而解决了上述的悬案。

孙膑是齐国人，生于阿鄄之间（今山东阳谷、鄄城）一带，生卒年月已无法考查。据有关历史记载推断，活动年代在公元前 380 年至前 320 年左右，大体在吴起之后，与商鞅、孟轲同时。

孙膑生长于封建制替代奴隶制的战国时代。战国初期，我国封建社会开始确立，秦、齐、楚、燕、韩、赵、魏 7 个诸侯国纷纷变法图强。它们争城掠地，扩张势力，夺取天下霸权，兼并战争比春秋时期更为频繁，更为剧烈。孙膑从小就看到各国之间战争越演越烈，也看到战争的胜负决定着一个国家的命运，打赢了，可以挽救国家的危亡，输了，就要削地甚至亡国。他决心投身到戎马倥偬的生活中去。不久，他拜当时很有本事的鬼谷子为师。孙膑从师学兵法时，有个同学叫庞涓，两人相处不错，庞涓答应孙膑，以后自己一旦得意，一定在当权者面前保荐他。

由于孙膑的刻苦学习，表现出非凡的才华，但却遭到庞涓的妒忌。庞涓任魏将后，为了不使自己食言，但又觉得自己的学识才能不如孙膑，如果把孙膑推荐给魏王，孙膑的声名肯定会超过自己。于是他心生一计，秘密派人引诱孙膑来魏国，做他的辅佐，以莫须有的罪名诬陷孙膑犯法，施以脸上刺字和砍断双足的酷刑，并将他软禁起来。孙膑在惨遭迫害、处境十分艰险的情况下，仍然不懈地从事《孙子兵法》的研究。后来在齐国使臣的帮助下逃至齐国，受到齐将田忌的礼遇。

田忌很喜欢赛马，常常同齐国的王公贵族们打赌，输掉了不少钱财，有一天，孙膑去看赛马，他仔细地观察了双方的马力，发现马力相当，但马有上、中、下三等之别。于是孙膑就胸有成竹地对田忌说："下次赛马，你只管下大赌注好了，我自有办法能使你赢。"田忌听了心中又是纳闷又是高兴，带着试试看的心情决定再同齐王和公子们比赛一次。到了赛马的时候，田忌就下了3000两黄金的大赌注，每场赌1000两。临赛以前，孙膑对田忌说："现在用你的下等马对国君的上等马，用你的上等马同他的中等马赛，第三场用中等马同他的下等马赛。"田忌听了不断点头，一一照办，经过一番激战，田忌一负二胜，以奇制胜，赢得齐王千金。这次比赛的结果，完全出乎观众与齐王所料，一追查才知道田忌是请了孙膑作参谋。田忌借这个机会就把孙膑推荐给齐威王。齐威王从这件小事中，看出了孙膑出众的才智，非常高兴地召见他，同他谈起了兵法军旅之事。孙膑一见威王，就陈述了自己对战争的看法，他的高识卓见深为图强求士的齐威王所器重，便拜孙膑为齐国的军师。

公元前354年，由于魏军围困赵国都城邯郸，赵求救于齐。齐威王立即召集文武官员商议对策。威王当众任孙膑为主将，领兵前往救赵。孙膑见齐威王重用自己，便直率地对他说："我双脚残废，当主将不合适，还是让田忌将军为主将吧！我来当参谋，帮他出计策。"齐威王觉得孙膑的话有道理，便任田忌为主将，孙膑为军师。邯郸在魏军的围攻下，情况十分危急。田忌决定引军直趋邯郸，包抄魏军后路，配合赵军，里外夹击，以解邯郸之围。孙膑却认为不可。他对田忌说："这不是上策。"田忌说："赵国都城危在旦夕，除了直接去解围之外，还有什么更好的办法呢？"孙膑以打比喻的方式，详细分析说，要想解开一团乱丝，只能用指慢慢地去理，不能一把抓在手里，强拉硬扯。要劝解两个人打架，只能从旁劝说，不能自己插进去帮着打。解围的道理也正是这样，只能采取避实击虚的策略，不必去同围城的敌军主力正面交锋，而是要去乘虚攻击敌人的后方。敌人看到形势不利，自然就会解围而走了。现今魏军精锐都在赵国，留在国内的多数是老弱残兵，如果迅速向魏国都城大梁（今河南开封）进军，魏军必然回军自救。这样，既解了赵国之围，又使魏军疲于奔命，真是一举两得。

田忌听了孙膑的透彻分析，欣然采纳了这一作战方针，改变了计划，亲自率领齐军向魏都大梁方向挺进。魏军闻讯，果然从邯郸回师，救援本国。魏军长途行军，一路奔跑，弄得人困马乏，个个疲劳不堪。当他们经过桂陵（今河南长垣西北）的时候，就与齐国的大军遭遇上了。齐军士气旺盛，又是以逸待劳，两军交锋，很快就把魏军打得大败而回。庞涓狼狈地逃回大梁。

"围魏救赵"是孙膑以逸待劳战术思想的出色的运用，显示了他杰出的军事才略。千百年来，这一战法为许多军事家所赞赏和借鉴。

桂陵之战，魏国虽遭挫败，但实力并没有受到很大的削弱，经过十多年休养生息以后，又想称霸中原。

前342年，魏国联合赵国攻打韩国。韩国是七国中比较弱小的一个，自然抵挡不住强大的魏军，就派出使臣到齐国请求救兵。齐威王召集群臣商议，相国邹忌主张袖手旁观，坐山观虎斗；田忌则主张赶快出兵相助。他认为，如果不及早出兵，韩国抵挡不住，就有可能向魏国投降，这对齐国不利。大臣们你言我语，争执不下，只有孙膑一言不发。威王冲着孙膑说："大家在那里争得面红耳赤，军师却一言不发，是不是这两种意见都不对啊？"孙膑点了点头，说："是的。魏国以强凌弱，入侵韩国，如果不救，韩国投降，对齐不利，所以说不救是不对的。但是，现在魏国刚刚向韩国发动进攻，如果我们急急忙忙出兵相助，实际上就是我们代替韩国承受魏军的打击，不是指挥调度韩军，反而是听任韩军指挥调度我们，所以说马上出兵也不合适。"威王说："那么，依你的意见怎么办？"孙膑继续回答说："我看可以先答应韩国的要求。韩国知道我们将要出兵相救，必定拼死抗击魏军。魏国受到韩军的坚强抵抗，实力一定会大大消耗。到那时候，我们再发兵前去，岂不是轻而易举，稳打胜仗吗？"威王听了，大加赞赏，欣然采纳了孙膑的意见。

前 341 年，当魏韩战斗更为激烈，而军力大大削弱时，威王任命田忌为大将，田婴为副将，孙膑为军师，率领齐军正式参战。

根据孙膑的建议，齐军还是采取十三年前"围魏救赵"的老办法，不去救韩，而是把进攻的矛头指向魏国的都城大梁。庞涓得知齐军进攻大梁的消息，立即命令魏军从韩国撤围回国。日夜不停地赶路，想截住齐军，来一决战。

消息传到齐军最高指挥部，田忌、田婴忙问孙膑破敌之策。深知魏军情况和庞涓个性心理的孙膑说："魏军一向自恃骁勇，轻视齐国，急于同我军主力进行决战。善于用兵的人，就要利用敌人的这种心理，引诱他们中计。兵法上说得好：长途奔袭如果超过百里以上，就会有折损上将的危险；如果超过五十里以上，部队前后不能接应，也只有一半兵力能够参战。现在我军已进入魏国的领土，可以装出胆小怯战的样子去引诱魏军。"田忌问："怎样引诱呢？"孙膑说："可以用退兵减灶的办法。第一天造 10 万人煮饭用的灶，第二天减为 5 万人用的灶，第三天减为 3 万人用的灶。"田忌、田婴认为孙膑的分析非常正确，作战部署很巧妙，就决定按照他的计策行动起来。

庞涓率军回到魏国时，听说齐军已经撤退了，他就下令全军紧紧追赶。这样一连跟踪了 3 天，庞涓发现齐军的锅灶天天在减少，便以为齐军士气低落，逃亡严重，不由得大为高兴。他得意地对部下说："我早就知道齐军素来胆怯，不敢同我军作战。才 3 天工夫，就逃亡过半。我们这次一定能把他们全部消灭，一洗桂陵战败的耻辱！"于是，丢下步兵和笨重的军用物资，率领一部分轻骑部队，马不停蹄，穷追不放。

孙膑估计庞涓追兵的行程，当晚可赶至马陵道（现属山东范县西南）。马陵道是位于两山之间的一条小路，道旁就是山涧，树多林密，形势十分险要。孙膑决定在此设伏，他挑选了 1 万名弓箭手，埋伏在道路的两旁，吩咐他们说："夜里，只要看见火光一闪，你们就一齐放射。"他又下令把路旁的树木一齐砍倒，堵住道路，只留下道旁一棵大树，削去一段树皮，在那青白的树身上写上"庞涓死于此树下"几个大字。

庞涓率领魏军，夜幕时赶到马陵。这时，刚好阴历十月底，晚上没有月亮，天色非常昏暗，发现横七竖八的树木阻塞了通道。庞涓赶忙指挥兵士搬木开道，正紧张时，忽然有一个士兵跑来报告："前面有一棵大树，刮起一层皮，上面好像刻着一行字。"庞涓急忙赶到大树跟前，要看个究竟。可是天太黑，看不清楚，就叫人点起火把，在火光的照耀下，庞涓看清了那一行字。他不禁大惊失色，急喊："我中了孙膑的诡计了！快……"谁知那个"退"字还未喊出口，齐军就战鼓齐鸣，喊杀连天，万箭齐发，把魏军射得人仰马翻，一败涂地。骄傲跋扈、不可一世的庞涓知道失败已成定局，无限感叹地说："真后悔当初没把孙膑这小子杀了，现在倒成全了他的声名！"说完被迫拔剑自刎。庞涓一死，田忌、田婴率领齐军乘胜追击，将魏军后续部队完全打垮，把魏太子申也俘虏了。

从此，魏国国力大衰，齐国则威慑东方，孙膑也因此而名扬天下。

077

"诛暴秦的首义者"
——陈胜

公元前 210 年，中国历史上著名的秦始皇在最后一次巡游中去世了，当时的中车府令——阴谋家赵高伪造遗诏，胁迫丞相李斯，改立始皇少子——昏聩的花花公子胡亥继位，这就是秦二世皇帝。二世继位以后，继续秦始皇时期的横征暴敛及严刑峻法，使本来已经激化的社会矛盾达到了一触即发的阶段。一些逃亡的农民已经在一些险要的地方聚集起来，结成了反秦的力量。仁人志士有的已经开始行动，有的隐在民间，伺机而动。陈胜就是其中之一。

陈胜，字涉，阳城（今河南方城县）人，家境贫苦，年轻时常为人佣耕，面对秦王朝的残暴统治，陈胜逐步萌发了反抗思想，一次在田中耕作时，他突然停止劳作，来到田埂之上，叹息着说："苟（假如）富贵，毋相忘。"与他一起耕作的伙伴茫然不解，笑而问道："若（你）为佣耕，何（哪会有）富贵也？"陈胜此时也不敢完全暴露自己，只得嘲弄地开玩笑说："嗟乎（唉）！燕雀安知（怎知）鸿鹄之志哉？"

前 209 年，秦二世下令"发闾左谪戍"，淮河流域的 900 名贫苦农民，在两位都尉的押解下，被送去戍守遥远的边疆——渔阳（在今北京密云县）。陈胜就在这支队伍中，此外，阳夏（今河南太康）人吴广、符离（在今安徽宿县）人葛婴等也在队伍之中。当队伍行进到蕲县大泽乡（今安徽宿县）时，却遇上了大雨，不得不停留下来。然而目的地还在几千里之外，要想按照政府规定的期限到达目的地是不可能了。按照秦朝法律，如果不如期到达，是要斩首的，死亡的威胁使人们早已郁积起来的怨恨和怒火迅速上升，陈胜意识到，这是发动起义、推翻暴秦的大好时机。他首先与吴广等骨干人物进行了认真的商量,认为:"现在逃亡是死,起来干一番大事业也不过是死,既然都是死,那么,我们为国而死不行吗?"

为了便于发动群众,陈胜等人先是制造了"大楚兴,陈胜王"的神秘预言;又利用公子扶苏及楚国名将项燕的名义以加强号召力。扶苏是秦始皇长子,因政见与其父不一,被派往北方蒙恬军中,秦始皇在沙丘病亡时,曾遗诏扶苏回咸阳会葬并继承皇位,赵、胡二人发动政变夺取皇位之后,即刻处死了扶苏;项燕是楚国名将,在抗秦战争中为秦军所杀。但当时老百姓都很怀念他们,对他们的死亡真相都还不甚清楚,将二人抬出来作为反秦的号召是比较理想的。

当时机比较成熟时,吴广带头奋起杀死了两名秦王朝的军官,夺取宝剑,向900名戍守者发表了公开的鼓动性演说:"公等遇雨,皆已失期,失期当斩,藉第令毋斩(即使不被斩首)而戍守者固十六七(去戍守边境也会有十之六七的人丧命)。且壮士不死即已,死即举大名耳。王侯将相,宁有种乎?(王侯将相难道是天生的吗?)"这激动人心的演说,立即博得了大家的热烈拥护,他们袒露右肩,振臂高呼:"敬受命。"(我们都听您的)就这样,900名受压迫的闾左就在陈胜等人的领导下组成了中国历史上第一支农民军。

陈胜首先进行了组织建设,由自己任将军,吴广任都尉。在陈胜等人指挥下,首先攻克了大泽乡,接着又占领了大泽乡所在的蕲县,在各地群众支持下,很快又攻克了铚(宿县西南)、酂(河南永城西)、苦(河南鹿邑东)、柘(河南柘城北)、谯(安徽亳县)五县,打通了通向战略重地——陈(今河南淮阳)的通路。此时农民军已是一支有兵车六七百乘,骑兵1000多人、步兵数万人的劲旅,在陈的丽谯门外一举击溃秦守军,并占领了这里。

陈的攻克,是农民军取得的第一个大胜利,消息立即传遍四面八方,它顿时成了反秦中心。为了进一步领导各地反秦斗争,陈胜在陈建立了农民政权,国号张楚,陈胜为王,因以陈为中心,故历史上有时又称陈胜为陈王。

张楚政权的建立,极大地鼓舞了各地的反秦斗争,不但广大的农民、奴隶、原六国地区的贵族、地主及其思想代表——儒家也投入到反秦的潮流之中，尤其是原来楚国地区更是沸腾起来，"方二千里，莫不响应，家自为怒，人自为斗，各报其怨而攻其仇，县杀其令丞，郡杀其守尉"，"数千人为聚者，不可胜数"，连孔子的八世孙——孙鲋也携带祖传礼器，星夜赶往陈，参加了反秦革命。

为了尽快消灭暴秦，在建立政权的同时，陈胜还进行了雄心勃勃的军事部署，向秦王朝发起总进攻。这一部署包括两个方面：一是主力西征进攻秦都咸阳，二是分兵略地，进攻北方和南方一些地方，主要是原来的燕、赵、魏、齐地区。其中第一方面是重点。当时秦军主力集中在长城一线，内地除一些军事重镇之外，兵力并不很强，加上秦二世刚愎自用，昏庸暴虐，朝廷官吏多用种种办法蒙骗他，因而他对各地的反抗斗争情况并不很清楚。因为关中是比较空虚的，确实是农民军乘虚而入的大好时机。陈胜首先任命吴广为假王，率领一支主力部队西征；为了牵制其他地区秦军，配合西征大军，陈胜还派宋留率偏师进攻南阳；命邓宗率军进攻九江；周市率军攻魏地；武臣、张耳、陈余攻赵地。农民军的斗争锋芒指向了秦朝统治地区的四面八方。

吴广的西征军一开始进展很快，但打到进入关中的战略要地——荥阳时，遇到了秦军的拼命抵抗，进攻停滞下来，形成了僵持状态。为了打破僵局，陈胜马上又派周文率领另一支主力军西进，不过不是去增援吴广，而是由他途直捣函谷关，进攻咸阳。周文的军队，沿途得广大农民群众的热烈支持，入函谷关时，已经是战车千乘、步兵数十万。九月推进到离咸阳不足百里的戏（今临潼东北），咸阳的皇宫已经被农民军的战鼓震动了。此时，周文如果率军迅速前进，夺取咸阳是完全可能的，但不知道什么原因，周文却在这里停了下来，正在这万分危急之际，惊恐万状的秦二世采纳了少府章邯的建议，采取断然措施，紧急赦免了正在修建秦始皇骊山墓的几十万刑徒和奴产子，发给武器，拼凑了一支数量不小的军队，向农民军反扑过来，在戏展开了会战。结果农民军失利，被迫退出函谷关。此时的吴广还被秦将李由死死地拖在荥阳城下。为了增援周文，陈胜只得催促原先派往各地的武臣、韩广、周市等火速西进。但是这些地方实力派人物，现在热衷于割地称王，根本不听陈胜调遣。周文与章邯拼死周旋了两个多月以后，终于失败，周文亦自刎而死。

周文兵败之后，吴广西征军陷入了腹背受敌的危险境地，部将田臧杀死吴广，率军与章邯作战，结果又大败。农民军的两支主力部队就这样全军覆灭了。自此以后，张楚政权的所在地——陈便完全暴露在秦军面前。秦军由章邯等人率领，于十一月份分两路向陈扑了过来。农民军在陈进行了一个多月的英勇抵抗，终因寡不敌众，撤出陈，开始流动作战。先是向东南进军至下城父（今安徽蒙城县），然后又西南向汝阴（今安徽阜阳），但在返回下城父的途中，陈胜却被他的车夫庄贾所杀害，一代农民领袖就这样惨死在叛徒的刀下。但庄贾也没得到好下场，陈胜牺牲以后不久，吕臣率领的苍头军从新阳（安徽大和县）突起，乘陈空虚之际，突然进攻，一举光复陈，处死了叛徒庄贾。此后吕臣率领陈胜余部与英布率领的义军一起，加入了项梁、项羽率领的义军，继续开展反秦斗争。

在前后不到 5 个月的时间里，在没有任何事先组织、发动的前提下，陈胜、吴广等人建立起中国历史上第一个农民政权，创建了一支强大的农民军，并且纵横数千里，沉重打击了强大的秦朝，这无疑是秦末农民、奴隶所创造的一个历史奇迹，显示了中国农民阶级的革命精神及创造历史的能力。而这一切之所以成功，既与秦末的残暴统治已经激发了社会各阶层的反抗情绪，因而社会条件比较成熟有关，也是与陈胜个人的组织领导分不开的。虽然陈胜犯了不少的战略错误：如初期作战分兵过甚；吴广、周文与秦僵持时不能及时改变战略等。但出身雇农的陈胜，其起兵之初便敢于以一支装备低劣、训练不精的农民军大举西征；当吴广受阻时，又能立即授予周文上将军印率大军绕过荥阳，直捣秦都咸阳；他的故旧看望他时，又因他们轻言慢语而诛杀之；其过人的胆略及深远的战略眼光，其知人善任及执法严明堪与后来的汉高祖刘邦媲美。而他领导的农民军之所以失败恐怕主要还在于秦朝力量还十分强大，而在他的旗帜下参与反秦的原六国贵族、地主各自为政，割地称王，不听陈胜调遣，因而极大地损害了农民军的力量。

汉代大史学家司马迁在《史记》中说："陈胜虽已死，其所置王侯将相竟亡秦（最终推翻了秦朝），由涉首事也。"陈胜失败了，但是"诛暴秦"的首创之功是不可磨灭的。他不愧为我国历史上伟大的农民领袖，他"王侯将相，宁有种乎"的口号，不仅号召秦末农民，也鼓舞后代农民奋起反抗不合理的社会。

078

西楚霸王

——项羽

项羽，名籍，字羽，下相（今江苏宿迁）人，生于公元前232年，卒于公元前202年。项家世代为楚将，封于项，故以项为姓。他的叔父项梁，是楚国大将项燕的儿子，颇知兵法。项羽年轻的时候初学书法，没学好；去学剑术，又没学成。项梁责备他，他却振振有词地说："学书法只要学会写自己的名字就可以了。剑术只能敌一人，也不值得去学。要学就学那种抵挡万人的本事。"项梁于是便教他学习兵法，他初学时很高兴，然而略知其意后，却不肯深入研究。他这种浅尝辄止的性格，使他没能完全学会兵法，这大概也是他最后兵败身亡的原因之一吧。

项梁曾因事杀人，带着项羽逃到吴县（今江苏苏州）去避难，吴县士大夫都很尊重项梁，每逢有徭役或丧事，常请他主办。项梁便利用这些机会，暗中用兵法教练吴县子弟，为反秦做准备。

前210年，秦始皇游会稽（治所在今江苏吴县），渡浙江（今钱塘江），项梁带着项羽一起去观看。项羽看到威风凛凛的秦始皇后，不禁脱口而出："彼可取而代也！"吓得项梁忙掩其口，低声道："别胡说，这可是要满门抄斩的哟。"此时的项羽已是身高八尺多的青年，才气过人，力能扛鼎，别人都有些惧怕他。

秦二世元年（前209年）九月，秦朝会稽郡守殷通看到各地反秦运动一浪高过一浪，局势不稳，也想乘机起兵。他请来项梁商议，准备以项梁和桓楚为将。项梁却说："桓楚逃亡在外，别人皆不知他藏在何处，只有项羽知道。"项梁说完退出，吩咐项羽持剑等在门外。然后进去让殷通招项羽入内，乘此机会，令项羽杀死殷通，项梁自称为会稽郡守，以项羽为裨将，分派吴中豪杰担任校尉、侯、司马等职位，分兵攻打各县城。

陈胜、吴广起义失败时，陈胜部将召平正在攻打广陵（今江苏扬州）。召平得知此事后，立即前往项梁处，假托楚王陈胜的命令，拜项梁为上柱国，并希望他渡江击秦。项梁接受封号之后，立即率领8000江东子弟渡江北上。沿途收编了陈婴、黥布等许多小股部队，发展壮大了自己的力量，并接连攻下彭城（今江苏徐州）、薛城（今山东滕州市东南）等地。

前208年6月，项梁确知楚王陈胜已死，遂采纳范增的建议，立楚怀王孙熊心为楚王，用楚怀王的名义作为号召。刘邦所率领的丰、沛子弟亦加入这支队伍，他时常和项羽并肩作战，先后攻战城阳（今山东鄄城东南）、雍丘（今河南杞县），斩杀李斯之子李由。项梁率领的主力则与章邯在定陶激战，再次大破秦军。

正当起义军节节胜利之时，秦军的大队援军赶到。章邯利用项梁得胜骄傲轻敌的心理，发动偷袭，在定陶大败项梁军，项梁不幸战死。此时项羽正和刘邦围攻陈留（今河南开封东南），得知项梁兵败的消息后，立即解围东去，项羽驻军彭城西。

楚怀王将都城从盱眙（在今江苏盱眙北）迁到彭城，并决定兵分两路攻秦：一路，宋义率主力北上渡河，攻打章邯，援救赵国；另一路，由刘邦率领，从武关偷袭秦都咸阳。并与诸将约定："谁先进入并平定关中，就封谁为关中王。"当时，因秦军刚打败项梁，兵多将广，楚军将领皆不敢先行入关，唯独项羽，因欲为叔父报仇心切，"奋愿与沛公西入关"。楚怀王却以项羽"僄悍猾贼，所过无不残灭"（《史记·高祖本纪》）为由，不准他与刘邦西进入关，而让他作为宋义的副将北上救赵。

前207年10月，宋义率领的楚军行进到安阳（今山东曹县东）后，滞留46天不敢前进。项羽建议：立即引兵渡河，与被围困的赵军里应外合，必能击破秦军，解救赵国之围。宋义为了保存自身实力，想乘秦赵筋疲力尽之时，坐收渔翁之利；又将自己的儿子封为齐相，以作为自己的羽翼。因此，他不仅不采纳项羽的合理建议，反而下令道："猛如虎，狠如羊，贪如狼，强不可使者，皆斩之。"他还对项羽说："冲锋陷阵，我不如您；运筹帷幄，您则不如我。"此时天寒大雨，士卒又冻又饿，而宋义每天却饮酒高会，不顾士卒的死活。项羽忍无可忍，决定杀掉宋义，北上救赵。一天清晨，他乘进帐参见宋义的机会，拔剑斩下宋义人头，号令军中道："宋义与齐国合谋反楚，楚王阴令我斩之。"诸将皆说："首先拥立楚王的原是你们项家，现在将军您又为楚国诛杀叛乱。"于是众将推举项羽为"假上将军"，从此，楚军主力便掌握在项羽手中。

项羽杀了宋义之后，威震楚国，名闻诸侯。他立即下令渡河，北上救赵。全军渡过漳河以后，凿沉渡船，打碎炊具，烧掉军营，每人只带着 3 天的干粮，表示只有向前，决不后退的必胜决心。这就是"破釜沉舟"这一典故的来源。楚军渡河之后，将围困巨鹿的秦军反包围起来，将士们在项羽必胜决心的感召下，无不以一当十，奋勇杀敌，喊杀之声惊天动地。项羽九战九胜，俘虏秦军大将王离，杀死副将苏角。另一秦军副将涉间不愿降楚，自焚而死。章邯见大势已去，又怕秦二世怪罪，只得率领 20 余万秦军投降项羽。

章邯既降，秦军士卒皆担心父母妻子为秦所诛，军心不稳。项羽遂令楚军在新安（今河南渑池县东）将 20 余万秦军降卒全部坑杀，只带着几名降将向关中挺进。项羽在伐秦过程中，动辄滥杀，如攻襄城，"已拔，皆坑之"。他的这种滥杀政策，只会激起秦人的恐惧，并不能获得民心。与项羽相反，刘邦在西伐过程中，处处讲究策略，优待俘虏，攻心为上，攻城次之，一路势如破竹，顺利入关，秦王子婴投降。刘邦封藏府库，除秦苛法，规定："杀人者死，伤人及盗抵罪。"（《史记·高祖本纪》）刘邦这个法令深受那些饱受秦朝严刑峻法压迫的老百姓的拥护，他们拿着牛羊酒食前来慰劳将士，刘邦一概辞谢不受，这样，刘邦更加赢得了关中老百姓的支持和拥护，他们唯恐沛公不为秦王。刘邦怕项羽来争夺关中，派兵将函谷关把守起来。

项羽坑杀秦朝降卒之后，率领 40 余万人马，直奔函谷关。到了关下，项羽得知刘邦已进入咸阳，又把守函谷关，不让他进入，顿时大怒，令黥布攻破函谷关，大军驻扎在鸿门，扬言与刘邦决一雌雄。刘邦此时只有10 万人马，驻在霸上，自知不是项羽的对手，遂采纳张良的计策，与项伯结为儿女亲家，请项伯代刘邦向项羽赔罪。第二天，刘邦又带着随从来到鸿门，刘邦说："我和将军同心协力攻打暴秦，您在河北作战，我在河南作战。没料到我先进了关，能在这里见到您，实在万幸。现有小人挑拨离间，致使您我关系不和。"

项羽的谋臣范增见项羽为刘邦花言巧语所骗，便把项庄叫来，让他借舞剑之机杀死刘邦。项伯知道"项庄舞剑，意在沛公"，便也站起来，拔剑与项庄对舞，用身体保护刘邦。张良见事情危急，便叫来护卫樊哙。樊哙进来后，指责项羽道："楚怀王和诸将约定：'谁先进入并平定关中，就封谁为关中王。'现在沛公先破秦军进入咸阳，秋毫无犯，等着大王您来处置。没想到大王您听信谗言，竟然要杀害劳苦功高之人，这和暴秦所为又有什么不同呢？"项羽无言以对，只得请其坐下。坐了一会儿之后，刘邦借口上厕所，带着 4 名护卫将领，从小路溜回军中。这就是历史上有名的鸿门宴。

项羽在鸿门宴之后不久，驱兵进入咸阳，杀掉秦降王子婴，放火焚毁宫室，将其财宝妇女全部掠去；分封 18 个诸侯王，并自封为西楚霸王；将楚怀王立为义帝，迁都于长沙，途中杀之。项羽满以为这下天下就太平了，没想到刚回到彭城，刘邦便明修栈道，暗度陈仓，占领关中，从汉中杀出，与项羽争夺天下。

项羽性爱猜忌，对于有才干之人的建议皆不采纳。能征善战的韩信，在项羽军中不得重用，遂给刘邦作了大将；足智多谋的陈平，背叛项羽，给刘邦当了谋臣；甚至连惟一的谋臣范增，最后也弃项羽而去。项羽和刘邦在成皋（今河南荥阳附近）一带，相持数年。到公元前 202 年 10 月，项羽和刘邦约定停战，以鸿沟为界，中分天下，鸿沟以西归汉，鸿沟以东归楚。条约签订以后，项羽罢兵东归。刘邦乘机调动韩信、彭越、黥布等几路大军猛攻项羽。12 月，项羽全军被困于垓下，兵少食尽。夜间，汉军四面大唱楚地歌谣。项羽闻听大惊道："难道汉军已占领楚地了吗？为什么有这么多楚人唱歌？"项羽夜不能寐，一个劲地喝闷酒。面对美人虞姬和心爱的乌骓马，慷慨悲歌道："力拔山兮气盖世，时不利兮骓不逝。骓不逝兮可奈何？虞兮虞兮奈若何！"项羽一边唱着歌，一边禁不住留下英雄之泪。左右皆泣，没有一个人敢仰视他。

　　深夜，项羽跨上乌骓马，率领 800 壮士突围而出，直到天明，汉军才发现此事。汉军立即选派 5000 骑兵在后穷追。由于迷失道路，又被汉军追上包围起来，几经血战，项羽方杀出重围，来到乌江岸边，这时，身边仅剩下 20 余名壮士。乌江亭长划着一只小船，催促项羽上船："江东虽小，地方千里。有数十万人口，还可以称王。这儿只有我有一艘船，汉军追至，也渡不过江。"项羽笑道："这是上天要灭亡我，我干吗要渡江呢？况且我当年率领 8000 子弟兵渡江东去，现在我一个人回来，哪里有脸见江东父老！即使父老们不说一句话，我难道不愧疚吗？您是位长者，这匹乌骓马五年来伴我南征北战，日行千里，就送给您吧。"项羽拔剑，击杀数百名汉军后，身受重伤，遂自刎而死。此时，项羽年仅 31 岁。

079

给唐朝统治划上句号的农民起义领袖
——黄巢

黄巢出身盐商世家，唐曹州冤句（今山东曹县）人。富有资财，自幼读书，才思敏捷。长大以后，他喜欢使枪弄棒，骑射击剑均极精通，后来又参加了贩卖私盐的活动，为人豪爽，轻财重义，结识了不少英雄豪杰。唐代后期，政治腐败，官吏贪残，农民生活极为痛苦，从而使黄巢逐渐形成了济世经邦、救民于水火的非凡抱负。

为了实现自己的理想，黄巢曾多次参与唐王朝的科举考试，但是未能成功，屡番的失意，使他对唐朝彻底丧失了信心，并逐步形成了推翻唐朝的志向。一次落榜之后，他以"咏菊"为题，作诗抒发了胸中的豪情壮志："待到秋来九月八，我花开后百花杀。冲天香阵透长安，满城尽带黄金甲。"

咸通十四年（873年），腐化残暴的唐懿宗死了，小皇帝僖宗继承了皇位。次年正月，小皇帝的宝座还未坐热，农民起义又一次爆发了，黄巢的好友王仙芝在滑州长垣县（今河南长垣县）举起了起义的大旗。黄巢闻讯后异常高兴，立即变卖所有家产，带领黄存、黄揆、黄邺、黄钦等兄弟8人及外甥林言等，武装起一支2000多人的队伍赶来会师。两军会合之后，军势大振，于次年五六月间，攻克曹、濮二州，大败唐天平节度使薛崇；不久又掉头东进，进攻沂州，义军失利。自此以后，王仙芝、黄巢彻底改变战略，开始了大规模的流动作战。乾符三年（876年）正月至七月，义军横行山东、河南十二州，取得了极大的胜利。九月王仙芝率军攻克汝州，又北上攻郑州，在中牟受挫后，乃率主力南下，进至今湖北境内，在今湖北、安徽境内流动作战，战果辉煌，义军力量大大增强。但因王仙芝的两次投降，使义军蒙受了重大损失，最后王仙芝也因此牺牲。第一次是在乾符三年十二月，王仙芝在蕲州准备降唐，因随从将士的坚决反抗而未成功；第二次是在次年十一月，王仙芝已经写好降表，准备向唐将杨复光投降，后因自己大将尚君长等被另一支唐军伏杀而未成功。义军因此在黄梅（今湖北黄梅）遭到唐将曾元裕的伏击，大败，5万余人壮烈牺牲，王仙芝也因此被杀死。王仙芝牺牲之后，尚让率其余部投奔黄巢。乾符五年（878年）二月，在尚让等人的拥戴下，黄巢在亳州城下称冲天大将军，改元王霸，设立官府，正式建立农民政权。从此起义军在黄巢的统一领导之下，得到了更快的发展。

当时，唐朝在南方的军队已经陆续抽向北方，黄巢感到在山东、河南发展比较困难，乃果断决策，向江南地区进攻。这一战略决策是完全正确的，不但因为江南地区唐朝力量较弱，王仙芝余部又在一些地方打开了局面；而且因为占领江南后，可以卡断唐王朝的经济命脉。三月，黄巢即率军从和州、宣州渡过长江，与王仙芝余部配合，在江西、浙西开展流动作战。十月，黄巢率领义军将士在仙霞岭的丛莽中披荆斩棘，顽强地开凿出一条从衢州（今浙江衢县）至建州（今福州建瓯），长达350公里的山路，突然进入福建地区。十二月，攻占福州。次年春，进军岭南。五月，包围广州。当时因瘴疫流行，将士死亡众多。九月，攻占广州之后，黄巢乃决计北伐。十月，数十万大军趁湘水猛涨，从桂阳编竹筏数千，顺湘江西下，竞渡如飞，声势浩大，官府闻风丧胆，义军接连攻克永州（今零陵）、衡州（今衡阳）、潭州（今长沙）、朗州（今常德）、澧州（今澧县），直指当时唐军统帅王铎大本营所在地——江陵，并攻克江陵；不久又沿江东下，攻克鄂州（今武昌）外郭城，连下位于今江西、安徽、浙江等地的饶、信、池、宣、颍、杭等15州。在淮南消灭唐将高骈的精锐主力，威震江东。广明元年（880年）七月，黄巢率义军60万人，自采石强渡长江，由淮南进入河南，攻州拔县，如入无人之境，矛头直指唐都长安。十一月，义军到达洛阳，唐东都留守刘允章见大势已去，率文武官员开门迎降。黄巢随即率军西进,进攻关中咽喉——潼关。潼关北濒黄河,南倚悬崖,是关中及首都长安的门户,潼关的守与失,直接关系到唐朝的生死存亡。因与义军长期周旋,唐朝军队的损失十分惨重,加上诸道精兵散处各地,来不及调集,因而此时潼关兵力十分薄弱,只有溃兵万人及张承范率领的由纨绔子弟组成的数千神策军和屠贩病弱,起义军几乎不费吹灰之力便攻占了潼关。潼关失守后,关中门户大开,十二月五日,在几乎没有发生什么大的战斗的情况下,便攻占了唐都长安,义军举行了声势浩大的入城仪式。义军将士发裹红绸、身穿锦绣,手拿明晃晃的刀枪,千军万马簇拥着黄巢,像潮水一样在长安街上走过。诗人韦庄作为目击者,写下了"轰轰崐崐乾坤动,万马雷声从地涌"的诗句。十三日,黄巢在含元殿举行了即位大典,建国号大齐,改元金统,"击战鼓数百以代金石之乐,列长剑大刀以为卫",实现了黄巢年轻时"冲天香阵透长安,满城尽带黄金甲"的梦想。唐末农民起义达到了它的最高潮。

但是占领长安后,逐步滋长起来的骄傲、轻敌心理使得黄巢并没有集中优势兵力,乘胜追击并彻底消灭僖宗小朝廷,肃清长安周围各藩镇兵力。这样,随着唐朝廷喘息之机的获得及力量的逐步聚集,随着义军由攻势转入守势,由大范围的流动作战,转入局限于长安及其数州之地的保卫战。起义军的优势便逐步丧失了,起义开始走向低潮。

中和元年(881 年),唐僖宗到达成都,建立了流亡小朝廷,随即开始了对长安的包围行动。首先建立了以凤翔节度使郑畋、枢密使杨复光为首的"平叛"机构,接着号召各地藩镇发兵入关勤王。这样,本来矛盾重重的朝廷与藩镇又在对付他们的共同敌人——农民的基础上联合起来了,从而取得了对义军的战略优势。至此,黄巢也发觉了局势的严重性,开始了对唐军的反击作战。在这一年里,黄巢曾多次击败包围长安的藩镇军队,粉碎了郑畋对长安的包围。但遗憾的是,黄巢并没有利用这一有利时机及兵力方面仍然存在的强大优势,完全肃清长安周围。因此,当僖宗重新任命王铎再一次包围长安,并请沙陀首领李克用率军援助之后,黄巢在长安便立足不住了。九月,朱温以所守同州降唐,义军实力受到严重影响,中和三年(883 年),李克用率军参战。四月八日,黄巢率领 15

万大军突出长安，向河南一带转移。此时，黄巢本来还可以继续流动作战，打击唐朝，发展自己，但在攻克蔡州后，因怒（爱将孟楷在攻陈州时战死）围攻陈州达300余日，不但失去了向各地发展的大好时机，也使唐朝部署好了对义军的追阻。最后，陈州未能攻下，而李克用率领的骑兵却已经追上来了，黄巢只得退却，向对州等地转战，在尉氏、中牟又两次失利，加上尚让、李谠、葛从周等大将投降，义军力量严重削弱了。在李克用骑兵追击下，东奔兖州，在瑕丘地方，又与唐将李师悦及叛徒尚让激战，终因寡不敌众，大败。黄巢宁死不屈，自刎于泰山狼虎谷襄王村（今山东莱芜县西南）。

黄巢虽像流星一样悲壮地陨落了，但是他领导的农民起义，却从根本上打垮了腐朽的唐朝，消灭了许多门阀士族，为历史的发展消除了一些障碍；与此同时，黄巢坚定不屈的战斗意志、杰出的游击战略战术对后代产生了重大的影响；他的平均思想及实践是中国古代农民革命思想的新发展。因此，黄巢虽然已经死了，但农民还在怀念着他，当时，民间传说，黄巢并没有自刎而死，而是落发为僧，号称雪窦禅师或翠微禅师，曾住在洛阳，并赋诗说："三十年前草上飞，铁衣着尽着僧衣。天津桥上无人问，独倚危栏看落晖。"

080

闯王

——李自成

1644年3月19日，大顺农民起义军攻占北京，面临灭顶之灾的崇祯皇帝走投无路，于绝望中逃到皇宫后面的煤山（今景山）寿皇亭旁悬槐自缢，统治中国276年的朱明王朝，终于金瓯堕地，寿终正寝。

这一天，北京城中张灯结彩，人民喜笑颜开，不少人家门上贴着大黄纸，上面写着"永昌元年，大顺王万万岁！"贫苦百姓纷纷涌向大街两旁，摆设香案，迎接农民起义英雄们的到来。中午时分，农民起义军由德胜门进城，转大明门（中华门），浩浩荡荡向紫禁城开去。队伍的前头，一面绣着斗大的"闯"字大旗迎风飘扬，大旗下一位壮年将领，头戴毡笠，身穿青布衣，骑着乌驳马，神采奕奕，沿途不断地向迎接的人群致意。他，就是大顺农民军叱咤风云的杰出领袖——闯王李自成。

李自成初名李鸿基，陕西米脂县人，1606年出生在一个农民家庭里。他幼年在地主家当牧童，21岁时，充当银川驿卒。因为他欠了当地艾举人的债，无力偿还，被艾举人勾结地方官吏捉拿关押，严刑拷打。李自成被驿卒弟兄救出后，愤而杀了艾举人，跑到甘肃巡抚梅之焕的标下当兵。崇祯二三年之交，由于不堪忍受贪暴将吏的压迫，李自成率领一部士兵在金县起义。他们杀了领兵的将官和金县县令，打回陕西，投入王左挂领导的农民起义军。王左挂败降官兵后，李自成先投奔张存孟的农民起义军，继又率领余部参加了闯王高迎祥的农民军。李自成跟随高迎祥转战南北，攻城略地，成长为有名的"闯将"。

1635年，洪承畴以兵部尚书，统一指挥各路官军，准备在半年之内消灭农民军。为了迎战明军，十三家七十二营农民军首领聚会河南召开

"荥阳大会"，共商对敌大计。会上，李自成提出了联合作战、分兵迎敌的战略方针。十三家首领一致赞同，农民军遂分兵五路阻击官军，并攻下凤阳，连获大胜。崭露头角的李自成，显示了卓越的军事才能，从而引起了十三家首领的重视，在各路义军中获得了信誉。

1636 年秋，周至一战，高迎祥中了陕西巡抚孙传庭的埋伏，不幸被捕牺牲。正是在这最困难的时候，李自成受命于危难之中，被起义军拥戴为闯王。

1637 年 3 月，明朝起用杨嗣昌为兵部尚书。杨嗣昌制定了"四正六隅十面网"的军事围剿计划，妄图把李自成农民军就地歼灭。为了打破官兵的重重围攻，李自成率师打进四川。1638 年春，李自成先战败于四川梓潼，继在潼关南塬陷入重围，经过数日激战，他与刘宗敏等十余人突围入商雒山中，在敌人重重包围下坚持斗争。

正当李自成率领起义军同明军浴血奋战时，闯塌天刘国能在随州投降了左良玉；张献忠在湖北谷城接受了明朝的"招抚"；罗汝才在湖北武当山区也归顺了明朝。十三家七十二营起义军遭受了严重的挫折，有的被击溃，有的被歼灭，有的投降，农民武装斗争的形势急转直下，斗争进入更加艰苦的阶段。

李自成在商雒山中，不动摇，不投降，昼则习射练武，夜则读书研史。他在《商雒杂忆》诗中写道："收拾残破费经营，暂驻商雒苦练兵。月夜贪看击剑晚，星晨风送马蹄轻。"李自成重整旗鼓，积蓄力量，刻苦练兵，随时准备出山，再一次掀起汹涌的波涛。

1639 年 5 月，张献忠在谷城重新举兵反明，罗汝才等在房县响应。李自成在商雒山中听到这些消息后，非常高兴，随即率部东出武关，重新活跃在陕、鄂、川边境。1640 年冬，李自成乘明军主力入川追击张献忠之机，率部从郧阳地区出发，经兴安、商雒，进入河南。起义军从者无数，迅速扩展成数十万众，攻克宣阳，连破四十八寨，声威大震，成为明末农民起义军颠覆明王朝最强劲的力量。

李自成突进中原，标志着农民起义从低潮走向新的高潮。随着农民军势力的高涨和地主阶级内部矛盾的加剧，一部分封建知识分子如宋献策、李岩、牛金星等人也投入起义军，他们建议李自成尊贤礼士、除暴恤民，留用好官、杀除酷吏、收拾民心，开创基业，这些都为李自成所采纳。李自成抓住有利形势，及时提出了以"均田免粮"为中心的斗争口号。这一口号产生了巨大的动员作用，成千上万的饥民，好似众流归海，奔向起义军。中原地区的广大农民热烈拥护这一政策，到处传唱着这样一些歌谣："吃他娘，着他娘，吃着不尽有闯王，不当差，不纳粮。"（谈迁《国榷》卷100）"杀牛羊，备酒浆，开了城门迎闯王，闯王来时不纳粮。"（张岱《石匮书后集》卷63）

从此，明末农民起义在更高水平上把军事斗争和政治斗争紧密地结合起来。

1641年1月19日，农民军以疾风迅雷之势，攻克洛阳，无恶不作的福王朱常洵也被生擒活捉。李自成当众宣布："王侯贵人，剥穷人视其冻馁，吾故杀之，以为若曹。"即处死朱常洵。随后又开仓济贫，发粮数万担、金钱数十万赈济饥民。福王被杀的消息传到北京，明朝群臣无不为之惊骇，崇祯皇帝更是气急败坏，下令把总兵王绍禹处死，将河南巡抚李仙风罢官治罪。然而，杀两个替罪羊，也并不能阻挡住农民军的滚滚铁流。

1642年冬，李自成将兵力引向湖广，并攻下重镇襄阳。1643年1月，李自成攻下承天，移檄黄州，宣布"剿兵安民"。随着形势的迅猛发展，李自成改襄阳为襄京，进称"新顺王"，建立了农民政权。为处理行政事务，李自成在中央设左辅、右弼，改明朝六部为六政府。在地方设立了地方政权，中央派驻地方的官员有提督、防御使、统制使；府的长官叫尹，州官叫牧，县官叫令。在军制方面，李自成将军队分为中左右前后五营，规定行军、作战的制度。规定将领的品级，分将军、都尉、掌旅、部总、哨总等级。以刘宗敏、田见秀为权将军，以李岩、刘芳亮、袁宗第、李过等为制将军，以张鼐、辛思忠等为威武将军，以刘体纯等为果毅将军。这些将领既是军事领导骨干，也是新顺政权的领导核心。

"新顺"政权建立后，李自成决计进取北京，推翻明朝。他采纳了顾君恩的建议，制定了先取关中作基地，然后经山西攻取北京的战略计划。这时候，明王朝正在急速地土崩瓦解。朱由检为了挽回败局，苟延残喘，在遭到一连串的失败后，遂一面下诏"罪己"，一面催促兵部尚书孙传庭出关入豫，阻击李自成。李自成在汝州大败官军，斩杀 4 万人。这年秋，李自成攻破潼关，击毙孙传庭，占领了西安。1644 年 1 月，李自成改西安为长安，称西京，建国号"大顺"，建元永昌。2 月，李自成率部渡过黄河，攻克太原，发布讨明檄文，揭露明朝"征敛重重，民有偕亡之恨"。接着，以摧枯拉朽之势，连下大同、宣府，夺取居庸关、昌平，逼近京师。

大顺军攻克北京，是农民起义军经历了十七年艰苦奋斗而取得的最重大胜利。但是，这不是斗争的终结，而是在新的形势下进行新的斗争的开端。李自成遇到了更加严峻的考验。

李自成农民军进入北京后，更定官制，任用官吏，开科取士，建立地方政权，进一步加强政权建设。同时，由刘宗敏、李过主持"比饷镇抚司"，专门负责镇压地主和追赃助饷的工作。

在封建社会，农民阶级可以推翻封建王朝，但不能彻底摧毁封建制度，特别是不能打碎旧的国家机器。正如列宁所说，农民虽然极端憎恨旧秩序，热烈地渴望找到美好生活，但是"他们的憎恨不够自觉，他们的斗争不够彻底，他们仅仅在狭小的范围内寻求美好的生活"。

胜利像一杯醇酒，大顺领导者们喝得醉眼朦胧。李自成住在皇宫里，被明朝降官们阿谀奉承得有点昏昏然，陶醉于暂时的胜利。他对于清兵入关抢夺胜利果实的危险缺乏认识，对于屯兵山海关的吴三桂更是抱有幻想，只派降将唐通持吴三桂父亲吴襄的信，以及金银财帛和侯爵封号前往招抚。大将刘宗敏进入北京，首先抢夺了吴三桂的爱妾陈圆圆，其府前高悬"中吉营左军都督府左都督"，人称"刘国公"，一般士兵望之却步，已是一种官僚气派。大将田见秀等先后搬进明贵戚勋臣华丽的府第，"挟妓招童，欢呼狂饮"。李过"耽乐已久，殊无斗志"。顾君恩则跷足案上，"高唱边关太平调"。高级将领沉溺于酒色财货之中，下级将领受贿赂者有之，中了美人计者有之，抢夺民女者有之。吴伟业在《圆圆曲》中的诗句："遍索绿珠围内第，强呼绛树出雕阑"，在一定程度上真实地反映了大顺军一些将领进京后的蜕化。

投入起义军的地主阶级分子，一直企图利用农民军作为改朝换代的

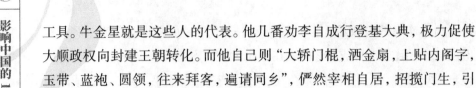
工具。牛金星就是这些人的代表。他几番劝李自成行登基大典，极力促使大顺政权向封建王朝转化。而他自己则"大轿门棍，洒金扇，上贴内阁字，玉带、蓝袍、圆领，往来拜客，遍请同乡"，俨然宰相自居，招揽门生，引朋呼类，对农民政权起了腐蚀和破坏的作用。

正当李自成等大顺领导者们纵情享乐的时候，吴三桂却暗中勾结满族贵族，准备反扑。4月初，李自成得知吴三桂拒绝投降的消息后，遂于13日亲率6万人马匆忙东征。山海关一战，李自成在满汉地主武装联合进攻下失败了，遂退回北京，29日李自成匆忙称帝，第二天退出北京，占领北京只有41天。从此，农民军自盛转衰，未能重振。

这年6月，李自成率师至太原。7月，渡过黄河，进驻韩城，不久到达西安。李自成令李过防守延安，并遣将守潼关。1645年初，清豫王多铎和英王阿济格兵分两路攻打陕西。大顺军与清军激战月余后，潼关失陷。李自成放弃西安，经蓝田、商州，走武关、入襄阳。这年5月左右，李自成在湖北通山县九宫山察看地形时，不幸遭到地主武装的袭击，壮烈牺牲，年仅39岁。

李自成起义军从胜利走向失败的教训是深刻的，骄傲必败、腐化必败，历史的经验值得我们反思、借鉴。

081

缔造 "太平天国" 的天王
——洪秀全

洪秀全，1814 年 1 月 1 日出生在广东花县福源村（后迁官禄㟦村）。原名火秀，又名仁坤，秀全是他后来自己起的名。他的父亲洪镜扬是位勤劳、公正、耿直的农民。

洪秀全自幼勤奋好学，7 岁入塾读书，五六年间，即能背诵"四书"、"五经"及古文多篇，其后自学中国历史及 "奇异书籍，均能一目了然"。16 岁时因家境贫困失学，在家帮父兄种田、放牛。该年他去应考，没考中秀才。过了 6 年，即 1843 年他又第四次应考，结果仍失败了。他在归途的船上写了一首诗："龙潜海角恐惊天，暂且偷闲跃在渊，等待风云齐聚会，飞腾六合定坤乾。"下定决心抛弃功名，走革命之路。

1843 年，洪秀全第四次去广州应考时，正是在鸦片战争之后。外国的入侵，清政府的腐败无能，人民的反侵略、反官府的斗争，处处给他以强烈的刺激，使他逐渐意识到要救国，要解除农民的痛苦，只有起来革命，推翻清王朝的统治。

要革命必须有一种思想作指导，一定的组织形式来武装和组织群众。1843 年，洪秀全在莲花塘李敬芳家教书。一天，在一个表亲的启发下，潜心细续起《劝世良言》。《劝世良言》是一本基督教的布道书，书中说，只有"上帝"是真神，其他为世人崇拜的偶像都是妖魔，一切人都是"上帝"的子女，是平等的，只要敬拜"上帝"就可以免灾免祸，不敬拜者，永远打入地狱受苦。这当然是宗教迷信。洪秀全觉得其中的平等思想可以用来团结和组织群众，便附和书中的词句，宣称他 24 岁那年大病中所见的老人和中年人就是"上帝"和耶稣，他自己就是"上帝"的第二子，以此来证明他确是受了天命。于是，他和李敬芳自己灌水于顶"洗礼"，对上帝祈祷，许愿不拜事邪神，不行恶事，恪守天条。他们并制宝剑两把、上镌"斩妖剑"三字，又咏诗一首："手持三尺定山河，四海为家共饮和。擒尽妖邪归地网，收残奸宄落天罗。东南西北敦皇极，日月星辰奏凯歌。虎啸龙吟光世界，太平一统乐如何。"表示了打江山、斩妖魔的决心。

7月，洪秀全回到家乡组织拜上帝会，洪仁玕、冯云山首先加入。1844年，他们去广西贵县传教，吸收了百余人。1845年，冯云山入桂平紫荆山传教，洪秀全返回家乡，一面执教，一面制作传教文书。洪秀全在1845—1847年间，先后撰写了《原道救世歌》《原道醒世训》《原道觉世训》等著作。书中说："天父上帝人人共"，"何得君王私自专"，"普天之下皆兄弟"，"上帝视之皆赤子"，"天下多男人，尽是兄弟之辈；天下多女子，尽是姊妹之群；何得存此疆彼界之私，何可起尔吞我并之念？""阎罗妖"（指清政府），乃是老蛇妖鬼（指官僚地主等一切民贼也），"天下凡间我们兄弟姊妹所当共击之"。这些思想，反映了广大农民的迫切要求和愿望，因而极大地鼓舞了群众的斗志。太平天国革命运动就是在这种平等思想推动下壮大起来的。1847年8月，洪秀全来到紫荆山找冯云山。冯云山是位杰出的宣传家，两年来成绩很大，收了三千多会众，贵县、平南、藤县、武宣、象州、博白、陆州、信宜一带都有了拜上帝会。9月，洪秀全和冯云山去象州捣毁了甘王庙。相传甘王是个杀母、逼姐、干尽了坏事的恶棍，死后成了凶神。传说谁要说他一句坏话，谁就要肚子痛。当地人们怕他作怪降祸，祭祀虔敬。洪秀全等入庙，宣布甘王十大罪状，"持棍在手痛殴木偶像"，"打破香炉及祭器"。从此洪秀全威名大振，入会的人更多了。

1847年以后，广西连年旱灾，农民再也活不下去，纷纷起义，1850年大小起义就达几十次。洪秀全见时机已经成熟，就命令各地会众到金田团营。1851年1月1日洪秀全领导会众在金田宣布起义，建号太平天国。

2月，太平军转入东乡，洪秀全在东乡称天王。9月，太平军攻克永安州。杨秀清、萧朝贵因拥有"代天父天兄传言"的权力，被封为东王和西王；冯云山和洪秀全一道首创拜上帝会，被封为南王；韦昌辉、石达开是当地富绅，各拥有一部群众，入会后又倾家财支持拜上帝会，被封为北王和翼王。"以上各王，俱受东王节制"。并在永安颁布天历、整饬军纪，开国规模粗具。1852年4月，太平军从永安突围北上，沿途杀逐贪官、豪绅、地主，焚烧衙门、粮册、田契，人民群众响应，纷纷加入。1853年1月，占领武汉。2月，天王率水陆大军沿江东下，号称50万，"旌旗编（遍）野，帆幔敝（蔽）江"声势浩大，所向披靡，清军闻风丧胆，3月19日攻克南京。

天王将南京改称天京，定为都城，建立起和清王朝相对立的农民革命政权。

为了实现人人平等的"人间天国"理想，天王于1853年冬颁布了《天朝田亩制度》。

太平天国主张男女平等，在经济上"尺分田照人口，不论男妇"；在政治上，妇女和男子一样，可以当兵、做官，参加科举考试。禁止纳妾，禁止买卖婚姻，禁止娼妓，禁止买卖奴婢，禁止缠足。这些政策和主张，反映了广大妇女挣脱封建礼教的枷锁、追求自由平等的强烈愿望。这在中国妇女解放史上堪称光辉的一页。

定都天京以后，太平天国的领袖们大兴土木，建筑王宫。天王府"城周围十余里，墙高数丈，内外两重"，"雕琢精巧""金碧辉煌"，"门扇以黄缎裱糊，绘双龙双凤"，五彩缤纷，"侈丽无匹"。天王"僻处深宫、从不出户，人罕识其面"，又怠于政事，连杨秀清有事要见，也必须请旨"批定日时"。"一切军务皆委之"杨秀清，"任其裁决"。

杨秀清，识字不多，精明能干，富于谋略，是位杰出的组织家。封为东王以后，节制各王，掌握军政大权，洪秀全只是名义上的最高领袖。杨秀清自恃功高，专横跋扈，上逼天王，下压韦昌辉、石达开。1856年击破了江南、江北大营，杨秀清以为大敌已除，借天父下凡，逼洪秀全封他"万岁"。洪秀全乃密诏韦昌辉、秦日纲诛杨。韦、秦从江西急速返京，杀了杨秀清，并杀杨部属及群众2万多人。韦昌辉残暴滥杀，搞得"朝中人人自危"。石达开闻讯从武昌赶回天京，责怪韦昌辉杀人太多。韦昌辉不但不听劝告，竟又要杀石达开。石当夜缒城逃走。韦昌辉恼羞成怒，把石达开在京一家老少杀光，并派秦日纲带兵追杀石达开。石达开到了安庆起兵讨韦。天王又杀了韦昌辉、秦日纲。石达开回京，"众人欢悦，合朝同举翼王提理政务"。天王经过这场大变乱，对石达开也不放心，便起用他的两个哥哥，封长兄洪仁发为安王，次兄洪仁达为福王。这二人"又无才情，又无算计"，"一味古执"，"挟制翼王"。石达开见不被信任，十分气愤，怕再引起残杀，便于 1857 年 7 月带了他的旧部出走了。洪秀全曾派人迎他回京，石拒绝了。石达开在东南、西南转战七年，最后在大渡河失败了。

金田起义时的七大领导人，除冯云山和萧朝贵在太平军向长江流域进军途中牺牲外，其余五人在这次变乱中，死的死，走的走，最后只剩下天王一人。这次变乱，使太平天国元气大伤。1859 年，洪秀全的族兄洪仁玕到达天京。洪仁玕和冯云山一样是洪秀全拜上帝会的最早成员。洪仁玕的到来，洪秀全十分高兴，不到一个月就封他为干王，不久又晋封为军师，"总理全国政事"。为了缓和那些出生入死、战功赫赫的将领们的不满，洪秀全封陈玉成为英王、李秀成为忠王、蒙得恩为赞王。1860 年又封李世贤为侍王、杨辅清为辅王、林绍璋为章王。1860 年 5 月，陈、李合军攻破江南大营，清将张国梁、和春败死。此后，陈玉成率军西征，李秀成进军苏、杭，直逼上海。太平天国又呈现一派复兴景象。洪秀全见李秀成、陈玉成、李世贤、杨辅清四王越来越兵多将广，担心他们权势日隆危及王权，于是便多封其部下为王，使之互相牵制。于是越封越滥，到太平天国失败前夕，竟封了"二千七百多王"。结果导致了诸王隔阂，各自为政，指挥不灵的恶果。1864 年 3 月，天京城内粮尽。5 月底，曾国藩军掘地道逼近城下，危在旦夕。5 月 30 日，洪秀全下诏令："大众安心，朕即上天，向天父天兄领到大兵，保固天京。"6 月 1 日病死于天京。

洪秀全领导的农民革命运动虽然失败了，但他们反对封建制度、反对外国侵略者的革命精神长期激励着中国人民。19 世纪末 20 世纪初的不少会党就是打着洪秀全的旗号发动起义的，义和团的首领之一张德成曾以洪秀全自居，孙中山先生也曾以太平天国的后继自诩，毛泽东称赞他为中国共产党出世以前"向西方寻找真理"的"先进的中国人"。

082

丝绸之路的开拓者

——张骞

张骞，汉中成固（今陕西城固）人，约生于西汉文帝的中后期，死于汉武帝元鼎三年（前114年），曾任汉武帝的侍郎，两次出使西域，并屡立战功，被封为博望侯，故人又称其为"张博望"，他是我国古代著名的探险家、旅行家和外交家。

汉武帝即位后，兵强马壮，粮食充足，为了抗击匈奴对北部边疆的侵扰，便决定取合游牧民族大月氏，共同夹击匈奴。大月氏本在我国甘肃西北部一带居住和放牧，汉文帝时因受到匈奴的欺凌和压迫，不得不离开故里，辗转西迁。为了找到并联合大月氏，汉武帝招募天下勇士担任使者。这时，张骞便勇敢地站出来，主动要求充任使者。

公元前139年，张骞率领100多人，以匈奴人甘父（堂邑父）为向导，从当时的首都长安（今西安）出发，进入河西走廊。过了陇西（郡治在今甘肃临洮南）后不久，遇到匈奴骑兵，同行100多人全部被俘。匈奴单于担心汉朝与西域联合起来攻打自己，便将他们拘留在匈奴西部，并给张骞娶了匈奴妻子。张骞虽然在匈奴娶妻生子，但他依然不忘所负汉朝使命，"持汉节不失"。

元光六年（前129年），张骞乘匈奴放松监视的机会，率领甘父等人逃出匈奴地区，直奔天山南麓的车师（在今新疆吐鲁番盆地），经焉耆（今新疆焉耆），溯塔里木河西行，走过龟兹（今新疆库车东）、疏勒（今新疆喀什）等地，并翻越冰天雪地的葱岭（今帕米尔高原）终于来到大宛（苏联费尔干纳盆地）。由于逃亡时匆促未带上足够的干粮，一路上忍饥挨饿，非常辛苦。好在甘父是名神射手，靠着他所射的禽兽为食，倒也可勉强充饥。

大宛王很想和汉朝友好往来，只是路程遥远，交通不便，一直未能如愿。当他听说汉朝使者张骞已经到来时，立即在国都贵山城（苏联塔什干东南的卡散赛）热情地接见了张骞，询问他此行的目的。张骞如实回答道："我为汉朝出使大月氏，不幸匈奴人挡住道路，不让我们通过。现在我们逃了出来，希望大王您能派人为向导，护送我们到大月氏。完成任务回到汉朝之后，我们一定会赠送给您大量财宝。"大宛王欣然答应，特意派遣翻译和向导，把张骞一行护送到大宛国西北的康居国（约在今咸海以东、费尔干纳西北，今乌兹别克斯坦和塔吉克斯坦境内）。康居人又把张骞一行护送到大月氏。

但是，大月氏的情况已经发生了变化。大月氏迁到妫水以后，征服了大夏（在今阿姆河和兴都库什山之间，今阿富汗北部）。这一带土地肥沃，物产丰富，又很少受到外敌的侵扰，人民安居乐业。大月氏人自以为离汉极远，很难联合抗击匈奴，因此，合作的事没有谈出结果。

张骞见联合大月氏的打算落空，便渡过波涛汹涌的妫水，来到大夏的国都蓝氏城（今阿富汗的阿齐拉巴德）。只见城里街道整齐，店舍林立，商业发达，货物众多。从大夏人的口中，张骞得知再往西几千里，有一个名叫安息（即古波斯，今伊朗）的国家。安息国方圆数千里，大小数百城，居民皆耕田，种植稻麦，尤其盛产葡萄酒，商人们驾车乘船，不远千里地到周围各国去贩卖货物。货币为银制，上铸国王的头像。文字是横写在皮革上的，与当时汉字的写法不同。安息国再往西，靠近西海（今波斯湾）的是条支国（即大食，约在今伊拉克境内），居民擅长魔术，以种稻为生，那里盛产大鸟，卵大如瓮……这些新奇的故事，都给张骞等人留下了深刻的印象。

元朔元年（前128年），张骞等人踏上了归途。为了避开匈奴骑兵，他没有再走来时的天山南路，而是改变路线，沿着昆仑山北麓向东行进，经过莎车（今新疆莎车）、于阗（今新疆和田）、鄯善（今新疆若羌）等地，在进入羌人居住地时，再次被匈奴骑兵俘获，又被扣留了一年多，直到元朔三年（前126年），才乘着匈奴内讧的时机，逃回长安。这样，从离开长安到回到长安，前后长达 13 年之久，同行的 100 多人中，只有甘父一人随张骞一起返回。张骞出使时走的路线，以后就被称为"天山北道"，简称"北道"；回来时走的路线，被称为"天山南道"，简称"南道"。南道在塔克拉玛干大沙漠以南，北道在塔克拉玛干大沙漠以北。

张骞这次出使西域，虽然没有完成联合大月氏的使命，但却沟通了亚洲内陆东西交通的要道，开辟了举世闻名的"丝绸之路"，密切了汉朝同西域各国的关系，从而促进了东西方经济文化的广泛交流。

张骞回到汉朝后，将旅途的见闻上奏汉武帝，他还说，在大夏国时，曾看到蜀布和邓竹杖，问之，方知是大夏国商人从身毒贩运来的。据当地人说，身毒国在大夏东南数千里，风俗和大夏相同，只是气候低湿炎热。身毒人骑着大象打仗，他们的国家靠近大海。张骞想，大夏在汉朝西南 6000 公里，身毒国又在大夏国东南数千里，又有蜀地的产物，因此蜀地离身毒不会太远。要到大夏去，除了走匈奴人所控制的道路之外，一定还有从蜀地到身毒，再从身毒转道大夏的道路。而这条道路既近又安全，实为汉朝通往西方的捷径。

汉武帝闻听此言大喜过望，立即令张骞从蜀郡（郡治在今四川成都）和犍为郡（郡治在今四川宜宾）选派使者，分成几路，分别从冉䮐（今四川茂汶羌族自治县）、莋都（今四川汉源）、徙（今四川天全）、邛（今四川西昌）等地，向西南各行一两千里，但却没有找到通往身毒的道路。

元朔六年（前 123 年），汉武帝派大军攻打匈奴，张骞以校尉的身份随大军出征，因其知道何处水草丰盛，故全军不乏。班师后，因功被封为博望侯。第二年，担任卫尉的张骞与李广一道，从右北平（郡治在今辽宁凌源西南）出发攻打匈奴。因张骞贻误战机，当斩，赎为庶人。

失爵之后，张骞建议汉武帝联合乌孙（在今伊犁河、伊塞克湖一带）以断匈奴右臂，他说："现在匈奴已被汉朝打败，乌孙过去居住的地方也因赶走了匈奴而空闲着，听说乌孙人对他们的旧居十分留恋，又很喜欢汉朝出土的物品，如果我们多送他们一些礼物，请他们重新迁到原来的地方，双方结为兄弟，乌孙王肯定会答应的。这样就切断了匈奴的右臂。只要联合了乌孙，乌孙以西的大夏等国，都可应招而至，称臣于汉。"

汉武帝采纳了这个建议，拜张骞为中郎将，率领 300 名随从，每人各备两匹马，并携带着价值数千万的金币丝绸和数万头牛羊，沿途派出许多持节副使，分往各地。到了乌孙之后，由于乌孙国内矛盾尖锐，再加上乌孙大臣畏惧匈奴，与汉朝合击匈奴之事一直定不下来。张骞决定将副使分别派往大宛、康居、大月氏、大夏、安息和身毒等地，自己回去复命。乌孙正派遣使者数十人，带着数十匹良马，还有译员、向导等人，跟随张骞到汉朝答谢，同时也为了进一步了解汉朝的情况。

元鼎二年（前 115 年），张骞回到汉朝，武帝拜他为大行，位列九卿。第二年，张骞便去世了。张骞去世不到两年，他派往各地的副使，分别在当地使者的陪同下，陆续回到汉朝。从此，汉朝同西域、西亚各国建立了友好关系。

张骞"为人强力，宽大信人，蛮夷爱之"（《史记·大宛列传》）。在他去世之后，汉朝派出的使者"皆称博望侯"，所到之处，均受到当地少数民族的信任和欢迎，由此可见张骞人格的魅力。

此后，不仅东西交通畅行无阻，南道和北道继续向西延伸，直达于地中海东岸；而且汉朝派出的使者和商人每年多至十余批，每批少财百余人，多则数百人，西域派往汉朝的使者和商人亦不绝于途。由此可见，张骞开通西域之路后，汉朝和西域的关系进入了一个崭新时期。

随着东西方交往人员的增多，汉朝的丝绸及冶铁术等相继传入西域。早在公元前 5 世纪，中国的丝绸便开始西传。自张骞通西域之后，丝绸开始大量西传，波斯既是中国丝绸的消费地，又是中国丝绸向罗马贩运的中转站。其他如养蚕术、漆器、铁器和冶铁术以及其他工艺品和桃、杏、梨等农产品，也相继传入波斯、印度等地。汉朝所发明的井渠法等先进生产技术，也传到大宛，并在西域广泛采用。

伴随着汉朝文化的输出，西方文化也传入了汉朝。汉武帝不仅在离宫别观附近大量种植葡萄和苜蓿等西域植物，而且还大力推广。其他如胡桃（核桃）、石榴、胡麻（芝麻）、胡豆（蚕豆）、胡瓜（黄瓜）、胡蒜（大蒜）、胡萝卜等，也移植到我国中原地区，成为我国人民的生活必需品，从而丰富了我国人民的农作物品种。西域的名马汗血马，因日行千里、出汗似血而深受汉武帝的喜爱。其他珍禽异兽如骆驼、狮子、安息雀（鸵鸟）等，也陆续东来。西方的音乐、舞蹈、绘画、雕塑、杂技等，也对我国古代的文化艺术产生了积极的影响。

张骞不畏艰险，开辟了东西文化交流通道的丝绸之路，其"凿空"西域的历史功绩永垂史册，值得后人永远纪念。

083

东汉著名的外交家、军事家
——班超

我国有一句广为流传的豪言壮语:"不入虎穴,焉得虎子。"这句话首先是出于我国东汉著名的外交家、军事家班超之口。

班超(32—102),字仲升,号定远,扶风郡平陵(今陕西咸阳东北)人。他的父亲班彪,是当时有名的史学家。他的哥哥班固,是《汉书》的作者,《汉书》的未完成稿就是由他妹妹班昭补充完稿的。班超一家,对西汉的历史有精深的研究,他们熟悉匈奴和西域的情况。

胸怀凌云志的班超,终于有一天,按捺不住自己的思想感情,把笔杆丢在地下,叹气地说:"大丈夫无它志略,犹当效傅介子、张骞立功异域,以取封侯,安能久事笔研间乎?"(《后汉书·班梁列传》)左右同事听了,不由得都笑了起来。班超严肃地对他们说:"小子安知壮士志哉!"(《后汉书·班梁列传》)

汉明帝永平十六年(73年),汉朝派奉车都尉窦固统领大军征讨匈奴,班超毅然丢下笔杆,报名参军。班超跟窦固北征,任假司马(即代理司马)。汉军在祁连山地区(今甘肃河西走廊)打败北匈奴的呼衍王,并追至蒲类海(今新疆巴里坤湖),占领伊吾庐域(今新疆哈密)。班超在战斗中立了功,得到窦固的赏识。窦固为了巩固和发展胜利成果,孤立匈奴,就决定派班超出使西域,并派从事(文书官)郭恂协助。

班超和郭恂带领36位部下和许多礼物,从敦煌启程,通过阳关,往西南走了800公里地,风尘仆仆地到达了第一个邻近国家鄯善的国都(今新疆若羌)。起初,鄯善国王很热情地接待班超一行,过了几天,他的态度忽然怠慢起来。班超觉察到一定是北匈奴派来了使者,便把侍候他们的鄯善人找来，出其不意地盘问说："匈奴的使者已经来了几天了？住在哪里？"那个鄯善人以为汉使已经知道了北匈奴使者到来的消息，便如实地对班超说了。班超立即召集部下，果断地说："不入虎穴，焉得虎子。"（《后汉书·班梁列传》）遂决定当夜立即行动。

班超带领部下，趁黑夜摸到北匈奴使者的住处，让10个人拿着鼓和武器藏在屋后，见到火光升起后擂鼓大喊大叫，其余的人带上刀剑，埋伏在屋前的大门边，听候号令。当晚正巧有大风，班超亲自顺风点火。北匈奴的使者和随从共有130多人，远远超过汉使的人数，但当他们发现火光冲天，屋后又有呐喊声和擂鼓声，不知汉使者多少人马，于是都拥向前门逃跑，汉使围上砍杀，经过一场你死我活的战斗，北匈奴使团的人全部毙命。

第二天，班超派人把鄯善国王请来，将北匈奴使者的脑袋掷在地下，国王和大臣们惊恐万状。班超因势利导，抚慰鄯善王。鄯善王只好和北匈奴断绝关系，决定归向汉朝，并把王子送到洛阳作侍子（侍从汉朝皇帝的王子，又叫质子）。

班超回到窦固那里，向他汇报胜利的消息。窦固把班超的事迹上奏汉明帝，汉明帝便提升班超为司马，派他再次出使西域。

班超仍然率领36名壮士，出玉门关，经鄯善，来到于阗国（今新疆于田地区）。于阗国比较强大，这时已臣属匈奴，北匈奴派来了常驻的使节。班超一行到达的时候，于阗王刚刚打败西北边的莎车国，正趾高气扬，所以对汉使的到来，比较冷淡。

于阗王很迷信。北匈奴的使者就指使神巫造谣说："天神在发怒，大家为什么要归向汉朝？汉使有一匹浅黑色的马，赶快把它牵来祭祀天神吧！"于阗王即派人向班超要马。班超明知这是个阴谋，但却满口答应献马，并请神巫亲自来取马。神巫大摇大摆地来了，未及开口，班超手起刀落，砍下神巫的头颅，并派人提着这颗血淋淋的头颅去见于阗王，于阗王只好杀掉匈奴的监护使者，归服了汉朝。

74年，班超继续向西南的疏勒挺进。疏勒争取过来，才能控制东西方的交通要道，才能进一步向北打击匈奴。但这时的疏勒已被北边的强国龟兹控制着，而龟兹国王建是北匈奴的傀儡，他仰仗北匈奴的势力，横行霸道，出兵攻破疏勒国，杀死国王成，另立一个龟兹人兜题做疏勒王，把疏勒国变成龟兹的附属。

班超率领部下秘密从小路进入疏勒。他对田虑说："兜题不是疏勒人，他不得人心，如果他不肯投降，你就把他抓起来。"

田虑带领几个勇士来到兜题的王宫，兜题十分傲慢，不理睬他们。田虑乘其不备，把他捆绑起来，跑回营地见班超。班超把疏勒的文武官员召集起来，当众宣布撤掉兜题的王位，另立被龟兹杀死的疏勒国王的侄子忠做国王。疏勒人对班超为他们除了一大祸害，欢呼雀跃。

75年，汉明帝病死，焉耆国和龟兹国在北匈奴的唆使下，发动武装叛乱。结果，驻在焉耆国乌垒城的西域都护陈睦和副校尉郭恂，以及2000汉军吏士全部牺牲。驻在车师国的关宠和耿恭也被围困。这次"陈睦事变"的发生，使东汉在西域遭受了大挫折。这时龟兹又嚣张起来，龟兹王联合姑墨国，多次进攻疏勒国，班超孤军奋战，坚守了一年时间。后来，汉章帝担心班超遭到与陈睦相同的命运，便下令班超回国。

班超带领部下启程回国时，疏勒人挥泪相送。班超等人来到于阗时，举国上下都伤心地哭泣，男女老少拥到街头围住班超，很多人跪下来紧紧抱住班超的马脚，不让汉使走。班超在马上看到这动人的情景，便下决心留在西域，一行人又回到疏勒。

78年，姑墨国在龟兹和北匈奴的支持下，发动对疏勒的进攻，班超调动了疏勒、康居、于阗、拘弥四国的军队1万多人，进行反击，并攻破了姑墨的石城，给叛乱者以有力地回击。

80年，班超上书汉章帝，向朝廷汇报了他在西域的活动情况，并分析了西域各国的形势和应当采取的策略，还建议朝廷联合乌孙，以牵制匈奴。汉章帝看了奏章后，准许班超留在西域，为了加强班超的力量，还派徐干为代理司马，率领1000余人去增援。后来，汉朝又派和恭带来了800余人，合起来有1800余人，班超凭借这支力量，实现了联合乌孙、南破莎车、北弱龟兹的计划。

乌孙国是西域的一个强国，拥有十几万军队。它在西汉时和汉朝有过和亲关系，并联合攻打过匈奴。现在要对付龟兹，必须使用它的力量，班超"以夷狄攻夷狄"的策略，得到章帝的支持。

86年，班超发动疏勒和于阗的兵力，配合汉军准备大举进攻莎车。狡猾的莎车王却派人暗中收买疏勒王，要他在班超进军时发动叛乱，寻机杀害班超。班超得到消息后，便决定推迟进攻莎车的计划，使疏勒王的阴谋暴露。疏勒王叛乱后，又联合康居，与汉军双方对峙了半年之久。班超为了集中力量去对付莎车，便派人带上礼物去疏通大月氏，大月氏说服了康居罢兵回国。不久疏勒王又勾结龟兹，打算用伪降的办法再回疏勒，相机再叛乱。班超将计就计，一方面大摆酒席答应投降，另一方面埋伏刀斧手。这次不但严惩忘恩负义的疏勒王，还歼灭了他带来的700轻骑。

接着，班超又发兵进攻莎车，莎车王求救于龟兹王。龟兹王尤利多派遣将军纠合温宿、姑墨和尉头三国的军队共5万人前来迎战，当时班超只有25000人马，在敌强我弱的情况下，采用了调虎离山之计。结果，汉军很快地占领莎车营地，莎车王见大势已去，便投降了。

90年夏天，大月氏国副王谢带领7万人进攻汉军，但班超采取了坚壁清野的办法，逼使月氏军人困、马乏、粮食尽，在进退两难的情况下，副王谢派人向班超请罪。从此，月氏国也归服了汉朝。

90年12月，汉朝晋升班超为西域都护。班超带领汉军移住龟兹国，把都护府设在它乾城（今新疆库车附近）。

94年秋天，班超调动龟兹、鄯善等八国的军队共7万多人，还有汉军1000多人，大举反击焉耆王，焉耆王是杀害陈睦的罪魁祸首。班超将焉耆王连同危须王一起，送到陈睦被杀害的地方斩首示众，把制造"陈睦事变"的罪魁祸首一网打尽。班超为19年前死难的两千汉军吏士报了仇，为东汉政府雪了耻。事后，班超立元孟为焉耆王，从此西域有50多个国家归向了汉朝，西域出现了安定的局面。

95年，汉朝封班超为定远侯。102年8月，班超奉召回到洛阳，结束了他在西域31年的戎马生活；9月，这位叱咤风云的老英雄与世长辞了，终年71岁。

084

促进汉藏友好的使者
——文成公主

　　文成公主（？—680）所生活的时代，主要在唐太宗、唐高宗之朝。唐太宗是我国历史上著名的明君，在他统治国家的20余年间，经济繁荣，文化昌盛，国富民强，因太宗的年号为贞观，故人称"贞观之治"。唐朝的文化，居于当时世界文化的前列，周边各少数民族通过种种渠道，如饥似渴地汲取其中精华。

　　在唐朝的西部，居住着吐蕃人，他们用自己勤劳的双手，在西藏高原上种植上青稞、荞麦和豆类，放牧着牛、马、羊群。贞观三年（629年）的时候，吐蕃赞普被人毒死，其子松赞干布继承王位。松赞干布即位后，立即平定了内部的纷争，统一了周边的许多部落。在加强军备的同时，松赞干布非常注意发展农业生产，积极修建水利设施；制定法律，确立吐蕃的官制和军事制度，一个统一的、强大的吐蕃王朝便突起在西部地区。

　　松赞干布对唐朝文化非常羡慕，贞观八年（634年），他派遣使者入唐。作为答礼，唐太宗也派遣使臣回访，自此之后，唐蕃建立起友好关系。贞观十四年，松赞干布再次派遣使者携带重礼来到唐朝都城长安（今西安），请求与唐朝通婚。唐太宗愉快地同意了这个请求，决定将宗室之女文成公主嫁给松赞干布。据传说，唐太宗在允婚之前，曾"五试婚使"：一是要求使者将丝纸穿过九曲明珠；二是要求使者辨认出100匹骒马和100匹小马驹的母子关系；三是要求使者在一天内吃完100坛酒、100只羊，并鞣好100张羊皮；四是要求使者夜晚出入宫室而不迷路；五是要求使者从2500名美女中辨认出公主。聪明的使者顺利地通过这五次考试后，唐太宗才答应了这门婚事。

　　唐太宗对文成公主的出嫁非常重视，他命令大臣们为她准备了丰盛的嫁妆。这些嫁妆包括各色各样的日用器具、珠宝、绫罗、衣服、装饰物和其他日用品；除此之外，还有许多汉族的历史、文学书籍和记载着各种农业、手工业生产技术的书籍，如《艺林三百六十法宝鉴》和《工艺六十法》等；还有适合西藏地区生长的耐寒抗旱的芜菁和其他蔬菜谷物的种子；还有25名年轻的使女、一个乐队和许多制造日用品的工匠，又因公主信仰佛教，故又带去一尊佛像。

　　这些嫁妆准备好了之后，贞观十五年（641年）正月，唐太宗选派礼部尚书、江夏王李道宗护送文成公主去吐蕃与松赞干布成亲。

　　生于皇宫，养于深闺的文成公主，对于即将远离父母、亲人，离乡背井嫁给松赞干布，心中一定会有不安和悲伤，但她还是听从了唐太宗的安排，在护卫们的簇拥下，踏上前往吐蕃的道路。松赞干布为了减少公主在旅途中的劳累，在她经过的地方，准备了不少马匹、牦牛、船只和饮食，并亲自率领禁卫军来到柏海（今青海札陵湖）迎接公主一行。当他看到文成公主那丰盛的妆奁、俊美风流的随行人员时，非常高兴。他立即穿上唐太宗送给他的驸马吉服，以唐驸马的身份，以子婿礼拜见李道宗，对唐太宗把文成公主嫁给他，表示衷心的感谢。

　　文成公主在松赞干布的陪同下，来到吐蕃的都城罗些（今拉萨），受到当地人民的盛情欢迎。为了和公主结婚，松赞干布大兴土木，在罗些按唐朝的建筑式样和风格，为文成公主修建起一座华丽的王宫。在这座王宫里，他和文成公主举行了隆重的婚礼。现在西藏布达拉宫里还有松赞干布和文成公主的塑像，宫里还保存着他们结婚时候的遗迹。

　　文成公主入藏，带来许多谷物种子和生产技术，促进了西藏地区经济的发展。西藏民歌《唉马林儿》里唱道："这是一个很好的地方，名字叫北规雄。文成公主带来的粮食种子真多呀！共有三千六百种。"农作物品种的增多，改善了藏族人民的饮食结构。随着粮食产量的增加，藏族人民对于碾米、酿酒技术产生需求。随文成公主入藏的工匠里，便有不少这方面的专门人才，通过他们的言传身教，藏族工匠逐渐掌握了这些生产技术。除此之外，汉族工匠还传授了冶金、农具制造、纺织、建筑、制陶、造纸、制墨等其他各种技术。藏族人民逐渐学会了使用从唐朝传来的新农具种田，采用汉人的种植方法，播种新的粮食作物。藏族工匠们也学会了如何打制新工具、制造新用品，集市上商品的种类大大增加。在生活起居上也发生了一些变化。吐蕃人原来以毡帐为屋，穿毡裘衣，文成公主入藏以后，不少人尤其是上层人物不再住在帐篷里，而搬进新筑起的房屋内居住；不再穿毡裘衣，而穿上用绫罗绸缎织成的衣服。有了碾米的石磨，谷物的加工既方便又省力。有了陶器，饮食也更加方便。这样，吐蕃地区的生产得到较大的发展，人们的生活条件也随之改善。

吐蕃原来没有自己的文字，人们往往采用结绳记事或在木头上刻一些符号表示。文成公主劝松赞干布创造文字。松赞干布遂将这一任务交给吞米桑布扎，他便创造出藏文字母 30 个和拼音造句的文法。松赞干布把他所创造的文字刻在宫殿的石崖上，从此，吐蕃便有了自己的文字，记事不再用结绳和刻木的办法了，佛教经典和汉文的历史、文学、工艺等书籍也可用藏文翻译出来了。这对西藏文化的发展产生很大的影响。为了更深入地学习汉族文化，松赞干布选派许多贵族子弟前往长安学习《诗经》《书经》等儒学经典；同时还邀请汉族知识分子到吐蕃来替他拟写与唐朝交往的公文。这样，汉族的学术文化尤其是儒学思想，传到了吐蕃，对吐蕃必定会产生影响。

在医药方面，据吐蕃史书记载，文成公主曾带来治疗 404 种疾病的医方 100 种，诊断方法 5 种，医疗器械 6 种，医学论著 4 种。藏族医生在吸收这些汉医知识的基础上，建立起藏医体系，这对缓解吐蕃地区居民的疾病痛苦有着重要意义。

文成公主入藏时，还带去了一支乐队，这个乐队的乐器现在还遗留下 50 多件（据说这只是其中一部分，里面杂有藏族乐器），一直被珍藏在拉萨的大昭寺里。这些乐器绝大多数为弹拨乐器，色泽鲜艳，制作极其精美。它们平时都被锁在保管严密的仓库里，只有每年藏历二月三十日的"亮宝会"上，才和其他文物一齐搬出来，供人们观赏。这批保留下来的 1000 多年前制造的乐器，不仅是我国音乐史上一笔珍贵的财富，而且是汉藏两族长期友好的见证，称之为无价之宝是毫不过分的。

文成公主非常信仰佛教，对于带到吐蕃去的释迦佛像非常虔诚，一路上用车载佛像，不比其他物品只用骡马驮载。到罗些后，松赞干布建起大昭寺。大昭寺是西藏最大的佛教寺院之一，公主所带来的佛像就供奉在寺内。许多研究者认为吐蕃原来只流行钵教，并无佛教，文成公主入藏以后，吐蕃才有了佛教。文成公主是吐蕃佛教的传入者。此后，佛教越传越盛，甚至具有支配一切的势力，文化各部门都得接受它的驱使和利用。

吐蕃过去没有自己完整可靠的历法，人们皆以麦熟的三月为一年的开始。随着经济、文化的发展，人们迫切需要改进历法。文成公主入藏，带去了天文历算的学问，此后藏历也采用了汉族农历以十二生肖纪年、以六十甲子纪日，再配上金木水火土五行。历法的改进，有利于农业生产的发展。

文成公主从贞观十五年进入吐蕃后，在那里共生活了 40 年，到唐高宗永隆元年（680 年）逝世。她逝世后，当地人民非常怀念她，规定每年的四月十五日为"萨噶达瓦"节，这是文成公主到达罗些的纪念日。每到这个节日，人们便载歌载舞，举行盛大的纪念活动。相传藏历的十月十五日，是文成公主的生日，人们在这一天前往寺院里祈祷祝福。甚至连文成公主经过的地方，都被人们看作是圣洁的地方。

文成公主入藏后，汉藏两族的友好关系得到了较大的发展。唐中宗景龙四年（710 年），唐朝又将金城公主嫁给尺带珠丹，更加密切了吐蕃与唐朝的关系。唐穆宗长庆元年（821 年），唐朝与吐蕃共同建立"甥舅联盟碑"（唐史称"长庆会盟碑"），直到现在，我们在拉萨大昭寺前还可看到这块石碑。所有这些友谊，与文成公主的开创密不可分。

085

矢志不渝东渡弘法的高僧
——鉴真

鉴真（688—763），广陵江阳（今江苏扬州）人，俗姓淳于。唐代著名高僧，中日两国文化交流的使者。

鉴真14岁出家，在大云寺随智满禅师受戒，18岁由道岸律师主持，为他授了菩萨戒。20岁游学于洛阳、长安一带，并随弘景律师受具足戒。洛阳、长安是唐代政治、经济、文化的中心，那里寺院林立，高僧云集。为鉴真受戒的律师皆为当时全国最著名的高僧，在他们的指点下，鉴真潜心研究佛学，到26岁时，便登坛讲解律疏。除了精通佛学外，鉴真还懂得不少佛教艺术、建筑、医学、绘画等方面的知识。大约在开元六年（718年），鉴真回到扬州。此后的30多年间，他以扬州为中心，在江淮一带从事受戒度人和兴建佛寺等活动，他曾数十次讲律宗教义，缝衲裂裳，开无遮大会，设悲田、敬田，抄写佛经，度人过4万，因此江淮持戒律者，都尊他为受戒大师。

隋唐年间，中日两国人民的友好往来频繁，仅630年到894年的两百多年中，日本就先后派出了19次遣唐使，学习中国的宗教和文化。

天宝元年（742年）十月，已在中国学习10年的日本留学僧荣睿、普照来到鉴真住锡的大明寺，向他说明来意道："佛法传到日本之后，历年以来，虽然有所发展，可是只具规模，还没有一定的制度，更没有传法受戒的高僧。日本过去有个圣德太子说过，二百年以后，佛教将在日本大事兴隆；现在正适合这句话的时候了，希望大和尚能够东渡到日本去传戒弘法。"鉴真看出他们的邀请出于至诚，联系到平时所听到的日本情况，深感日本是一个"有缘之国"，当时就问徒弟们，有谁愿意接受邀请，可大家都沉默不言。片刻之后，弟子祥彦说："日本远离我国，海途遥远，风浪险恶，百无一生……"未等祥彦说完，鉴真便坚定地说："为了佛法，何惜身命！你们既然不去，那么，我去吧！"弟子们见55岁的鉴真如此坚定，很受感动，祥彦等17位僧徒纷纷表示决心，愿随师父东渡传戒。于是，鉴真开始六次横渡东海的壮举。

天宝二年（743年），鉴真一行渡海准备就绪，正要扬帆出海时，有人诬告他们"造舟入海，与海贼连"，官府后虽查明确系诬告，但却以"海贼横行，不能过海"为由，没收了船只，第一次东渡失败。

第二次东渡由鉴真出钱购买船只，同行的有弟子、工匠、画师、水手等100多人，船尚未出海，即被风浪击坏，时值隆冬，人落水中；天寒风急，好不辛苦。待船修好后，又在浙江海面触礁沉船，幸而遇救，才未葬身海底。第三次、第四次东渡也是以失败告终。

天宝七年（748年），鉴真率领30余人开始第五次东渡。他们由扬州新河上船，东下至狼山（今江苏南通狼山港），尚未出海，即遇风暴，船只漂到浙江海面，只得在一个小岛上停泊避风。两个月后启航，又遇狂风怒涛。航船在大海中整整漂流14天，生活非常艰苦，没有水，嚼生米，喉咙干得咽又咽不下，吐又吐不出，只好喝咸水，肚子又胀得难受。他们漂过蛇海、飞鱼海、飞鸟海等，最后漂到海南的振州（今崖县），方才靠岸。在海南，鉴真一行住了一年左右，在这一年多时间中，除了讲律受戒之外，鉴真还主持修缮大云寺。此后，鉴真一行再度起锚北上，途中荣睿病逝于端州龙兴寺。更加不幸的是，由于连年奔波，历尽艰辛，营养不良，再加上南方的暑热，63岁的鉴真得了眼疾，虽经治疗，却毫无效果，不久，鉴真的双目便完全失明。不幸一个接着一个，失明之后，爱徒祥彦也离开人世。天宝十年（751年）春，备尝艰辛的鉴真终于回到了扬州。

天宝十二年（753年）十月十五日，日本遣唐使藤原清河等人来到扬州延光寺拜访鉴真，邀请他东渡日本。鉴真虽已是双目失明，但他东渡弘法的夙愿却不减当年。于是他率领20余名弟子，从黄泗浦启航，开始了第六次东渡的征途。经过一个多月的航行，鉴真所乘坐的船只，终于在十二月二十日下午抵达日本九州南部的秋妻屋浦（今鹿儿岛秋目浦）。这样，从742年鉴真接受荣睿、普照的邀请，发愿东渡日本，前后历时12年，经过5次挫折，备尝艰辛，终于安全抵达日本。

鉴真到达日本后，受到了以日本天皇为首的各阶层人士的热烈欢迎，天皇并下诏，宣布："自今以后，受戒传律，一任和上（和上，即和尚，特指修道高深的师僧）。"754年4月，鉴真在日本筑起了第一个戒坛，依次给圣武天皇、皇后、皇太子等人受戒。在此之前，日本佛教并无严格戒律，只要自誓受戒，即为僧人，鉴真则秉承唐朝僧侣入门仪式，坚持以三师七证受戒，开创了日本律宗，鉴真成为日本律宗的开山祖师。

755年，经圣武天皇批准的戒坛院在东大寺佛殿的西面建成，随后又建成唐禅院，鉴真等移入居住。第二年，鉴真被任命为大僧都，随鉴真东渡的弟子法进，被任命为律师。日本天平宝字元年（757年），天皇将备前国（今日本冈山县）的100町（约相当于1488亩）水田赐给唐禅院，以此作为四方前来学习戒律的僧侣的供养料。为了收容更多来学的僧徒，实现东渡的愿望，鉴真在天皇所赐新田部亲王的旧宅上，筹建一所新的佛寺。经过他和弟子们的苦心经营，到天平宝字三年（759年），终于建成唐招提寺。

唐招提寺建成以后，天皇宣旨，凡出家人必须到唐招提寺研习律学，然后才可以选择自己的宗派。因此，寺中聚集了四方僧徒，鉴真在寺内讲律受戒。唐招提寺成为当时最有影响的寺院。

日本天平宝字七年（763年）春天，鉴真的健康状况越来越差，五月初六，这位意志坚定、丝毫没有自私自利之心、一心一意为传播佛法而努力奋斗的高僧，终于因衰老而以76岁的高龄，坐化于唐招提寺宿房。临终之前，鉴真吩咐弟子道："我若终，已愿坐死。汝可为我于戒坛院别立影堂，旧住房与僧住。"弟子们抑制住悲伤，就鉴真结跏趺坐的原状，塑造出一尊脱胎干漆像。此像现存，属日本国宝。从塑像上，我们可以看到失明的鉴真和尚脸上流露出慈祥而坚毅的风范，循循善诱和诲人不倦的神情，观者的崇敬心情，油然而生。

鉴真东渡，促进了中日两国人民的友好往来和文化交流。尽管鉴真所率领的形式上是一个僧团组织，但实际上却是一个规模完整的文化技术顾问团。据《唐大和上东征传》记载，随鉴真赴日的成员中，有雕刻玉器的，有雕塑人像的，有镂碑的，有铸造的，有擅长绘画和书法的，有精于建筑的，并有许多懂得医药的。他们把当时最成熟的唐代文明介绍到日本去，对日本文化产生了深远的影响。

第一，是使日本佛教界发生了很大变化。鉴真和他的弟子们，不仅创立日本律宗，而且还带去中国天台宗的主要著述，对天台宗的发展，也有很大促进作用。鉴真在日本曾奉命校勘佛教经典，纠正了不少写本的错误。

第二，对日本建筑的贡献较大。鉴真和他的弟子们修建的唐招提寺，结构精巧，布局合理，气势雄伟。金堂所采用的鸱尾、三层斗拱等建筑式样，可以看出是受到盛唐建筑的影响，这对日本的寺院建筑产生了深刻的影响。

第三，在雕塑、绘画、书法等方面对日本文化的影响。日本以前的雕塑，往往只限于铜铸和木雕，且比例不当，不够圆熟；鉴真到达日本以后，在唐招提寺大量雕塑佛像，影响到日本的雕塑。鉴真带到日本去的绘画和书法作品，为日本的艺术家提供了借鉴和楷模。尤其是鉴真所带的《王右军真迹行书》一帖和《小王真迹行书》三帖，对日本书法界流行王体字影响极大，孝谦天皇手书的"唐招提寺"门额即系王右军书体。

第四，鉴真一行对日本医药学也做出了贡献。鉴真曾为日本朝廷甄别药物真伪，尽管双目失明，他却能用敏锐的嗅觉来判断，从没有失误过。鉴真还曾为光明皇太后和圣武天皇治疗过疾病。据传，鉴真在传戒之余，还传授医道及制药的方法，为日本的医药学奠定了基石。14 世纪以前，日本医药学界祀鉴真和尚为始祖，药袋上并印有鉴真的肖像。

第五，鉴真对日本其他方面的影响也很大。鉴真赴日时曾带去大量的甘蔗和蔗糖，正仓院中收藏过唐代传入的蔗糖。有人认为鉴真东渡后，可能将榨糖技术传授给日本人民。至今，日本人民还将鉴真奉为榨糖、缝纫、制豆腐、做酱油的始祖，可见鉴真抵日后，对日本人民的日常生活，也产生了较大的影响。

由于鉴真及其弟子都具有很高的文学修养，著述很多，对于当时日本汉文学的发展，当然是有相当贡献的。

　　总之，鉴真东渡日本，将唐朝先进的文化成就传到日本，对于日本各方面都产生了重大深远的影响。他为中日文化交流和两国人民的友谊史，谱写出极为感人的一页。郭沫若曾写诗称赞道："鉴真盲目航东海，一片精诚照太清。舍己为人传道艺，唐风洋溢奈良城。"

086

有 "起死回生" 之术的传奇神医

——扁鹊

扁鹊（前401—前310），姓秦，名越人。战国初年齐国勃海郡郑州（今河北任丘市）人。约生于公元前401年（周安王元年），死于公元前310年（周赧王五年）。他年轻的时候，曾在一家客馆里作舍长（旅店的管理人员）。当时有位民间良医长桑君常到这里住宿，久而久之，秦越人与他成了好朋友。秦越人遂拜长桑君为师，开始了医学生涯。

当时，巫术风靡一时。诸侯国设置了一批 "大祝" "司巫" 等官吏，专门从事所谓 "驱疾" "逐疫" 等迷信活动，医术受到冷落。秦越人对此十分反感，他不断以高超的医术和显著的疗效揭露巫祝迷信的鬼把戏，同时还把 "信巫不信医" 列为 "不治之症"，为医学摆脱巫术的羁绊做出了不可估量的贡献。

他在赵国行医时，劳动人民送给他一个雅号—— "扁鹊"。相传， "扁鹊" 是黄帝时代的神医。人们对秦越人以扁鹊相称，足见其医术的高明。后来这一雅号不胫而走，他的真名反倒很少有人知道了。

凡是医家都清楚：望、闻、问、切是中医诊断疾病的四种基本方法。据说这是由扁鹊根据民间和他自己多年的经验总结出来的。在 "四诊法" 中，扁鹊最擅长望诊和切诊。司马迁撰写的《史记》中曾记有这样一段故事：有一次，扁鹊在齐国见到齐桓公时，发现他的气色不妙，便关切地说： "君侯，依我看，您的毛孔和皮肤里已有了病根，要及早治疗才好，否则会加重的。" 齐桓公听后满不在乎地说： "我的感觉很好，一点儿病也没有！" 扁鹊走后，桓公对左右的人说： "这些做医生的，常常喜欢吓唬人，大病医不了，只会医些没有病的人，好像不这样就显不出自己手段的高明！"过了5天，扁鹊见到桓公时，再次郑重地对他讲："君侯，病毒已经走进您的内脏，假如拖延不治，恐怕要来不及医治了。"这回桓公的态度更加傲慢，并且显出十分生气的样子。等到扁鹊第四次见到桓公时，他只瞥了桓公一眼就吃惊地走开了。桓公觉得他的这种举动非常奇怪，就派人去问扁鹊为何急于走开？扁鹊回答说："一个人生了病，病在毛孔皮肤里，可以用汤药医治；病毒走到血脉里，可以扎金针医治；病毒转到内脏，可以用内服药来医治；可是，现在桓公的病已经深入到骨髓里去了，我还有什么办法呢？所以只好退了出来。"没过几天，桓公的病果然发作了。他急忙派人去请扁鹊，可扁鹊已到秦国去了。桓公终因讳疾忌医，一再贻误病情，被病魔夺去了生命。显然，这是一种穿凿附会的传说，因为齐桓公与扁鹊并不是同时代的人。但细想，这不正是反映后人对扁鹊高超的望诊医术的赞美吗？

关于切脉，也有这样一段佳话在民间流传着：有一次扁鹊来到晋国（今山西），正碰上执掌国政的赵简子生病。当时，赵简子已经昏迷了5天，他的亲属和幕僚们心急如焚，扁鹊通过切脉，察觉到赵简子的心脏还在轻微跳动，又了解到当时晋国的政治斗争非常激烈，于是断定赵简子是用脑过度，得了"血脉症"（血液循环不正常），这并不是死，而是一时昏迷。扁鹊给他服了药，只过了两天半，赵简子就苏醒了过来。

用切脉法准确地诊断疾病，是扁鹊对祖国医学的一大贡献。司马迁在《史记》中曾赞扬道："至今天下言脉者，由扁鹊也。"虽然，说切脉法是由扁鹊一人创始的似乎有点夸张，但扁鹊精通脉法，则是毫无疑问的。当代著名中医任应秋等也总结出扁鹊的脉法有三大特点：①独取寸口，并分寸、关、尺三部；②以菽（豆）法权轻重，指按脉轻而有致，不宜过重；③以呼吸定息分脉的阴阳。

除能熟练运用"四诊法"诊断疾病外，扁鹊还能使用砭法、针灸、热敷、汤液、按摩、手术等多种手段进行医疗。据《韩诗外传》记载：有一天，扁鹊带领5个弟子行医至虢国（今陕西一带），听说虢太子突然患急病死了，他觉得很可疑，便赶到宫中探望。他仔细查看了"尸体"，发现病人的鼻翼有时还在煽动，两腿内侧还有温感。经过精心诊断，断定虢太子患的是"尸厥症"（现称"休克"或"假死"），还可以救治。于是，他首先在患者身上的主要穴位进行针刺，接着让弟子子明进行文灸，让子容给病人灌药，另一弟子子游也不停地对病人进行按摩，不一会儿，虢太子果然渐渐地苏醒过来。随后，他又用熨贴法交替给病人熨两腋下，虢太子竟然坐了起来。这下可乐坏了虢君，他称赞说："有先生则活，无先生则弃捐填沟壑，长终而不得反。"消息传开，人们把扁鹊当做神仙看待，交口相传他有"起死回生"之术。扁鹊本人却实事求是地解释说："并不是我把死人救活，而是因为病人本来就没有死，我只不过是把他从垂死的境地中挽救过来罢了。"

到了晚年，扁鹊的名气越来越大。然而可悲的是，他高明的医术却为他招来了杀身之祸。一些同行中的平庸之辈，自己医术不高，却偏又嫉妒扁鹊。其中有个秦国的太医令，名叫李醯，是个不学无术的老官僚。他见扁鹊医术超群，怕有朝一日会取代他的地位，便在公元前310年扁鹊来秦国行医时，派人悄悄地刺死了他。

扁鹊去世后，神化他的各种传说越来越多，有些甚至被编入方志和史书中。在他行过医的一些地方，如河北的任丘，河南的开封、汤阴，山东的曹县、长清，陕西的咸阳等，还相继建造了纪念他的墓、碑和庙宇……

据有关史书记载，扁鹊生前曾著有《扁鹊内经》《扁鹊外经》等书，但可惜都已失传了。现存《难经》一书，据考证，是后人托名所著。该书记录了扁鹊发挥《黄帝内经》经脉说的成就，至今仍有较高的参考价值。

司马迁为扁鹊作传曾说过："扁鹊言医，为方者宗，守数精明，后世修序，弗能易也。"司马迁这一推崇并不过分，扁鹊的确是一位继往开来的医学家。《史记》卷105有传。

087

创制世界上第一架地震仪

——张衡

张衡（78—139），字平子，因晚年做过河间相，故又称张河间。他于东汉建初三年（78年）降生在南阳郡西鄂县（今河南省南阳市）石桥镇一个显赫的大家族中。曾祖父是王莽时代的大地主。祖父张堪曾当过渔阳郡太守，但因为官清廉，一生没有多少积蓄。他一故去，张家便开始走下坡路，到张衡降生时，家境已相当清苦了。

由于先人去世早，张衡失去了靠祖荫入仕的条件，要改变困境，就得靠自己努力奋斗。所以，张衡从小学习非常刻苦，凡是能够得到的书，都要通读。他渴望从茫茫书海中汲取更多的知识。由于张衡勤奋好学，对自然科学、文学、哲学等无所不通，尤其是他为西汉末年大赋家扬雄的《太玄经》撰写的《太玄注》曾在当时文坛中引起轰动，从而赢得了"南阳通人"的雅号。

111年，朝廷下诏求贤，张衡被推荐到京都供职。汉安帝早闻张衡学识渊博，就给了他一个"郎中"的职务。这个官职，没有什么实权，为皇帝的学术顾问。3年之后，皇帝将他提升为"侍郎"，随后又改任"太史令"。

对于"太史令"这一职务，张衡非常满意。因为这样一来，他便可以利用这一难得的机会发挥自己的聪明才智，把全部精力投入到所喜爱的天文学和历算中来。

在当时，人们曾围绕着天地的形状和宇宙的结构问题，展开激烈的辩论，并出现了盖天说、宣夜说和浑天说三种学说。盖天说认为，天是圆的，地是方的，天就像一口大锅，把地球扣在里面；宣夜说则认为，天是个空洞洞的东西；浑天说则认为，天包着地，天一半在地上，一半在地下。

张衡通过认真探讨、研究，认为浑天说较为合理，并将这种观点加以发挥，提出了一些独到的见解。

为了便于观测天象，张衡经过反复试验，终于在东汉元初四年（117年）制成了浑天仪。

张衡设计制造的这台浑天仪，非常精巧。仪器是用精铜制成的，它的主体是个球体，代表天体。球体里面有根铁轴横穿球心，叫做天轴，天轴与地平成 36°夹角。天轴与球有两个交点，上为北极，下为南极。在球面上遍列二十八宿和其他星辰，并刻有赤道圈（象征着太阳运行的轨道）。赤道圈和黄道圈互成 24°夹角，黄、赤两道都刻有二十四节气，从冬至点起，分成 365° 2′ 5″，每度又分 4 格。在球体外面又有两个圆环，一个是地平圈，一个是子午圈，天球一半露在地平圈之上，一半隐在地平圈之下。这样，整个天体现象就在这个仪器上表示出来了。

为了让仪器自行运转，张衡又煞费脑筋，设计出一组漏壶来，它利用了滴水的力量，使浑天仪按照均匀的速度自动运转。浑天仪旋转一周，刚好是一天的时间。张衡的这一杰作，顿时轰动了整个京城。夜晚，许多人怀着好奇的心理前来观看。当他们看到仪器上显示出的一弯明月正在缓缓升起，而实际天象也恰好如此时，个个都惊得目瞪口呆，对张衡的发明创造感到由衷的钦佩。然而，张衡并不满足于已取得的成就，他还开动脑筋，利用连杆原理制作了一种可以显示日相和月相的附属仪器——"瑞轮蓂荚"。这个仪器从每月初一起，一天转出一片木叶，到十五日月圆时，便现出 15 片木叶；从十六日开始，每天转入一片木叶，到月底木叶又全部转入仪器内部。这样，人们通过这个活动日历，不但可以知道当天的日期，还可以知道月亮是否圆缺。

张衡创制的浑天仪，实际上是我国最早的一台天文钟。它制成后一直被安放在东汉政府的灵台上，成为令人赞叹不已的国宝。

张衡不仅创制了一系列珍贵的天文仪器，在天文学理论方面，也有很精深的研究。他非常注意从理论上探讨天体的演变过程和行星的运动规律。他认为，行星运动的快慢，取决于距天的远近；行星在运动过程中是有进有退的，有时甚至是停留不动的。他把这些观点都总结归纳在划时代的天文学著作——《灵宪》之中。

张衡还非常注意对恒星数目的观察。据他当时的观测，在我国中原地区可以看到的恒星有 2500 颗。这一观测成果是很了不起的。因为据现代天文学家统计，肉眼能够看到的六等星共 6000 多颗，而在同一地区同一时间内只能看到 3000 颗左右。

张衡又是世界上第一个科学解释月食成因的人。他在《灵宪》一书中这样阐述道：月亮本身是不发光的，"月光生于日之所照，……当日之冲，光常不合者，蔽于地也，是谓暗虚，在星则星微，遇月则月食"。这就明确指出了月食发生的原因是月亮被地球的影子遮住而得不到太阳光照射的缘故。

张衡在科学史上的另一重大贡献就是研制成世界上第一架地动仪。

在东汉时期，我国中原一带经常发生地震。据史载，张衡 12 岁那年，会稽地区发生了一次大地震，致使南山崩裂。两年后，又发生了一次，波及周围 13 个郡。在此后的 30 多年里，又先后发生了 25 次较强的地震。严重的自然灾害，引起了张衡的极度关注。他在担任太史令的第二年，就把大部分精力投入对地震的研究工作。经过反复研究、试验，终于在 132 年制成了世界上第一架观测和记录地震的仪器——地动仪。

这是一台用青铜制成的仪器，主体像个酒樽，圆径有 8 尺。在樽的周围分别镶着 8 条龙，按照东、东南、南、西南、西、西北、北、东北 8 个方向排列。每条龙嘴里各衔着一颗铜球。在 8 条龙嘴的下面，相应地放置着 8 只铜铸的蛤蟆，如果哪个方向发生了地震，传来震波，哪个方向的龙嘴里的铜球就滚出来落在蛤蟆嘴里，同时发出清脆的响声。实践证明，这台地动仪非常准确、灵敏。例如，永和三年（138 年）闰二月的一天，西北方向一条龙突然吐出了铜球，而当地人却丝毫未觉察到地动。于是，京都中一些本来就对地动仪的准确性持怀疑态度的人，便趁机兴风作浪，攻击张衡制作的地动仪让人虚惊一场，根本不准确。岂料，没过几天，有个驿使急报陇西地区发生了一次大地震，灾情十分严重。所报时间与地动仪测得的时间完全吻合。这样一来，那些持怀疑态度、说风凉话的人不得不在事实面前服了输。自此以后，我国便开始了用仪器远距离观测和记录地震的历史。而类似的仪器，国外直至 13 世纪才问世。

当时还常闹风灾。据记载，有一次，一场大风竟拔掉了 3 万多株树。面对这种情况，富有进取心的张衡又研制出一件测定风向的仪器——候风仪。这种仪器的构造史书上没有详细记载，传说它与西方的"候风鸡"相似，但却比西方早 1000 多年。

张衡一生的成就当然并不止于这些。在数学方面，他计算出的圆周率为 3.162；在机械方面，他发明了"可使自转"的自动车和一种能够自己飞行的"木鸟"；在地理学方面，他绘制的一幅《地形图》流传了几百年；他还擅长绘画，是东汉时六大画家之一。

张衡于 139 年去世后，遗体葬于他的家乡南阳西鄂，墓碑上刻有好友崔瑗写的碑文和铭辞。多少年来，历代文人学者经常来此凭吊。新中国成立后，多次发行了印有张衡头像和地动仪的邮票。1970 年，国际天文学界将月球背面的一座环形山用他的名字命名；1977 年，又将太阳系中一个编号为 1802 的小行星也用他的名字命名。这一切无不表明，这位东汉时期的科学巨匠为祖国、为人类做出的贡献是永远值得人们追慕的。《后汉书》卷 75 有传。

088

造纸术之父
——蔡伦

蔡伦，字敬仲，桂阳（今湖南耒阳县）人。他于东汉永平末年（75年）进京城洛阳皇宫当太监。和帝时他很得宠，能参与国家大事，后担任尚方令。他在担任尚方令期间，主持监造了优质的"蔡侯纸"，在人类文明史上写下了光辉的一页。

说到蔡伦主持监造优质的"蔡侯纸"，不禁使人联想起人类为寻找理想的书写材料，曾走过多么漫长的道路。

据历史记载和考古发现，人类在发明纸以前，我们的祖先在记事时，一般是把字刻在乌龟背壳、野兽骨头和青铜器上的，即现代所说的"甲骨文"和"金文"（亦称铭文和钟鼎文）。与此同时，世界各国人民也都在寻找着书写材料。古代苏美尔人（在今叙利亚），曾在黏土泥板上刻写文字；古埃及人是在尼罗河上游盛产的一种水草（纸草）薄皮上写字；古印度人利用白桦树皮和一种大叶棕榈树的叶子来书写；欧洲人则把文字记录在羊皮上。

随着人类文化的发展，人们对书写材料越来越渴求，在春秋战国时期，诞生了"简牍"。所谓"简"，就是把竹子劈成薄片，用刀削光，制成的竹片。而"牍"则是用木材制成的薄而光滑的木片。简牍有长有短，短的可以写八九个字，长的可以写三四十个字。因此，写成一部书往往需要很多简牍。人们用绳子或者皮带将简牍按顺序串起来，就结成了册。相传，孔子读《易经》"韦编三绝"，韦就是穿竹简的皮带，三绝是指竹简的皮带磨断了三次。

简牍的发明，使书写材料有了一大进步。用笔在竹片上写字，要比在甲骨上刻字方便得多。但是，竹木片最大的缺点是笨重，给翻阅、携带和保存都带来极大的不便。当时有位著名学者惠施，出门游学时带的书简要用五辆车子装载，其实只有几本书。西汉时，一个名叫东方朔的人给汉武帝上书，竟用了3000块木片，写完了捆在一起，连他自己也搬不动，上朝时只得由两个人抬进皇宫。汉武帝翻阅时也颇费力气，用了两个月时间才看完。东方朔的上书固然冗长，但最主要还是他书写的"纸"太笨重了。

几乎在使用简牍的同时，人们还发明了一种书写材料——丝织品"绢"。把字写在绢上，称作"帛书"。帛既轻柔又平滑，不仅书写与携带都比较方便，还能依照文章的长短剪裁，卷成一卷，省去了简牍的笨重与穿编之累，不失为一种进步。但丝织品的价格毕竟昂贵，不能作为一种普遍使用的书写材料。同时，绢帛也有它的弊处，即是在绢帛上写的文章，如果有一处需查阅，必须将全卷展开，使用起来颇不方便。故而《汉书》上有"缣贵而简重，并不便人"之说。

大约在西汉中期，人们发明了"絮纸"。据《汉书》记载：公元前12年，后宫有个叫曹伟能的宫女，生了一个男孩。按照封建法规，宫女一旦为皇上生了儿子，身价就会大增。皇后的妹妹赵飞燕非常妒忌她，生怕自己和姐姐会因此失宠，就派人送去两张用"赫蹏"包着的毒药，上面写道"告伟能食此药！"可怜那宫女只能含恨而死。"赫蹏"到底是什么东西？经过许多专家考证，认为它就是用蚕丝制成的"絮纸"。

在汉代，我国的缫丝业已相当发达，上等的蚕茧可缫丝织绸，次等的蚕茧则经漂后用其制作丝棉。而制作丝棉的过程，恰好为絮纸的发明提供了契机。因为做丝棉的步骤是：先把蚕茧煮过，然后放到水里，用木棒把蚕茧打烂，在竹席上冲洗，就制成了丝棉。当人们把丝棉从席子上揭下来后，发现席子上还粘着一层薄薄的纤维，剥下来晒干后就成为丝棉片。一些爱动脑筋的人把丝棉片压磨后用来写字，"絮纸"就是这样产生的。絮纸的造法虽然比较简单，但却符合科学原理。它对原料的处理包括了分离、捶捣、交织、干燥等四道主要工序，与现代造纸工艺过程非常接近。

"絮纸"也不是人们心目中理想的书写材料，它同样受到原料少的限制，而且也无法大量生产。在这种情况下，人们又进一步发明了用植物纤维造纸的方法。最早的植物纤维纸是"灞桥纸"。1957 年 5 月 8 日，在陕西省西安市郊灞桥发现了一座西汉时期的古墓，从墓中发现了成沓的古纸残片，共 88 张。经有关部门化验分析，确认这批纸是汉武帝（前140—前87）时用大麻纤维制造的。

"灞桥纸"虽然早于"蔡侯纸"100 多年，但质地粗糙，根本无法书写。

到东汉初年，蔡伦以造纸技术革新者的身份出现了。他在担任尚方令时，负责监制和掌管皇宫中使用的各种器物。在他手下，集中了一大批能工巧匠，其中有些人懂得一些造纸技术。蔡伦本人善于诗书，深知缺纸的困难，对改进造纸术极为留心。他经过反复研究、试验，终于在絮纸和麻类纤维造纸的基础上，成功地组织监制了用树皮、麻头、破布和渔网等丰富材料制成的植物纤维纸。这种纸成本低、质地薄，而且耐用，书写起来也很流畅，是理想的书写材料。蔡伦发明的这一造纸方法，很快受到人们的普遍欢迎。105 年，当蔡伦把这种纸和造纸方法上奏朝廷时，和帝大悦，立即通令全国采用，并为此嘉奖了他。由于蔡伦曾被封为"龙亭侯"，后人便把他创制的这种多种植物纤维纸称作"蔡侯纸"。

优质的"蔡侯纸"和先进的造纸技术大大促进了书籍的抄写和文化知识的传播。据说，在晋初（289 年），官书已达 2 万多卷，到 431 年，增至 6 万多卷。私人藏书在晋朝也有 5000 多卷。到了盛唐时期，造纸技术又有了很大的提高，这时的纸质细而薄，产量也明显增加。纸的应用范围也逐渐由书写扩展到日常生活的各个方面，出现了纸制的屏风、灯笼、扇子、雨伞等用具。

我国作为造纸术的故乡，直到机器造纸出现之前，造纸技术一直居于世界先进水平。自公元 4 世纪始，造纸术首先传到朝鲜，以后逐渐又传到日本、越南和印度等国。751 年，阿拉伯人从中国战俘那里学到了造纸术。11 世纪以后，造纸术又由阿拉伯人传到了欧洲。继欧洲之后，我国的造纸术又随着航海事业的发展，传到了美洲和澳洲。至此，我国造纸术的福荫遍及五洲。

有人在评论蔡伦革新造纸术时曾说，蔡伦对人类文化、科学传播的贡献怎么估计也不会过高。的确，这一说法并非溢美之词。多少年来，人们从未忘记他的功绩。他的家乡湖南耒阳至今仍有纪念他的庙宇，他的墓地——陕西省洋县龙亭铺也有供奉他的神庙。不仅在中国，就连日本的造纸工人也供奉他为祖师。纸在人类文明史上占有重要地位，将使人们永远铭记蔡伦的功绩。《后汉书》卷 78 有传。

089

中国历史上第一个施行开腹手术的外科医生
——华佗

华佗（145—208），别名旉，字元化，沛国谯（今安徽亳州市）人。华佗自幼聪颖好学，但他不入仕途，一心想做一名医生，为老百姓治病。特别是当他母亲被疾病夺去生命后，更坚定了他要做一名出色医生的信念。

华佗把扁鹊、仓公等医林先师奉为自己的榜样，认真研读医书，并拜能者为师。经过一段时间的努力钻研和大胆的医疗实践，他的医术逐渐提高。

作为医生，华佗尤其擅长于外科手术。他用一把小小的手术刀，使不少绝望的垂死病人神奇般地恢复了健康。

据《后汉书》《三国志》等书记载，华佗给病人施行手术与众不同。为了减轻和排除手术时患者的剧痛，使手术能够顺利地进行，他经过多方探索，发明了一种全身麻醉剂——"麻沸散"。在动手术之前，先给病人用酒冲服"麻沸散"，等到病人失去知觉后，才用消过毒的刀剖开腹、背。若是"积聚"（类似肿瘤），就割除掉；若是肠、胃溃疡，便除去积秽，洗涤干净，尔后仔细缝合，再在切口处敷上药膏，经过四五天创口即可愈合，一个月左右就能恢复健康。华佗用这种方法成功地进行了不少大手术，从而使自己成为我国历史上第一个施行开腹手术的外科医生。

华佗发明和使用的"麻沸散"，不仅为人类战胜疾病痛苦提供了新的手段，同时也为医学的发展开拓了新的研究领域。这在当时是需要付出一定的代价的。一些人认为，使用"麻沸散"动手术会伤元气，病人即使不死，也活不长。华佗则把这些流言蜚语当作耳旁风，不予理睬，坚持在实践中不断总结提高。后来，他创制的"麻沸散"传到朝鲜、日本、摩洛哥等国。美国人拉瓦尔在他著的《世界药学史》一书中曾提到："阿拉伯人使用麻醉剂可能是中国传去的，因为中国名医华佗擅长此术。"华佗的这一发明创造，比英国人使用氧化亚氮麻醉早了1500多年；比美国人莫尔顿用乙醚作全身麻醉早了1600多年。

华佗精于做外科手术，这在当时是独一无二的。但在他生活的那个时代，一个植根于黎民之中的医生，仅有这一点是不够的。一个出色的医生，必须能够诊治各种病疾。华佗就是这样一位一专多能的好医生。

针灸，是祖国医学独特的一种医疗方法。对此，华佗能够应用自如。他针灸用穴少，疗效高，"若当灸，不过一两处"。据说，一次他碰到一个两脚不能行走的病人，便在患者脊柱两侧点了十几个穴位，每穴灸十壮，灸后那人就能行走自如了。华佗勇于实践，大胆创新，根据自己的临床经验，创用的"夹脊穴"，直到今日仍在应用，被称为"华佗穴"。

在行医过程中，华佗随时留意收集民间流传的各种行之有效的单方、土方、验方。例如，他听说有一个病人喉咙咽塞，吃不下饭，后来服了两三瓣蒜蓉和半碗醋，随即吐出一条蛔虫，病就好了。于是，便将这个处方记下来，在实践中加以总结推广，为许多患者解除了痛苦。有些患者病好之后，拿着吐出来的虫子到华佗家中致谢，而华佗也乐得把这些虫子串起来挂在墙上。

华佗看病时很注意对患者察颜望色，从患者的面目、形色来判定病症的轻重和能否救治。这也是华佗在内科诊治方面的又一妙着。《后汉书》和《三国志》对此多有记载。如有一回，华佗在盐渎酒店遇到一个叫严昕的人，告诉他："从脸色上看，您有急病，最好不要饮酒。"严昕不听劝告，从酒店出来，没走多远便突然头眩坠车，当晚就死去了。

对于妇科和儿科的疾病，华佗也很精通。据史载，一位李将军的妻子时感腹痛，请华佗诊治。华佗认为病人是孕期受伤所致，腹内尚存一死胎未下来。岂料李将军听后很不以为然，因为前不久早有一死胎坠下，何又来一死胎？但过了3个多月，病人腹痛加剧，生命垂危，再请华佗救治时，华佗认为脉象如前，并进一步解释说："原是双胞胎，孕期受伤后，只坠下一死胎，另一个由于母体失血过多，无力娩出。"病人听后将信将疑。治疗后，患者果然又娩出一个早已干枯变黑的死胎。

关于华佗诊治儿科疾病，曾有这样一个传说。东阳有个叫陈叔山的，请华佗给他只有两岁的儿子看病。那孩子还没有断奶，患有腹泻症，成天哭闹不止，经过多个医生诊治，均不见效。华佗认真给小儿切脉后，又仔细观察了患儿全身发育情况，确认孩子的病是因他母亲的奶水营养差造成的。他为母子配制了药丸，服后不到10天，患儿就不再腹泻了。

华佗不仅善于治病，还很提倡养生之道。他是我国古代医疗体育的创始人之一。

他曾对弟子吴普说："人体欲得劳动，但不当使极耳。动摇则谷气得消，血脉流通，病不得生，譬由户枢不朽是也。"他继承和发扬了古代"圣人不治已病，治未病"的积极预防思想，根据"流水不腐，户枢不蠹"这一原理，创造了一套摹仿虎、鹿、熊、猿、鸟五种禽兽动作姿态的"五禽之戏"健身操。当时，他经常指导一些瘦弱的人练习做这套健身操，效果相当显著。他的弟子吴普常年坚持做"五禽之戏"，后来活到90多岁还耳聪目明，牙齿坚固。但只可惜华佗本人却因被曹操所害，过早地离开了人世。

华佗临死前，在狱中曾将自己的经验及药方（包括"麻沸散"），整理了3卷《青囊经》，希望能造福于后人。但遗憾的是，狱吏怕受牵连，不敢将医稿收存，华佗在绝望中愤然将其焚毁。

华佗死后，弟子吴普、阿樊、李当之等继承和发展了他的事业，分别撰写有《吴普本草》《本草经》等书，其中也融会着华佗为祖国医林大地留下的一些沁人芳香。《后汉书》卷82有传。

医圣

——张仲景

张仲景（约150—219），名机，字仲景，南阳郡（今河南省南阳市）人。约生于东汉桓帝和平元年（150年），卒于东汉献帝建安二十四年（219年）。他年轻时曾被举为孝廉（相当于清代举人），但他厌恶"竞逐荣势"、"唯名利是务"的宦海生活，毅然放弃继续求取功名的机会，拜同族人张伯祖为师，开始医学生涯。

在当时，医生的社会地位是很低下的。张仲景为什么要选择这个职业呢？其原因在于：瘟疫的流行以及本家族中许多人死于疫病给他造成的巨大痛苦。据史书记载，由于天灾人祸，从汉灵帝建宁元年（168年）到汉献帝建安二十二年（217年）的50年间，疫病（传染病）多次流行，以至"家家有僵尸之痛，室室有号泣之哀，或阖门而殪，或覆族而亡"。张仲景的家族在10年之内，竟有三分之二的人被夺去了生命。其中又多死于"伤寒病"。身历其境的张仲景，曾情不自禁地感叹道：医学是利人利己的职业，对人可以疗疾，对己能够保生。上古有神农、黄帝、岐伯、伯高、雷公、少俞、少师、仲文等人；中世有长桑君、扁鹊、公乘阳庆和仓公等人；可下此以来，却再未听说有妙手回春的名医产生！由于他"感往昔之沦丧，伤横夭之莫救"，便决意做一名救死扶伤、为他人解除痛苦的医生。

张仲景虽拜同族人张伯祖为师，但却反对业医者"各承家技，始终顺旧"的做法。他"勤求古训，博采众方"，坚持对前人的经验，取其精华，去其糟粕。由于他勤奋好学，又肯钻研，善总结，医术提高得很快，不久就成为一名远近闻名的医生。

现代中医学理论告诉我们，论断治疗疾病时，辨证施治是极为重要的。现代中医学又将"辩证"分类为"八纲辩证"（包括：阴、阳、表、里、寒、热、虚、实）、"六经辩证"（包括：太阳、阳明、少阳、太阴、厥阴、少阴六经）、"脏腑辩证"（包括：心、肝、脾、肺、肾五脏和胃、大肠、小肠、胆、膀胱、三焦六腑）、"三焦辩证"以及"卫气营血辩证"等。而其中最基本的"八纲辩证"，就是由张仲景首次总结、归纳出来的。

当时，张仲景把那些症状沉伏而难于发现、恶寒、厥冷、脉象沉迟、细弱无力的称为阴症；把那些兴奋、充血、发热等症候和脉象洪大有力、浮、滑的称作阳症；病症发生在体表的为表症；在体内的为里症；凡病毒"邪气"滞留在体内而精气虚弱的为虚症；"邪气"充实，但精力（抵抗力）仍足以抵抗的为实症；具有寒性倾向的称为寒症；有热性倾向的称为热症。其中又以阴阳为总纲，将寒、虚、里划为阴症，将热、实、表划为阳症。运用这些方法辩证，既可以辨识疾病的属性（阴、阳），又可以知道疾病的部位（表、里），以及邪正消长（虚、实）和症状表现（寒、热）等。

在临症治疗中，张仲景还总结了一套"论治"方法。他将治疗原则分为扶正和驱邪两个方面。强调凡体质强（抵抗力强），又患有急病，消耗不多的，治疗原则以"驱邪"为主。反之，体弱久病，耗伤精力，体质虚弱（抵抗力差），则应以扶养"正气"（抗病力）为主。在这一理论基础上，他又进一步提出了"缓则治其本，急则治其标"的随症治疗原则。

什么叫做"缓则治其本，急则治其标"呢？在中医学理论中，"标"是指疾病的现象，"本"是指疾病的本质。同时，标、本的概念也是辩证的。比如，从人的正气与病邪来分，正气为本，邪气为标；从病因与症状来分，病因为本，症状为标；从疾病的症状本身来分，原发症状为本，续发症状为标；从疾病的新旧来分，旧病为本，新病为标。"急则治其标"，就是在标病甚急的情况下，如因旧病复感外邪或因某些因素危及患者生命时，必须先治其标，后治其本。像原来患有肾炎病的人，又突然得了感冒，须先治好感冒这个"标"，然后再继续治疗原来的肾炎"本"。又如慢性肾炎，多属虚症，治疗应以补益为主。若患者突然出现恶心、呕吐等症状,则应以先降逆、和胃、止吐法,治其标,待症状缓解后,再治其本。"缓则治其本",是从根本上着手的治法。大都用于一般慢性疾病的治疗。如虚劳内伤、阴虚发热咳嗽的病人,发热咳嗽为标(症状为标),阴虚是本(病因为本)。在治疗上应采用滋阴药物治其本。

在具体治疗方法上,张仲景又创立了汗、吐、下、和、清、温、补、消治八法。其中除吐法现在很少采用外,其余七法一直在中医临床上沿用。

汗法:主要是通过发汗的方法来驱除侵袭体表的外邪,多用于一般外感风寒引起的疾病。

吐法:是引导病邪和有毒的物质,使之从口中涌吐而出的一种方法。是常用于使毒物迅速排出的急救方法。

下法:是攻逐体内结滞,通泄大便的一种治法。具有排除体内蓄积、恢复正常机理的作用。

和法:通过和解,以祛除病邪,扶助正气的方法。

温法:祛除寒邪和补益阳气的一种方法。

清法:是治疗热性病的方法。具有清热、降火、保津、除烦、解渴的作用。

补法:补益人体阴、阳、气、血的不足,或补益某一脏腑虚损的一种治法,可起到维持平衡及扶持正气的作用。

消法:消除凝滞在体内的各种有形之邪。

在病因学方面,张仲景敢于蔑视神权,反对封建迷信和巫医巫术。在他看来,"千般灾难,不越三条:一者,经络受邪入脏腑,为内所因也;二者,四肢、九窍、血脉相传,壅塞不通,为外皮肤所中也;三者,房室、金刃、虫兽所伤。以此详之,病由都尽。"也就是说,人体所有疾病,其病因不外于3条:一是经络受邪,传入脏腑;二是感受外邪,四肢九窍,血脉壅塞不通;三是男女房事过度以及被金刃(指枪、刀、铜器)和虫兽(指蜈蚣、蜂、蝎、壁螵、毒蛇、虎、豹、狼、狂犬等)所伤。明确指出了人体发病的原因,或是因内部器官机能改变,或是因外邪入侵及物理因素所致,而和天灵、鬼神毫不相干。

张仲景对疾病的预防也很重视。他主张"治未病",防患于未然。他曾针对引起疾病的原因提出:"若人能养慎,不令外邪干忤经络,适中经络,未流传脏腑,即医治之;四肢才觉重滞,即导引吐纳,针灸膏摩,勿令九窍闭塞;更能无犯王法,禽兽灾伤、房室勿令竭乏,服食节其冷、热、苦、酸、辛、甘、不遗形体有衰,病则无由入其腠理。"强调有病要及早治疗,平时也要饮食有节,起居有常,劳逸适当,注意锻炼身体。只有这样才可以正气足,邪不可干,达到预防疾病,保持身体健康的目的。

在长期的行医实践中,张仲景还赢得了"经方大师"的美称。平时,他非常注意收集前人著作中和民间流传的验方,认为这些验方药味简单,疗效显著,应用起来也很方便。但他又不为前人留下的经方所限制,在临症治疗中还根据自己的亲身体会和临症效果,对药物方剂进行调整,创制了不少独特的新方剂。后来,他有选择地把375个药方载入《伤寒杂病论》一书,其中一些"用之多验"的方剂,像治疗急性阑尾炎的"大黄牡丹汤",治疗细菌性痢疾的"白头翁汤"以及用于治疗乙型脑炎的"白虎汤"等,一直沿用至今,具有较高的临床治疗效果。

张仲景步入晚年后,把自己几十年的临床经验加以提炼、升华,精心撰写出我国第一部理、法、方药兼备的临症诊疗专著——《伤寒杂病论》。它一经问世,立刻引起了医学界的轰动,与张仲景同时代的"神医"华佗拜读该书后称赞它:"此真活人书也!"有些医生竟把它奉为"医经"。

由于《伤寒杂病论》成书较早,又经战乱,几乎散失,后经西晋名医王叔和与宋代林亿等人整理加工后,将其编为《伤寒论》和《金匮要略》两部书。

《伤寒论》一书由10卷组成,共22篇,记载治疗原则397条,录方113个。重点阐述各种外感疾病。《金匮要略》是诊治各种杂病的专著。由6卷25篇组成,详细介绍了40多种疾病,载方262个。

除《伤寒杂病论》外,张仲景还著有《黄素要方》25卷、《疗伤寒身验方》1卷、《评病要方》1卷、《口齿论》1卷等。只可惜,这些书大部分已失传了。

091

将圆周率推算至小数点后七位的
第一人

——祖冲之

祖冲之（429—500），字文远，范阳郡遒县（今河北省涞水县）人。他出生在一个仕宦的家庭。祖父祖昌做过大匠卿，父亲祖朔之做过奉朝请。祖冲之从小时候起，就刻苦钻研家传的历法、算学等学问，对文学、哲学等亦极感兴趣。他"少稽古，有机思"，成年后，在建康城里就有了博学多才的名声。孝武帝继位后，网罗文人学子，便把祖冲之召至华林学省。

进华林学省的人被称为华林学士。他们虽然没有什么官职，却有较高的地位和待遇。祖冲之来到这里，皇帝也给他"赐宝宇车服"。可是，舒适安逸的生活并没有使他忘却自己的奋斗目标。他充分利用华林学省优越的条件，继续研究天文、数学等学科。他收集和参考了前人保存的大量观测天象的记录和有关文献，比较和分析了大量的古代历书（如刘乾的《乾象历》、杨伟的《景帝历》等），在此基础上，他指出班固《汉书》中所传的《皇帝历》《颛顼历》《夏历》《周历》《鲁历》均是后人假托前人的伪作。他"博访前坟，远稽昔典……探异今古，观要华戎"，又"亲量圭尺，躬察仪漏，目尽毫厘，心务筹策"，整天埋身于阅读古人的著作和天文观测之中，简直到了着迷的地步。

勤奋的汗水必将浇灌出丰硕的果实。刘宋孝武帝大明六年（462年），宋孝武帝收到了祖冲之精心编制的《大明历》和《上大明历书》，请求废止袭用了半个世纪的《元嘉历》，改行新历。这件事成了当时震惊朝野的一件大事。

历法和农业生产、人民生活密切相关。我国古代的历法大都使用阴阳历,从周末到汉初,已经过了 100 多次改革。南北朝时所用的《元嘉历》,是著名天文学家何承天创造的,较以往的各种历本有不少改进,可算是当时最完美的历本了。还在华林学省的时候,祖冲之就对古代各种历本进行比较和研究,出任南徐州（今江苏省镇江市）从事和公府参军等职,仍未中断这项工作。经过仔细的推算和研究,祖冲之得到了大量数据,认为《元嘉历》尚有许多不够精密之处,其中日月所在的位置差了 3 度,冬至和夏至那天的日影都推前了 1 天,而推算金、木、水、火、土五大行星的出现和隐没,有时竟和实际相差 40 天。祖冲之决心在《元嘉历》的基础上改制新历。经过不懈的努力,他终于改制出了新的历法并就其制成的年代而命名为《大明历》。

《大明历》首次把"岁差"的影响运用到历法中去,这是历法史上的一项伟大的创举。在祖冲之以前,所有的天文学家都不知道有岁差现象,都以为太阳绕地球运行（事实上是地球绕太阳运行）一周天（太阳从头一年冬至运行到第二年冬至）,即一周岁,仍然回到原来的起头位置上,不会有差错。但实际上经过"一周岁"的运行,太阳并没有完全回到原来的位置上,而是还差一点儿微小的距离。这段距离就是"岁差"。祖冲之根据自己长期的测验和计算,证实了岁差的存在。自此,"岁差"成了制定精确历法必不可少的重要因素。《大明历》另一个特点是修改了"闰法"。阴阳历一年的日数并不相等,阳历比阴历约多 11 天。因此,我国古代历法家最早采用了 19 个阴历年中有 7 个闰年的方法来调整两者之间的距离。这个方法到祖冲之时已沿用了 1000 多年,但与实际情况仍有出入,平均每 200 年就会相差 1 天。祖冲之经过反复计算,大胆提出了每 391 年内置 144 闰月的新闰法,使历法的精确度显著提高。

在历法计算中,祖冲之还引入了"交点月"。"交点月"就是月亮连续两次经过黄白交点所需的时间。当时祖冲之测得的交点月的时间是 27.21223 日,这和现在测得的 27.2122 日非常接近。因为日食、月食都发生在交点月附近,这就为准确推算出日、月食的出现创造了条件。

祖冲之增加"岁差",减少"闰数",引入"交点月",是历法中的一次重大改革。可是，宋孝武帝根本不懂历法，接到祖冲之的上书后，即下诏要朝中文武百官讨论。但是，朝中文武官员中很少有懂得历法的，提不出什么意见。唯有孝武帝的宠臣，太子旅贲中郎将戴法兴独提异说反对。于是，围绕着"改历"问题，朝中展开了一场大论战。

祖冲之不畏强权，当着皇帝和满朝文武官员对戴法兴的谬论据理反驳，一再要他"准以实见"，并写下了科学史上的著名文献《驳议》。文章列举事实，说明前人在科学上并不是没有错误的，需要后人来"撰正众谬"；同时又以大量科学数据（包括数学和天文历法方面的），来论证新历的确凿可靠。当时，中书舍人巢尚之同意祖冲之的新历，他分析了 20 余年来四次月食的情况后指出，祖冲之预测蚀尽时月亮在星空的位置与实际密合，而戴法兴所测就相差 10 度。在事实面前，孝武帝终于下决心采用祖冲之的新历。

祖冲之在数学方面也取得了突出的成就。这一成果，就是对圆周率的推算。这在当时世界上是独一无二的，以至在他身后 1000 余年内，全世界的数学家还没能在这个问题上取得重大进展。

如人所知，表示圆的周长与其直径比例关系的"π"，是一个十分有趣的数字。它的小数既不循环，又不有限，人们用电子计算机早已求出一万多位数，仍可以无限地求下去。圆周率在计算圆的周长、面积和体积时，都要用到，所以早就引起了人们的注意。古代东方和西方的许多科学家都对这个神秘而有趣的数值入迷，并给出种种近似值。一位德国数学家后来总结说："历史上一个国家所算得的圆周率的准确程度，可以作为衡量这个国家当时数学发展水平的一个标志。"

我国古代有"周三径一"之说，这说明祖先们早已得出了圆周率值是 3。后来，西汉的刘歆得出了 3.1547 的圆周率值，东汉的张衡又推算出 3.1622（即 $\sqrt{10}$）的圆周率值。三国末年，寻求更为精确的圆周率的活动有了进展，刘徽采用割圆术求圆周率，得到了相当于 3.14159 的数值，精确度大为提高。祖冲之在此基础上，潜心研究，终于取得了突破性的进展，创造了"祖率"。

祖冲之所给的圆周率的值是一个"约率"22/7，这在他之前已有人求出，另一个是"密率"355/113。他还意识到这样或许仍不够精确，于是给出了更进一步的近似值，用现代数字符号来表示就是：3.1415926<π<3.1415927。这个数值是相当精密的。在欧洲，直到16世纪，德国人奥托和荷兰人安托尼兹才先后得出与之相同的结果，即"安托尼兹率"。所以，日本著名数学史专家三上义夫在其著作中，建议将355/113称为"祖率"。这充分说明，祖冲之在这方面的贡献是为世人所公认的。

由于祖冲之及其子所著的《缀术》一书已失传，所以我们现在无法知道他是如何求得这个数值的。根据专家们分析，除了割圆术之外，他似乎不见得有什么新方法。如果这个结论成立，那么祖冲之就要对九位大的数字进行一百几十次的复杂计算，其中包括开方。这在没有计算机，甚至连现代笔算都未流行的古代，其艰难程度是可想而知了。而就在这样艰苦的条件下，诞生了"祖率"——这一使中华民族倍感自豪，令世界钦佩的成就。

此外，祖冲之及其子祖暅还巧妙地解决了球体体积的计算，他们所使用的方法，在今天中学的立体几何学课程中仍很重要。祖氏父子的数学成就，包含在一部名叫《缀术》的著作中。这是一部内容丰富、深奥，具有重要价值的学术专著。

祖冲之在科学领域的重大贡献是举世公认的，1959年10月4日，苏联发射了第三艘宇宙飞船，揭示了月球背面的秘密。以后，苏联科学院将那里的环形山——以世界著名科学家、发明家们的名字命名，如布鲁诺、马克斯韦尔、门捷列夫、巴斯德、爱迪生等，祖冲之的名字也在其中。这是我们伟大祖国的骄傲。《南齐书》卷52、《南史》卷72有传。

092

杰出的天文历算家
——一行

　　一行，原名张遂，魏州昌乐（今河南南乐）人，生于唐高宗弘道元年（683年），卒于唐玄宗开元十五年（727年），他是我国古代著名的天文历算学家。

　　一行出身于官宦之家，祖父张公瑾被封为郯国公，官至襄州都督，父亲张擅官拜武功县令。一行自幼聪颖敏慧，勤奋好学，博览经史。曾立下誓言："每日读书不到千言，作文不过500字，不吃饭。"由于他能如此严格地要求自己，所以到青年时，他便精通历象、阴阳五行等专门学问。他曾在几天之内读完号称难读的扬雄《太玄经》，并写出《大衍玄图》和《义决》两篇论文，人称其为颜回再生。武则天代唐之后，为了培植党羽，其侄武三思被委以重任。武三思虽为炙手可热的权贵，可却没有才学与名望。为了抬高自己的声誉，便千方百计地结交一行。一行不愿和这位不学无术的政治暴发户为伍，于是就逃到河南嵩山，出家做了和尚，取名一行，或称僧一行。

　　一行出家之后，依旧刻苦学习，在嵩山前后共生活11年之久。他曾师从禅宗北宗首领普寂禅师，专心致志地研习禅理；他还由嵩山徒步前往湖北荆州向悟真禅师学习佛教经典律藏；他也曾为学习数学而四处奔波，历程数千里，向名师虚心请教。

　　唐睿宗曾命当地官员以礼征召一行，他却以身体多病为由，拒绝出山。开元五年（717年）唐玄宗派一行的族叔、礼部郎中张洽来聘请一行进京。一行到达长安（今西安）以后，就住在宫中，唐玄宗时常向他请教治国用人之道，一行皆尽其所知，直率地发表自己的见解。一次，唐玄宗曾下令为他子女的婚事大操大办，一行严正地提出反对意见，唐玄宗便收回成命。开元八年（720年），南印度人金刚智来到长安传授密藏，一行向他学习密教经典，同时，也了解到印度文化。

由于当时所使用的《麟德历》预报日食接连失误，而一行在天文历法方面的造诣和影响都很大，故于开元九年（721年），唐玄宗命令一行负责主持修订新历法的工作。接受任务之后，一行作了许多必要的准备，他建议依据率府长史梁令瓒所设计的黄道游仪图样，制造仪器，用来观察恒星位置以及日、月、五星的行度。他的建议立即被采纳。开元十二年（724年），一行和梁令瓒等人共同研制的黄道游仪制成。一行立即用它开始了一系列认真的天文观测工作。同时，他还选派人员到各地测量北极高度、冬夏至日及春分日、秋分日时太阳影的长度等数据，开展大范围的测量工作，为编撰新历法提供较为准确的数据。第二年，一行一边着手编制新历法，一边组织人员测量子午线上一度的长度，同时，还与梁令瓒等人研制出能自动演示天象和报时的仪器——浑天仪。

浑天仪是在张衡水运浑天仪的基础上发展而成的仪器，它以水驱动，能模仿天体运行。其报时系统是以木框为地平，仪器的一半装入框中，表示在地下，一半露在地平上。在地平上设置两个木头人，其前设置钟鼓。每隔一刻（古代将一昼夜分为100刻）就有一个木头人自动击鼓，每隔一个时辰（相当于现在两个小时）就有一个木头人自动撞钟。这是世界上最早的天文钟，它比国外1370年制造的威克钟早了600多年。

开元十四年（726年），一行继续编写新历法。大约就在这一年，他为其叔祖父张太素所撰《后魏书》补续《天象志》，据专家研究，今传本《后魏书·天象志》第三、第四卷即为一行所著。

开元十五年，一行草成新历法。由于长期超负荷工作，积劳成疾，十月初八，一行逝世于新丰（今陕西临潼），唐玄宗赐谥号为大慧禅师。由于一行所修历法尚未最后定稿，唐玄宗又令张说、陈玄景等人对原稿修饰润色，编定成书。开元十六年，张说等人将定稿上呈。开元十七年，唐玄宗下令正式颁行全国，这就是著名的一行《大衍历》。

《大衍历》全书共52卷，它包括新历法主干的《开元大衍历经》1卷，记录新历法各种数据的《立成法》12卷，对传统历法得失、演进进行综述和评议的论文集《历议》10卷，关于新历法理论的说明文字《略例奏章》1卷，以上24卷的大部分文字都收录于两《唐书》的《历志》和《天文志》中。此外，尚有推断较长时期内，日、月、五星位置的《长历》3卷，比较研究古往今来24家历法异同、疏密情况的《古今历书》24卷及有关印度历法研究的内容《天竺九执历》1卷。这后28卷内容早已佚失。仅从《大衍历》的编纂体例上看，其中既有对古今中外历法得失的分析与评述，又有实测数据及处理方法的详细说明，这就构成了一部内容十分严谨、逻辑结构极其合理的历法著作。自此以后，历代历法皆是以此书的结构为圭臬，一直到明末西洋历法传入中国以后，情况才有所变化，于此可见《大衍历》在我国历法史上的重要地位。

一行的贡献，并不仅限于《大衍历》的编纂体例上，在以下几个方面，他都有许多杰出的贡献。

一行发现太阳运动的规律。他指出太阳在一回归年内，冬至时最快，然后渐慢，抵春分时依平，后又渐慢，到夏至时最慢，此后渐快，抵秋分时依平，然后渐快，到冬至时最快，如此周而复始。这就纠正了隋代刘焯以来对太阳运行快慢的错误认识。我们知道，太阳在天体上的运动是地球绕太阳公转的反映。地球走到近日点时速度最快，生活在地球上的人们就觉得太阳运动的速度也最快；地球走到远日点时，速度最慢，此时人们就觉得太阳运动的速度也最慢。一行的错误在于他没能分辨出近日点与冬至点及远日点与夏至点的不同。这也难怪，当时的近日点与冬至点的距离差不到9度，要发觉这个差别确实不容易。

一行第一次测量子午线一度的长度。开元十二年，一行发起和组织了一次大规模的天文观测活动。测量地点多达13个：铁勒（今俄罗斯贝加尔湖附近）、蔚州横野馆（今河北蔚县）、太原府、滑州白马（今河南滑县）、汴州浚仪太岳台（今河南开封）、洛阳、阳城、许州扶沟（今河南扶沟）、蔡州上蔡县武津馆（今河南上蔡）、襄州（今湖北襄阳）、朗州武陵县（今湖南常德）、安南都护府（今越南北部）和林邑国（今越南中部）。他们主要测量了北极出地高度、冬夏至和春秋分晷影长度，以及冬夏至昼夜漏刻长度等，取得了一批重要的观测数据。这是我国古代第一次大规模的全国性天文观测活动。

在这次观测之后，一行根据白马、浚仪、扶沟、上蔡四处的数据算出：从滑县到上蔡，北极高度相差1.5度，距离相差526里270步（唐代尺度），夏至日太阳影子的长度差2寸有余。这次观测结果证明古人所说"南北地隔千里，影长差一寸"的说法是错误的。在分析数据的时候，一行发现各地里差与北极出地高度差之间存在着一定的比例关系："大约351里80步，而极差一度"。这实际上已经创立了子午线一度的长度这一概念。若将一行所说的唐代尺度换算成公制，则为子午线一度长为131.11公里，这比现代的测量结果仅多20.17公里。国外第一次实测子午线是814年阿拉伯天文学家阿尔•花剌子模进行的，比起一行来，要晚90年。

一行还创立了晷漏长度随地理纬度不同而异的近似算法，即所谓"九服晷漏"的计算法，以及因月亮视差引起的月亮视位置、真位置同黄白交点之间度距差的计算方法，即"九服食差"的计算法。这表明一行力图打破传统历法关于晷长、漏刻等的推算仅在某一地区有效的局面，促使历法在全国各地均能使用，这在我国古代历法史上是一划时代的创举。这表明一行在科学研究中，勇于创新的精神。

一行强调历法必须有验于今、有证于古。他在确定冬至时刻和回归年长度时，就接受了春秋以来各种有关数据的检验；与交食有关的各种数据和计算方法，则接受了汉武帝元光以来和古史所记录的99起月食事例的检验；有关五星的研究，则参考了史书所记载的岁星27事、荧惑28事、镇星21事、太白22事、辰星24事。因此，他所编写的《大衍历》，既可说明历史上的天文现象，又能比较准确地预报当时的天象变化。

但是，应该指出的是，一行的科学思想中夹杂有天人感应说的糟粕。他相信人间政治的清明或腐败，必然会导致日、月、五星的失行，而这是历法所不能推知的。这实际上为历法的失误提供了挡箭牌。例如，一行曾推算出开元十二年（724年）和开元十三年会发生日食，结果却没有看见，一行就认为这是唐玄宗的德行感动了上帝，所以应发生而不发生。其实这两次日食确实发生了，只是中原一带看不到而已。这就限制了他进一步完善历算方法。

　　总而言之，一行在我国天文历算的发展史上，做出过重大贡献。他发现了太阳运行的规律，测量出子午线上一度的长度，创造出新的历算方法，这在当时的世界上，也是无与伦比的贡献。

093

药王

——孙思邈

孙思邈（581—682），京兆华原（今陕西耀县）人。生于公元581年，死于公元682年。他自幼身体不好，重病缠身，"屡造医门"，花费了大量的"汤药之资"，差不多把家产变卖光了。随着年龄不断增长，他心中萌发的学医愿望愈来愈强烈。18岁那年，他便开始医学生涯。

为了学会治病的方法，他在认真攻读了《黄帝内经》《伤寒杂病论》《神农本草经》等医著之后，又告别乡里，到20公里外的铜官县拜师深造。由于他勤学好问，刻意进取，几年之后就成为远近闻名的医林强手。

在行医过程中，孙思邈鉴于妇女有胎、产、经、带、前阴、乳疾等特殊病症，大胆提出了单独设立妇科的主张。为了使这一想法付诸实施，他把妇女的特殊疾病和治疗方法单列出来，写成了《妇人方》7卷，对妇产科各种疾病的发病原因和治疗方法作了详细叙述。特别是妇女孕期卫生、临产处置和产后禁忌症等方面，孙思邈提出了不少新见解。他认为，妇女怀孕后必须注意调养性情，节制嗜欲，避免惊恐；分娩时要镇静，不应忙乱惧怕，在旁的人也应镇定，不得流露出忧郁不安的神色，否则容易引起产妇精神紧张，造成滞产、难产。后来，他把自己对妇科疾病的研究成果，分别载入《备急千金要方》和《千金翼方》中。

孙思邈还提出了专设儿科的主张。他曾说："生民之道，莫不以养小为大，若无于小，率不成大。"所以，他对小儿，特别是婴儿的各种疾病的治疗和护理，尤其肯花功夫去研究。他把儿科病分为序例、初生、惊痫、客忤、伤寒、咳嗽、杂病等9门。收辑用方320个，载入《备急千金要方》之中。

孙思邈长期植根于民间，对于民间的土方、验方非常重视，他曾说："余早慕方伎，长崇医道，偶逢一法，岂惜千金！遂使各方异术，莫能隐秘。"至于切脉、诊候、采药、合和、服饵、节度、将息、避慎，"一事长于己者，不远千里，服膺取决"。由于他虚心向民间"寻宝"，又善于总结提高，因此积累了丰富的医疗经验。他不但擅长妇产科、儿科，而且更精于内科、外科、五官科及按摩、保健、食疗等。同时，具有相当高明的针灸技术和渊博的药物学知识。

针灸是我国传统的医疗技术，战国时期就已用于临床，以后不断发展，人们发现的穴位愈来愈多。为了便于学习和记忆，在孙思邈之前就有人绘制过《孔穴经络图》（又名《明堂图》）。可惜经辗转传抄，孔穴、经络名称和位置已有不少错漏。为此，孙思邈在前人成果的基础上，结合自己多年的临床经验，重新绘制了《明堂针灸图》。这套图分人体正面、背面、侧面三种，共记孔穴349个。为使孔穴经络更加清晰醒目，"其十二经脉，五色作之；奇经八脉，以绿色为之"。然而在实践中，孙思邈碰到一位腿痛的患者，用土方和《明堂针灸图》所记的穴位外灸，均未见效。孙思邈决心寻找新的穴位。他一面在病人的腿痛处周围掐按，一面问患者哪儿有痛感。当他按到病人腿痛之处时，病人突然发出"阿"、"是"的呼声，孙思邈立即在这一部位进行针刺治疗，结果病人的痛感大减。后来，孙思邈把这种没有固定部位的孔穴称为"阿是穴"。这种随压痛点取穴的方法，至今仍在临床使用。

孙思邈的进取心是无止境的。一次，他遇到一位闭尿的患者，膀胱胀得鼓鼓的，生命危在旦夕。服药和按摩均未奏效，孙思邈大胆试用葱叶导尿。他把葱叶掐去尖端，小心地插入尿道，然后用口轻轻吹气，终于使尿排出。用葱叶导尿，这在古代医学史上是没有先例的。如果与法国医生拿力敦在1860年的橡皮导尿管相比，孙思邈的导尿术早了1000多年。

如人所知，在孙思邈之前，已有不少医学典籍问世。但这些多是各家各派的论著，内容庞杂，分类欠妥。用孙思邈的话来说，便是"忽遇仓碎，求检至难，比得方伎，疾已不救"。因此，他在70岁时，"博采群经"，并根据自己多年来积累的临床经验，"删繁裁重"，整理写成了《备急千金要方》一书。

随着时间的推移，他感到该书不够完善，又在百岁高龄时发奋完成了他的第二部不朽之作《千金翼方》，意在与《备急千金要方》"相辅相济，比翼齐飞"。

《备急千金要方》共30卷，总篇232门。依人体脏腑进行分类，接近现代医学的分类方法。《千金翼方》也是30卷，共189门，记载药物800多种。与《备急千金要方》相比，更侧重于伤寒、本草、杂病等，同时对汉代名医张仲景的传世力作《伤寒杂病论》作了综合论述。

孙思邈的这两部巨著问世之后，医道"至唐一变"。它的主要贡献在于，不仅对隋唐之前的祖国医学作了一次较系统、全面的总结，而且突破了以往医必《黄帝内经》，药必《神农本草经》的旧框框，增加了许多新内容，成为名副其实的"一家之学"。

"往燕无遗影，来雁有余声。"对于孙思邈在医学上的杰出贡献，人们是铭记不忘的。他去世之后，一直受到人们的尊崇和景仰。后人尊称他为"药王"，把他常去采药的五台山改称为"药王山"。直至今日，还有许多地方保留着"药王庙"和"药王亭"。《旧唐书》卷191、《新唐书》卷196有传。

094

人类印刷史上的一座丰碑

——毕昇

　　毕昇，杭州布衣工匠，大约生于 1041—1048 年间，他的家世、生平等没有留下任何记载，已无法查考。但他发明的活字印刷术，是印刷史上的一大创举。这一伟大创举，使他的名字永垂青史。

　　说到毕昇发明活字印刷术，不能不提到与印刷术产生有着必然联系，或者说，为印刷术顺产铺平道路的印章和石刻。印章，就是在玉石或木块上雕刻图形和文字。它最早出现于春秋时期，当时称作"玺"。据《左传》记载，公元前 544 年鲁国的季武子曾向鲁侯索取玺印。在"战国何纷纷，兵戈浮乱云"的时代，提倡合纵的政治家苏秦纵横捭阖，游说诸侯，竟挂了六国相印。秦始皇统一中国后，夺得了那块秦昭王要用 15 座城换取的稀世珍宝"和氏璧"。后来，他用这块宝玉刻成了传国玉玺——皇帝的印章。从此"玺"便成了皇帝印章的专用字。到了汉代，除皇帝的印章称玺外，两千石以上的官吏的图章称为章；两千石以下的官吏的图章称为印。一般人的图章都刻有某某私印。可见，那时印章的使用已经很广泛了。从史载和考古发掘看，印章的雕刻也有一个演变过程。起初，它多采用阴文，到了西汉才改用凸起的阳文。

　　几乎与印章同时，石刻也出现了。据《史记》记载，秦始皇统一中国后，想把自己的武功和大业流芳千古，就在巡行天下时，在峰山、泰山、琅玡、会稽等处立下石刻。至今，峰山的石刻还十分完好，泰山的石刻也还留有残迹。石刻的盛行期，是在东汉。公元 175 年，政府接受著名学者蔡邕的建议，将儒家"五经"刻在 46 块高大的石碑上，立于太学前，供人前来摹写，一时轰动了整个京城。大约又过了 200 年，有人发明了用纸在石碑上捶拓的方法，这就是通常所说的拓石。

印章和拓石的长期使用，为印刷术的诞生提供了契机。因为人们在使用印章时，总要先在印章上涂上一层薄薄的墨汁，然后把纸平铺在印章上，用手轻轻抚摸，当纸从印章上揭下来时，纸上就印出了墨地白字；拓石刻则是将纸铺在石碑上，然后再盖上毡布，用刷子和木槌拂拭拍打，使纸嵌入字痕的凹槽，再均匀地刷上墨，这样一来，纸上也印出了墨地白字。如果要把碑板上的阴文正写字，依照印章的办法，换成阳文正写字；或者扩大阳文印章的面积，使之成为一块木板，在木板上刷墨铺纸，仿照拓石的办法来印刷，那就会出现白纸墨字的印刷品。

这一古老的拓印方法，经过历代劳动人民的不断改进，大约在距今1300 多年前的隋唐之际，终于发明了人类历史上最早的印刷术——雕版印刷术。

雕版印刷术就是把印章和拓石两种方法结合起来，在质地坚硬的枣本或梨木板上，刻上阳文反写的文字或图画，再刷墨铺纸印刷。这比起用手一笔一画地抄写临摹来，要先进得多。刻成一部雕版，能印出几百部，甚至更多的书籍来。当时，民间使用这种方法印了不少历书。

到了宋代，雕版印刷术发展到了它的鼎盛时期，当时在四川、福建、杭州等地均有刻书坊林立。公元 971 年，张徒信在成都雕印的《大藏经》，有 1046 部，5048 卷，费 122 年，雕版达 13 万块之多，是早期印刷史上分量最重的一部书。

从印章、拓石刻到雕版印刷，这可说是一个飞跃，但它并不完善。其缺点在于：①一旦发现错字，如不重雕，就得错印；②一部卷帙浩繁的巨著，往往需要雕刻几年甚至十几年，刻成的木板一大堆，得用几间屋子来存放，既费工又费料。同时，由于其费工费时，难以满足社会对书籍日益增加的要求，古老的印刷术要改进，需要革新。

毕昇，这个生活在 11 世纪的布衣工匠，是个敢于改革创新的人。他为提高工效，减少错版后重雕的繁复劳作，开动脑筋，产生了活字印刷的设想。他想，雕版时字是死的，一旦刻错了，一版字部只好报废了重刻，如果将字改成一个一个的活字，按照文章的顺序把这些字排列起来，发现哪个字取错了，就把那个字单独拣出来，重新放上正确的字，这样，不仅不必重新刻版，而且因为字是现成的，拈来即用，省去了刻字的麻烦，这岂不是省工省时又省料的绝好办法吗？他决心开始试制活字。

制作活字，并不是一件容易的事。首先，是制字材料的选择。他开始时采用了木制活字，但由于木材的纹理有疏有密，沾水后又有伸缩变化，排版不易平整。同时，它粘在铁板上也不容易取下来。木活字失败后，他又经过反复试验，终于发明了胶泥活字。据沈括所著《梦溪笔谈》记载，毕昇发明的活字印刷术可大致分为这样三道工序：首先，用胶泥刻成和铜钱一样薄的单字，用火烧硬后就成了活字。这是活字印刷的基本工具，一般字备有几个，常用字，像"也"、"之"等则备有 20 多个。平时用纸袋贮存，按字韵排在木格里。其次，用一块平铁板，板上敷一层松脂、蜡和纸灰等合制的药品，又在板上安放一个铁框，然后依照稿本拣出所需的活字，排列在铁框内。排满后，将铁板放在火上烘烤，使板上的药品熔化，并取另一铁板平压在活字上面。待铁板冷却后，活字便如砥石一样平整地固定在上面了。这就是排版。最后，在板上施墨印刷。一版印刷，另一版排字，交替使用，速度很快。印完后，又将铁板在火上烘烤使药品熔化，取下活字以备下次再用。在这一过程中，制字、排版、印刷——现代活字印刷的 3 个主要步骤都已具备了。

毕昇发明的活字印刷术，是印刷史上的一大创举、一大革新。但可惜的是，他的创造发明在当时并没有得到应有的重视，更不曾被推广使用。至于他本人用泥活字印制的一些书，因为没有流传下来，也就无从考证了。

但是，毕昇创造的活字印刷术就其本身的价值，是不会被长久埋没的。1317 年，山东人王桢在毕昇的影响下，创造了木活字和它的排版印刷方法，并用它成功地印制了他自己撰著的《旌德县志》，仅用一个月的时间，就印了 100 部。从此，活字印刷术被广泛地应用起来。清朝乾隆年间，有人曾刻成 25 万个枣木活字，先后印成《武英殿聚珍版丛书》138 种，这是我国历史上规模最大的一次木活字印书。继王桢之后，无锡人华燧又研制出铜活字。这以后，我国用字模铸造金属活字的技术基本成熟了。

随着国际文化交流的开展，从 13 世纪起，活字印刷术先后传到朝鲜

（称"陶活字"）和日本（称"植版字"）。不少西方权威人士也认为，虽然他们的文字与汉字不同，但他们的活字印刷术，也是受了中国的影响才产生的。由此可见，毕昇创造的活字印刷术对世界文化的发展所起的作用是难以估量的。

095

中国科学史上的坐标
——沈括

沈括（1031—1095），字存中，浙江钱塘县（今杭州市）人。其父沈周官至太常寺少卿，分司南京。21 岁那年，父亲病故，按照规定，沈括承袭父荫，当了海州沭阳县主簿（县令助手）。和父亲相比，沈括不那么循规蹈矩，他有自己的理想和抱负，希望能有所作为。

在沭阳境内有条沭水河，因年久失修，河道淤塞，致使许多田地"熟不长粮，荒不长草"。颟顸无能的县令非但不思治理，反而据此巧立名目，变本加厉地盘剥百姓。贫苦百姓实在忍无可忍，纷纷起来抗争，赶走了县令。沈括目睹此情此景，决心着手修治沭水河。在他的亲自督导下，先后开辟灌溉渠 100 多米，修筑堤堰 9 条，从而使该县 70 万亩土地变成上等良田。沈括也因此受到人们的尊重。

1063 年，沈括考中了进士，出任扬州司理参军。1066 年，他入京编校绍文馆书籍，不久被提拔至司天监为官。

司天监是当时朝廷内专门负责观察天象、制定历法的机构。沈括对天文学非常热爱，并且十分推崇唐代天文学家一行。他曾说："汉代以前制历，一定要用浑仪等天文仪器来验，后来虽有浑天仪，而不用于制历，制历的人也不再用仪器考验，以至气、朔、星、纬，都不能知道它们必当之数。直至唐僧一行改造《大衍历》，这才复用浑天仪考实，所以他的技术成就，要比其他诸家为多。"为了彻底改革历法，沈括决定改制北宋政府或失之构造简单，或繁复不切实用的两套观象仪器。

沈括在总结古代劳动人民实践经验的基础上，首先对测量天体日月星辰运行的浑天仪的尺度、黄赤道、天常环、月道、规环等作了大胆地改进与革新，使之使用起来既方便，又精确。接着，他又制造了新的计时仪器——浮漏和测日影的铜表，发现了人们用肉眼看到的星光的高度与实际星光的高度之差。这一重要发现比西方国家早了整整 500 年。

沈括在司天监任职时还做了一件值得后人称道的事，即与布衣出身的精通天文数学的卫朴一起，对旧历进行修整，结合观测天象得出的新数据，纠正了旧历书中的谬误，于 1075 年闰 4 月修成和颁布了新的《奉元历》。这个新历以 365.243585 日为一回归年。它比现在实测为 365.2422 日稍多一些，但较以往所行宋历，更接近实际。新历颁行后深受欢迎，就连宋神宗也称赞："提举司天监近校月食时，比《崇天》《明天》二法，已见新历为密。"

沈括在科学上虽然成就卓著，但在政治上却很失意，屡遭挫折。到 50 岁时，他就厌倦了风云变幻的仕途生活，决意终老梦溪园，过隐居的田园生活。

梦溪园位于润州（今江苏镇江市），是个风景秀丽的地方。沈括在这里隐居了 8 年。在这 8 年里，他并没有安闲于田园诗般的生活，而是将自己的全部精力投入到《梦溪笔谈》的编纂之中。正像他自己所说的那样："予退处林下，深居绝过从，思平日与客言者，时纪一事于笔，则若有所晤言，萧然移日，所与谈者，唯笔砚而已，谓之《笔谈》。"

《梦溪笔谈》共计 26 卷，再加上《补笔谈》3 卷和《续笔谈》1 卷，合计 30 卷。在这如同锦绣般的科学名苑里，沈括简直做到了使人目不暇接。它分为故事、辩证、乐律、象数、人事、官政、权智、艺文、书画、技艺、器用、神奇、异事、谬误、讥诈、杂志、药议等 17 目，共 609 条。内容涉及天文、历法、气象、数学、地质、地理、制图、物理、化学、生物、医药、建筑、冶金、文学、史学、考古、音乐、艺术等各个方面。

在这部几乎包罗万象的巨著中，沈括提出了许多在今人看来也为之折服的科学新说。

首先，他在天文、历法、数学三个方面做出了极其精湛的成就。据《笔谈》记载，沈括曾连续 3 个月每天夜里亲自用"窥管"观测北极星的方位，把初夜、中夜、后夜所看到的北极星的位置画在地图上。经过认真仔细地研究，终于得出了那时北极星同北极的距离为 3 度多的科学结论。在白天，他观察到太阳的光线通过大气照到地面，在大气中产生折射作用时，指出：人们所看到的太阳的高度要比太阳本身的实际高度大。在历法方面，沈括主张不以月亮的朔望定月，而是应该根据气节定月，他革新的历法，当时如能采用，定会有利于农业生产。在数学方面，他发展了《九章算术》的等差极数，创造了新的高级等差级数求和的算法——"隙级术"等。对于地质学，沈括也同样有一些精湛的论述。据《笔谈》所载，他曾深入到雁荡山，看到雁荡诸峰，峭拔险怪，上耸千尺，穹崖巨谷。沈括经过分析，提出了水蚀地形的卓越见解。沈括的这一见解是非常科学的，它比近代地质学之父——英国人赫登的同一见解早了 600 年。此外，在野外考察中他还发现了太行山地层中的螺蚌和卵石带，并据此大胆地推断出海陆变迁的观点。

沈括还是世界上第一个发现地磁角的人。他在《笔谈》中这样写道："方家以磁石磨针锋，则能指南，然常微偏东，不全南也。"这一发现，比举世闻名的意大利航海家哥伦布在 1492 年远渡大西洋所观测到的地磁角位置，要早 400 多年。

沈括对凹面镜照物体形成的像倒立的原因，也进行了深入的研究和试验，并得出了之所以这样成像，是因为光线穿过小孔或焦点时形成光束的缘故。由此可见，沈括对光学也有一定的研究，并且已经达到了较高的水平。

在我国古代，很早就发现了石油，但称其为石脂水、石漆、泥油、火井油等，沈括则是第一个使用"石油"这个名称的人。他在《笔谈》中提出石油可以用来制墨，其质量比松烟制墨还好。沈括还认为："盖石油众多，生于地中无穷"，"此物后必大行于世"。由此可见，沈括早在 900 多年前就已经认识到石油在地下的丰富蕴藏量。

沈括虽然不是医生，但对医药学也作出了可喜的贡献。他反对那种形而上学的药物配制方法，不同意呆板地把药物分为"一君、二臣、三佐、四使"，并以《药性论》为例作了分析。对被古代医家奉为经典的《神农百草》一书，他也进行了仔细、认真的研究，并大胆地指出了其中的一些谬误。

对于这束散发着奇光异彩的科学之花——《梦溪笔谈》,沈括自然希望它能流芳千古。而实际上,《梦溪笔谈》正是凭着自身的价值风靡一时,并流传下来得到国内外人士的一致称赞。日本著名数学家三上义夫赞道:"沈括这样的人物在世界数学史上找不到,唯有中国出了这个人","日本的数学家没有一个比得上沈括"。英国著名学者李约瑟则说:沈括"是中国科学史上最奇特的人物",他的《梦溪笔谈》是"中国科学史的坐标"。沈括和他所撰著的《梦溪笔谈》将流芳千古,为我国的科学史留下辉煌的光彩。《宋史》卷331有传。

096

中国的"第谷"
——郭守敬

郭守敬（1231—1316），字若思，邢州邢台县（今河北省邢台县）人。由于他的祖父精于算术、水利，因而他从小就迷上了自然科学，喜爱制作各种工具。由于其祖父和当时享有"学问渊博，对于天文、地理、律历等无不通晓"声誉的刘秉忠是好朋友，郭守敬得以在刘秉忠门下学习，从而大开眼界。

郭守敬32岁那年，经教师刘秉忠的朋友张文谦推荐，步入仕途。最初的十几年，他一直做管理水利的官员，至1276年，元朝政府鉴于以往沿用的《重修大明历》误差明显，从而决定改制新历时，郭守敬被调来参加这项工作，并成为实际负责人。当时，存放在大都（今北京）的前代天文仪器，多已年久失修。为了适应编历的需要，郭守敬首先提出了"历之本，在于测验；而验测之器，莫先仪表"的主张。他在一批能工巧匠的协助下，先后创制了简仪、仰仪、大明殿漏灯、圭表、景符、窥几、正方案、丸表、悬正仪、座正仪、浑天象、候极仪、玲珑仪、证理仪、日月食仪、星晷定明仪等一整套精密的天文仪器，从而赢得了"中国的第谷"的美称。

在这些"机巧精密，胜过前人"的仪器中，最为后人推崇的是简仪、仰仪和圭表。

简仪是根据浑天仪改制的。我国早在春秋战国时期就发明了测定天体的浑天仪。以后，经历代改进，有所发展。然而，在郭守敬之前，这个测天仪器存在着许多缺点。重叠的圆环把许多天空区域遮住了，缩小了仪器的观测范围；同时，好几个环都有各自的刻度，读数系统复杂，使用不便。郭守敬在此基础上，针对浑天仪存在的缺点进行了大胆的革新改造。他保留了最必需的两个圆环系统，又把其中的一组分出来，改成另一个独立的仪器，而将其他圆环系统完全取消。这样一来，既不会再发生因为圆环数过多而遮掩星体的现象，所测得的二十八宿星距的位置也比较准确。由于这一仪器既精确又简单，故又称其为"简仪"。简仪的结构与现代的"天图式望远镜"基本上是一致的。在欧洲，像这样结构的天文仪器，直到 18 世纪才从英国流传出来。

仰仪是郭守敬独创的一种天文仪器。它是个铜铸的中空的球面，看上去就像一口仰望的锅，所以取名"仰仪"。在半球的口上，刻着东、西、南、北 4 个方向，凹部刻有与观测地纬度相应的纵横网格。半球口上用一纵一横的两根竿子，架着一块小木板。板上开了一个小孔，孔的位置正好在半球面的球心上。太阳光通过小孔，在球面上投下一个圆形的像，映照在所刻的线格上，这样便可测得太阳在天空中的位置。当发生日食时，仰仪面上的日像，也相应发生亏缺。因此，通过仰仪便可以直接观察到日食的方向、亏缺部分的大小和各种食像的时刻。

圭表是测定二十四节气的主要仪器。表是一根垂直于地面的标杆，当太阳在子午线上时，表影投影在北方向圭面上，量取影子的长，就可以推算节气。旧圭表影边缘不清晰，影长不精确。用来量长度的尺，一般只能计算到分，在推算时刻时，易发生误差。另外，它只能观测日影，而不能观测光弱的月、星的影子。为了解决影界不清的问题，郭守敬同时创制了一个叫做"景符"的仪器，利用小孔成像的原理，使日光通过一个薄钢片上的小孔，再射到圭面，从而收到影界清晰的效果。研究中，郭守敬发现按比例推算二十四节气时发生误差的重要原因之一是圭表的表影不长。于是，他把圭表的表高加大到 40 尺，比旧表增高 5 倍。为了改进量取长度的技术，他又将原来只能量到"分"位的，分别提到"厘"位，尽量减少误差。郭守敬这些大胆改革措施，使圭表的精确度提高了，基本上弥补了自唐宋以来圭表存在的缺陷之处。

在创造好各种天文仪器之后，郭守敬开始了系统的天文观测工作。他率领 14 位天文学者，在衡岳（今湖南长沙西南）、岳合（河南开封西北）、大都、上都（多伦）、西京（大同）、安西府（西安）、成都、鄂州、雷州、扬州、琼州等 26 个点进行了几项重要的天文观测，测定了夏至影长的尺寸以及昼夜的刻分等，为编制新历提供了比较精密的数据。

在观测过程中，郭守敬取得了两项重要成果。其一是地球赤道面和地球公转轨道面的交角，是天文学上一个基本常数，关系到各种计算结果的精确与否。这个交角年年在缩减，只是每年缩减的数值很小，仅有半秒。短期不易发现。自汉朝以后，1000 多年来一直认为这个夹角为 24°。郭守敬对此作了新的测定，得出了当时的夹角只有 23°90′，换成现制为 23°33′5″.3，与现在推算当时交角实际应该是 23°31′58″.5 相比较，误差仅为 1′6″.8。其二是对二十八宿距度的测定，这也是天文学上的一个重要问题。郭守敬也用新仪器进行了测定，结果，其精确度比北宋崇宁年间的测定，提高了一倍。

经过 4 年多辛勤劳作，到 1280 年春，一部当时世界上最先进的历法——《授时历》完成了。它以 365.2425 日为一年，比地球环绕太阳公转一周的实际时间仅差 26 秒，与现在通用的公历完全相同。从这个新历法看，郭守敬运用了当时一些最新的天文学理论和数据。例如，他采用了自己和朱世杰等人共同提出的三次差内插公式及合于球面三角法的公式进行计算，使新历法的精度得到空前提高。《授时历》于第二年颁行全国后，深受人们的欢迎，直到明朝末年，徐光启还赞誉"郭守敬的历法，三百年来世所共推"。

郭守敬从事天文，历法工作近 10 年。在这 10 年中，他对天文历法有较深入的研究。除《授时历》外，他还整理定稿了《推步》7 卷、《历议拟稿》3 卷，以及独自撰写的《仪象法式》2 卷、《五星细行考》50 卷、《新测无名诸星》1 卷等著作，对我国的天文学作出了巨大贡献。

自 1291 年起，郭守敬又将自己的主要精力转移到水利工程上。当时，由于元代在大都建都后，每年需要从南方征调大量粮食，而当时南北交通大动脉——大运河只通到通州（今北京通州区），所以迫切需要修浚一条从大都至通州的运河。郭守敬对大都附近的地形和水文作了深入细致的勘察，拟定了施工方案。要修运河，没有充足的水源是不行的。郭守敬经过反复勘察，发现北京昌平区东南神山（今凤凰山）山麓的白浮泉（今龙泉），水流量大，可以利用，但问题出在白浮泉与大都之间，有两道由沙河和清河所形成的河谷低地，比大都低了几十米，水根本无法径直流入大都。郭守敬经过周密研究、思考后决定将白浮泉水引向西行，再折向东南，沿西山东麓流入瓮山泊（昆明湖前身）；然后，再从瓮山泊接高粱河（今长河），把水引入大都，蓄积于积水潭（今什刹海）；最后向东南流出文明门（今崇文门北），东下到通州高丽庄，和大运河相接。这样一来，既可以避开河谷低地，又可将沿途许多小泉水集合起来，使水量大大增加。为了使水不致外流，郭守敬还在河道东岸修筑长堤"白浮堰"。为解决河床坡度大的问题，在积水潭到通州的河道上，又设置了水闸、斗门20座，以保证运粮船能够平稳地航行。

郭守敬的创造性设计，引起忽必烈的重视，当即下令动工。从1291年春起到1292年秋完工，整个工程仅用了一年半的时间。这条运河全长160里，取名"通惠河"。这一水利工程，自竣工之日起，至1901年北京至通州的铁路建成之前，一直起着发展我国南北交通，促进全国政治、经济统一的重要作用。

郭守敬在天文、水利方面的卓越成就是值得后人称颂的。明时来华的德国传教士汤若望尊称他为"中国的第谷"。我国现代天文学家陈遵妫更赞扬道："丹麦天文学家第谷虽也创造了很多天文仪器，他不独已经比郭守敬晚了300年，且喜星卜术，认为天象常与人事有关，而郭守敬却焚毁阴阳伪书，破坏世俗的迷信，一洗古来占验的浮说，使天文学纳入科学的正轨。就这点来说，第谷已远不如郭守敬了。"《元史》卷164有传。

097

中国博物学的无冕之王
——李时珍

李时珍（1518—1593），字东璧，号濒湖，晚年号濒湖山人。他出生于蕲州（今湖北蕲春县）一个世代业医的家庭里。22岁那年，他正式向父亲提出从医的要求，并表示："身如逆流船，心比铁石坚。望父全儿志，至死不怕难。"父亲见他态度如此坚决，便同意了他的请求。从此，李时珍开始了他的医学生涯。

李时珍是个好学而又善于思索的人。在行医过程中，他很快意识到自己"信奉"的"本草"一类的药书里存在着许多缺点，如对药物的解释混乱、分类失当等等。他想，倘若医家都按错误的解释开方配药，那么，岂不延误对病人的治疗，甚至造成病人死亡？后果真是不堪设想。同时，李时珍还发现这样一个令人痛心的问题：以往的药书多成于庙堂人之手，撰者大都怀有成见，不收民间习用的方药。如唐人陈藏器编著的《本草拾遗》，对本草品物的补充，有些地方是很好的，而在宋人编的几种本草书里，因为偏执心理作祟，却把陈氏的一些补充删掉了。李时珍想，民间重视习用的方药，之所以能够流传下来，是因为他们都有实效，怎么能够随便丢掉呢？作为一名医生，他认为有责任将古人漏掉的或没有发现的药物收集起来，使天地万物都得到充分利用。于是，在他35岁那年，立志要把旧本草加以修改、整理、补充，决心写出一部新的药物学书籍来。

李时珍清楚地知道，重修本草是一件异常艰难的工作。他边行医边研究、收集资料。他利用在荆王府和太医院供职的机会"博览群籍"，在几年内就参看了800多种医书、方书、经书、史书、小说、笔记，积累了上千万字的札记。

当资料收集到相当数量时，李时珍便按照自己制定的分类方法，逐条进行编写。开始时，编写工作还比较顺利，但随着研究的深入，他感到困难越来越多，最使他感到茫然的是，许多药物的形状和生长情况，前人书本上的解释模糊不清，有的甚至互相矛盾。如"狗脊"这味药，有的书上说它像"草薢"，有的说它像"菝葜'，还有的说它像"贯众"。究竟以哪一种说法为准呢？李时珍苦思冥想，终于从过去自己采药的经验中悟出了一个道理：要解决这些难题，惟一的办法就是走出去"采访四方"，进行实物考察。从此，他的足迹遍及蕲州一带的山山水水。

一天下午，李时珍走进一个山谷，看到满山遍野开着一种黄色的山花，他忙向路边樵夫询问，得知此花叫"曼陀罗花"，俗称"洋金花"。有人曾把它结的种子用酒冲服，结果使人在相当长的时间里狂笑不止。又据服过这种种子的人说，吞服之后，精神恍惚，好像喝醉了酒一样，自己笑了也不知道，还觉得挺舒服的。李时珍听了之后，心中一动，莫非失传多年的由东汉名医华佗配制的"麻沸散"就是用洋金花做的原料？他马上采了一捆，带回寓所，经过反复试验，发现这种花的确具有麻醉作用，失传多年的"麻沸散"的秘密终于被揭开了。后来，李时珍在他编撰的《本草纲目》中记载洋金花主治"诸风及寒温脚气，煎汤洗之。又主治惊痫及脱肛，并入麻药"。近年来，人们仍使用它治疗哮喘气促。

初次实地考察竟有这么大的收获，李时珍受到了鼓舞。他更乐意不耻下问，拜当地农民、渔民、樵夫、猎户、药农为师，从民间收集来了为数可观的单方、验方。为了获得更多更可靠的第一手材料，李时珍不畏劳苦，到祖国各地作更广泛的调查研究。

功夫不负有心人，经过27个春秋的辛勤劳动，到1578年，一百几十万字的《本草纲目》终于写成了。此时，李时珍已是一位61岁的老人了。

《本草纲目》是一部"综核群籍"、"采访四方"的集药物之大成的巨著。它共分为52卷，记录了动物、植物和矿物等药品共1892味，其中总结民间经验增加的有374种，并附有历代药方11096个。根据药物的性质，李时珍把它们分别列为水、火、土、金、草、谷、菜、果、木、服器、虫、鳞、介、禽、兽、人等16部。每部又分若干类，共62类。为了便于鉴别药物，书中还专门配了 1127 幅插图，图录"拟肖逼真"。

这部巨著无疑是我国医药学宝库中一颗闪闪发光的明珠。它收药之多，规模之大，质量之高，在当时是空前的。它的主要成就在于：

第一，采用了比较先进的药物学分类法。明代以前的本草书多不按药物的属性及功用来分类，而是用所谓"上药养命以应天，中药养性以应人，下药治病以应地"的"三品"分类法，品目混淆。李时珍打破旧的"三品"法，采用植物、动物、矿物的分类法，是符合科学的。

第二，在植物分类方面采用了"析族区类"的方法。李时珍通过研究，以植物的生态和习性进行分类。如他将来源于植物根块的药物：附子、天雄、侧子、漏兰子、乌头等都并入乌头一类；茎中有白汁的大戟、甘遂、泽膝、续随子排列在一起。这不仅与现代植物学分类方法相符，也较西方植物分类学的创始人林奈（1707—1778，瑞典博物学家）编者的《自然系统》提出的分类学早 200 多年。

第三，在动物学方面，纠正了过去"虫入本部"、"虫鱼杂居"的分类错误。李时珍将动物分为兽、鸟、介、鳞、虫五大类，指出兽的主要特征是"四足而毛"，鸟则"二足而羽"。他还开始认识到人与猿之间的相似之处，将动物按由低级向高级进化的顺序排列起来。这种"从微至巨"的做法，是合乎达尔文主义的。因此，难怪日后达尔文要把《本草纲目》誉为"中国古代的百科全书"，并在自己的著作中间接引用了李时珍关于描述金鱼的材料。

第四，在化学方面，李时珍记载了大约 19 种单体元素以及几十种化合物质。他对这些化合物的排列方式，大体上是按照单体元素为标准进行的，在这方面澄清了不少前代的混乱。又如制备铅丹的方法，是利用硝石与矾石的氧化作用，并且利用了物质在比重与溶解度方面的不同来进行分离。他还明确指出，天水比地水煎药好得多。可见，在没有人造蒸馏水之前，李时珍已经使用天然蒸馏水作药用了。

事实上，《本草纲目》值得称道之处并不仅仅在于这些。李时珍还特别强调，"识病治方"，不应拘泥。如他指出各种药草"生产有南北，气节有迟早，根苗易收采，制造异法度"，"因地舛性，春秋节变，感气殊功，离基本土，则质同而效异；乖于采取，则物是而时非。名实既虚，寒温多谬"。因此，收采时切记注意季节，开方医病时必须妥为下药。在食物营养和食物疗法上，他也有独到的见解。他专门收集了古方的粥和酒剂，指出哪些是有药用价值的。所有这些，至今仍值得借鉴。

李时珍不以所得的成就为满足，他觉得还有许多药物没有认识到，或医用疗效没有搞清楚，直到晚年，他仍在反复修改《本草纲目》。除了这部巨著之外，李时珍还撰写了《濒湖脉学》《奇经八脉考》《食物本草》《集简方》《白花蛇传》《五脏图论》《命门考》《命门三焦客难》《濒湖医案》等书，为祖国的医药学事业做出了不可磨灭的贡献。

李时珍生前曾说过，一部有价值的书，终究是埋没不了的。《本草纲目》靠着自身的科学力量赢得了后人的赞赏。近 400 年来，该书在国内外均享有很高的声誉。在明朝万历年间，它就传到了日本，先后刻印了 9 次。尔后，又被译成拉丁文、法文、德文和英文。李时珍备受中外人民的崇敬，成为当之无愧的杰出的医药学家。《明史》卷 299 有传。

098

中国近代科学的先驱
——徐光启

徐光启（1562—1633），字子先，号玄扈，1562年4月24日出生在上海。徐光启的家庭，原为商人，因遭受倭寇（日本海盗）的抢劫而破产。虽然家庭经济很拮据，但父母为了让他这个独生子日后能够金榜题名，想尽办法供他读书。在父母的教诲下，徐光启也把科举考试看作通往仕宦之途的阶梯，在20岁以前把精力都投入到诵读四书五经和八股文、律诗上。但命运却总是在捉弄他，从20岁考中秀才到35岁中举，竟耗去了他整整15年的时间。此间他必须边读书边谋生，一家人生活的担子是相当沉重的，尤其是在家中断粮时，他曾一度产生了"淡然功名"的念头。35岁那年应试时，他的机遇总算来了。据说，他的考卷，开始时仍被阅卷人扔在一边，注定要"名落孙山外"。但就在放榜的前两天，学问渊博的典试人焦竑偶然翻阅到徐光启的考卷，遂"击节叹赏"；看到第三场，竟拍案叫绝，说："此名士大儒无疑也！"于是，把徐光启拔为此次考试的第一名举人。这样一来，徐光启顿时"名噪南北"。他的那篇时文，直至清代还被编入《读墨简练百篇》中，为全国秀才们所传诵。此后，又经过7年的努力，他终于在42岁时考取了进士，实现了多年的夙愿。

徐光启并不像当时许多文人那样，读书只为求取功名，一旦功成名就，就不再进取了。恰恰相反，他中进士入翰林院之后，求知欲更加强烈了。他的兴趣是相当广泛的，尤其是自然科学类书籍，读起来总是津津有味，爱不释手。1600年，他在南京结识了意大利传教士利玛窦，这位传教士带来的三棱镜、自鸣钟、日晷仪、《万国舆地图》等舶来品，引起了他对西方自然科学的浓厚兴趣。从那时起，他的脑海中萌发了借翻译西洋科技书籍来提高我国科技水平的热望。

他翻译的第一部西洋科技书是和利玛窦合作的《几何原本》。该书原系公元前3世纪时古希腊著名数学家欧几里得所著，一直博得各国数学家的称誉并被作为标准教科书在许多国家使用。对于传教士利玛窦来说，口授这本书是很容易的，因为他早已学过。而徐光启则需要付出艰苦的劳动，因为文笔流畅且不说，特别是对一些专有名词的翻译，在意思准确的前提下，还得斟古酌今，使人看了易于领会。但值得庆幸的是，徐光启是个意志非常坚定的学者，仅用两年时间就把《几何原本》一书啃下来了。他的翻译是相当成功的，近代大文豪梁启超赞誉它"字字精金美玉，是千古不朽之作"。

《几何原本》中文译本的问世，不仅解决了当时社会的需要，而且为清代的数学研究奠定了基础。尤其是他所翻译的一套名词术语，有很多至今仍为我国数学界沿用，其中点、线、面、直角、四边形、多边形、平行线、对角线、相似、外切等都是人们所熟知的。"几何"二字在汉语中本来是个虚词，经徐光启利用，就成了一个专业名词了。

为了进一步沟通中西科学技术，继《几何原本》一书之后，徐光启又与李之藻、熊三拔等人合作，先后翻译了《同文算指》《泰西水法》《测量法义》等书。他的这些开拓性工作，既得到一些开明人士的支持和赞扬，也遭到一些守旧势力的讽刺与诽谤。但是，徐光启始终坚信这些翻译是有价值的："百年之后，必人人习之。"

《农政全书》是徐光启后半生呕心沥血之作。全书分60卷，共计60万字。凡涉及当时的农业及与农业生产有关的政策、制度、措施、农具、农作物特性、技术知识等等，该书应有尽有，可谓那一时期我国农学中的百科全书。该书把重点放在水利、荒政等几项上。徐光启认为："水利者，农之本也；无水则无田矣。水利莫急于西北（今北京之西，即太行山到河南一带，不是指现在的西北数省），以其久废也。西北莫急于京东，以其事易兴而近于郊畿也。"基于这种水利是"农之本"的理论，他在总结前人经验的基础上，提出了五项很有见地的用水方法。这五法是：①用水之源：就是利用泉水，并进一步说明源高于田、低于田、近于田、远于田时应如何利用；②成水之流：即怎样利用河、塘、浦、泾、浜的各种水流；③用水之潴：就是如何利用湖泊等积聚的水；④用水之委：即在大海的潮汐及岛屿、沙洲等地如何用水；⑤作源作潴以用水：即介绍凿井、挖塘、筑水库等办法。他的这一套用水理论，直到今天仍有较大的参考价值。

徐光启对备荒、救荒问题也十分重视。在《农政全书》中，他把预防摆在了首位，明确指出："预缉为上，有备为中，赈济为下。"又说："预缉者，浚河筑堤，宽民力、祛民害也；有备者，尚蓄积，禁奢侈，设常平，通商贾也。"在书中，他还记录了417种草木野菜，注明其"根可食""叶可食""花可食""茎可食""实可食"和"叶及实皆可食""根及叶皆可食""根及花皆可食""花及叶皆可食"……并详细介绍了食用这些植物的具体方法。其中不少野菜，特别注明玄扈先生"尝过"字样，如山桃红，他说："尝过，难食。"蒺藜子，他说："本是胜药，尝过。"据统计，徐光启亲口尝过的野菜草木多达57种。为了消灭蝗灾，徐光启还专门统计了我国历史上记载的110次蝗灾发生的时间和地点，从中总结出规律来。他说，蝗灾"最盛于夏秋之间"，"与百物长养成熟时正相值"。他在详细观察研究蝗虫从产卵到成蛹成虫以至群集飞行的完整生活史后，介绍了捕捉蝗虫的方法，并强调治蝗一定要依靠集体力量。

徐光启的故乡松江，是当时全国棉纺织业最先进的地方，所以他在《农政全书》中对"蚕桑"类的记载既详细也颇具特色。他把当地种植棉花和棉田管理的新技术及河北肃宁地区人们以稳定温度来提升纺织环境的好办法，加以详细记录，并加以推荐。

《农政全书》在徐光启去世后第6年由陈子龙整理刊行。由于该书汇集了当时所有农书之精华，并独出新见，刊行后，立即引起人们的高度重视，广为流传，为发展我国的农业作出了重大贡献。

对于天文历法，徐光启也颇有研究。明末行世的《崇祯历书》就是在他的督领下完成的。徐光启曾说过："千闻不如一见，未经目击而以口舌争，以书教传，虽唇焦笔秃，无益也。"正是基于这种严谨的治学态度，他在主持修历期间，坚持自己动手：从拟定计划、物色人才，到仪器设置，无不一一亲自筹办。其时，他的年事已高，但为了准确观察天象，每次月食出现时总要拿着望远镜和其他人一同守候在观象台上。

他督领下完成的《崇祯历书》包括《测天约说》《浑天仪说》《恒星历指》等30多种书籍，合计130多卷。从今天的角度看，尽管该书尚有许多失当之处，但比以往的历法要准确得多。例如《恒星历指》中的星录，其精确与完备，都超过了以前的星录。又如，它引入了"地球"的概念，引入了地理学中的经纬度概念，从而在日、月食的计算中，比旧历法大大前进了一步。再如，他使用望远镜观测天象，在我国第一个说明了银河是由无数远星组成的。

徐光启的一生，恰如其子所说："于物无所好，惟好学，惟好经济。考古证今，广咨博讯……故学问皆有根本，议论皆有实见，卓识沉机，通达大体。如历法、算法、火攻、水法之类，皆探两仪之奥，资兵农之用，为永世利。"此话虽出自其儿子之口，但绝非过誉之词。从徐光启遗留下的几乎遍举我国17世纪各个学科的300多万文字看来，他的确无愧于杰出科学家的称号。《明史》卷251有传。

099

他为后世留下了一颗璀璨的明珠
——宋应星

宋应星（1587—约1667），字长庚，江西南昌府奉新县北乡人。他家本来很富有，但因遭火灾，"渐以萧条"。为了能够重振家业，其父一心想把他培养成才，以早日步入仕途。1615年，宋应星和哥哥宋应升同时考取了举人。由于奉新县只有他们兄弟俩掷下考篮，且又名列前茅（宋应星名列全省第三、宋应升名列全省第六），当地一时有"奉新二宋"之称。

但是，宋氏二兄弟的好运仅此而已。在此后的16年中，他俩5次参加会试，均名落孙山。

当最后一次应试归来，宋应星已是一个双鬓见霜的中年汉子了。几十年付出无果的沉重代价，使他终于下决心摒弃科举途径，愤而转向"与功名进取毫无相关"的实学，钻研与国计民生有切实关系的科学技术。

1634年，亦即48岁那年，宋应星出任江西分宜县教谕。尽管这是一个未入流的低级官位，但在4年的任期内，宋应星一面专门教授县学的生员，一面充分利用余闲时间查找文献，并开展调查研究，以进行拟意中写作计划。

辛勤的汗水终于浇出了丰硕之果。50岁那年，宋应星连续写出了《画音归正》《原耗》《野议》等不同内容的著作。次年，又发表了平生最重要的作品《天工开物》。

诚如有人所推崇的那样，《天工开物》是一部明以前的"工艺百科全书"。它分为上、中、下3卷，共18篇。上卷主要记述谷物、豆、麻的种植、收获和加工，蚕丝棉毛的纺织和染色过程，以及制盐、制糖、养蜂工艺，由"乃粒""乃服""彰施""粹精""作咸""甘嗜"等篇组成。中卷主要介绍砖瓦、陶瓷的制作，车船的构造和使用，铜、铁的铸锻，石灰、煤炭、硫磺、白矾的烧制，以及榨油和造纸的方法等，由"陶埏""冶铸""舟车""锤锻""燔石""膏液""杀青"等篇组成。下卷主要记载了金属矿物的开采、洗选和冶炼，兵器的制造，墨、颜料、酒曲的生产过程，以及珠、玉和各种宝石的采集加工等，由"五金""佳兵""曲糵""珠玉"等篇组成。全书除文字外，还配有123幅画面生动、比例恰当的插图。

在书中，宋应星对当时的农业生产情况，作了详细的论述，并系统总结了农家在选育和推广良种、精耕细作、水利灌溉、肥田改土、防治病虫害等方面的丰富经验。其中对水稻记载得最为详尽，它从水稻的品种开始，依次介绍了浸种催芽、育秧、耕耙、除草、灾害防治等水稻栽培过程中的各个主要环节。书中说："凡秧田一亩所秧，供移栽二十五亩。"这个数据，即秧田与本田的比例，在宋应星之前还无任何一本农书有过记载。直至20世纪50年代初，我国江西地区仍在沿用这种做法。"土性带冷浆者，宜骨灰蘸秧根（凡禽兽骨），石灰淹苗足。"这又告诉人们，在排水不良，水温和土温都很低的酸性土壤中种稻，秧根应先沾些骨灰，再在秧脚撒些石灰。这是我国农业施用磷肥的最早记录。

《天工开物》中有关海盐和井盐生产技术的记载也颇有价值。在海盐生产方面，宋应星在介绍煎盐法的同时，着重叙述了晒盐法。以晒盐法取代煎盐法，是劳动人民的一项重要革新。关于井盐生产，凿井取卤煮盐法所记载的一种收卤器很是有趣："井及泉后，择美竹长丈者，凿净其中节，留底不去。其喉下安消息，收水入筒，用长绠（粗绳）系竹沉下，其中水满。井上悬桔槔、辘轳诸具，制盘驾牛，牛拽盘转，辘轳绞绠，汲水而上。"这里所说的安有"消息"的竹筒，实际上就是唧筒装置。"消息"相当于阀门，当竹筒沉到井下时，下端阀门受卤水压力而张开，卤水进入筒内，提筒时，阀门又受筒内卤水重力下压而封闭。这项用物理原理设计出来的汲水器，至今在土法制盐工艺中仍被采用。

陶瓷生产在我国有着悠久的历史，在英语中"中国"与"瓷器"是同名的。这说明中国的陶瓷业不仅发达，而且在世界占有重要地位。在明代，我国劳动人民已经积累了丰富的陶瓷生产经验。当时生产的瓷器品种很多，色彩也十分丰富。就一道釉来说，永乐年间有鲜红、翠青，宣德年间有宝石红，弘治年间有娇黄，正德年间有孔雀丝、回青，嘉靖年间有孔雀蓝。这些瓷器质地优美，畅销中外。宋应星经过实地考察，把制作陶瓷工艺从原料选择、坯体制作到窑的构造及烧制方法，都描述得惟妙惟肖。

我国古代的丝绸工艺也相当发达，精美的中国丝绸在国际上享有盛名。宋应星在《天工开物》中对当时已颇为发达的丝、麻、棉的纺织技术也有极为详尽的记述。对蚕的饲养方法以及缫丝、织造等方面的阐述，准确地反映了那时蚕农和纺工的丰富经验。其中一幅《花机图》，把当时处于世界先进水平的提花织机画得清楚别致，为研究我国古代纺织机械和纺织技术提供了珍贵资料。

我国当时的采矿、冶金和金属加工业，无论在生产规模和产量上，还是在技术工艺上，都走在世界前列。在书中，宋应星用比较大的篇幅，系统介绍了这方面的成就。特别是在铸造方面，他记述了明代失蜡铸造、反模铸造和砂型铸造三种典型的工艺。其中关于锻制、焊接、冷加工、热处理等先进技术的描写尤为精彩。

"生铁淋口"是宋应星重点介绍的一项先进的金属加工工艺："凡治地生物，用锄、镈之属。熟铁锻成，熔化生铁淋口，入水淬健，即成刚劲。每锹、锄重一斤者，淋生铁三钱为率。少则不坚，多则过刚而折。"方法是在熟铁制的坯件上淋以一层薄的生铁水，再经加工及热处理，使制品完成。由于表面生铁覆层与渗碳层的共同作用，使工件既耐磨又坚韧。

此外，书中还生动记述了当时的各种车辆、船舶的结构、使用情况，介绍了各种火药的配制，硝石、硫磺的生产，乃至弓箭的制造和火炮、水雷（"混工龙"）、地雷、炸药包（"万人敌"）、鸟铳等火器的性能，等等。

尤为可贵的是，宋应星在广泛记录我国古代劳动人民丰富生产实践经验和工艺技术成就的同时，力求从一般现象中发现带有规律性的东西，因而在自然科学理论研究上也有所建树。

在物理学方面，通过对船与水流关系的具体描写，阐述了力学（包括流体力学）的一些重要原理。例如，当他谈到水力转向流动时说："凡船性随水，若草从风，故制舵障水，使不定向流，舵板一转，一泓以之。"在新发现的佚著《论气·气声》一文中，也通过各种音响的具体分析，探究了声音的发生和传播规律。认为声是气的运动，由于气与形之间的冲击而发声，以形破气而为声。声之大小、强弱，完全取决于形、气冲击的强度，他叫作"势"。急冲急破，"先得势而声生焉"。

在化学方面，宋应星通过对一些有色金属、无机化合物的性质、形状、冶炼等的叙述，比较正确地说明了物质的化合和分解，摒弃了以往一些荒诞无稽的迷信说法。《丹青》篇中曾有这样的记载："每升水银一斤，得朱十四两，次朱三两五钱。"就是说共得朱砂（硫化汞）十七两五钱（一斤为十六两），增多的部分是"借流质而生"。他的这一认识，不但指出了朱砂是汞和硫的化合物，而且有了"能量守恒"的思想萌芽。

在生物学方面，书中记录了不少农家培育大麦、水稻新品种的事例，研究了土壤、气候、栽培方法对农作物品种变化的影响。他明确指出："土脉历时代而异，种性随水土而分。"他通过对动植物界许多现象细致入微的观察，断言通过人为的努力，可以改变动植物的品种特性。如他在《乃服》中记录了农家利用不同品种蚕蛾杂交而引起变异的情况。在《乃粒》中说："凡稻旬日失水则死期至。幻出旱稻一种，粳而不粘者，即高山可插，又一异也。"在这里，宋应星把我国古代科学家关于生态变异的认识推进了一步，为人工培育新品种提供了理论依据。

《天工开物》于明崇祯十年（1637 年）刊行后，很快引起国内外科学界的高度重视。尤其在日本，曾风行一时，到处传抄，印过两种版本。日本学者评议道："作为展望在悠久历史过程中发展起来的中国技术全貌的书籍，是没有比它更合适的了。"1869 年，该书的一部分被译成法文介绍到西方后（书名为《中华帝国古今工业》），欧洲各国在发展当地养蚕、造纸、合金的生产中，获益匪浅，以致纷纷赞誉宋应星撰著的《天工开物》是一部"工艺百科全书"，是科学史上一颗璀璨的明珠。

100

"外扬国光"的铁路工程师

——詹天佑

詹天佑（1861—1919），字眷诚，原籍安徽婺源县（今江西婺源），因祖辈经销茶叶，迁居广东。他于 1861 年 4 月 26 日出生在广东南海县，1919 年 4 月 24 日病逝于湖北汉口。

詹天佑从小就聪颖好学。1872 年，他作为中国首批官费留学生赴美国留学时，年仅 12 岁。在美国留学期间，詹天佑先后就读于西海文小学、纽海文中学及耶鲁大学土木工程系。在耶鲁大学，他专门攻读铁路一科。在一二年级时，他曾获得数学奖金。在毕业考试中，夺得了第一名。

在美国的 8 年留学生活，不仅没有使詹天佑忘掉祖国，反而使他更加思念养育他的父母之邦。读书之余，他非常关注时事。对于美国殖民主义者从我国拐运大批华工，从事奴隶般的苦役，极为愤慨。1874 年，日本侵犯我国的台湾，消息传至美国，他受到极大刺激，立志学成归国，用自己的聪明才智报效祖国。

1881 年，詹天佑怀着报效祖国的一腔热血回到了阔别多年的祖国。可他万万没有想到，当局竟把他这个铁路专业人才派到福建水师学堂去学习驾驶海船。对于这种荒唐的安排，詹天佑深感不快，当严复来看望他时，不禁发出"偌大之中华，需人才迫在眉睫，真才实学者被置于异地"的叹息。

不过，詹天佑从来未被个人的不幸遭遇所压倒。在他看来，国力每况愈下，任人宰割才是最可担忧的。所以，即使在极端苦闷中，他也始终思考着如何去报效养育自己的祖国。1884 年 8 月，法国舰队向停泊在马尾军港的福建水师发动进攻。战斗打响前，担任水师旗舰"扬威"号驾驶官的詹天佑对管带张成说："法国兵舰来了很多，居心叵测。虽则我们奉到命令，不准先开火，然而我们决不能不预先防备，否则法国兵船一开炮，我们将要全军覆没。"由于"扬威"兵轮事先作了准备，因此在法舰开始炮轰后，沉着应战5个多小时。事后，上海英国人办的《字林西报》惊叹道："这次中法的海战，约五小时三刻钟。西方人士料不到中国人会这样勇敢力战。'扬威'号兵舰上的学生中以詹天佑的表现最为动人。他临大敌而毫无畏惧，在生死存亡的紧要关头，能镇定如常，鼓其余勇，由水中救起多人……"

詹天佑在耐心的期待中度过了漫长的7年时光。1887年，"中国铁路公司"总算在天津成立了。第二年，经留美同学邝孙谋推荐，公司总办伍廷芳聘詹天佑为工程师。詹天佑梦寐以求的、献身于中国铁路事业的愿望终于实现了。

当时，中国铁路公司负责修筑芦台到天津的铁路。詹天佑虽然初次担任筑路工作，但他有扎实的专业理论和一颗扑在铁路上的热诚之心，工作干得非常出色。在他的指挥下，从塘沽到天津的铺轨工程仅用了80天就顺利完成，而且铁路的质量很好，"平稳坚实"，"桥梁车栈均属合法"。

1892年修筑滦河铁桥时，面对湍急的河水，英国、日本、德国的工程技术人员望之兴叹，束手无策，一个个相继败下阵来。这时，英籍总工程师金达不得不找詹天佑来试一试。詹天佑认真分析了以往失败的原因，仔细勘察研究了滦河地质情况后，决定改变桥址。他请来精通水性的人潜入河底，用中国的传统方法配合机器打桩，顺利建成了桥墩。大桥终于在詹天佑手下顺利建成了。詹天佑在工作中显露出的卓越才能使他名声大噪。1894年，英国工程研究会选举他为正式会员。

1905年5月，清政府决定修筑京张铁路。这是一条联结北京和张家口的重要干线。它全长虽仅201公里，但因必须通过地势险峻的燕山山脉，其中南口以北被称为关沟段的居庸关、青龙桥、八达岭一带更是层峦叠嶂，自古有"天险"之称，所以工程难度非常大。一些帝国主义分子根本看不起中国人，他们嘲笑说："中国会修关沟这段铁路的工程师还没有诞生呢！""中国人想不靠外国人自己修铁路，就算不是梦想，至少也得五十年。"国内也有些人缺乏自信心，认为中国自己承办这条铁路是"自不量力"。

1905 年 5 月，清政府任命詹天佑为京张铁路会办（后称总办）兼总工程师，主持该线铁路的建筑工程。詹天佑不畏艰难，不怕嘲讽，毅然接受了这一重任。他明确表示："中国地大物博，而于一路之工必须借重外人，引以为耻。"又说，"全世界的眼睛都在望着我们，必须成功！"

在詹天佑的主持下，工程正式开始了。首要工作是进行线路勘测。要找到一条理想的线路，不是一件容易的事。在人才奇缺的情况下，詹天佑带领几个学生和工作人员整天冒着凛冽的寒风和漫天黄沙奔波在山野里。他白天忙于定点勘测，晚上不顾一天颠簸的疲劳，在油灯下绘图计算。在工作中，詹天佑持有非常严谨的科学态度，他不时告诫身边的工作人员："技术第一要求精密，不能有一点含糊和轻率。'大概'、'差不多'这一类的说法，不应该出之于工程人员之口。"数月之间，他们勘探了三条线路，经过反复考虑后，终于确定了一条最理想的线路。

1906 年初春，京张铁路正式开始从丰台铺轨。一开始，詹天佑就坚持使用 1.435 米的标准轨距。他认为，中国铁路真正统一要从铁路的轨距划一开始。铁路像人体的血管一样，要能周流全身。铁路四通八达，工商业便能跟着发展。

铺轨工作并不是一帆风顺的。就在铺轨开始的第一天，工程列车中有一节车钩链子断裂，造成脱轨事故，影响了部分列车行驶。这时一些人趁机造谣说："詹天佑在钉道的头一天就翻了车，这条铁路不用外国工匠就靠不住。"困难和挫折吓不倒詹天佑，闲话他更不予理睬，经过调查研究后，他果断地决定采用美国人詹内发明的垂直式平面自动车钩，顺利解决了这一难题。

从南口到康庄的第二期工程，是京张铁路中最艰巨的一段。他们碰到的第一个难题是要开凿居庸关、八达岭两大隧道。居庸关山势高，岩层厚，隧道长 400 米；八达岭隧道更长，是居庸关隧道的 3 倍，而且全是坚硬难凿的花岗岩。第二个难题是地势高陡，尤其是八达岭一带，平均每 1000 米就升高 33 米，如果采用正常螺旋式线路，列车难以爬上去。在困难面前，詹天佑更加感到肩上担子的分量，他在给一位美国朋友的信中这样写道："中外人士都密切注视着我的工作。如果我失败了，将不只是我个人的不幸，因为人们将不再信任中国的工程师。"

针对上述两个难题，詹天佑通过反复勘查测量，认真研究思考后，终于找到了解决的办法。首先，他精心设计了两头对凿和中间竖井开凿隧道的方法。他把办公的地方移到工地，亲临现场指挥，对定线、定位、放炮等重要环节亲自过问。经过两年的艰苦奋战，两条隧道终于打通了。接着，他又巧妙地设计了一种独特的折返线路，即从青龙桥起，依山腰铺设"人"字形路轨，列车运行至此时改用两部大马力机车，一前一后，一推一拉，通过"之"字交叉口再换方向，推的改作拉，拉的改作推。这种创造性的设计，既简易可行，又减少了线路的长度。

1909年10月2日，在南口举行了盛大的京张铁路通车典礼。许多外国专家和各国驻京使节、驻天津领事及清政府邮传部的官员们都前来参观，他们都为詹天佑主持修筑的京张铁路的质量好、速度快和耗资少而感到惊叹。本来，据西方人估计，京张铁路需6年时间才能完成，而现在仅用了4年就胜利通车，并且节约工程费用35.6万余两白银。难怪人们称赞他是外扬国光、"为中国人吐气"的铁路工程师。

詹天佑一生从事铁路工程工作，为祖国铁路建设事业建立了不朽的功勋，对于这位为中华民族赢得荣誉和尊严的科学家，人们是不会忘记的。1922年，中华工程师学会在青龙桥车站为他建立了一座全身铜像以示纪念。